国家社会科学基金“十一五”规划课题
“以就业为导向的职业教育教学理论与实践研究”研究成果

全国高等职业教育旅游大类专业规划教材

餐饮服务与管理任务教程

Food and Beverage Management

徐文苑　刘　菊　主　编
刘　悦　副主编

工学结合　任务驱动

中国铁道出版社
CHINA RAILWAY PUBLISHING HOUSE

内 容 简 介

本教材围绕现代酒店餐饮运行与管理过程中所需要的知识和能力，以及高职教育的教学标准进行内容组织。全书分为7个单元：餐饮服务基本技能、零点服务、宴会服务、餐饮服务质量管理、餐饮销售管理、菜单设计、餐饮原料管理。每个单元分解为若干任务来展开学习和训练。

本教材在内容组织上打破了传统的课程体系，采用任务驱动、案例教学的方式，以任务和案例为模块组织教学内容，以具体的实践任务贯穿整个教学过程。教材强调以职业素质培养、能力培养和技能训练为中心，把餐饮运行中的服务与管理融为一体，相互渗透。技能训练项目循序渐进，先分项后综合，符合职业教育特点，突出实用性和针对性，还增加了相关知识链接。每个任务都由案例导入，以启发学生思考解决实际问题的能力。

本书适合作为高职高专旅游、酒店管理专业学生的教材，也可作为酒店从业人员了解和研究酒店餐饮服务与管理的参考书。

图书在版编目（CIP）数据

餐饮服务与管理任务教程/徐文苑，刘菊主编.--
北京：中国铁道出版社，2012.6
全国高等职业教育旅游大类专业规划教材
ISBN 978-7-113-14160-8

I.①餐… II.①徐… ②刘… III. ①饮食业-商业服务-高等职业教育-教材②饮食业-商业管理-高等职业教育-教材 IV.①F719.3

中国版本图书馆CIP数据核字（2012）第010649号

书　　名：餐饮服务与管理任务教程
作　　者：徐文苑　刘　菊　主编

策　　划：祁　云　　　　**读者热线**：400-668-0820
责任编辑：赵　鑫　贾淑媛
封面设计：刘　颖
责任印制：李　佳

出版发行：中国铁道出版社（100054，北京市西城区右安门西街8号）
网　　址：http://www.51eds.com
印　　刷：北京米开朗优威印刷有限责任公司
版　　次：2012年6月第1版　　2012年6月第1次印刷
开　　本：787mm×1092mm　1/16　**印张**：17.75　**字数**：416千
印　　数：1～3 000册
书　　号：ISBN 978-7-113-14160-8
定　　价：48.00元

全国高等职业教育旅游大类专业规划教材

国家社会科学基金（教育学科）“十一五”规划课题“以就业为导向的职业教育教学理论与实践研究”（课题批准号BJA060049）在取得理论研究成果的基础上，选取了高等职业教育十个专业类开展实践研究。高职高专旅游类专业是其中之一。

本课题研究发现，高等职业教育在专业教育上承担着帮助学生构建起专业理论知识体系、专业技术框架体系和相应的职业活动逻辑体系的任务，而这三个体系的构建需要通过专业教材体系和专业教材内部结构得以实现，即学生的心理结构来自于教材的体系和结构。为此，这套高职高专旅游类专业系列教材的设计，依据不同课程教材在其构建知识、技术、活动三个体系中的作用，采用了不同的教材内部结构设计和编写体例。

承担专业理论知识体系构建任务的教材，强调了专业理论知识体系的完整与系统，不强调专业理论知识的深度和难度；追求的是学生对专业理论知识整体框架的把握和应用，不追求学生只掌握某些局部内容，而求其深度和难度。

承担专业技术框架体系构建任务的教材，注重让学生了解这种技术的产生与演变过程，培养学生的技术创新意识；注重让学生把握这种技术的整体框架，培养学生对新技术的学习能力；注重让学生在技术应用过程中掌握这种技术的操作，培养学生的技术应用能力；注重让学生区别同种用途的其他技术的特点，培养学生职业活动过程中的技术比较与选择能力。

承担职业活动体系构建任务的教材，依据不同职业活动对所从事人特质的要求，分别采用了过程驱动、情景驱动、效果驱动的方式，形成了“做中学”的各种教材的结构与体例。由于旅游大类专业毕业生的职业活动，基本上是情景导向的，因此多数旅游大类的教材采用了情景导向的教材结构。这对于培养从事旅游业高技能型人才的个性化服务理念，情景导向的思维方式，规范而又不失灵活的行为方式，富有情感的语言和交往沟通能力，特别是对游客的情感和旅游管理与服务情景的敏感特质，是

序 PREFACE

十分有效的。

本套教材从课程标准的开发、教材体系的建立、教材内容的筛选、教材结构的设计，到教材素材的选择，均得到了旅游业行业专家的大力支持。他们依据旅游业不同职业的职业资格标准，对课程标准提出了十分有益的建议；他们根据课程标准要求，提供了大量的典型职业活动案例，使教材素材鲜活起来。国内知名职业教育专家和一百多所高职高专院校参与本课题研究，他们对高职高专旅游类高技能人才培养提出了宝贵的意见，对高职高专旅游类专业教学提供了丰富的素材和鲜活的教学经验。

这套教材是我国高职教育近年来从只注重学生单一职业活动逻辑体系构建，向专业理论知识体系、技术框架体系和职业活动逻辑体系三个体系构建的转变的有益尝试，也是国家社会科学研究基金课题“以就业为导向的职业教育教学理论与实践研究”研究成果的具体应用之一。

如本套教材有不足之处，敬请各位专家、老师和广大同学不吝赐教。希望通过本套教材的出版，为我国高等职业教育和旅游业的发展做出贡献。

邓泽民

2011 年 11 月

FOREWORD 前言

餐饮服务与管理是高职高专旅游管理和酒店管理专业学生的一门专业核心课程。本书从酒店餐饮服务与管理各岗位的任务和职业能力分析着手，以完成实际工作任务为引导，培养学生实践能力和岗位需求的专业技能，结合中、高级餐厅服务员职业资格证书的考核要求组织编写，旨在提高学生餐饮服务与管理的知识和技能的同时，增强学生了解企业、了解岗位的能力和就业综合竞争力，满足学生职业生涯发展的需要。

近年来，国家大力推进以服务为宗旨、以就业为导向的职业教育改革，取得一定的成果，尤其是在课程改革环节，提出了工作过程导向、项目导向、任务驱动等一系列新理念、新方法、新理论。目前，“以培养职业能力为核心，以工作实践为主线，以工作过程（项目）为导向，用任务进行驱动，建立以行动（工作）体系为框架的现代课程结构，重新序化课程内容，做到陈述性（显性）知识与程序性（默会）知识并重，将陈述性知识穿插于程序性知识之中，理论与实践一体化”的课改思路，已得到许多专家和学者的认可。随着课程改革的进行，作为课程内容载体的教材也必然要进行改革。新教材应该按照课程改革的思路进行重构，打破传统的教材编写模式，采用新的编写方法，如任务驱动编写模式等。为贯彻落实《关于实施国家示范性高等职业教育院校建设计划，加快高等职业教育改革与发展的意见》（教高 [2006]14 号）和《关于全面提高高等职业教育教学质量的若干意见》（教高 [2006]16 号）精神，提升高职教材建设水平，满足我国高职教育新时期的发展需要，我们着手编写一系列以项目为导向的新思路教材，以推动教学改革，促进教学质量的提高。

工学结合人才培养模式的核心是基于工作过程来开发（选择）课程体系（教学内容）的。在这一理念指导下，本教材探索实施了基于工作过程的教材开发（编写）模式，与现有教材相比，本教材具有以下三个方面的特点：

第一，基于工作过程，以满足完成工作任务的需要为中心，选择教材和排序教材内容。第二，与行业、企业合作，共建基于工作过程的实训

前言 FOREWORD

教材。第三，以实训代替传统的理论教学，“教”、“学”、“练”合一，强化对学习者能力的培养。本教材在框架体例设计上充分体现了学生的主体地位和教师的主导地位，学生的主体地位是指本课程的教学以学生的“练”为主，教师的主导地位体现在教师对于教学节奏的把握和对学生在“练”的过程中的指导、督促等作用。因此，编者建议教师在使用本教材时，要充分发挥学生的主动性与积极性，给予学生更多的时间去“练”，让学生在“练”中感悟，在“练”中提高，从而达到培养学生职业能力的目标。

本教材是为了适应高职高专酒店类工学结合教学体系改革的需要，以“工学结合、教学做一体化”为编写原则，以满足职业岗位需求为目标，以培养学生的应用技能为着力点。在内容的组织上打破了传统的课程学科体系，采用任务驱动、案例教学的方式，以具体的实践任务贯穿整个教学过程，力求在新颖性、实用性、可读性三个方面有所突破，体现高职高专教材的特点。本教材共分为7个单元：餐饮服务基本技能、零点服务、宴会服务、餐饮服务质量管理、餐饮销售管理、菜单设计、餐饮原料管理。每个单元均有知识与能力目标、任务导入，中间穿插知识链接和知识拓展，后有技能训练与思考题可供学生学习和练习。本教材主要适用于高等职业院校酒店管理专业教学，也可作为酒店从业人员的培训和自学之用。

本书由天津职业大学徐文苑、大连职工大学刘菊任主编，天津职业大学刘悦任副主编。本书在编写过程中，曾多次听取业内有关专家的意见，并得到一些酒店的支持和帮助，刘悦老师提供了部分资料，在此一并表示感谢。虽然我们力求体现创新、实用等特色，但由于高职教育的改革与发展尚处于起步阶段，教材建设还处在探索阶段，限于作者的水平，本书在编写中难免存在不足之处，恳请广大读者和专家指正，以便不断完善。

编　者

2011年11月

CONTENTS 目 录

目 录 CONTENTS

单元一

餐饮服务基本技能

餐饮服务是餐厅服务人员为就餐客人提供食品饮料等一系列有形产品及无形服务的总和。餐饮服务人员只有具备丰富的服务知识和娴熟的服务技能，才能将精美可口的佳肴和尽善尽美的服务有机结合起来，让客人在物质和精神上获得满足，以达到餐饮服务的最佳效果。因此，餐饮服务人员必须熟练掌握餐饮服务操作技能。餐饮服务技能是指餐饮服务人员面对面地为客人提供各种服务，满足客人提出的各类符合情理的要求的各项基本技能，包括托盘、铺台布、餐巾折花、摆台、斟酒、上菜与分菜等。

知识目标

1. 掌握轻托和重托的操作程序与操作要领。
2. 了解中西餐摆台的种类和要求。
3. 掌握中西餐的上菜规范与顺序。
4. 掌握常见酒水的斟酒服务方法。

技能目标

1. 能选择合适的托盘，并按照所需托送物品合理装盘。
2. 能熟练掌握并运用折花的手技要领。
3. 能熟练进行铺台操作。
4. 能熟练进行中西餐零点及宴会摆台操作。
5. 能够熟练使用分菜工具进行分菜。

任务一 托盘

托盘（Serving Tray）是餐饮服务人员为客人服务时最为重要的服务工具，也是每位餐厅服务人员在服务时必须要掌握的一项基本技能。在餐饮服务中使用托盘来装运、递送各种不同的物品，体现了餐厅服务的规范化、程序化的要求，而且还有利于提高服务质量，使餐厅服务向高档次、高规格化发展。不仅如此，在餐饮服务中广泛使用托盘，还起着讲究卫生，讲究礼貌、礼节的作用。所以，要求餐厅服务员一定要做到“送物不离盘”，也就是不论运送何种物品，都应使用托盘，而不应直接用手接触物品。因此，作为餐饮服务人员就必须下功夫练好托盘这一项基本功。

任务导入

某酒店宴会厅正在举行欢迎记者的午宴，百余名客人正在互相交谈，舒缓的背景音乐响起。这时，一位服务员手托着饮料向客人走来，一不小心，托盘上的饮料翻倒，全部洒在邻近的一位记者身上，响声惊动了百余名客人。大家的目光一齐投向这位记者……最终，客人提出投诉。

思考

服务员怎样才能熟练使用托盘，避免和减少服务事故的发生，自如地进行服务？

任务描述

小小的托盘在餐饮服务中扮演着重要角色。它装载着餐饮产品，为服务员运送菜肴、酒水等提供便利。相信你外出就餐时一定看到过这个不起眼的物件。下面让我们好好看看究竟什么是托盘，它有哪些种类和用途？更重要的是要掌握托盘的操作程序及操作要领，达到熟练端托、运用自如的训练要求。因为托盘操作是作为一名合格餐厅服务员必须掌握的基本技能。

任务分析

托盘要求姿势正确，行动自如，有效控制，清洁卫生；摆放有序，动作规范；切忌双手端托或手指捏拿托盘。练习时要思考怎样摆放物品最合理，怎样端托最平稳，怎样操作姿势最优雅……你要课上勤学，课下勤练，练好托盘这一基本功。

任务实现

托盘的方法按照托盘的大小以及所盛装的物品重量不同可以分为轻托和重托，在实际的餐饮服务工作中，以轻托为主，较大或较重的物品一般为了安全起见多用餐车运送。

1. 轻托训练

轻托通常使用中、小圆托盘或小方托盘上酒、上菜。因为盘中运送的物品重量较轻，一般在 5 千克以内，所以称这种方法为“轻托”（见图 1-1）。又因盘子平托于胸前，所以又称为“平托”或“胸前托”。

1）轻托的操作程序与方法

（1）理盘

选择合适的托盘，将托盘洗净擦干，如图 1-2 所示，在盘内垫上专用盘巾，铺平拉直，盘巾的四边与盘底对齐，力求美观整洁。为避免盘内的物品滑动，也可将盘巾适当蘸些水，使盘巾半干半湿。

（2）装盘

根据所盛物品的形状、体积、重量以及先后使用顺序合理安排，注意所有物品平均而且要重量平衡地摆在托盘上，以便安全稳妥，便于运输，如图 1-3 所示。一般应将重物、高物放于身体的内侧，这样易于掌握托盘重心。随后将轻物、低物或先派用的物品装在盘的外侧，使盘内物品分布得体，方便自己的服务工作。这样既稳妥又避免盘面过多的转动或右手在交叉取物时可能造成的自身碰撞。用圆托盘时，码放物品应呈圆形，用方托盘时，码放物品应横竖成行，但二者的重心应在托盘的中心部分，摆匀放均。

图 1-1　轻托

图 1-2　理盘

图 1-3　装盘

（3）起托

完成装盘后，开始托起行走。托盘从桌面起托时应注意正确的姿势，注意手脚身体的配合动作。先将左脚向前一步，站立成弓步形，上身向左、向前倾斜，左手与托盘持平，用右手将托盘拉出桌面 1/3，然后按轻托要领将左手伸进盘底，左手托起托盘，右手可帮助一下，如图 1-4 所示，待左手掌握重心后应将右手放开，同时左脚收回一步，使身体成站立姿势。

（4）行走

指服务员托起托盘走动时的行走动作。头正肩平，上身挺直，注视前方，脚步轻缓，动作敏捷，步伐稳健，行走自如，使托盘随走动的步伐自然摆动，如图 1-5 所示。还应特别注意在为客人服务的过程中使持托盘的左手离上身有一定间距，千万不能紧贴上身。因为人在走动时有轻微的摇动，如果托盘随步左右摇动就会使托盘中的物品产生滑动或菜汁、汤水外溢，而且会让人感到托盘姿势不优美。

（5）落托

当物品送到目的地时，小心地放在一个选择好的位置，双手将托盘端至桌前，如图 1-6 所示，放稳后再取物品，从托盘两边交替拿下。在落托盘时，一要慢、二要稳、三要平。左手转掌落托盘时，要用右手协助。待盘面与台面平行时，再用左臂或左手将托盘向前推进，落托动作结束后应及时将盘内物品整理好。如果所托物品较轻，可以用右手将物品从托盘中取下来递给客人。物品取走部分之后，服务员应及时用右手对托盘位置或盘中物品进行调整，使托盘保持平衡；如果托送的物品较为沉重，服务员可以将托盘放在邻近的桌面或餐台上，然后将所托物品依次递给客人。

图 1-4　起托

图 1-5　行走

图 1-6　落托

2）轻托动作要领

轻托动作要领如表 1-1 所示。

表 1-1　轻托动作要领

内容	动　作　要　领	常　见　错　误
理盘	托盘进行清洁，盘布打湿拧干，用双手铺平拉挺	① 托盘没有清洁 ② 盘布没有拧干
装盘	用双手进行，物品之间不要过于分散，并排摆放，横竖成行，这样装盘既安全稳定，又便于操作	① 装卸无序 ② 装卸过量失去平衡
托盘	① 左手五指分开，置于托盘下部，位于托盘中心偏前 3 厘米处，掌心悬空，靠五指与掌根的二点使其成一平面 ② 左大臂保持自然下垂，左小臂弯曲 90 度与肩臂形成直角弯曲状 ③ 托盘横托在胸前，略低于胸部并在腰部皮带上方一点 ④ 托盘时要用手指和掌根掌握托盘的平衡，使重心始终落在掌心或掌心靠身体里侧	① 心里胆怯，怕打翻 ② 用大拇指按住盘边，四指托住盘底
托盘行走	① 头正肩平，目视前方，脚步轻捷，手腕要轻松灵活，使托盘在胸前，随着走路的节奏摆动 ② 掌握重心，转向灵活自如 ③ 右手自然摆动 ④ 适时采用常步、快步、碎步、垫步、跑楼步伐	① 手腕僵硬死板，盘中洒水，汤汁外溢 ② 托盘上下幅度过大，影响美观，待客不礼貌
托盘服务	① 左手托盘注意平衡，右手取物件 ② 服务要侧身，盘悬于客位之外，身体重心在右脚，左脚可略微抬起，双脚呈“丁”字形 ③ 某些场合和某些物件可用托盘直接递给客人自取 ④ 重心不稳或盘中物件减少，要随时用右手进行调整	① 在客人面前，两脚弯曲，略微下蹲 ② 没有侧身对客服务 ③ 将托盘放在客人的餐台上，当面操作 ④ 托盘在客人的眼前晃动 ⑤ 托盘在客人头顶上晃动或经过 ⑥ 托盘重心向后倾斜

3）轻托的注意事项

① 左手托盘，左臂弯曲呈 90 度，掌心向上，五指分开。右手自然下垂，在行走过程中禁止用右手扶托。

② 用手指和掌底托住盘底，掌心不与盘底接触，手掌自然形成凹形，重心压在大拇指根部，

使重心点和左手五个指端成为六个力点，利用五个手指的弹性掌握盘面的平衡。切忌用拇指从上方按住盘边，四个手指托住盘底，这种方法不符合操作要求，而且不礼貌。

③ 平托于胸前，略低于胸部，基本保持在第二和第三枚衣扣之间。盘面与左手臂呈直角状，利用左手手腕灵活转向。

④ 托盘行走时头要正，上身保持直立，肩膀放松，不要紧张，集中精神，步伐稳健。目光应平视前方，而不能只盯着托盘。随着托盘重量的增多或减少，要做到进出有序，掌握好重心，保持盘面平稳。

⑤ 手臂不要贴近身体，也不要过度僵硬。行进时应该与前方人员保持适当的距离，并注意左右两侧，切忌突然变换行进路线或停止。

⑥ 托盘不能越过宾客头顶，随时注意数量、重量、重心的变化，手指做出相应的移动。

⑦ 端托时，不论多急，不能抢道，不能不让道，不能跑步行进。

2. 重托训练

重托因为以上肩的方式来托送物品，所以也叫“肩上托”，主要用于运送较重的菜点、酒水、盘碟等。重托通常使用大型托盘，运送的物品一般重量在 10 千克左右。

1）重托的操作程序与方法

重托与轻托的操作程序大致相同（见图 1-7），在具体方法上略有差别。

图 1-7 重托

（1）理盘

由于重托常用于送菜、送汤和收拾碗碟，一般油腻较大，使用前必须清洁盘面并消毒，铺上洁净的专用盘巾，起到防油、防滑的作用。

（2）装盘

托盘内的物品应分类码放均匀得体，使物品的重量在盘中分布均匀，并注意把物品按高矮大小摆放协调，切忌将物品无层次地混合摆放，造成餐具破损。装盘时还要使物与物之间留有适当的间隔，以免端托行走时发生碰撞而产生声响。重托装汤锅一般能装三只，在装盘时应将两只汤锅装在近身的一边，另一只汤锅则可装在外框处，成斜“品”字形，这种方法比较安全。在收拾台面餐具时最好能将物品分门别类地装盘，切忌将所有物品不分大小、形状、种类混装在一个盘内，这样物品容易滑动，甚至落地打碎。

（3）起托

起托时应先将托盘用右手相助拉出 1/3，右手扶托盘将托盘托平，双脚分开呈八字形，双腿下蹲，略成骑马蹲裆势，腰部略向前弯曲。左手五指分开，用整个手掌托住托盘的底部，手掌移动找到托盘的重心。掌握好重心后，用右手协助左手向上用力将盘慢慢托起，在托起的同时，左手和托盘向上、向左旋转过程中送至左肩外上方。做到盘底不搁肩、盘前不靠嘴、盘后不靠发。

（4）行走

行走时，表情轻松自然，步伐不宜过大、过急，盘面应始终保持平衡、平稳，防止汤水外溢。右手自然摆动，或扶住盘前角，并随时准备摆脱他人的碰撞。

（5）落托

落托时，左脚向前迈一步，用右手扶住托盘边缘，左手向右转动手腕，同时托盘向右旋转，待盘面从左肩移至与台面平行时，再用左臂和右手向前推进。

2）重托的注意事项

① 托盘操作过程中要做到平、稳、松。“平”就是在托盘的各个操作环节中都要掌握好重心，保持平稳，不使汤汁外溢。行走时盘要平，肩要平，两眼要平视前方。“稳”就是装盘合理稳妥，托盘稳而不晃，行走时步稳不摇摆。“松”就是动作表情要轻松，面容自然，上身挺直，行走自如。

② 运送菜点过程中要注意卫生，不可将所托物品贴靠在自己的头颈部位。

③ 当托盘中有食品时，不要将冷的食物放在热的食物上面，因为热量会通过传导使冷盘变热，影响食物的品质。

④ 装载液体的器皿，如茶壶、咖啡壶等，应放在托盘的中央位置，防止汁水洒在托盘的外面，烫伤自己或他人。

相关知识

1. 托盘的种类与用途

目前常见的托盘从其质地分有：木制托盘、塑料托盘、胶木托盘、金属托盘（如镀银托盘、铝制托盘、不锈钢托盘等，如图 1-8 所示）；根据规格大小可分为大、中、小三种规格的托盘；按照形状可分为圆形托盘（是餐厅服务最常用的托盘，直径在 30 ～ 45 厘米之间，如图 1-9 所示）、长方形托盘（长方形托盘的尺寸非常大，适合一次运送较多的菜点或者是较多的餐具、重物等，如图 1-10 所示）等。

大、中号长方形托盘一般用于运送菜点、酒水和盘碟等较重物品；大、中号圆形托盘一般用于斟酒、展示饮品、送菜、分菜等；小号圆形托盘和方形托盘则用于递送账单、收款、递送信件等；异型托盘主要用于特殊的鸡尾酒会或其他庆典活动。

图 1-8　金属托盘

图 1-9　圆形托盘

图 1-10　长方形托盘

2. 托盘行走常用步伐

① 常步：步履均匀而平缓，快慢适当，适用于餐厅日常服务工作。

② 快步（疾行步）：较之常步，步速要快一些，步距要大一些，但应保持适宜的速度，不能表现为奔跑，否则会影响菜形或使菜肴发生意外的泼洒。端送火候菜或急需物品时，在保证菜不变形、汤不洒的前提下，以最快速度走路。

③ 碎步（小快步）：步距小而快地中速行走。运用碎步可以使上身保持平稳，使汤汁避免溢出。适用于端送汤汁多的菜肴及重托物品。

④ 跑楼梯步：身体向前倾，重心前移，用较大的步距，一步跨两个台阶，一步紧跟一步，上升速度快而均匀，巧妙地借用身体和托盘运动的惯性，既快又节省体力。此法适用于托送菜品上楼。

⑤ 垫步（辅助步）：需要侧身通过时，右脚侧一步，左脚跟一步。当餐厅员工在狭窄的过道中间穿行或欲将所端物品放于餐台上时，应采用垫步。

技能训练

托盘操作技能训练

<table>
<tr><th colspan="4">实 训 内 容</th></tr>
<tr><td colspan="4">1. 实训内容和方法
（1）轻托练习
① 每人拿取托盘一个，并在托盘内放置 5 千克左右物品
② 按照轻托要领进行托盘操作练习
③ 进行 3 分钟、5 分钟、7 分钟托盘持久站立练习
④ 进行托盘行走练习
（2）重托练习
① 每人拿取托盘一个，并在托盘内放置 10 千克左右物品
② 按照重托要领进行托盘操作练习
③ 进行 3 分钟、5 分钟、7 分钟托盘持久站立练习
④ 进行托盘行走练习
（3）托盘操作流程练习
① 将各种物品分别摆放在操作台上
② 按照托盘操作流程进行理盘、装盘、起托、行走、落托等练习
（4）托盘行进步伐练习
可进行五种行进步伐练习
2. 实训用品：托盘、垫布、酒瓶、砖头等。</td></tr>
<tr><td>要点提示</td><td colspan="3">托盘操作过程中要做到平、稳、松。</td></tr>
<tr><th colspan="4">托盘（轻托）操作技能测试与考核</th></tr>
<tr><th>考核项目</th><th>操 作 要 求</th><th>配分</th><th>得分</th></tr>
<tr><td>理盘</td><td>洗净，擦干，垫好盘巾</td><td>10</td><td></td></tr>
<tr><td>装盘</td><td>物品摆放合理，符合要求，重心均衡</td><td>10</td><td></td></tr>
<tr><td>起托</td><td>左脚向前迈一步，右手将托盘拉出台面三分之一
托盘重心位于掌心处，保持盘面平衡
左手掌呈凹形，不与盘底接触
托稳，右手放回体侧呈站立姿势</td><td>5
5
10
10</td><td></td></tr>
<tr><td>行走</td><td>头正肩平，上身挺直
步伐轻盈，稳健自如
目视前方，表情自然，精力集中，姿态优美
托盘随着步伐在胸前自然摆动</td><td>10
10
10
10</td><td></td></tr>
<tr><td>落托</td><td>左脚向前迈一步，用右手将托盘小心推至台面
放稳托盘，卸下所托物品</td><td>5
5</td><td></td></tr>
<tr><td>合 计</td><td></td><td>100</td><td></td></tr>
</table>

思考与练习

1. 托盘的种类有哪些，有何用途？
2. 托盘行走时常用哪些步伐？
3. 如果你所在的餐厅使用的是胶木托盘或塑料托盘，请问这些托盘的保养如何进行？

4. 如果你是某家餐厅的主管或领班，如何训练服务员托盘端托的形象和气质，并且与餐厅的主题相映成辉？

5. 案例分析：

托盘打翻了

小李是旅游学校的一名实习生，被安排在一家四星级酒店的餐厅作服务员。刚刚上班不久，因为接待宴会临时缺人手，她被安排值台服务。从来没有独立工作过的小李被弄得手忙脚乱，把客人需要的酒水、饮料一股脑地全放在了托盘里。结果在给客人斟倒饮料时，不小心将放在外侧的酒瓶碰倒，致使托盘翻倒，酒水洒了一地。

思考：应该如何正确进行托盘服务？

任务二 餐巾折花

餐巾（Napkin），又称口布（Serviette），是餐厅中常备的一种卫生用品，又是一种装饰美化餐台的艺术品。餐巾折花是餐前准备工作之一，主要工作内容是餐厅服务员将餐巾折成各式花样，插在水杯内，或放置在盘碟内，供客人在进餐过程中使用。餐巾折花是餐饮服务的重要技能之一，美观的餐巾折花本身就是餐桌上的装饰品，再加上服务人员的优质服务，能够给客人一种招待细致入微的感觉。由于餐巾直接接触客人的手和嘴，因此在卫生程度上要特别注意。当前餐巾花的趋势是美观大方，造型简单，因为复杂的餐巾花不仅费时费力，而且由于多次的折叠接触餐巾，不可避免地会带来卫生问题。

任务导入

一天，天津某酒店宴会部的小李接待了一位日本客人，该客人在详细了解了酒店服务情况后，预订了两天后40人的高档规格宴会，并提出了宴会要求，交付了定金。两天后宴会部按照客人的要求做好了一切准备工作，并根据时令季节选用了荷花造型的餐巾花。当引位员将其中的几位日本客人引领到餐桌前时，客人十分不悦。

思考

客人为什么不悦？应该如何正确选择餐巾花造型？

任务描述

就餐讲究一个氛围。造型别致、色彩明快的餐巾花（Napkin Flower）就是营造就餐氛围的高手，它让客人在品尝美味佳肴前就已经胃口大开。各种各样的餐巾花栩栩如生，现在比较成熟、简洁、容易折叠的餐巾花有近百种，经常使用的有五六十种，通过学习将认识到各类餐巾花的无穷魅力。首先要了解餐巾花的种类、花型选择与摆放要求，然后要掌握餐巾折花的手技要领与部分折花的操作方法，达到操作规范，熟练折叠的训练要求。

任务分析

餐巾折花是细活，要求餐巾干净整洁，完好无破损；辅助工具齐全；折花动作灵巧、娴熟、规范；餐巾花摆放合理、有序、统一，整体效果美观大方。

任务实现

1. 餐巾折花基本技法训练

餐巾折花的基本技法有叠、折、卷、穿、翻、拉、捏、掰等，如表 1-2 所示。餐厅服务员应反复练习，达到技艺娴熟，运用自如的要求，以提高摆台的工作效率和体现折花的艺术性。

表 1-2　餐巾折花的基本技法

技法	说　　明
叠	叠是最基本的餐巾折花手法，几乎所有的造型都要使用。叠就是将餐巾一折为二，二折为四，或折成三角形、长方形、菱形、梯形、锯齿形等形状。叠有折叠、分叠两种。叠时要熟悉造型，看准角度一次叠成，如有反复，就会在餐巾上留下痕迹，影响挺括。叠的基本要领是找好角度一次叠成
折	折是打褶时运用的一种手法。折就是将餐巾叠面折成褶裥的形状，使花形层次丰富、紧凑、美观。打褶时，用双手的拇指和食指分别捏住餐巾两头的第一个褶裥，两个大拇指相对成一线，指面向外。再用两手中指接住餐巾，并控制好下一个褶裥的距离。拇指、食指的指面握紧餐巾向前推折至中指外，用食指将推折的褶裥挡住。中指腾出去控制下一个褶裥的距离，三个手指如此互相配合。折可分为直线折和斜线折两种方法，两头一样大小的用直线折，一头大一头小或折半圆形、圆弧形的用斜线折。折的要领是折出的褶裥均匀整齐
卷	卷是用大拇指、食指、中指三个手指相互配合，将餐巾卷成圆筒状。卷分为直卷和螺旋卷。直卷有单头卷、双头卷、平头卷。直卷要求餐巾两头一定要卷平。螺旋卷分两种，一种是先将餐巾叠成三角形，餐巾边参差不齐；另一种是将餐巾一头固定，卷另一头，或一头多卷，另一头少卷，使卷筒一头大，一头小。不管是直卷还是螺旋卷，餐巾都要卷得紧凑、挺括，否则会因松软无力、弯曲变形而影响造型。卷的要领是卷紧、卷挺
穿	将餐巾先折好后攥在左手掌心内，用筷子一头穿进餐巾的褶缝里，然后用右手的大拇指和食指将筷子上的餐巾一点一点向后拨，直至把筷子穿出餐巾为止。穿好后先把餐巾花插入杯子内，然后再把筷子抽掉，否则容易松散。根据需要，一般只穿 1 ～ 2 根筷子。穿的要领是穿好的褶裥要平、直、细小、均匀
翻	翻大都用于折花鸟造型。操作时，一手拿餐巾，一手将下垂的餐巾翻起一只角，翻成花卉或鸟的头颈、翅膀、尾等形状。翻花叶时，要注意叶子对称，大小一致，距离相等。翻鸟的翅膀、尾巴或头颈时，一定要翻挺，不要软折。翻的要领是注意大小适宜，自然美观
拉	拉一般在餐巾花半成形时进行。把半成形的餐巾花攥在左手中，用右手拉出一只或几只角来。拉的要领是大小比例适当，造型挺括
捏	捏主要用于折鸟的头部造型。操作时先将餐巾的一角拉挺作为颈部，然后用一只手的大拇指、食指、中指三个指头捏住鸟颈的顶端，食指向下，将巾角尖端向里压下，用中指与拇指将压下的巾角捏出尖嘴状作为鸟头。捏的要领是棱角分明，头顶角、嘴尖角到位
掰	将餐巾做好的褶用左手一层一层掰出层次，成花蕾状。掰时不要用力过大，以免松散。掰的要领是层次分明，间距均匀

2. 餐巾折叠训练

① 美人蕉，如图 1-11 所示。

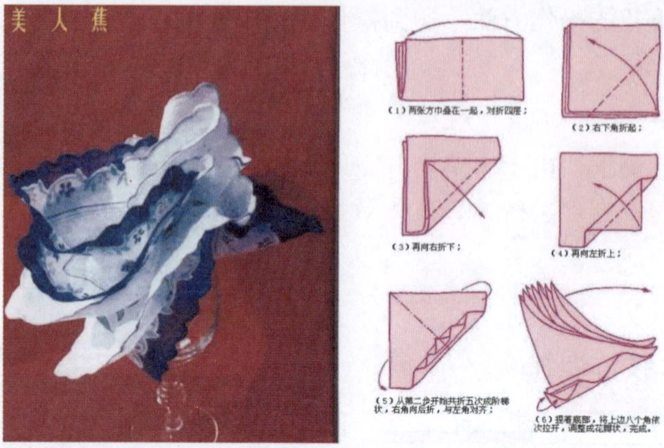

图 1-11　美人蕉

② 牛角帽，如图 1-12 所示。

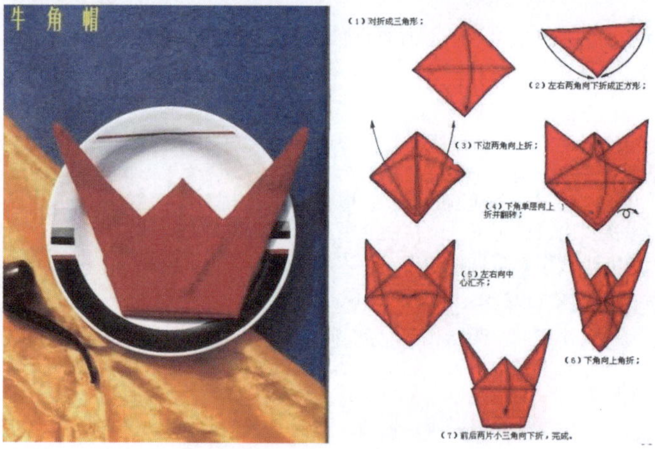

图 1-12　牛角帽

③ 浪，如图 1-13 所示。

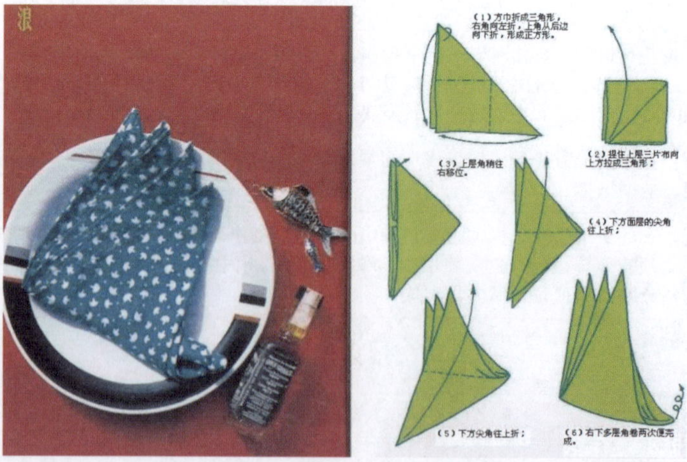

图 1-13　浪

④ 聚宝盆，如图 1-14 所示。

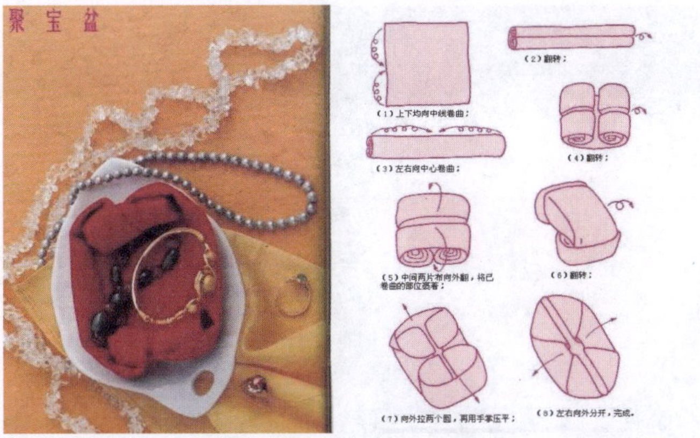

图 1-14　聚宝盆

⑤ 鸽子，如图 1-15 所示。

⑥ 贝，如图 1-16 所示。

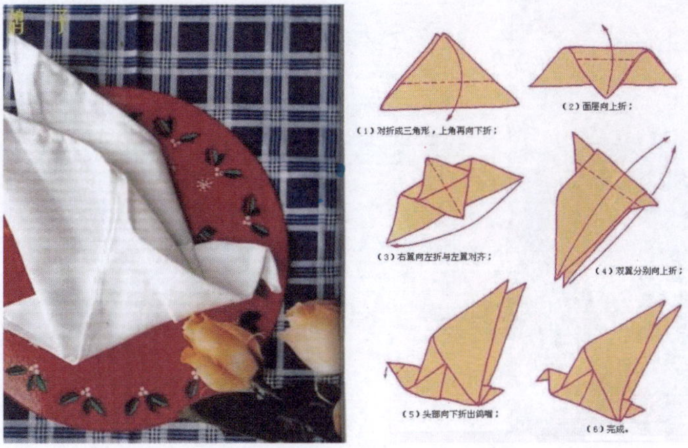

图 1-15　鸽子

图 1-16　贝

⑦ 雅洁，如图 1-17 所示。

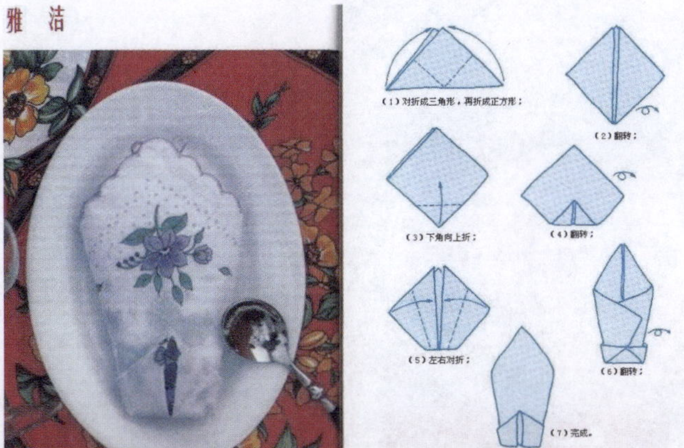

图 1-17　雅洁

⑧ 八仙花，如图 1-18 所示。

图 1-18 八仙花

⑨ 餐巾袋，如图 1-19 所示。

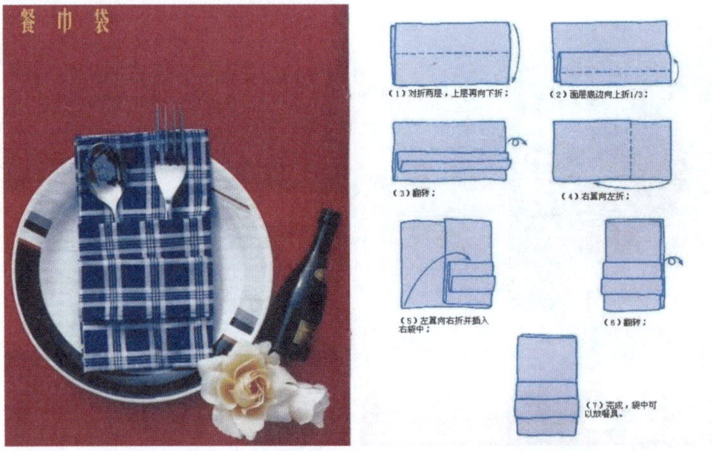

图 1-19 餐巾袋

⑩ 衬衫，如图 1-20 所示。

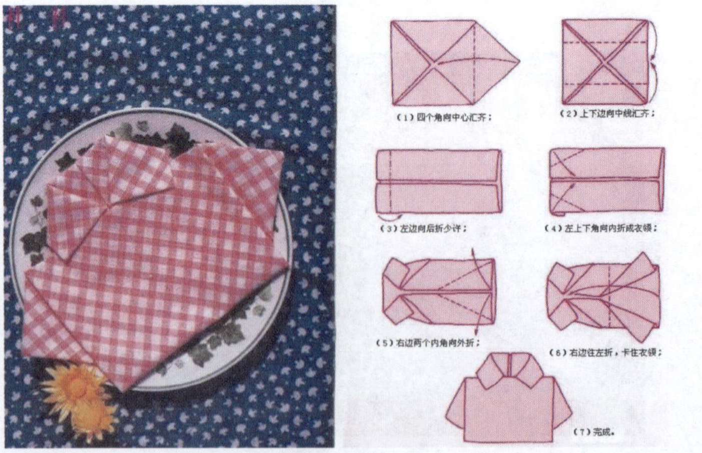

图 1-20 衬衫

⑪ 对角袋，如图 1-21 所示。

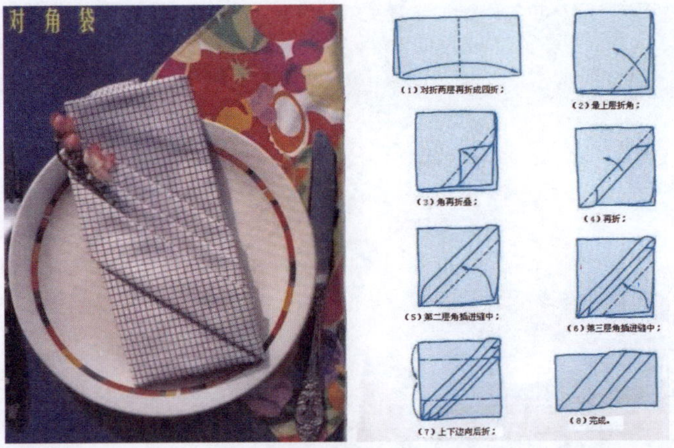

图 1-21　对角袋

⑫ 帆船，如图 1-22 所示。

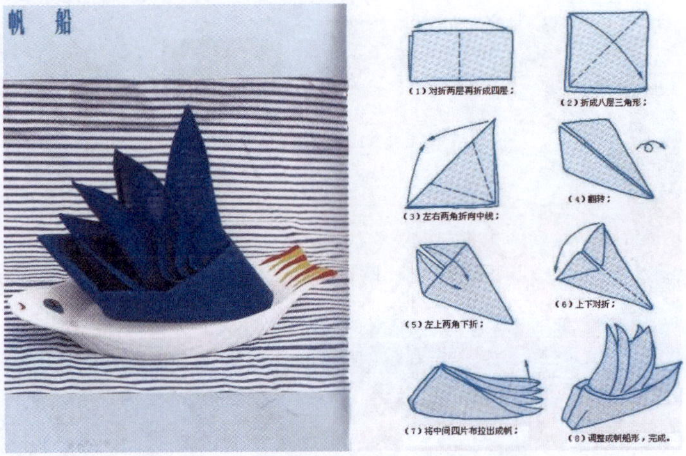

图 1-22　帆船

⑬ 风车，如图 1-23 所示。

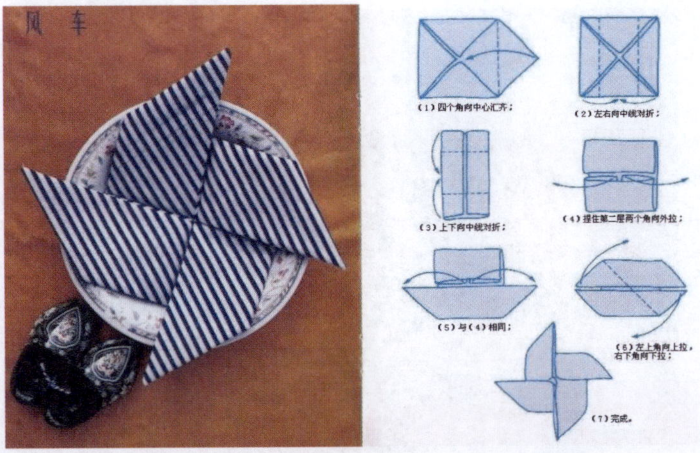

图 1-23　风车

⑭ 含苞，如图 1-24 所示。

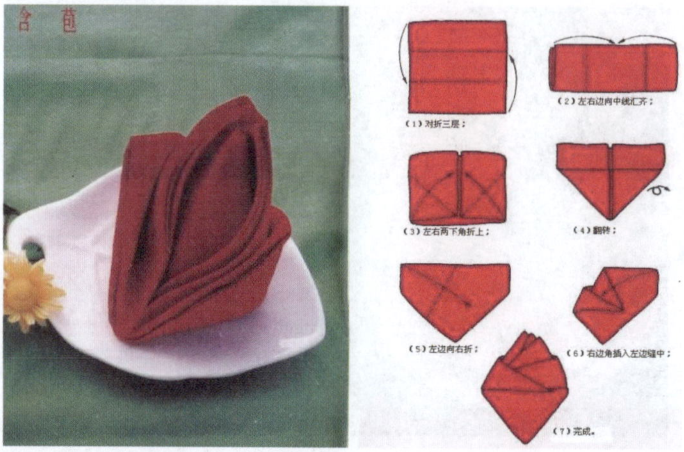

图 1-24 含苞

⑮ 蝴蝶，如图 1-25 所示。

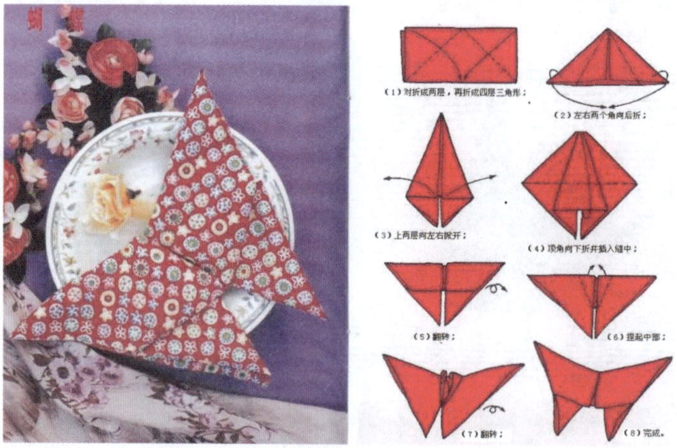

图 1-25 蝴蝶

⑯ 教皇帽，如图 1-26 所示。

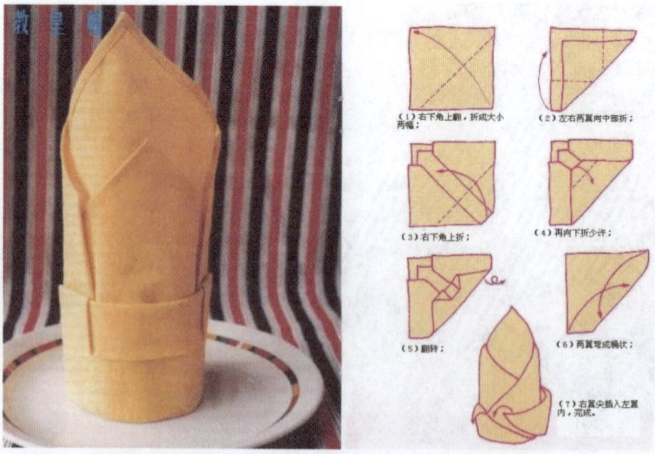

图 1-26 教皇帽

⑰ 睡莲，如图 1-27 所示。

图 1-27　睡莲

⑱ 装饰袋，如图 1-28 所示。

⑲ 翼，如图 1-29 所示。

图 1-28　装饰袋

图 1-29　翼

⑳ 双扇，如图 1-30 所示。

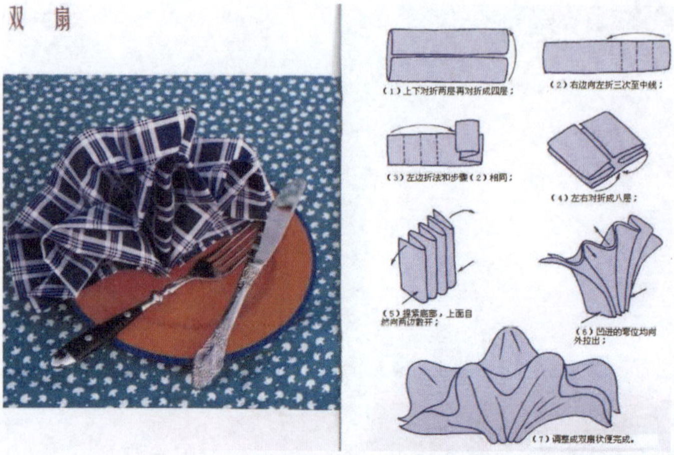

图 1-30 双扇

㉑ 士兵帽，如图 1-31 所示。

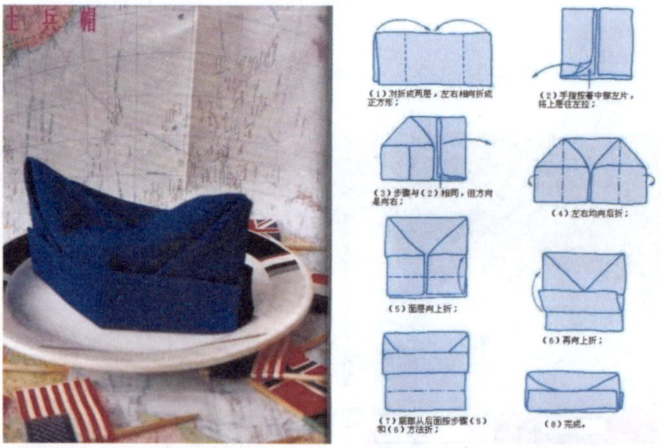

图 1-31 士兵帽

㉒ 情人结，如图 1-32 所示。

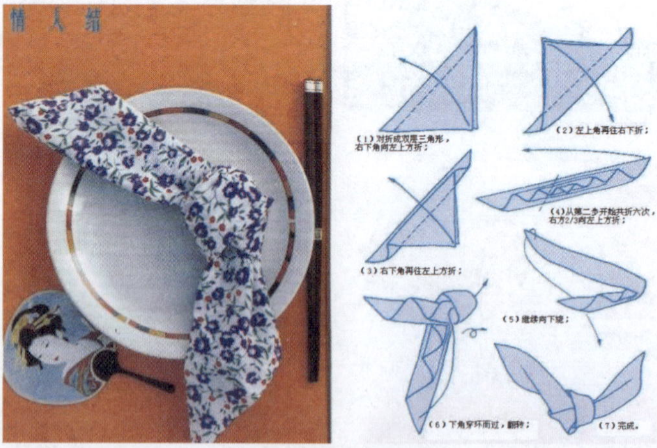

图 1-32 情人结

3. 餐巾折花注意事项

1）基本要求

① 操作前要洗手消毒，在干净卫生的托盘或餐盘中操作。

② 操作时不允许用嘴叼、口咬。

③ 放花入杯时，要注意卫生，手指不允许接触杯口，杯身不允许留下指纹。

④ 折叠尽量简便，减少反复折叠次数。

⑤ 餐巾花造型美观，要与气氛和谐。

2）餐巾折花的摆放

（1）插入杯中的注意事项

① 餐巾花要恰当掌握深义。

② 插时要保持花型的完整。

③ 杯内部分也应线条清楚。

④ 插花时要慢慢顺势插入，不能乱插、乱塞或硬性塞入，以防杯口破裂。餐巾折花放置在杯中高度的 2/3 处为宜。

（2）插摆时注意事项

① 主花摆插在主人位，突出主人座位，和其他餐巾花一起要高低均匀，错落有致。

② 一般的餐巾花则摆插在其他宾客席上。

③ 不同品种的花型同桌摆放时要位置适当，将形状相似的花形错开并对称摆放。

④ 摆插餐巾花时，要将其观赏面朝向宾客席位。适合正面观赏的要将头部朝向宾客，适合侧面观赏的要选择一个最佳观赏角度摆放。

⑤ 各种餐巾花之间的距离要均匀，整齐一致。

⑥ 餐巾花不能遮挡台上用品，不要影响服务操作。

⑦ 插摆好餐巾花后，要仔细检查一遍，发现问题及时予以纠正。

3）餐巾折花的运用原则

① 根据宴会的性质来选择花型。

② 根据宴会的规模来选择花型。一般大型宴会可选用简单、快捷、挺拔、美观的花型。小型宴会可以同一桌上使用各种不同的花型，形成既多样、又协调的布局。

③ 根据花式冷拼选用与之相配的花型。如冷拼是“游鱼戏水”，餐巾花则可以选用“金鱼”造型。

④ 根据时令季节选择花型。用台面上的花型反映季节特色，使之富有时令感。

⑤ 根据客人身份、宗教信仰、风俗习惯和爱好来选择花型。

⑥ 根据宾主席位的安排来选择花型。宴会主人座位上的餐巾花称为主花，主花要选择美观而醒目的花型，其目的是使宴会的主位更加突出。

相关知识

（一）餐巾的种类

1. 按质地分

餐巾可分为棉织品和化纤织品。棉织品餐巾吸水性较好，去污力强，浆熨后挺括，造型效果好，但折叠一次效果最佳。化纤织品色泽艳丽，透明感强，富有弹性，如一次造型不成，可以二次造型，但吸水性差，去污力不如棉织品。

2．按颜色分

餐巾颜色有白色与彩色两种。白色餐巾给人以清洁卫生、恬静优雅之感。它可以调节人的视觉平衡，可以安定人的情绪。彩色餐巾可以渲染就餐气氛，如大红、粉红色餐巾给人以庄重热烈的感觉；橘黄、鹅黄色餐巾给人以高贵典雅的感觉；湖蓝色餐巾在夏天能给人以凉爽、舒适之感。

（二）餐巾的作用

餐巾是餐厅中常备的一种卫生用品，又是一种装饰美化餐台的艺术品。餐巾的主要作用有以下几方面。

1. 装饰美化餐台气氛

不同的餐巾花型，蕴含着不同的宴会主题。形状各异、栩栩如生、争奇斗艳的餐巾花，摆放在餐台上，既美化了餐台，又增添了庄重热烈的气氛；餐巾花的错落有致、高低协调的摆放等，能给人以美的享受。

2. 烘托就餐气氛

烘托餐厅气氛，突出宴会目的，起到一定的无声语言的作用，会对交流思想感情产生良好的效果。例如寿宴、喜宴上的餐巾花，如折出比翼齐飞、心心相印的花型送给一对新人，可以表示出永结同心、百年好合的美好祝愿。国宴上，如用餐巾折成喜鹊、和平鸽等花型表示欢快、和平、友好，可以给人以愉悦之感。

3. 卫生保洁

餐巾是餐饮服务中的一种卫生用品，餐巾可用来擦嘴或防止汤汁、酒水弄脏衣物。

4. 餐巾花型的摆放可标出主宾、主人的席位

餐巾花型的摆放可标出主宾、主人的席位，起到座位牌的作用。在折餐巾花时应选择好主宾的花型，主宾花型高度应高于其他花型以示尊贵。还可以根据主人要求和主宾的特征选择花型，提供个性化服务和细节服务。

5. 传递信息

在西餐宴会中，餐巾具有信号提示的作用。在正式宴会上，女主人把餐巾铺在腿上是宴会开始的标志；餐巾也可以暗示宴会的结束，即将餐巾放在桌子上或者盘内；若中途暂时离开，可将餐巾放在本人座椅面上。

6. 酒店服务艺术和情感化的表现之一

餐巾花本身反映了人们对各种美好事物的艺术化处理和创意，体现了酒店和服务人员对客人的美好祝福和关怀。是一种无声的语言，是可以根据不同客人的不同需要而灵活服务的一种个性化和情感化的细节服务。同时还可以改变单调乏味的工作内容，陶冶餐厅服务员的情操，丰富职业情感。

知识拓展

餐巾折花的造型及其选择

餐巾折花的造型和种类很多，技法也各不相同。作为餐厅服务员要掌握餐巾折花的基本造型和折叠技法。

1. 餐巾折花造型种类

1）按摆放方式划分

按摆放方式，可分为杯花和盘花两种。

① 杯花（Napkin Flowers in the cup/glass）：一般应用在正式的宴会中，不同的宴会有相对稳定的餐巾花搭配和设计，是正式餐饮活动中最普遍使用的类型，也是餐巾花中种类最多的一类，属于中式花型。其特点是折叠的技法复杂，程序较多，操作要有一定的技巧，服务规范，造型别致和多种多样，是服务艺术和优质服务的组成部分。杯花需要插入杯中才能完成造型，出杯后花形即散；由于折叠过程中，对口布进行多次折、攥等，使用时平整性较差；又由于插杯过程中容易造成污染，所以目前杯花的使用日益减少。

② 盘花（Napkin Flowers on the Plat）：盘花一般在西餐和中餐零点餐厅中应用比较多，这是零点餐饮经常使用的餐巾花，也成为近年来餐巾折花的一个趋势。其特点是折叠简单，操作方便，服务简单，造型简洁明快，餐巾折痕较少。可以提前折叠好，便于储存，在摆台结尾阶段放入餐盘中即可。造型完整，成型后不会自行散开，可放于盘中或其他盛器内。盘花由于简洁大方，美观实用，有逐渐取代杯花的发展趋势。

2）按餐巾花外观造型划分

按餐巾花外观造型，可分为植物、动物、实物三种。

① 植物类造型。根据植物花的造型折制的有月季、荷花、梅花、牡丹、水仙花等品种；根据植物的叶、茎、果实造型折制的有荷叶、竹笋、玉米等品种。植物类花型变化多，造型美观，是餐巾折花品种中的一个大类。

② 动物类造型。此类包括鱼虫鸟兽，其中以飞禽为主，如孔雀、鸽子、海鸥等。动物类造型有的取其整体，有的取其特征，形态逼真，生动活泼，是餐巾折花中重要的一类。

③ 实物类造型。此类花型是模仿日常生活中各种实物形态折叠而成。常见的有花篮、折扇等。这类花型在餐巾花中只占少数，目前品种不太多。

2. 餐巾花造型的选择

① 根据宴会的规模选择花型。大型宴会可选择简洁、挺括的花型。可以每桌选两种花型，使每个台面花型不同，台面显得多姿多彩。如果是 1 ~ 2 桌的小型宴会，可以在一桌上使用各种不同的花型，也可以 2 ~ 3 种花型相间搭配，形成既多样又协调的布局。

② 根据宴会的主题选择花型。宴会因主题各异，形式不同，所选择的花型也不同。

③ 根据季节选择花型。选择富有时令的花型以突出季节的特色，也可以有意地选择象征一个美好季节的一套花型。

④ 根据宗教信仰选择花型。如果是信仰佛教的，勿叠动物造型，宜叠植物、实物造型等。

⑤ 根据宾客风俗习惯选择花型。如日本人喜樱花、忌用荷花，美国人喜山茶花，法国人

喜百合花，英国人喜蔷薇花等。

⑥ 根据宾主席位选择花型。宴会主宾、主人席位上的花称为主花。主花一般选用品种名贵、折叠细致、美观醒目的花，达到突出主人、尊敬主宾的目的。如在接待国际友人宴会上，叠和平鸽表示和平，叠花篮表示欢迎，为女宾叠孔雀表示美丽，为儿童叠小鸟表示活泼可爱，使宾主均感到亲切。

总之，要根据宴会主题设计折叠不同的餐巾花。要灵活掌握，力求简便、快捷、整齐、美观大方。

技能训练

餐巾折花操作

实　训　内　容			
① 请你在5分钟内折叠完成10种造型不同的杯花，要求花型错落有致，美观大方 ② 请你在3分钟内折叠完成6种造型不同的盘花，要求花型挺拔，美观整洁			
要点提示	① 双手保持干净，餐巾整洁；② 按照规范动作操作；③ 注重花型的整体效果		
餐巾折花操作技能测试与考核			
考核项目	操　作　要　求	配分	得分
手技要领	准确使用餐巾花折叠基本技法 操作熟练、规范	15 10	
折花造型	折花造型美观、逼真、挺拔 操作熟练、一次成形	20 20	
折花速度	能够保证在规定时间内完成折花造型	15	
操作禁忌	操作手法卫生，不用嘴吹、牙咬，手不触及杯子上部	20	
合　计		100	

思考与练习

1. 餐巾的种类与作用有哪些？
2. 餐巾花折叠的方法有几种？
3. 如何做到餐巾花与餐台的环境保持一致，并为之增色？
4. 请查阅不同国家或民族的风俗习惯，看看他们都有哪些不喜欢的物品。
5. 案例分析：

折花造型的失误

某日一个英国VIP团抵达一家酒店，餐厅服务员为了表示对客人的欢迎、尊重，选用孔雀开屏作为折花的造型，殊不知客人不但不领情，反而跑到大堂副经理处去投诉。

思考：服务员的一番好意，招来的不是感谢而是批评投诉，为什么？应该如何正确选择餐巾折花造型？

任务三 铺台布

铺台布是餐饮工作中最基本的服务技能之一，是餐厅服务员必须掌握的一门技术。由于中西餐饮服务中餐台的台型有所差别，因此铺台布的技能方法也有所区别。台布也称为桌布，其种类和规格也是不同的。台布的质地有纯棉的、化纤的。台布的颜色也是多种多样的，台布的图案有团花，有散花，也有工艺绣花等。餐桌上台布的颜色应该与餐厅的装饰、环境相协调。台布规格应与餐桌的规格一致，不能太小。目前有些餐厅餐桌上铺双层台布，较为讲究。

任务导入

某学院一年级学生小肖利用寒假到某酒店实习，正巧该酒店处于人员短缺的困境，便让小肖直接上岗，独立承担起对客服务工作。第一天，餐厅的客人很多，有些客人在等待餐位，需要撤换餐台，小肖在撤换铺台布时显得手忙脚乱，不知所措。无奈，只得找到一位老服务员帮忙，才顺利铺好台布。

思考

台布应该如何铺设，怎样才能掌握这一基本服务技能？

任务描述

酒店内餐厅台布的质地和色彩对渲染酒店装饰的整体气氛起着重要的作用，更能让用餐者食欲大增。它可以是浪漫情人烛光晚餐上的小精灵，也可以是温馨下午茶的心情转换点，还可以是酒店内华丽精致情调的营造者。一般的餐厅装饰喜用白色台布，配上白色的餐巾花显得纯洁干净，配上红色的餐巾花显得热闹喜气。一些酒店内的西餐厅和咖啡厅喜用花格桌布，如白底绿方格桌布、白底红方格桌布。有的酒店在同一空间中用两种不同颜色的桌布，以创造多样的色彩和灵活的格调。首先要了解铺台布的种类、规格与方法，进而掌握铺台布的操作程序与标准，以达到操作规范、一次到位的训练要求。

任务分析

餐厅铺台布的方法有多种，但要注意不同的场合用不同的方法。一般情况下，零点餐厅如有客人就座于餐台周围，或在地方狭小的情况下，应用推拉式方法铺设台布；如果是较为宽敞的餐厅或在周围没有客人就座的情况下，可以用抖铺式方法铺设台布。无论采用何种方法，都要注意手部清洁卫生、一次到位、正面朝上、下垂均匀、动作敏捷简练等。

任务实现

铺台布是摆台工作的第一个步骤，台布铺设是将台布舒适平整地铺在餐桌上的过程。各式各样的餐厅经营的类别与模式不同，选用的台布材质、造型、花色等都有所不同，不同的餐台可采取不同的铺设方法。

1. 中餐铺台

中餐圆台铺台布的常用方法有三种：推拉式、平铺式和撒网式。铺台布的基本程序是：准备物品、拉椅、站位、打开台布、合拢 / 折叠 / 提起 / 上肩、铺出 / 撒出、拉 / 抖、定位等八个步骤。

1）推拉式铺台

如图 1-33 所示，即用双手将台布打开后放至餐台上，正面向上，左右两手捏住台布的一边，至距边缘 40 ~ 50 厘米处（这样可以防止台布边缘着地），两手离台布中缝线各约 50 厘米（视台布大小而定），其他的台布分别夹在其余四指内，将台布贴着餐台平行推出去（手不可过餐台的 2/5 处，否则台布边缘容易着地），再拉回来（视台布中心与餐台的中心而定，动作不能过快）。一次定位准确，铺好的台布中缝线对正主人位和副主人位，十字中点落在餐台圆心上。四角离地面距离相等。

图 1-33　推拉式铺台

具体程序如下：

① 准备物品：把台布、台裙、熨烫设备等准备好，放在方便的地方，洗好手。

② 拉椅：把椅子拉成三三两两或规则摆放，并将副主人位上的椅子移开。

③ 站位：站在副主人位上，准备操作。

④ 打开台布：将折叠好的台布正面朝上打开，捏住台布的一边，将台布抛向主人位的方向，将台布向左右打开。

⑤ 合拢 / 折叠：用两手臂的臂力将台布沿着桌面向胸前合拢，防止过度褶皱和缠绕；有的餐厅为了防止台布的褶皱，将台布折叠成宽条形。

⑥ 铺出：双手拽住台布的两边，将其余部分的台布顺着桌面向对面推出去。

⑦ 回拉：在推出去的同时，向回拉，可以防止台布推出过多，以致台布落地。

⑧ 定位：在回拉的同时，用食指和拇指轻捏台布，找准台布与餐桌的中心，十字取中，四角下垂均等。

这种铺法多用于零点餐厅或较小的餐厅，或因有客人就座于餐台周围等候用餐时，或在地方窄小的情况下，特别是双层台布中底布的铺设，一般选用这种推拉式的方法进行铺台。

2）撒网式铺台

如图 1-34 所示，即用双手将台布打开，正面向上，用大拇指和食指抓住台布靠近身体的一边，其余三指快速抓住台布其余部分，平行打折；呈右脚在前、左脚在后的站立姿势，双手将打开的台布提拿起来至胸前，双臂与肩平行，上身向左转体，下肢不动并在右臂与身体回转时，台布斜着向前撒出去，如同撒渔网一样；将台布抛至前方时，上身转体回位，并恢复至正位站立，然后再将台布向自身拉回，一边拉，一边调整台布。这时

图 1-34　撒网式铺台

台布应平铺于餐台上。

具体程序如下：

① 准备物品：把台布、台裙、熨烫设备等准备好，放在方便的地方，洗好手。

② 拉椅：把椅子拉成三三两两或规则摆放，并将副主人位上的椅子移开。

③ 站位：站在副主人位上，准备操作。

④ 打开台布：将折叠好的台布正面朝上打开，捏住台布的一边，将台布抛向主人位的方向，将台布向左右打开。

⑤ 提起（折叠）、上肩：将多余的台布提起至左肩后方，防止过度褶皱和缠绕，有的餐厅为了防止台布的褶皱，先将台布折叠成宽条形后再提起，抓紧台布，同时上身向左后侧转体。

⑥ 撒出：双手拽住台布的两边，将其余部分的台布顺着左前方撒出去，如同撒渔网一般，一次到位。

⑦ 回拉：在撒出去的同时，向回拉，调整左右方向。

⑧ 定位：在回拉的同时，用食指和拇指轻捏台布，找准台布与餐桌的中心，十字取中，四角下垂均。

抛撒时，动作应自然潇洒。这种铺台方法多用于宽大场地或技术比赛场合。两手间距与肩同宽，以台布的中线为轴，打开尽量完全，这关系到台布是否可以一次到位。

2. 西餐铺台

西餐一般多用方台和长台。铺设台布时，服务员站在方桌一侧的中间位置，如是长方形餐台，应站在长边一侧操作。西餐宴会通常是由多个方桌或圆桌拼成大型的餐台，铺台布一般由 2 ~ 4 人合铺。西餐摆台的台布铺设方法一般都使用推拉式与抖铺式，特别是第二块以后的台布铺设尤其如此。其他要求参见中餐宴会台布的铺设。

具体程序如下：

① 检查餐桌是否稳固，位置是否适当。

② 如果是一块台布，则站在长台中间的位置上，将台布打开，正面朝上，用大拇指和食指抓住台布靠近身体的一边，其余三指快速抓住台布其余部分，用力向对面抛出。台布正面朝上，中心线对正，下垂部分要均匀，美观整齐。如果有两块台布，一人两端铺设，则先在餐台里端使用同上的方法铺设一块台布，再在餐台的外端铺设另一块台布。两人铺设的话，两人分立于餐台两边的 1/2 处铺设（两块台布则在 1/4 处）。台布正面朝上，中心线对正，下垂部分要均匀，接缝处一致、平整，美观整齐。

③ 长餐台往往用多个台布拼铺而成。铺设时，应从餐厅里面往外铺，让每张台布的接缝朝里，以步入餐厅的客人看不见接缝为原则；要求台布中线相连，成一条线；台布的横向缝与餐台长边垂直，台布下垂部分的四个边要平行相等，台布下沿以正好接触到椅面为宜。一般由两人或多人共同完成。

应该补充说明的是，现在餐厅的服务设施越来越精良，一些餐厅除铺设台布外还有一些辅助的布巾需要铺设。例如：台心布，铺在台布上，大小与桌面相当，主要是为了减少大型台布更换的频率。桌垫，直接铺设于桌面上，不仅可以起到保护桌面的作用，同时可以避免台布滑动，避免放置餐具时发出声音。桌裙，主要是为了完全遮挡住桌脚，出于美观的角度，多采用百褶裙式样。餐垫，通常西餐的正式餐厅使用较多，简单的使用一次性纸制的，正规的使用布垫，在餐垫上面摆放餐具，一经使用，立即更换或丢弃。

相关知识

1. 台布的种类

从台布的质地分，有纯棉台布和化纤台布；从台布图案分，有印制的素布、方格布、提花式的团花、散花台布、工艺绣花台布等；从台布形状分，有正方形、长方形和圆形等，正方形常用于方台或圆台，长方形则多用于西餐中各种不同的餐台，圆形台布主要用于中餐圆台；从台布颜色分，有白色、黄色、粉色、红色、绿色等，但多数选用白色，选择台布的颜色，要与餐厅的风格、装饰、环境相协调。

2. 台布的规格

台布的规格大小有多种，经常使用的有：

① 140 厘米 ×140 厘米，可供 2 人餐桌使用，适用于 90 厘米 ×90 厘米的方台上，少见。

② 160 厘米 ×160 厘米，可供 2 ～ 4 人餐桌使用，适用于 100 厘米 ×100 厘米的圆桌，或 110 厘米 ×110 厘米的方台，常见。

③ 180 厘米 ×180 厘米，可供 4 ～ 6 人餐桌使用，适用于直径 150 厘米或 160 厘米的圆台上，常见。

④ 200 厘米 ×200 厘米，可供 6 ～ 8 人餐桌使用，适用于直径 170 厘米的圆台上，少见。

⑤ 220 厘米 ×220 厘米，可供 8 ～ 10 人餐桌使用，适用于直径 180 厘米或 200 厘米的圆台上，常见。

⑥ 240 厘米 ×240 厘米，可供 12 人餐桌使用，与⑦合用作为上层面布使用，常见。

⑦ 260 厘米 ×260 厘米，可供 14 ～ 16 人餐桌使用，适用于直径 240 厘米的圆台上，少见。

除了方台布外还有长方形台布，如 160 厘米 ×200 厘米、180 厘米 ×300 厘米等不同规格。这类台布用于长方台及西餐各种餐台，可根据餐台的大小形状选用不同的台布，一块不够用时可随意拼接。在拼接时注意将接口处接压整齐。

圆形台布其规格各有不同，一般的圆形台布多见于定型特制，即根据餐台的大小将台布制成大于餐台直径 60 厘米的圆形台布，使台布铺于餐台上圆周下垂 30 厘米为宜。

知识拓展

裙布的铺设

① 方法：需要一人或两人配合，将台裙打成折裥，进行折叠。把折叠的台裙抱在左手臂上。站在与主位成 90 度角的右侧，右手扶桌裙的边缘沿顺时针方向用尼龙搭扣或夹子将台裙边固定在餐桌的边缘。同时用尼龙搭扣或按钉，固定在餐桌或台布上。

② 要求：每一个折裥相隔 5 厘米左右，距离均等；折裥下垂部分均等；接缝不能对着主宾，可在陪同位之间；不能对着门口；接口要覆盖，要接牢。要求围好的桌裙边缘与桌面平齐。一般 3 分钟以内完成一张餐台的台裙铺设工作。裙布的选择要与台布、餐厅气氛等一致。

技能训练

铺台布

实训内容			
① 用3种方式铺设台布，分别按操作要求和动作要领，一次到位 ② 在3分钟内完成一张餐台的台裙铺设工作，符合操作规范			
要点提示	① 铺好的台布，正面向上，凸缝朝上对准餐桌正、副主人中心位置，十字中心线位于餐桌中心 ② 台布铺好后，四角对准餐桌四脚，呈直线下垂状，下垂部分距地面距离相等 ③ 铺好的台布应平整无皱纹、无污渍 ④ 铺设台布过程中注意台布不能接触地面 ⑤ 台布铺好后，应将副主人位餐椅送回原位 ⑥ 铺台布时注意动作幅度不要过大，以免影响客人		
铺台布操作技能测试与考核			
考核项目	操作要求	配分	得分
操作位置	在副主人位进行操作	10	
操作姿势	按照要求采用不同方法铺台，姿势规范，符合要求	20	
操作要求	台布不能接触地面，一次到位，姿势优雅大方	25	
总体效果	台布正面朝上，十字线对准餐桌中心线，凸缝朝上对准正副主人 台布四角对准餐桌四脚，下垂部分距地面距离相等	25 20	
合　计		100	

思考与练习

1. 台布的种类有哪些？
2. 台布铺设的方法有哪几种？
3. 案例分析：

错误的选择

小李是某旅游学校酒店专业刚刚毕业的一名学生，因为她在全市的餐饮技能大赛中荣获一等奖的好成绩，被该市一家五星级的酒店招聘并录用。小李以其扎实的专业知识和良好的专业技能，很快得到了领导的重视。在一次餐厅值台服务中，大厅已经坐满了客人，小李送走了一批客人后又来了一批，为了使客人尽快入座，小李赶紧用撒网式的方法将台布铺上，动作利落洒脱。这时只看见旁边桌子就餐的客人用诧异和不满的眼光看着小李，可是她还蒙在鼓里。

思考：试分析客人不满的原因在哪里？

任务四 摆台

餐台是餐厅为客人提供服务的主要服务设施之一，餐台的布置又称为摆台，在餐饮服务中是一项要求比较高的工作。布置餐台时，台面应该整洁，餐具应该摆放有序，其他辅助物品器具应该摆放整齐，位置得当。这样既可以保证用餐环境的方便舒适，又可以给就餐的客人以良好的感受，创造一个温馨舒适的就餐环境。摆台在日常的餐饮工作中大致分为中餐摆台和西餐摆台，中西餐摆台又可以分为零点便餐摆台和宴会摆台。

任务导入

实习生小肖在中餐厅实习时，由于对中餐服务技能不熟悉，在中餐摆台时把筷子和汤碗的位置放反了，结果给客人的用餐带来了很大不便。

思考

餐厅应怎样摆台，需要掌握哪些知识与技能？

任务描述

杯、盘、筷、勺……怎么摆放既美观大方又方面客人取用？西餐餐具琳琅满目，就拿刀来说，有头盘刀、正餐刀、鱼刀、黄油刀等，不同的刀该怎么摆放，才能最方便客人取用，还便于服务员服务？西餐摆台与中餐摆台有很大不同，这里面有好多讲究。不过你首先要了解中西餐摆台的种类与要求，掌握中西餐摆台的操作程序与标准，以达到操作规范、技能娴熟的训练要求。

任务分析

摆设成一席好的台面，能为客人就餐增添舒适高雅的气氛，给客人带来赏心悦目的感受，给宴会增添喜庆隆重的气氛。无论是中餐还是西餐，零点还是宴会，都要注意摆台的基本要求：餐具清洁卫生，图案对正，距离均匀，整齐美观，摆放合理有序，动作灵巧娴熟，摆台整体效果美观大方。

任务实现

摆台又称铺台、摆桌，是将餐具、酒具以及辅助用品按照一定的规格整齐美观地铺设在餐桌上的操作过程，包括餐台排列、席位安排、餐具摆放等。摆台要求做到清洁卫生、整齐有序、各就各位、放置得当、方便就餐、配套齐全。中餐摆台一般分为零点和宴会两种，零点摆台以小餐桌为主，宴会摆台一般以大圆桌为主。一张布置妥当的餐桌必须事先准备好各种餐具备品，主要按照餐厅的规格和就餐的需要选择相应的餐具来摆设，如图 1-35 所示。

图 1-35　摆台服务

1. 中餐便餐摆台

中餐便餐摆台多用于零点散客或者是团体包桌，其餐台常使用小方台或小圆桌，没有主次之分。在客人进餐前放好各种调味品，按照座位摆好餐具。餐具的多少，可以根据当餐的菜单要求而定。

1）早餐摆台

① 骨碟定位：骨碟摆在座位正中，距桌边 1.5 厘米。

② 汤碗、汤匙摆在骨碟左侧 1 厘米处，汤匙置于汤碗内，匙柄朝右。

③ 筷架、筷子摆在骨碟右侧，筷子装入筷套后放在筷架上，底端距桌边 1.5 厘米，并与骨碟直线平行，筷套在筷架上方部分长度约 5 厘米。

④ 袋装牙签摆在骨碟与筷子中间，底端距桌边 1.5 厘米。

中餐早餐摆台如图 1-36 和图 1-37 所示。

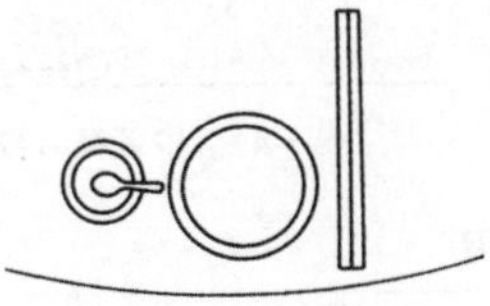

图 1-36　早餐摆台示意图

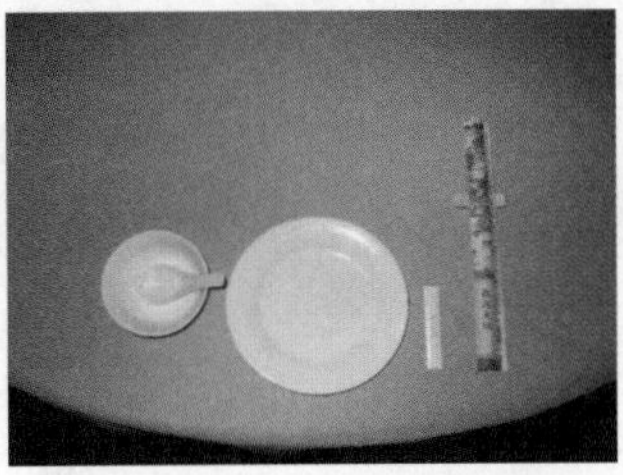

图 1-37　早餐摆台实物图

2）午、晚餐摆台

① 骨碟摆在座位正中，距桌边 1.5 厘米。

② 汤碗、汤匙摆放在骨碟左侧 1 厘米处，汤匙置于汤碗内，匙柄朝右。

③ 水杯摆在骨碟正前方 3 厘米处。

④ 筷架摆在骨碟右上方，筷子放在筷架上，距骨碟 1 厘米，底端距桌边 1.5 厘米。

⑤ 杯碟摆在筷子右侧 1 厘米处，下沿距桌边 1.5 厘米，茶杯反扣在茶碟里，杯耳朝右。

⑥ 袋装牙签摆在骨碟与筷子中间。

⑦ 餐巾花摆放在骨碟里，也可叠成杯花插在水杯里。

中餐午、晚餐摆台如图 1-38 和图 1-39 所示。

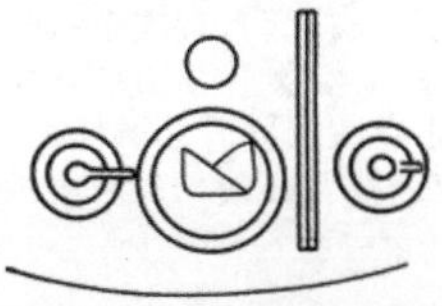

图 1-38　午、晚餐摆台示意图

图 1-39　午、晚餐摆台实物图

2. 中餐宴会摆台

中餐宴会的餐具摆设要求是：左手托盘，右手摆放餐具，从主位开始摆起。中餐宴会摆台实物图如图 1-40 所示，示意图如图 1-41 所示，摆台流程如表 1-3 所示。个人席位上摆放餐具的宽度不应窄于 40 厘米或者餐椅宽度。在摆放餐具时如果宴会人数众多，餐具较多，也可以采用多人流水作业的方式摆放餐具，一个人摆一种，依次摆放。在摆放餐具时还应注意一些小问题：调羹应该放入汤碗或者调味碟内；消毒的筷子应该用筷套封装；桌面上使用的花瓶或者台花，其高度应该以不阻挡视线为准；主位的口布花应该比其他座位上的口布略微高一点；每个餐桌的餐具应该多备出 20%，以备使用。

图 1-40　中餐宴会摆台实物图

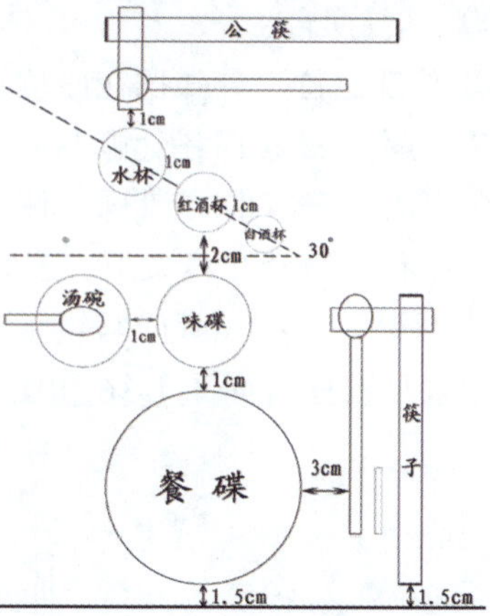

图 1-41　中餐宴会摆台示意图

表 1-3　中餐宴会摆台流程

实训内容	操　　作　　规　　范
实训要求	① 餐具摆放相对集中，整齐一致 ② 以方便客人就餐为原则，兼顾便于服务员席间服务 ③ 台面有美感，富于艺术性 ④ 台面清洁卫生，所有的布件、餐具、调味品及装饰品整齐清洁
摆台准备	① 洗净双手 ② 领取各类餐具、台布、口布、台裙、转盘等 ③ 用干净的布擦亮餐具、各种玻璃器具，要求无任何破损、污迹、手印、洁净光亮 ④ 检查台布、口布、台裙是否干净，是否有褶皱、小洞、油迹等，若不符合要求应另外调换 ⑤ 洗净所有调味品瓶及垫底的小碟，重新装好 ⑥ 口布折花
铺台布	选择一种铺台布的方法，要求台布四角下垂均等，骨中线对齐正、副主人位，台布的中点居于餐桌中心
围桌裙	台布铺好后，顺桌沿将台裙按顺时针方向用按针或尼龙搭扣固定在桌沿上即可。桌裙下垂部分要舒展自然，不可过长拖地，也不可过短而暴露出桌脚。桌裙围挂时做到绷直、挂紧、围直，注意接缝处不能朝向主要客人
摆椅	根据中式正餐摆桌方法摆好餐椅
上转盘	摆好转盘
摆餐具	首先应以餐台上的台布中线为标准定位，然后对准中线摆放餐碟。先在中线两端各放一只，再在中线两侧均匀地各放四只餐碟。餐碟右边摆放筷架与筷子（筷子应放入筷套），餐碟下沿与筷子一端成一直线，距离桌边约 1.5 厘米宽；餐碟右上方摆放水杯、红酒杯、白酒杯；餐碟上方和左上方放置调味碟、调羹、汤碗。公筷与公勺 6 人以下放 2 套，6 人以上放 4 套。餐桌上还应该放置适量调料瓶或者烟缸、牙签盅等。折花的口布在每个客人的水杯内应该插一朵。按宴会举办单位需要，在每一席位上放上姓名卡。菜单摆在正、副主人餐具的一侧，10 人桌一般放两张 具体程序如下： ① 左手托盘，从主人位开始按顺时针方向依次用右手摆放餐具 ② 摆骨碟——摆在席位正中，从主人位开始按顺时针方向摆放，碟与碟之间距离相等，碟边距离桌边 1.5 厘米 ③ 摆汤碗、汤勺、味碟——汤碗位于餐碟左前方，汤勺放于汤碗中，勺把朝左，味碟位于餐碟右前方，二者与餐碟距离均为 1 厘米（有时也将味碟放于餐碟正上方，相距 1 厘米。汤勺置于汤碗中，汤勺勺柄朝左，汤碗摆放在味碟左侧 1 厘米处，与味碟在一条直线上，汤勺放置于汤碗中，勺把朝左，与餐碟平行） ④ 摆筷架——筷架位于餐碟右侧，图案向上 ⑤ 摆筷子、长柄勺、牙签——筷子置于筷架上，筷架在筷子前端 1/3 处，筷子尾部距离桌沿 1.5 厘米。如果有使用双体筷架和长柄勺，长柄勺搁摆在筷架上，长柄勺距餐碟 3 厘米。如果有分装的牙签，则牙签位于长柄勺和筷子之间，牙签套正面朝上，底部与长柄勺齐平 ⑥ 摆酒杯——中餐宴会一般使用由水杯、红葡萄酒杯、烈性酒杯组成的三套杯。摆杯时先将各种杯依次放在圆托盘内，手持杯颈，杯口向上，红葡萄酒杯正对味碟前 2 厘米，烈性酒杯摆在红葡萄酒杯右侧，两杯之间相距 1 厘米。水杯放在红葡萄酒杯左侧，两杯之间相距 1 厘米 ⑦ 摆公用餐具——10 人桌通常摆放两套公用餐具。分别放在正副主人酒具的前方，公用勺和公用筷并排横放在公用盘上，筷子尾端和勺把一律向右 ⑧ 摆烟灰缸——从主人右侧开始，每两个餐位放一个，烟灰缸上方要与酒具平行

3. 西餐摆台

西餐一般使用长方台，有时也使用圆台或者四人小方台。西餐就餐方式实行分餐制，摆台按照不同的餐别而做出不同的摆设。正餐的餐具摆设分为零点摆台和宴会摆台，同时西餐摆放的方式因不同的服务方式也有不同之处。

1）西餐便餐摆台

在铺台布前，先在台面上放上垫布，在垫布上铺台布。

（1）西餐早餐摆台

西餐早餐摆台一般是在咖啡厅内提供的，可分为美式早餐、欧陆式早餐及英式早餐等，它们的摆台方法略有差异。基本摆法如图1-42和图1-43所示。

图1-42　西餐早餐摆台示意图

图1-43　西餐早餐摆台实物图

① 餐盘与刀、叉、匙。在餐椅正对处摆放直径为24厘米的餐盘，餐盘离桌沿2厘米，将折花的餐巾摆放在餐盘上；餐盘的左侧放一把餐叉，叉面朝上，右侧放餐刀，刀口向餐盘方向，汤匙放在餐刀的右侧，匙面朝上，刀叉距餐盘1.5厘米，餐刀与汤匙之间的距离也是1.5厘米，刀、叉、勺下端在一条直线上，距桌沿2厘米。

② 面包盘与黄油刀。面包盘在餐叉左侧，相距餐叉和桌沿各1.5厘米。黄油刀刀口朝左，摆放于面包盘右侧，与餐叉平行。

③ 水杯。餐刀正前方3厘米处摆放水杯。

④ 咖啡杯具。汤匙右侧摆放咖啡杯和咖啡碟，杯把朝右。

⑤ 其他。调味盅、牙签筒、烟灰缸等摆放在餐台中心位置上。

（2）西餐午、晚餐摆台

西餐午、晚餐摆台是在早餐摆台的基础上，撤去咖啡杯具而增加茶匙和甜点叉。甜点叉横放于餐盘正上方，叉柄朝左。在甜点叉的上方，与甜点叉平行摆放茶匙，匙柄朝右。如图1-44和图1-45所示。

① 铺台布。要求台布平整，正面在上，四角下垂相等。

② 展示盘放在餐位正中，离桌边2厘米，盘中放餐巾花，也可以不放展示盘而直接放餐巾花。

图 1-44　西餐午、晚餐摆台示意图

图 1-45　西餐午、晚餐摆台实物图

③ 在展示盘右侧 1.5 厘米处放餐刀（刀口向左）和汤匙，餐刀和汤匙两者之间相距 1.5 厘米，刀、匙后端离桌边均为 2 厘米。

④ 在展示盘左侧 1.5 厘米处放餐叉，叉尖向上，叉子后端距桌边 2 厘米。

⑤ 餐叉左侧 1 厘米处放面包盘，在面包盘中线靠右边处摆放黄油刀，刀刃朝向盘心，面包盘边离桌边 2 厘米。如果放黄油碟，则置于面包盘上方，碟上放黄油刀。

⑥ 在餐刀正上方 3 厘米处放水杯。

⑦ 调味盅、牙签筒、烟灰缸等摆放在餐台中心位置上。如是晚餐摆台要放烛台，如图 1-46 所示。

2）西餐宴会摆台

西餐宴会餐台是可以拼接的，餐台的大小和台形的排法，可根据人数的多少和餐厅的大小进行布置，一般为长台。人数较多时宴会的台型可有多种，图 1-47 为几种常见的台型。西餐宴会餐具摆设的要求是：左手托盘，右手摆放餐具，摆放的顺序是：按顺时针方向，按照人数等距定位摆盘，将餐巾放在餐盘中或插在水杯中。面包、黄油盘放在叉尖左上方，黄油刀刀口朝向餐盘内竖放在餐盘上，在餐盘的左侧放餐叉，餐盘的右侧放餐刀，在餐刀右侧放汤匙，点心刀叉放在餐盘的正上方，酒杯、水杯共三只摆放在餐刀上方。酒杯的摆放方法多种多样，可以摆成直线形、斜线形、三角形或者圆弧形，先用的放在外测，后用的放在内侧；甜点叉的左上方放盐瓶、胡椒瓶，右上方放烟灰缸。注意西餐的餐具按照宴会菜单摆放，每道菜应该换一副刀叉，放置时要根据上菜的顺序从外侧到内侧，一般不超过七件（即三叉、三刀、一匙）。如果精美的宴席有多道菜，则在上新菜前追加刀叉。摆放餐具后应该仔细核对，是否整齐划一。西餐宴会餐具摆设实物图如图 1-48 所示，示意图如图 1-49 所示。西餐宴会其他用品摆放如图 1-50 所示。

图 1-46　摆放烛台

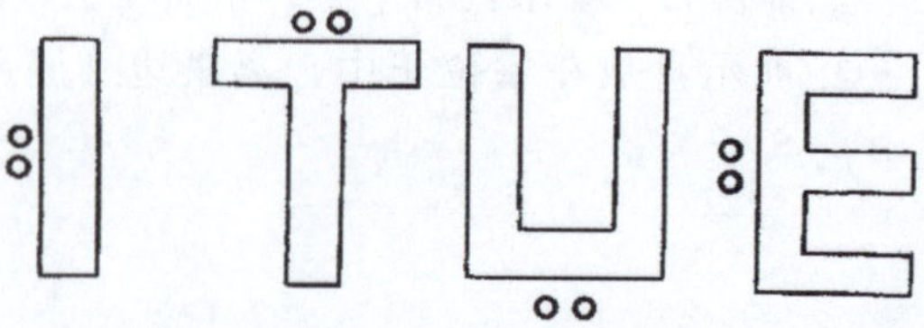

图 1-47　西餐宴会摆台常见台型

图 1-48　西餐宴会餐具摆设实物图

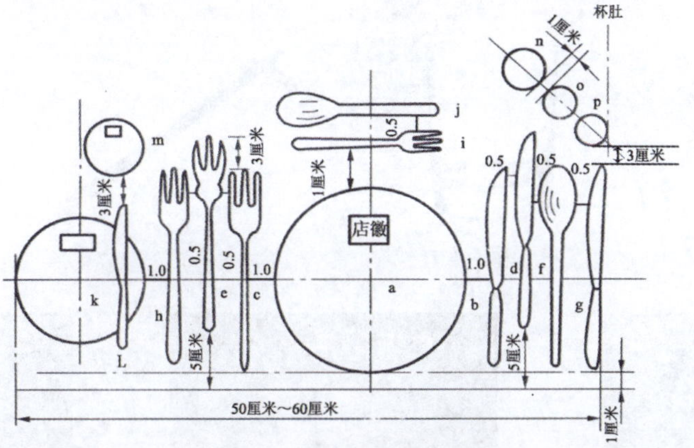

图 1-49　西餐宴会餐具摆设示意图

a. 装饰盘；b. 主菜刀；c. 主菜叉；d. 鱼刀；e. 鱼叉；f. 汤匙；g. 开胃品刀；h. 开胃品叉；i. 甜品叉；j. 甜品匙；k. 面包盘；l. 黄油刀；m. 黄油碟；n. 水杯；o. 红葡萄酒杯；p. 白葡萄酒杯

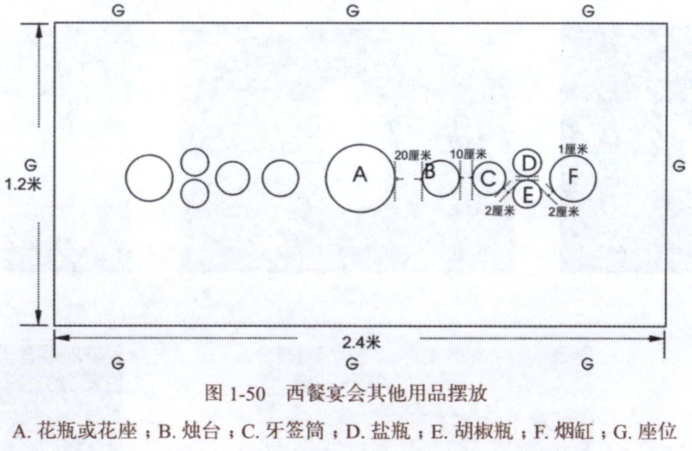

图 1-50　西餐宴会其他用品摆放

A. 花瓶或花座；B. 烛台；C. 牙签筒；D. 盐瓶；E. 胡椒瓶；F. 烟缸；G. 座位

相关知识

1. 中餐摆台所需物品

中餐摆台所需物品如图 1-51 所示。

骨碟

分菜叉勺

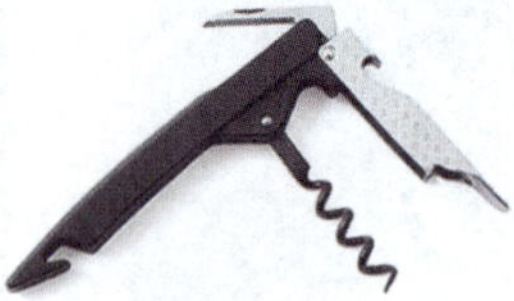
开瓶器

转盘

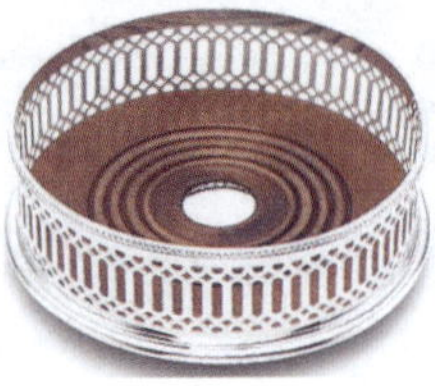
烟缸

杯子

筷子

冰桶

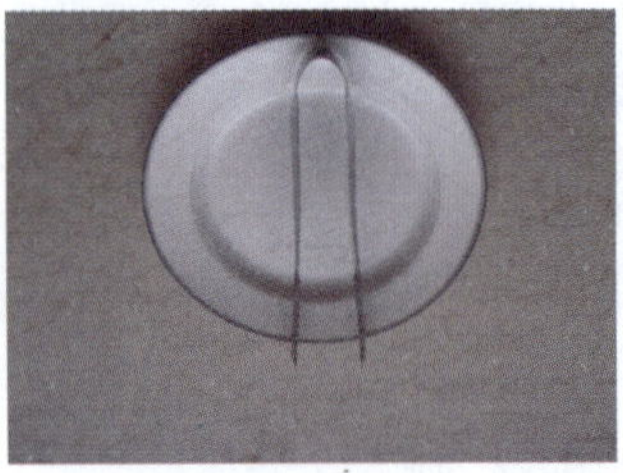
毛巾夹

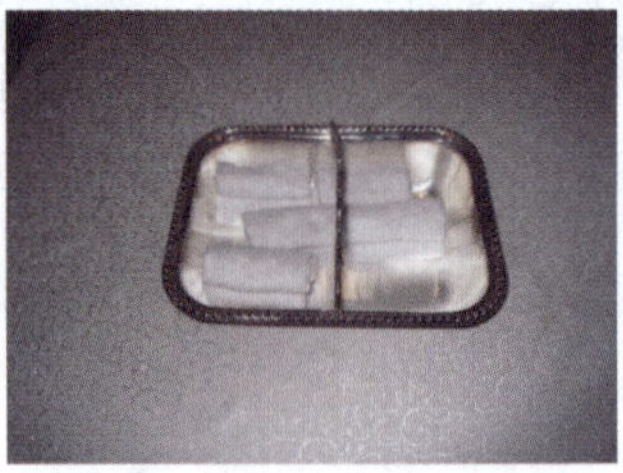
毛巾盘

汤碗和汤匙

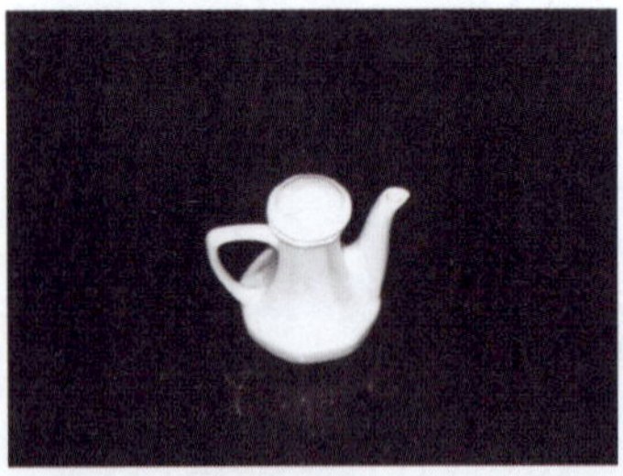
调味壶

牙签

菜单

账夹

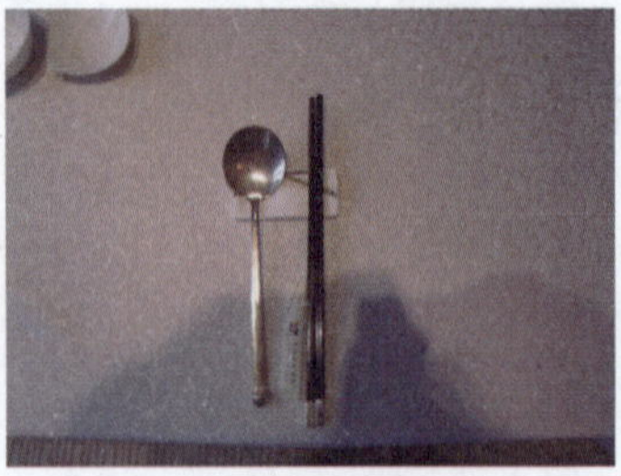
汤勺、筷架及牙签

茶壶

图 1-51　中餐摆台所需物品

2. 中餐宴会的场地布置

宴会的接待规格较高，形式较为隆重，中餐的宴会多使用大圆桌。由于宴会的人数较多，所以就存在场地的布置问题，应该根据餐厅的形状和大小以及赴宴的人数多少安排场地。桌与桌之间的距离以方便服务人员服务为宜，主桌应该位于面向餐厅正门的位置，可以纵观整个餐厅或者宴会厅。一定要将主宾入席和退席的线路设为主行道，应该比其他的通道宽一些。不同桌数的布局方法有所区别，但一定要做到台布铺置一条线，桌腿一条线，花瓶一条线，主桌突出，各桌相互照应。宴会的场地布置如图 1-52 所示。

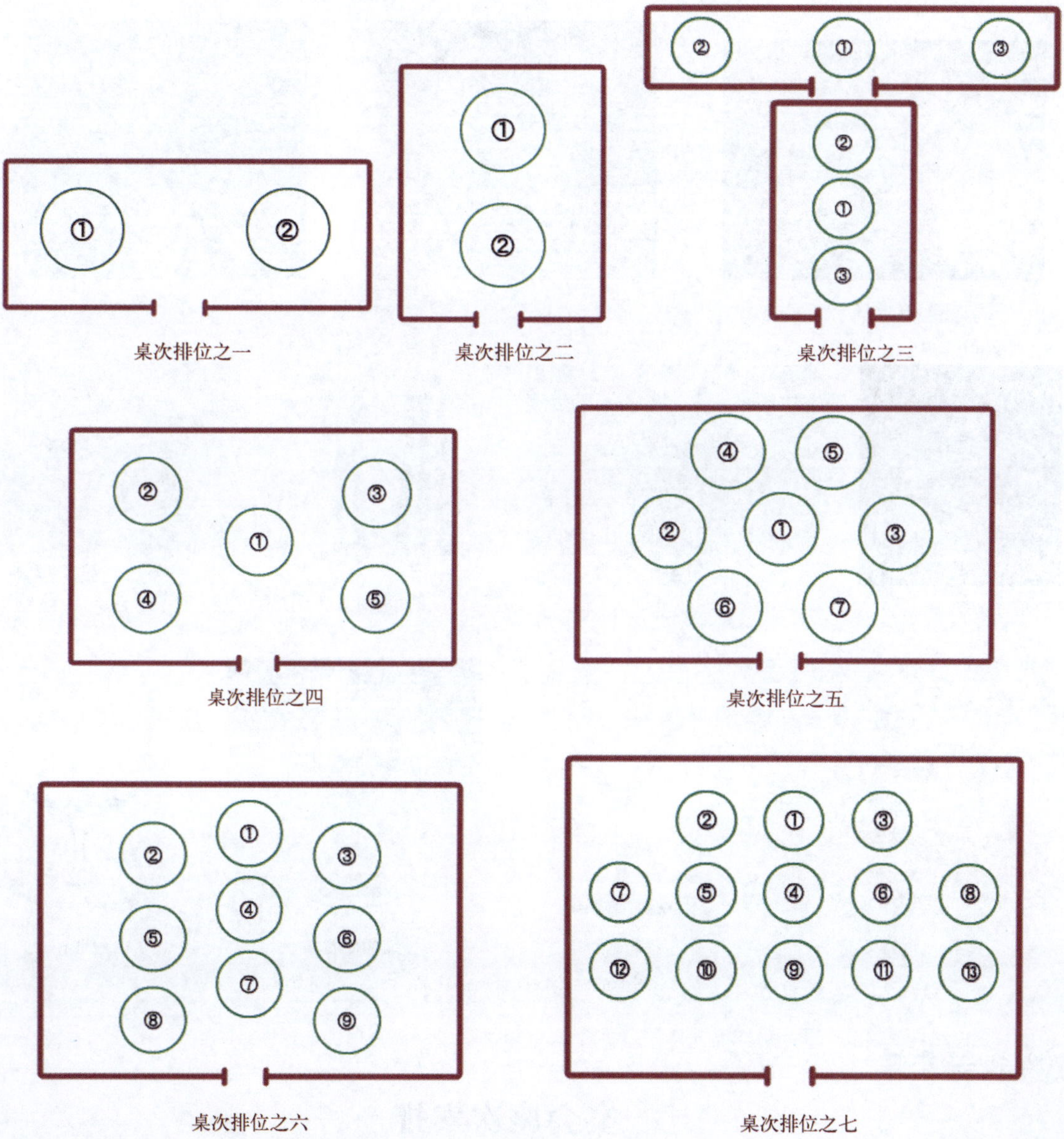

图 1-52　宴会的场地布置

3. 西餐摆台所需物品

西餐摆台所需物品如图 1-53 所示。

餐叉

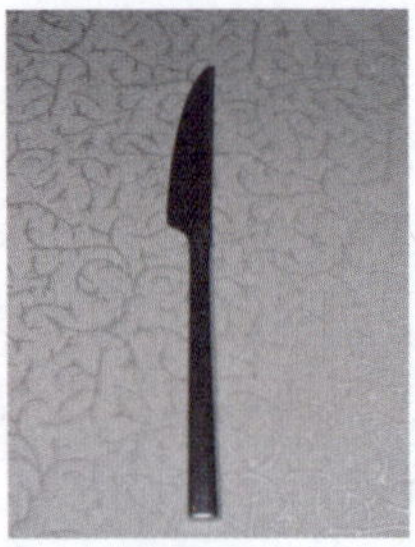
餐刀

咖啡杯

烟缸

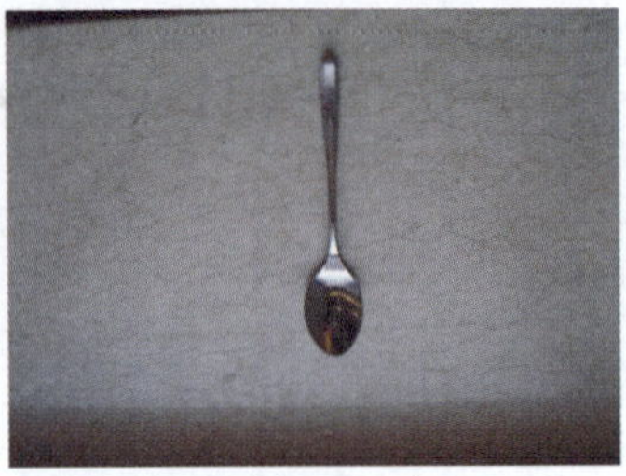
汤勺

餐盘

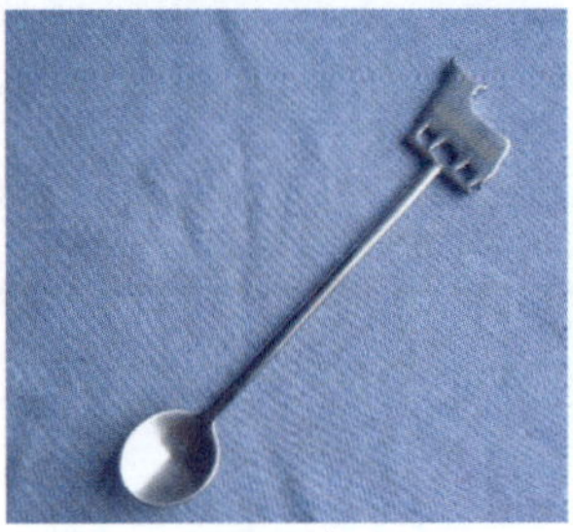
咖啡勺

糖缸

奶盅

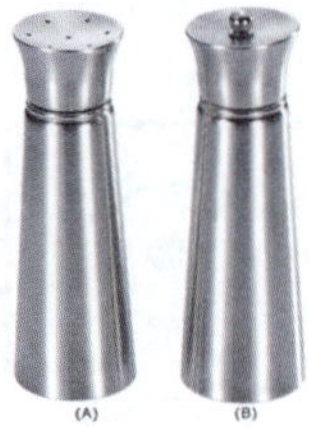

胡椒瓶

盐瓶

鱼刀叉

白葡萄酒杯

红葡萄酒杯

白兰地杯

图 1-53　西餐摆台所需物品

知识拓展

宴会座次安排

1. 中餐宴会座次安排

在宴会上，席次具体是指同一张餐桌上席位的高低。中餐宴会上席次安排的具体规则有四：

其一，面门为主；其二，主宾居右；其三，好事成双；其四，各桌同向。中餐宴会座次安排如图 1-54 所示。中餐宴会通常都有主人、副主人、主宾、副主宾及其他陪同人员，各自都有固定的座次安排。

① 背对着餐厅重点装饰面、面向众席的是上首，主人在此入座，副主人坐在主人对面，主宾坐于主人右侧，副主宾坐于副主人右侧。

② 主人与主宾双方携带夫人入席的，主宾夫人坐在主人位置的左侧，主人夫人坐在主宾夫人的左侧，其他位次不变。

③ 当客人在餐厅举行高规格的中餐宴会时，餐厅员工要协助客方承办人按位次大小排好座次，或将来宾姓名按位次高低绘制在平面图上，张贴到餐厅入口处，以便引导宾客入席就座。

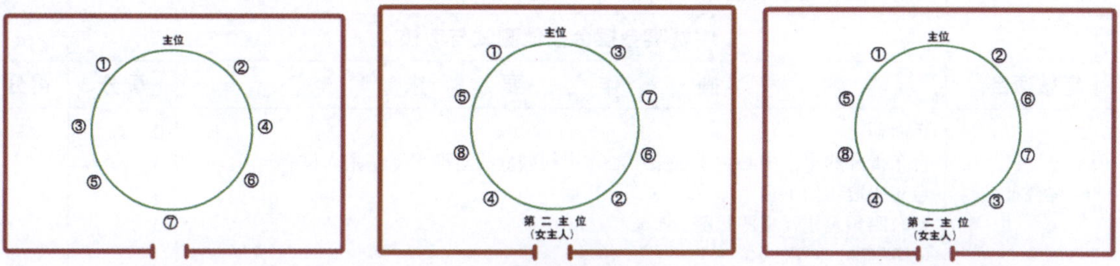

席次排位之一　　席次排位之二　　席次排位之三

图 1-54　中餐宴会座次安排

2. 西餐宴会座次安排

主人一般安排在面向餐厅正门的位置上，第一、第二客人排在主人的两侧。使用长台时，主人安排在长台正中位置或者长台顶端。使用圆桌则与中餐宴会座次安排相同。具体排法如图 1-55 所示。

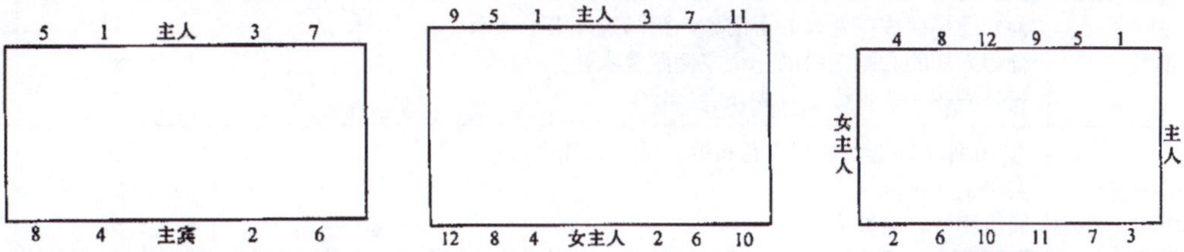

座次排位之一　　座次排位之二　　座次排位之三

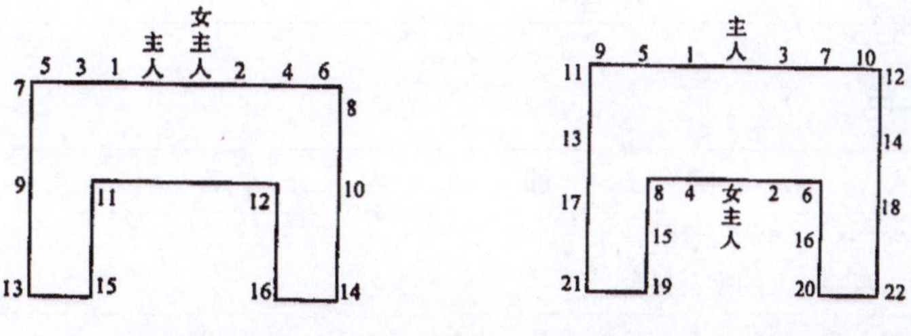

座次排位之四　　座次排位之五

图 1-55　西餐宴会餐台座次安排

技能训练

1. 中餐宴会摆台

实　　训　　内　　容			
① 请你在 4 分钟内完成中餐 4 人的零点摆台 ② 请你在 13 分钟内完成中餐 10 人的宴会摆台			
要点提示	① 摆台前，操作人员要洗手消毒，检查餐具有无破损或不洁 ② 摆台时，要求餐具图案对正，距离匀称，符合标准，整齐美观 ③ 摆放餐具既要做到清洁卫生，又要有艺术性；既要方便宾客使用，又要便于服务人员服务 ④ 折叠餐巾花要注意客人的风俗习惯，避其忌讳		
中餐宴会摆台技能测试与考核			
考核项目	操　作　要　求	配分	得分
铺台布	正面朝上 台布折叠的十字中心位于餐桌中心，中间鼓缝线对准正、副主人位 台布四边均匀下垂 台布四角包住餐桌四只腿 干净利落，一次到位	1 1 1 1 1	
垫盘、骨碟定位	垫盘、骨碟定位 距离均匀 离桌边的距离 1.5 厘米	10 5 5	
汤碗 汤勺 味碟	汤碗摆在垫盘左上方，与垫盘距离 1 厘米 汤勺放在汤碗内，勺把向右 味碟放在垫盘的右上方	5 5 5	
筷架 筷子	筷架、筷子摆放在骨碟的右侧 筷子放在筷架上，筷架在筷子前端 1/3 处，筷尾距离桌边 1.5 厘米	4 6	
酒具	葡萄酒杯摆放在骨碟的正前方，距汤碗外沿 1 厘米 葡萄酒杯的右侧摆白酒杯，左侧摆放水杯 三只酒杯一条直线上或成 45 度斜线	8 8 4	
餐巾折花	选 10 种不同造型的餐巾花折叠，插入水杯中 突出主人位 简洁明快，造型逼真	10 2 8	
公用餐具	公用餐具摆放符合要求	10	
合　计		100	

2. 西餐宴会摆台

实　　训　　内　　容	
① 请你在 6 分钟内完成西餐 4 人的零点摆台 ② 请你在 10 分钟内完成西餐 6 人的宴会摆台	
要点提示	① 摆台前，操作人员要洗手消毒，检查餐具有无破损或不洁 ② 摆台时，按照一底盘、二餐具、三酒水杯、四调料用具、五艺术摆设的程序进行 ③ 摆放餐具要做到清洁卫生

续表

西餐宴会摆台技能测试与考核			
考核项目	操　　作　　要　　求	配分	得分
铺放台布	正面朝上 台布四角均匀下垂 铺台布时所站位置正确	3 3 2	
摆展示盘	手拿盘的边沿 摆放在座位的正前方 离桌边的距离 1 厘米	4 5 6	
摆刀、叉、匙	摆放顺序由里向外 摆放位置正确 正确摆放刀、叉、匙 摆放时不要碰撞出声音	8 4 2 4	
摆面包盘、黄油刀、黄油碟等	摆放顺序为盘、刀、碟 摆放位置正确 刀子拿刀把 盘碟拿边沿	8 3 2 2	
摆酒具	摆放顺序正确 位置正确，间距为 1 厘米 拿杯具的位置正确	4 4 4	
摆餐巾花	造型逼真、美观、大方 口布洁净	6 2	
公用餐具	花瓶、烛台摆放正确 牙签筒、调味瓶摆放正确 烟灰缸、火柴摆放正确	4 3 2	
座椅定位	椅间距离相等 椅子前沿与下垂的台布垂直	5 4	
整体效果	整洁、美观	2	
服务员的仪表、仪容、仪态	服饰整洁 化淡妆 服务员姿态自然大方，动作轻快、稳重	1 1 2	
合　计		100	

思考与练习

1. 中餐婚宴的摆台有哪些要求？中西合璧的婚宴的摆台又怎样设计？
2. 大型的中式商务宴会的摆台有哪些讲究？
3. 中式国宴的摆台你了解多少？西式国宴的摆台你又了解多少？
4. 案例分析：

骨碟离桌边 1.5 厘米

小马是北京某酒店中餐厅一位热情、细心的服务员，她不但善于察言观色，而且还经常和同事一起讨论、研究餐饮服务中的一些细节问题，以提高自己的服务水平，让客人满意而归。但最近她发现很多客人到餐厅坐下以后，所做的第一件事是将面前的餐具往里面移，然后双手靠在餐桌上，点菜、喝茶或者聊天。一天中午，有位客人终于忍不住对小马建议道：“小姐，这餐具往里面摆点不是更好吗，为什么非要摆得这么靠边呢？”小马忙说：“先生，对不起，给您添麻烦了！您提的建议很好，我一定会及时转告我们的经理。”于是，下午餐间休息时，小马抓住机会就对餐厅陈经理说：“经理，我有一个不成熟的建议，不知您想不想听？”陈经理饶有兴致地问：“是什么建议？快说来听听。”小马便说：“我们酒店摆台时规定将骨碟摆放在距桌边 1.5 厘米的地方，这对客人似乎不是很方便。我最近也发现不少客人坐下后都是先将桌上的餐具往里移一下，然后再开始点菜。今天中午还有一位客人对此造成的不方便直接跟我提出来了。您看我们是否能就此作些改进，摆台时直接把骨碟等餐具往里面摆一点，以免客人坐下来再移！”陈经理马上说：“小马，这是一个非常好的建议，我会尽快向上级汇报，看看能否采纳。”

思考：如果你是餐厅经理，该怎么做？这样的事情对我们有哪些启发？如何从服务创新的角度如何看待这些事情？试分析如何处理标准与创新问题。

任务五 斟酒

斟酒服务在餐饮服务工作中比较常见，无论是中餐还是西餐，在就餐服务中都是由服务人员提供斟酒服务，尤其宴会服务中斟酒服务运用最多。斟酒服务要求不滴不洒，不少不溢，要求服务人员掌握正确的服务方法和相关的酒品知识，这对于提高餐饮服务质量十分重要。

任务导入

我国领导人为了会见韩国领导人，曾举行一次规模宏大的宴会。宴会开餐前 5 分钟，服务员按照要求将客人的白酒、红酒斟入杯中。客人就座后，开始频频举杯相互祝贺，服务员及时为客人斟倒酒水，一切进行得非常顺利。用餐就要结束时，我方领导人举杯开始讲话，服务员忙于收拾餐台，忙得不亦乐乎。

思考

试分析服务员的服务哪里有问题？斟酒时应注意哪些问题？

任务描述

把酒倒在杯中不算是真正的斟酒。什么酒在什么温度下饮用最能品尝到酒香，什么酒该用冰箱冰镇，什么酒该用冰桶冰镇，斟倒前为什么要示酒……带着这些问题去练习斟酒，会让你在充分感知酒文化的无穷魅力后更好地为客人服务。不过你首先要了解斟酒服务的方式、方法，斟酒的顺序和时机，斟酒前酒质的检查与冰镇、温热，进而掌握斟酒服务的操作要领与标准，以达到熟练操作、不滴不洒，不少不溢的训练要求。

任务分析

怎样倒酒不滴洒？怎样倒酒不溢沫？怎样倒酒不妨碍客人用餐？给顾客斟倒酒水或饮料是餐厅服务员的重要工作内容之一。餐厅服务员给顾客斟酒时，斟酒操作动作要正确、迅速、优美、规范，这样会给顾客留下美好的印象。另外还要掌握酒水的示瓶和开瓶方法，掌握酒水服务操作程序，不滴不洒，保持瓶口与杯口间的适当距离。餐厅服务员娴熟的斟酒技术及热忱周到的服务，会使参加饮宴的顾客得到精神上的享受与满足，同时还可以增添热烈友好的饮宴气氛。因此，斟酒（Pouring Wine）服务操作技术不仅需要服务者有广博的酒品知识和服务技术，还要具备相当的文化知识和表演天赋。

任务实现

1. 酒水准备与示酒

1）备酒（Preparing Wine）

（1）准备酒水

在斟倒加温或冷却的酒水时，要将盛装酒水的盛器用布巾进行包垫，然后方可进行斟倒，以保持酒温，防止操作事故。

① 酒水品种的准备。餐厅所经营的酒水大体可分为常规品种和特殊品种两大类，常规品种是各餐厅常备的也是市场畅销的品种，特殊品种则是根据餐厅所经营的不同风格、特点而配用的酒水品种。餐厅所经营的各种不同酒水的陈列一般均应摆放于餐厅较明显的位置，以方便顾客选用。酒水的陈列要讲究造型艺术，美观大方，并明码标价，方便取拿，方便促销。

② 酒水的挑选。客人用酒有时是提前预订的，即在订餐时将酒水预订好，但是大多数顾客是到餐厅后才选酒。这时服务人员应主动、及时地向顾客提供酒水单，并向客人介绍本餐厅所经营的酒品及饮料的种类、口味、乙醇含量、产地、香型、瓶装容量、价格等情况。顾客选中的酒品，服务人员应立即除去其外包装待用。

中餐宴会一般选用三种酒：一种是乙醇含量较高的烈性酒，如茅台、西凤、五粮液、汾酒及各种大曲酒；另一种是乙醇含量较低的果酒，如中国红葡萄酒、干白葡萄酒等；除白酒、果酒外，大部分配饮啤酒。随着低度酒的开发，目前有些宴会也喜欢选用乙醇含量较低的白酒；根据宾客的习惯不同，除了选用以上酒品外，还可选黄酒及各种果汁、矿泉水。

西餐饮用的酒品种类一般以菜肴的品种而定，即吃什么菜饮什么酒，饮什么酒配什么杯，都有严格的规定。西餐较高级的宴会一般要用七种以上的酒，也就是说，每道菜都配饮一种酒。

（2）保证酒水的适宜温度

斟倒加温酒水时，应在客人落座后，方可进行斟酒服务，以确保酒的最佳饮用温度。续斟时，酒温要保持在最高温度（因为杯中的酒易冷却）。斟倒冰镇酒水时，也要在客人入座时斟倒。续斟时，酒温要保持在最低温度（因为杯中的酒易升温）。

（3）特殊酒品的准备

客人在选用酒品时，有时一餐中同时选用几种不同的品种，如啤酒、白酒、葡萄酒和黄酒等。

① 啤酒的最佳饮用温度在 8℃～11℃，高级啤酒的饮用温度在 12℃左右，（除了冬季外，低于室温饮用更佳），服务人员应视自然温度的高低，确定啤酒是否需要冰镇，啤酒冰镇饮用温度为 4℃～7℃。

② 白酒大多数顾客习惯冷饮，但有些顾客则喜欢温饮。温白酒是将白酒放入事先准备好的温酒器内用热水加温，酒温一般掌握在 30℃～35℃之间即可。

③ 黄酒一年四季人们都喜欢热饮，并用具有保温性能的陶瓷酒具。温酒的方法是：将酒注入温酒壶内，用开水烫热，饮用温度以 30℃～40℃为佳，温酒时的温度达到 40℃～45℃之间即可，不可用烧烤和燃烧的方法，以免酒温太高使酒香挥发而影响酒的自身质量。

④ 白葡萄酒（干型）饮用的温度宜在 8℃～12℃，因此在用这类酒时，应视其自然温度高低确定是否需用冰桶冰酒。优质白葡萄酒的饮用温度为 15℃左右，甜白葡萄酒的饮用温度为 10℃～12℃；

⑤ 香槟酒和汽酒的饮用温度为 7℃左右。

（4）酒水的降温与加温

① 酒水降温的方法一般有三种：一是将酒水放入冷藏箱内降温，以半小时左右为宜；二是用冰桶降温，即在冰桶内放入冰块，稍加些水，将需降温的酒水瓶插入冰桶，冰块的数量约占冰桶的 1/2，白葡萄酒需冰镇 10～15 分钟，香槟酒需冰镇 20 分钟；三是溜杯，服务员手持酒瓶的下部，杯中放入一块冰块，摇转杯子，以降低杯子的温度。此外，有些酒也可以采用加入冷饮料或冰块，达到降温的目的，如鸡尾酒。

② 酒水升温的方法主要有以下几种：一是水烫，在暖桶中倒入开水，将酒水倒入酒壶后，放在暖桶中升温；二是火烤，将酒水注入耐热器皿中置于火上升温；三是燃烧，将酒水倒入杯中，将杯子置于酒精炉上，点燃酒精升温；四是注入，将加热的饮料冲入酒液或将酒液注入热饮料中升温。五是用手温热，将加入酒水的杯子放在手中进行升温、加热。其中水烫是最安全、最常用的一种方法。

2）示酒（Showing Wine）

宾客点用的整瓶酒，在开启之前都应让主人先过目一下。示瓶的方法是：

① 服务员站于主人的右侧，左手托瓶底，右手扶瓶颈，酒标面向客人，请其辨认。

② 当客人认可后，方可进行下一步的工作。

③ 如果没有得到客人的认同，则去酒窖更换酒品，直到客人满意为止。

④ 餐厅服务员在为客人示酒之前，要将酒瓶的瓶身、瓶口擦干净，检查一下酒是否过期、变质，是否是客人所需要的那种酒，酒瓶有没有破裂。

2. 开瓶

酒水在上餐台斟酒前，首先要将瓶盖或瓶塞打开。普通酒水开启瓶盖比较容易，但葡萄酒和香槟酒的开启应掌握正确的方法。其服务程序如表 1-4 所示。

表 1-4 酒水开瓶服务程序

服务程序	工　作　步　骤
1．准备	备好酒钻、毛巾

续表

服务程序	工　作　步　骤
2. 开瓶	① 开瓶时要尽量减少瓶体的晃动。将酒瓶放在桌上开启，动作要准确、敏捷、果断。开启软木塞时，万一软木塞有断裂迹象时，可将酒瓶倒置，利用内部酒液的压力顶住木塞，然后再旋转酒钻 ② 开拔瓶塞越轻越好，防止发出突爆声
3. 检查	拔出瓶塞后需检查瓶中酒是否有质量问题，检查的方法主要是嗅辨瓶塞插入瓶内的部分
4. 擦瓶口、瓶身	开启瓶塞以后，用干净的餐巾仔细擦拭瓶口，香槟酒要擦干瓶身。擦拭时，注意不要让瓶口积垢落入酒中
5. 摆放	① 开启的酒瓶、酒罐可以留在宾客的餐桌上 ② 使用暖桶的加温酒水和使用冰桶的冰镇酒水要放在桶架上，摆在餐桌一侧 ③ 用酒篮盛放的酒连同篮子一起放在餐桌上 ④ 随时将空瓶、空罐从餐桌上撤下
6. 注意事项	① 开瓶后的封皮、木塞、盖子等杂物，可放在小盘子里，操作完毕一起带走，不要留在餐桌上 ② 开启带汽或者冷藏过的酒罐封口时，常有水汽喷射出来，因此在宾客面前开启时，应将开口对着自己，并用手挡遮，以示礼貌 ③ 香槟酒的瓶塞大部分压进瓶口，有一段帽形物露出瓶外，并用铁丝绕扎固定。开瓶时，在瓶上盖一条餐巾，左手斜拿酒瓶，大拇指紧压塞顶，用右手挪开铁丝，然后握住塞子的帽形物，轻轻转动上拔，靠瓶内的压力和手的力量将瓶塞拔出来。操作时应尽量避免发生响声，尽量避免晃动，以防酒液溢出

3. 斟酒

1）红、白葡萄酒斟酒服务

① 接受客人点酒后，小心送至客人面前，在客人面前示酒。展示时右手握住瓶口，左手用服务巾拖住酒瓶，将酒标正面朝向客人，如图 1-56 所示。供客人检查后酒标朝向客人，酒放置于餐桌上或者酒篮中。

② 用开瓶器割开瓶口的锡箔封口并取下，如图 1-57 所示。

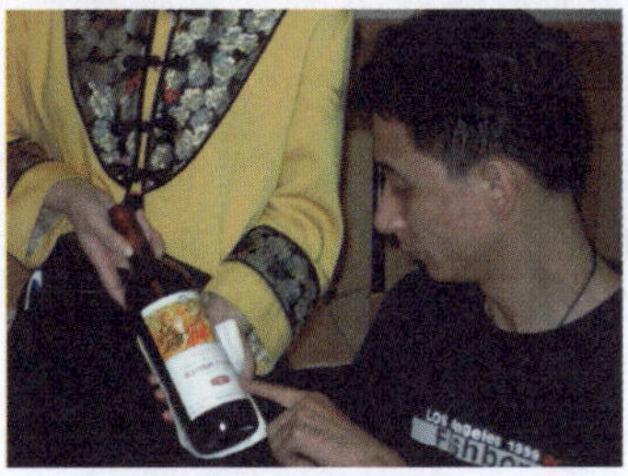

图 1-56　示酒

图 1-57　用开瓶器割开瓶口的锡箔封口

③ 用餐巾擦干净瓶口，如图 1-58 所示。

④ 用螺丝钻垂直钻入木塞中央，使螺丝钻深入木塞。用开瓶器的支撑杆扣住瓶口。垂直提起开瓶器，将软木塞慢慢提拉起来。用手摇松木塞后从瓶口拔出，再将瓶塞反向拧出来。如图 1-59 所示。

图 1-58　用餐巾擦净瓶口

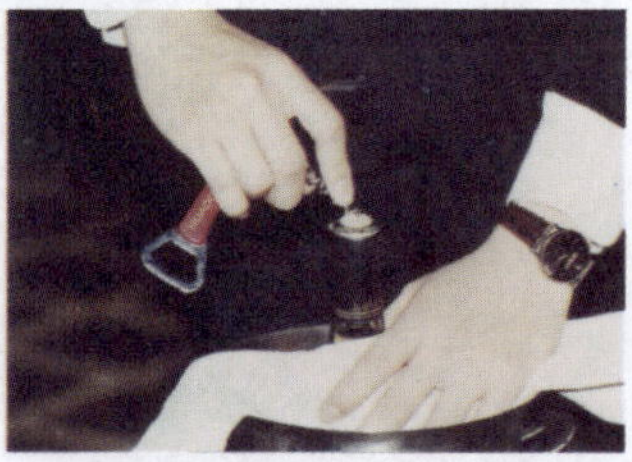

图 1-59　开瓶

⑤ 用餐巾再次擦净瓶口，如图 1-60 所示。

⑥ 检查木塞的外观，将瓶塞呈现于客人面前供检验，如图 1-61 所示。

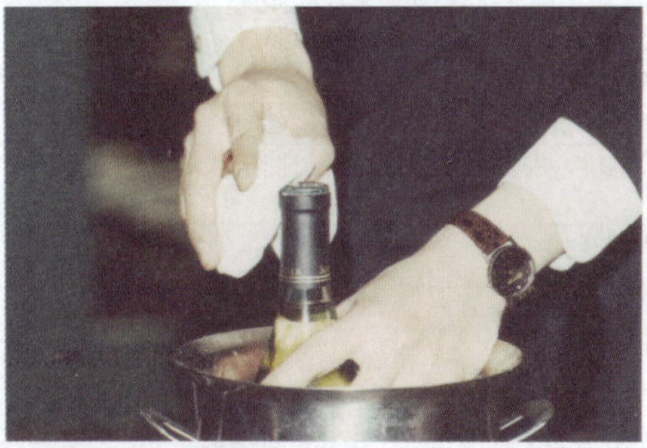

图 1-60　再次擦净瓶口

图 1-61　将瓶塞呈于客人面前

⑦ 服务员右手持酒瓶，酒标朝向点酒客人，先到一盎司让客人试酒，得到客人同意后再为客人斟酒，斟酒时应该遵循女士及年长者优先原则，最后给点酒的主人倒酒。红酒倒的量应该是 1/2 杯即可，白酒是 1/3 杯即可，如图 1-62 所示。

2）香槟酒斟酒服务

① 将冰桶中的香槟酒的封口锡纸从瓶口取下，如图 1-63 所示。

图 1-62　倒酒

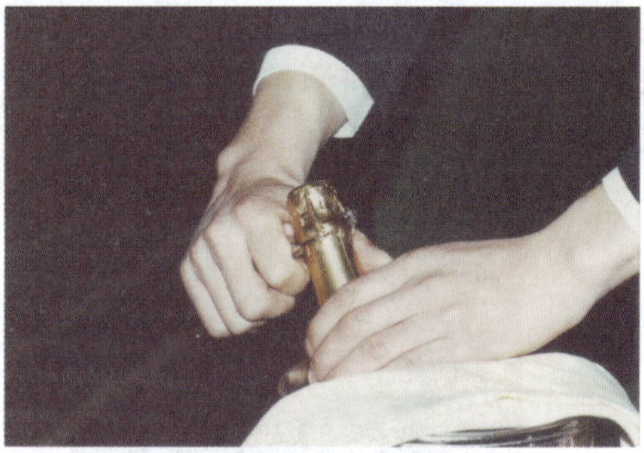

图 1-63　取下封口锡纸

② 左手紧紧扣住软木塞，右手将软木塞上的铁丝箍拧开，如图 1-64 所示。

③ 用餐巾包住瓶口，以 45 度角度持瓶，右手持餐巾的手紧紧扣住软木塞，瓶口朝向无人的空旷处，用左手旋转酒瓶，如图 1-65 所示。依靠瓶内的压力将木塞顶出，如图 1-66 所示。开瓶时避免较大的声响，因为这样是不礼貌的。

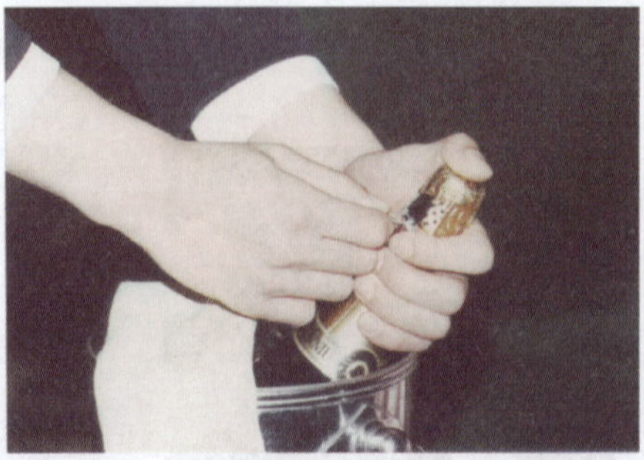

图 1-64　拧开铁丝箍

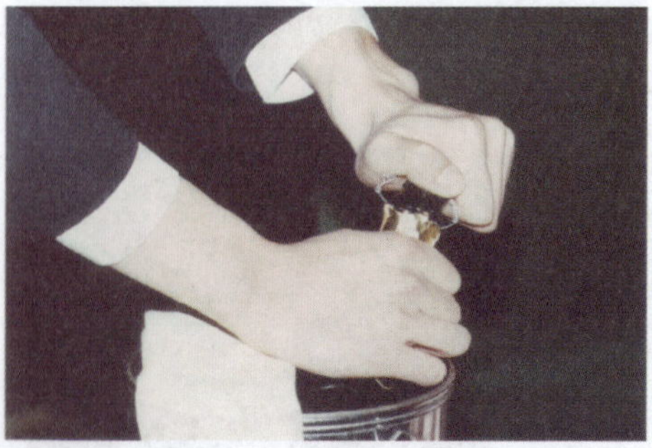

图 1-65　旋转酒瓶

④ 用餐巾擦净瓶口，将瓶塞供客人检验。倒香槟酒时，用服务巾交叉包住酒瓶，避免体温影响酒质。香槟酒要分两次倒酒，第一次倒 1/3，待泡沫稍微下落后再倒至杯的 2/3 处即可。

3）啤酒服务程序

① 用托盘盛放啤酒及酒杯，酒瓶接近身体内侧，保持托盘中心，如图 1-67 所示。

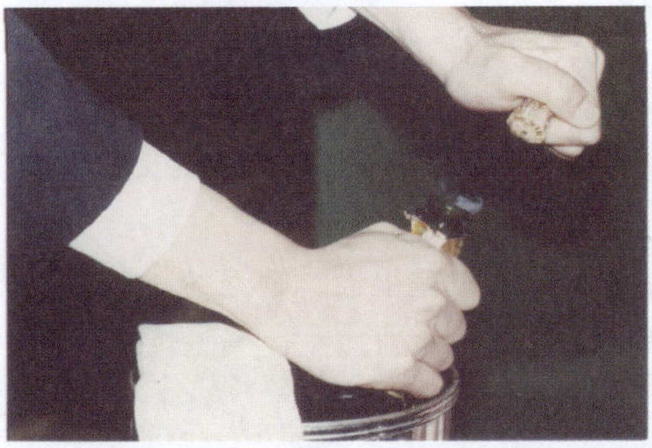

图 1-66　取出塞

图 1-67　用托盘盛放啤酒及酒杯

② 从客人的右侧靠近，注意不要碰到其他餐具，将啤酒杯摆好，如图 1-68 所示。

③ 右手持啤酒瓶，注意酒标必须朝向客人，为客人倒酒时因为啤酒的泡沫较多，所以要适当倾斜控制酒液慢慢沿杯壁倒出，倒至一半时改为倒向杯中心冲出适量的泡沫，以八成满为宜，如图 1-69 所示。

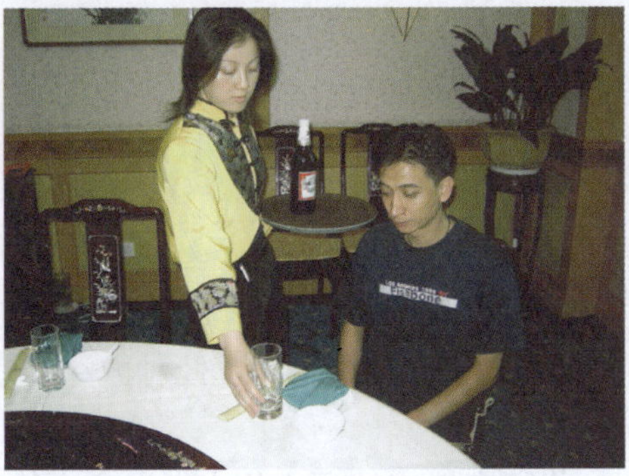

图 1-68　将啤酒杯摆好

图 1-69　倒酒

相关知识

（一）酒的分类

酒的种类繁多，可以有不同的分类标准。

1. 按生产工艺分类

① 发酵酒（Fermented Wines）。发酵酒又叫酿造酒，或原汁酒，它是借着酵母的作用，把淀粉和糖质原料的物质发酵糖化，产生酒精成分而形成的酒。发酵酒是最自然的造酒方式，酒度低，对人体的刺激性小。这类酒中含有很多营养成分，适量饮用有益身体健康。发酵酒包括：葡萄酒、啤酒、黄酒、清酒等。

② 蒸馏酒（Distilled Alcoholic Beverage）。蒸馏酒又称烈性酒，是指以水果、谷物等为原

料先进行发酵，然后将含有酒精的发酵液进行蒸馏而得的酒。蒸馏酒酒度较高，一般均在20度以上，刺激性较强，如白兰地、威士忌、中国的各种白酒等。

③ 配制酒（Re-distilled /Compounded Alcoholic Beverages）。配制酒是指在各种酿造酒、蒸馏酒或食用酒精中加入一定数量的水果、香料、药材等浸泡后，经过滤或蒸馏而得的酒。如竹叶青、药酒、人参酒、利口酒、味美思等。

2. 按酒精含量分类

① 高度酒。高度酒可以分为高度白酒（酒精含量在50%以上）、降度白酒（又称中度白酒，为40～50度）和低度白酒（40度以下）。

② 低度酒。低度酒的区分由于不同酒之间的酒精含量相差很大，缺乏统一的分类方法。但是，一般来说，啤酒、葡萄酒和其他一些果味酒被认为是低度酒。

3. 按原材料分类

根据酿酒所用的原材料不同，通常可分为下列三类：

① 粮食酒。以粮食为原料生产的酒，如高粱酒、糯米酒、包谷酒等。

② 果酒。果酒是用果类为原料生产的酒，大多以果实名称命名，如葡萄酒、山楂酒、苹果酒、荔枝酒等。其特点是色泽娇艳，果香浓郁，酒香醇美，营养丰富。

③ 代粮酒。就是用粮食以外的其他淀粉原料或含糖原料生产的酒，习惯称为代粮酒。如用薯干、木薯等为原料生产的酒。

（二）斟酒方式与斟酒顺序

1. 斟酒方式

斟酒有两种方式，一种是桌斟，另一种是捧斟。桌斟采用得较多。

1）桌斟

桌斟指顾客的酒杯放在餐桌上，餐厅服务员右手持瓶向杯中斟倒酒水。此种方法又分为托盘斟酒和徒手斟酒，是餐厅斟酒最常使用的一种方法。

徒手斟酒是服务员左手持餐巾布，右手握酒瓶，将顾客选定的酒水依次斟入客人的杯中，然后用左手中的餐巾布将瓶口擦拭干净的一种斟酒方法。此种方法多用于零点点餐服务中顾客选用的酒水较单一的情况。徒手斟酒操作程序如表1-5所示。

表1-5　徒手斟酒操作程序

操作程序	操作规范
斟酒准备	检查酒水标识及酒水质量，擦拭酒瓶，准备一块洗净消毒的布巾
徒手斟酒	斟酒时，服务员站在客人的右后侧，按先宾后主的次序斟酒；左手持布巾背在身后，右脚向前，侧身而立，右手持瓶向前伸出；将酒瓶商标朝上展示给客人，示意客人确认酒水饮料；待客人确认后，服务员用右手为客人斟酒；斟酒时要掌握好酒瓶的倾斜度并控制好倒酒的速度，瓶口不能碰到杯口；斟酒完毕，将瓶口抬起并顺时针旋转45度后向回收瓶，再用左手中的布巾将残留在瓶口的酒水拭去

托盘斟酒，即服务员将顾客选定的酒水、饮料放于托盘内，餐厅服务员左手端托，托盘的位置应位于客人座椅背后，保证托盘平稳，右手取送斟倒，根据顾客的需要取送酒水，依次

将所需酒水斟入杯中，这种斟倒方法方便顾客选用。为一位客人斟完一杯以后，换瓶时要稳，轻拿轻放。托盘斟酒时，装盘合理，托盘托在椅背的外侧20厘米左右，不与身体接触，换瓶时注意安全可靠。此种方法多用于客人人数较多，酒水品种较多，或者需要持续斟酒，或者需要保温酒水的斟倒。托盘斟酒操作程序如表1-6所示。

表1-6 托盘斟酒操作程序

操作程序	操作规范
斟酒准备	检查酒水标识及酒水质量，擦拭酒瓶，按规范将酒瓶摆放在托盘内
托盘斟酒	站在客人的右后侧，按先宾后主的次序斟酒；左手托盘，右脚向前，侧身而立，保持平稳；向客人展示托盘中的酒水、饮料，示意客人选择自己喜欢的酒水、饮料；待客人选定酒水、饮料后，服务员直起上身，将托盘移至客人身后。托盘移动时，左臂要将托盘向外托送，避免托盘碰到客人；用右手从托盘上取下客人所需的酒水进行斟酒；斟酒时要掌握好酒瓶的倾斜度并控制好倒酒的速度，瓶口不能碰到杯口；斟酒完毕，将瓶口抬起并顺时针旋转45度后向回收瓶

2）捧斟

指斟酒服务时，餐厅服务员站立于顾客右侧身后，右手握瓶，左手将酒杯捧在手中，向杯中斟满酒后绕向顾客的左侧将装有酒水的酒杯放回原来的杯位。捧斟方式一般适用于非冰镇酒品。捧斟取送酒杯时动作要轻、稳、准、优雅大方。此种方法多用于酒会和酒吧服务。

注意，无论采用哪种斟倒酒水的方式（除了花式斟酒外），其酒瓶口应与杯口保持一定的距离，切忌把瓶口搁在杯沿或采用高溅注酒的方式，以免有碍卫生及操作时发出声响。

2. 斟酒量与斟酒顺序

1）斟酒量

① 中餐在斟倒各种酒水时，一律以八分满为宜，以示对宾客的尊重。

② 西餐斟酒不宜太满，一般红葡萄酒斟至杯的1/2处，白葡萄酒斟至杯的2/3处为宜。斟香槟酒分两次进行，先斟至杯的1/3处，待泡沫平息后，再斟至杯的2/3处即可。

2）斟酒顺序

① 中餐斟酒顺序。宾客入座后，服务员及时问客人是否先喝些啤酒、果汁、矿泉水等饮料。宴会开始前10分钟左右将烈性酒和葡萄酒斟好。其顺序是：从主宾开始，按男主宾、女主宾、主人的顺序顺时针方向依次进行。如果是两位服务员同时服务，则一位从主宾开始，另一位从副主宾开始，按顺时针方向依次进行。

② 西餐宴会的斟酒顺序。西餐宴会用酒较多，几乎每道菜都配有一种酒，吃什么菜喝什么酒，应先斟酒后上菜。其顺序为：女主宾、女宾、女主人、男主宾、男宾、男主人。

3. 斟酒注意事项

① 为客人斟酒不可太满，瓶口不可碰杯口。

② 斟酒时，酒瓶不可拿得过高，以防酒水溅出杯外。

③ 当因操作不慎，将杯子碰倒时，立即向客人表示歉意，同时在桌上酒水痕迹处铺上干净的餐巾。

④ 因啤酒泡沫较多，斟倒时速度要慢，让酒沿杯壁流下，这样可减少泡沫，如图1-70所示。

图 1-70 沿杯壁斟倒啤酒

⑤ 当客人祝酒讲话时，服务员要停止一切服务，端正肃立在适当的位置上，不可交头接耳，要注意保证每个客人杯中都有酒水；讲话即将结束时，要向讲话者送上一杯酒，供祝酒之用。

⑥ 主人离位或离桌去祝酒时，服务员要托着酒，跟随主人身后，以便及时给主人或其他客人续酒；在宴会进行过程中，看台服务员要随时注意每位客人的酒杯，见到杯中酒水只剩下 1/3 时，应及时添满。

⑦ 斟酒时应站在客人的后右侧，切忌左右开弓进行服务。

⑧ 手握酒瓶的姿势。首先要求手握酒瓶中下端，商标朝向宾客，便于宾客看到商标，同时可向宾客说明酒水特点。

⑨ 斟酒时要经常注意瓶内酒量的多少，因为瓶内酒量的多少不同，酒的出口速度也不同，瓶内酒越少，出口的速度就越快，倒时容易冲出杯外。所以，要掌握好酒瓶的倾斜度，使酒液徐徐注入酒杯。

知识拓展

开瓶的基本程序与方法

1. 开瓶的基本程序

① 开塞前应避免酒体的晃动，否则汽酒会造成冲冒现象，陈酒会造成沉淀物窜腾现象。

② 将酒水瓶揩拭干净，特别是将塞子和瓶口部位擦干净。

③ 检查酒水质量，如发现瓶子破裂或酒水中有悬浮物、浑浊沉淀物等质变现象，应及时调换。

④ 开启的酒瓶酒罐应该留在客人的餐桌上，下面须用衬垫，以免弄脏台布。

⑤ 开启后的封皮、木塞、盖子等物不要直接放在桌上，应在离开时一并带走。

2. 葡萄酒开瓶方法

葡萄酒的开瓶方法如图 1-71 所示。

① 服务员先用洁净的餐巾把酒瓶包上。

② 切掉瓶口部位的锡纸，并揩擦干净。

③ 用开酒钻的螺旋锥转入瓶塞，将瓶塞慢慢拔出，再用餐巾将瓶口擦干净。

④ 开瓶前，应持瓶向宾客展示。在开瓶过程中，动作要轻，以免摇动酒瓶时将瓶底的酒渣泛起，影响酒味。

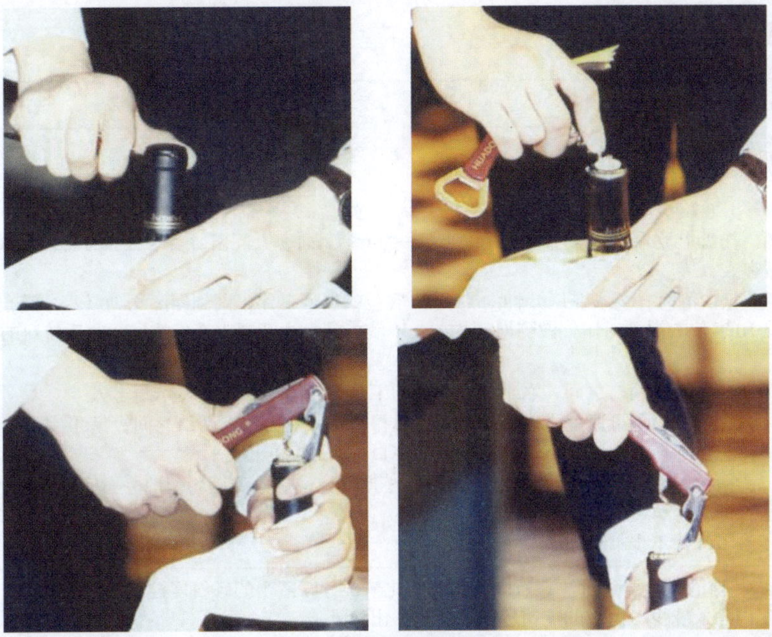

图 1-71　葡萄酒开瓶方法

3. 香槟酒的开瓶方法

香槟酒因瓶内有较大的气压，故软木塞的外面套有铁丝帽以预防软木塞被弹出。

①首先将瓶口的锡纸剥除。

② 用右手握住瓶身，以 45 度的倾斜角拿着酒瓶并用大拇指紧压软木塞，右手将瓶颈外面的铁丝圈扭弯，一直到铁丝帽裂开为止，然后将其取掉。同时，用左手紧握软木塞，并转动瓶身，使瓶内的气压逐渐地将软木塞弹挤出来。

③ 转动瓶身时，动作要既轻又慢。开瓶时要转动瓶身而不可直接扭转软塞子，以防将其扭断而难以拔出。

④ 注意开瓶时，瓶口不要朝向宾客，以防在手不能控制的情况下，软木塞爆出。

⑤ 如已溢出酒沫，应将酒瓶呈 45 度斜握。

4. 烈性酒开瓶方法

烈性酒的封瓶方式及其开瓶方法有两种：

① 如果酒瓶是塑料盖或外部包有一层塑料膜，开瓶时先用火柴将塑料膜烧熔取下，然后旋转开盖即可。

② 如果酒瓶是金属盖，瓶盖下部常有一圈断点，开瓶时用力拧盖，使断点断裂，便可开盖，如遇有断点太坚固，难于拧裂的，可先用小刀将断点划裂，然后再旋开盖。

5. 罐装酒品开罐方法

一些带汽的饮品常以易拉罐的形式封装。

① 开启时只要拉起罐顶部的小金属环即可。

② 服务员在开启易拉罐时，应将开口方向朝外，不能对着客人，并以手握遮，以示礼貌。

③ 开启前要避免摇晃。

技能训练

实　训　内　容
1. 开启酒瓶操作 ① 葡萄酒的开启 ② 香槟酒的开启 2. 练习托盘斟酒。托盘上放置 3 ~ 4 个大小、高低不一的酒瓶，向客人问斟。要求在 5 分钟内完成，做到动作规范、不滴不洒、不贴靠客人 3. 练习徒手斟酒。斟白酒时，要求在两分钟内完成 10 客位的斟酒工作，做到斟酒均匀（八分满）；斟葡萄酒时，要求在两分钟内完成 10 客位的斟酒工作，做到斟酒均匀、不滴不洒，注意酒水商标的展示及手持瓶的位置 4. 斟酒要领 ① 斟酒时，服务员站在客人两椅之间，右手握着酒瓶的下半部，酒标朝外，显示给客人 ② 斟酒时，身体微微前倾，不可紧贴客人，但也不要离得太远，右脚踏入两椅之间，呈 T 字形侧身而立 ③ 斟酒时，瓶口距杯口 2 厘米左右，不要将瓶口搭在杯口上，以防污染 ④ 斟酒适度后，微微抬起瓶口，同时手腕顺时针旋转 45 度，使最后一滴酒均匀地分布到瓶口边沿上，不至于滴落在客人的身上或餐布上 ⑤ 斟酒时做到不滴不洒，不少不溢

要点提示	① 斟酒时，要随时注意瓶内酒量的变化情况，以适当的倾斜度控制酒液的流速，学会巧用腕力。瓶内酒量越少，酒液的流速越快，容易溅出杯外 ② 斟酒时，不要站在客人左侧，不准站在一个位置为左右两位客人斟酒，不准隔位斟、反手斟 ③ 如果由于操作不慎，将酒杯碰翻，应向客人表示歉意，并立即将酒杯扶起，检查有无破损，同时用干净的餐巾将酒液吸干，重新斟酒 ④ 瓶内酒水不足一杯时，不宜为客人斟酒，瓶底朝天有失礼貌。切忌一杯酒用两只酒瓶同斟，宾客会误以为自己是多余的 ⑤ 斟酒时，因为泡沫较丰富，极易沿杯壁冲出杯外，所以斟酒的速度要慢些，可以沿酒杯的前壁流入杯内，也可以分两次斟倒 ⑥ 开启瓶盖或易拉罐时，不要冲着客人，避免气体喷溅到客人 ⑦ 酒液、汽水混合在一只杯中时，应先斟汽水后斟酒液，以防汽水对酒液的冲击 ⑧ 零点客人的酒水在斟第一杯后，全部放回客人餐桌上，若有空瓶、罐则及时撤走 ⑨ 斟酒时尽量注意不要打扰客人交谈，影响客人

斟酒技能测试与考核

考核项目	操　作　要　求	配分	得分
斟酒顺序	能够按照先宾后主的顺序依次进行	20	
斟酒姿势	酒水商标朝外，显示客人 瓶口不要碰杯口，相距 2 厘米左右 握瓶姿势正确，步法正确 收瓶姿势规范，动作优美	10 10 15 15	
斟酒标准	斟酒量八分满 不滴不洒、不少不溢	15 15	
合　计		100	

思考与练习

1. 想一想，斟倒酒水前为什么要示酒？示酒的步骤是什么？
2. 请问哪些酒适宜加热？又有哪些酒适宜冰镇？
3. 斟酒的方法有几种？斟酒时应注意哪些方面的问题？

4. 分析比较红白葡萄酒服务的异同。

5. 案例分析：

被拒绝的啤酒

日本客人木村和松本先生随旅行团入住北京某酒店，中午来到中餐厅，准备共进午餐。中餐厅迎宾员热情地向木村和松本先生问候致意，将他们引领入座。服务员小吴马上为客人送上欢迎茶和香巾，并递上菜单，请客人点菜。日本客人接过菜单，时而互相交谈，时而翻看菜单，看上去似乎很熟悉中餐菜点。果然，他们招呼一直站立在旁边的服务员小吴，将他们选定的菜点一一告诉他。小吴在订菜单上迅速地记录着。小吴主动询问客人想要哪种酒水，客人一致选了“青岛啤酒”。小吴便把客人的订菜单交给了传菜员，自己去为客人取啤酒。他来到酒水柜台旁，送上订单，酒水服务员递给小吴两瓶啤酒。小吴习惯地摸了摸工服口袋，却没掏出开瓶器，便叫酒水服务员直接开启了啤酒，然后，他拿着已开启的啤酒来到餐桌旁，正要斟酒，却被木村先生拦住了。木村先生面带愠怒的神态问他：“这两瓶啤酒是刚刚开启的吗？是不是卖不出去又给了我们，我们不要这两瓶啤酒。”虽经服务员小吴一再解释，但日本客人仍坚持更换啤酒，否则，他们要找餐厅经理投诉。餐厅经理闻讯后，马上让小吴更换啤酒，亲自走到餐桌旁，向木村和松本先生表示歉意，重新取来啤酒，并当着客人面开启了啤酒。

思考：本案例的失误在于何处，如何避免此类事情？

任务六 上菜与分菜

上菜和分菜是为宾客进餐提供服务的重要环节，也是餐厅服务员必须掌握的基本技能之一。分菜服务常见于西餐的分餐制服务中，现在随着影响的加大，在一些中餐的高级宴会上也在使用。分菜服务就是在客人观赏后由服务人员主动均匀地为客人分菜分汤，也叫派菜或让菜。西餐中的美式服务不要求服务员掌握分菜技术，俄式服务要求服务员有较高的分菜技术，法式服务要求服务员有分切技术。分菜服务可以有效体现餐饮服务的品质，因此服务人员必须熟练掌握服务技巧。

任务导入

某酒店中餐厅，靠近窗边的一张餐桌旁坐着一家三口，他们点了四个菜、一个汤，正在等候上菜。当“铁板牛柳”端上来时，服务员将准备好的调汁浇在铁板的牛柳上，然后立即用餐巾纸和铁盖盖住，只听见铁板里面吱吱作响，显然是温度很高，虽然牛柳上盖了餐巾纸和铁盖，调汁仍顺着缝隙溅落在周围的桌布上，有几滴还飞落在女宾客的连衣裙上。“你怎么搞的，把汤汁都溅到我衣服上了，要是烫了人怎么办呀？再瞧这桌布，上面全都是油点，让我们怎么吃饭？女宾客看到自己漂亮的连衣裙溅上了污点，十分恼火。“实在对不起，都怪我没把盖子盖严，把您的衣服弄脏了，我马上去帮您联系清洗衣服。”说着，服务员把铁盖和餐巾纸取下，便匆匆去找餐厅经理。三位客人用筷子拨开牛柳，发现下面的肉已经烧糊了。女宾客连忙寻找那位服务小姐，但不见她的踪影。又等了10分钟，才见她和餐厅经理一同走来。“你们这里的服务太差了。上菜溅到人家衣服上，把桌子也弄脏了。上的菜是糊的，没法吃。等菜时间又长，我们已经看着这盘糊菜半天了。”女宾客怒气冲冲地指着烧糊的牛柳对经理说。“对不起！女士、先生。这些确实是我们的过错，请大家换一个干净的餐桌。烧糊的菜马上替您换过，其他菜马上就送到。女士的衣服我们马上替您洗烫，然后送到您的府上。现在只好委屈您先穿走我的衣服。至于这顿饭的餐费，我们免费，以表示我们的歉意。您看这样处理可以吗？”经理略加思索后，说出了她的建议。听到这位女经理合情合理的建议，女宾客气全消了。她表示，餐桌可以换，菜也可以换新的，衣服污染得不重，可以回家洗，餐费也不用免。女经理又建议，餐费打8折，另外加上洗衣费，并坚持让她接受。最后，女宾客终于接受了这个建议。换过餐桌后，菜马上就上齐了。服务小姐这次格外小心地为他们服务。在他们走时，又一次向客人道歉，并希望他们再来。

思考

结合案例，谈一谈上菜服务技能的训练应注意哪些问题？

任务描述

客人点完菜后就等着可口的饭菜上桌了。从哪上菜？什么菜先上什么菜后上？给谁先上？菜上桌后怎样摆放最美观……这些表面上看起来不过是端端盘子的事儿，却有好多讲究。分菜也是餐饮服务中技术性很强的工作，要想熟练地掌握它，就必须对各种菜肴的烹制方法、菜肴成型后的质地特点（是带汁还是无汁，是整块还是小块），甚至菜肴的吃法等有充分的了解，才能在实际工作中运用自如。不过你首先要了解上菜服务的要求，了解分菜服务方式、分菜顺序及要求，进而掌握上菜的操作程序与服务技巧，掌握分菜的基本手法及操作程序与标准，以达到操作规范、熟练上菜、分菜的训练要求。

任务分析

无论在中餐厅还是西餐厅，餐厅服务员的工作之一就是上菜和分菜服务。上菜和分菜服务既体现着餐厅服务员的工作态度，又反映出餐厅的服务水平。上菜和分菜服务的要求是：熟悉上菜的位置、顺序、时机；掌握上菜要领；了解中餐几种特殊菜肴的上菜方法；掌握各种分菜工具的用法；操作时动作协调利落，操作卫生；菜肴分让均匀，装盘整洁。

任务实现

1. 上菜服务

1）中餐上菜

中餐上菜根据不同的菜系，就餐与上菜的顺序会有一些不同，但一般的上菜方式是先上冷菜便于佐酒，然后视冷菜食用的情况，适时上热菜，最后上汤菜、点心和水果。上菜时应该注意正确的端盘方法，端一个盘子时用大拇指紧贴盘边，其余四指扣住盘子下面，拇指不应该碰到盘边的上部，更不允许留下手印或者手指进入盘中，这样既不卫生也不礼貌。中餐上菜的方法和要求如表 1-7 所示。

表 1-7　中餐上菜的方法和要求

项　目	具　体　要　求
上菜原则	先冷后热，先咸后甜，先菜后点，先浓后淡，先优质后一般
上菜顺序	凉菜→主菜→热菜→汤菜→甜菜（随上点心）→水果
上菜位置	中餐宴会上菜应选择在译陪之间进行，也有的在副主人右边进行；零点餐厅选择在不打扰客人或干扰客人最少的位置
上菜动作	用右手将菜肴端送上桌，微笑地报出菜名，简单介绍菜点，顺时针转动转盘，待宾客观赏后，转至主宾面前请客人品尝
上菜方法	① 上菜时，可以将凉菜先行送上席。当客人落座开始就餐后，餐厅员工即可通知厨房做好出菜准备，待到凉菜剩下 1/3 左右时，餐厅员工即可送上第一道热菜。当前一道菜快吃完时，餐厅员工就要将下一道菜送上，不能一次送得过多，使宴席上放不下，更不能使桌上出现菜肴空缺的情况 ② 餐厅员工给客人提供服务时，一般要以第一主人作为中心，从宴席的左面位置上菜，撤盘时从宴席的右侧位置进行。上菜或撤盘时，都不应当在第一主人或主宾的身边操作，以免影响主客之间的就餐和交谈 ③ 凡是上带有调味作料的热菜，如烤鸭、烤乳猪、清蒸蟹等菜肴时，切忌遗漏调味作料，一次性上齐，并且可以略作说明 ④ 菜肴上有孔雀、凤凰图案的拼盘应当将其正面放在第一主人和主宾的面前，以方便第一主人与主宾的欣赏 ⑤ 第一道热菜应放在第一主人和主宾的前面，没有吃完的菜则移向副主人一边，后面的菜可遵循同样的原则 ⑥ 遵循“鸡不献头，鸭不献尾，鱼不献脊”的传统礼貌习惯，即在给客人送上鸡、鸭、鱼一类的菜时，不要将鸡头、鸭尾、鱼脊对着主宾。而应当将鸡头与鸭头朝右边放置。上整鱼时，由于鱼腹的刺较少，肉味鲜美腴嫩，所以应将鱼腹而不是鱼脊对着主宾，表示对主宾的尊重
菜肴摆放	① 摆菜时不宜随意乱放，而要根据菜的颜色、形状、种类、盛具、原材料等因素，讲究一定的艺术造型 ② 中餐宴席中，一般将大菜中头菜放在餐桌中间位置，砂锅、炖盆之类的汤菜通常也摆放到餐桌中间位置。散座中可以将主菜或高档菜放到餐桌中心位置 ③ 摆菜时要使菜与客人的距离保持适中，散座中摆菜时，应当将菜摆放在靠近小件餐具的位置上，餐厅经营高峰中，两批客人同坐于一个餐桌上就餐时，摆菜要注意分开，不同批次客人的菜向各自方向靠拢，而不能随意摆放，否则容易造成误解 ④ 注意菜点最适宜观赏一面位置的摆放。要将这一面摆在适当的位置，一般宴席中的头菜，其观赏面要朝向正主位置，其他菜的观赏面则对向其他客人 ⑤ 当为客人送上宴席中的头菜或一些较有风味特色的菜时，应首先考虑将这些菜放到主宾与主人的前面，然后在上下一道菜时再移放至餐桌的其他地方

2）西餐上菜

西餐上菜服务方式有法式、俄式、英式、美式、意式等，各种服务方式既有相同的地方，也由于礼仪习俗的不同而有所不同。西餐上菜的方法和要求如表 1-8 所示。

表 1-8　西餐上菜的方法和要求

项　　目	具　　体　　要　　求
上菜原则	先宾后主，先女宾后男宾
上菜顺序	头盘→汤→第一主菜→第二主菜→甜食→咖啡
基本要求	① 餐厅员工在提供西餐上菜服务中，总体顺序是先女主宾后男主宾，然后服务主人与一般来宾 ② 餐厅员工应用左手托盘，右手拿叉匙为客人提供服务。服务时，员工应当站在客人的左边 ③ 西餐菜肴上菜也要“左上右撤”，酒水饮料要从客人的右侧上。法式宴会所需食物都是用餐车送上，由服务员上菜，除面包、黄油、色拉等必须放在客人左边的盘子外，其他食物一律从右边用右手送上
上菜方式	① 法式上菜方式的特点是将菜肴在宾客面前的辅助服务台上进行最后的烹调服务，法式服务由两名服务人员同时服务，一名负责完成桌边的烹调制作，另一名负责为客人上菜。热菜用加温的热盘，冷菜用冷却后的冷盘 ② 俄式上菜方式与法式服务相近，但所有菜肴都是在厨房完成后，用大托盘送到辅助服务台上，然后顺时针绕台将餐盘从右边摆在客人面前。上菜时服务人员站立在客人的左侧，左手托银盘向客人展示菜肴，然后再用服务叉、勺配合分菜至客人面前的餐盘中，以逆时针的方向进行分菜服务，剩余菜肴送回厨房 ③ 英式上菜方式是从厨房将盛装好菜肴的大餐盘放在宴会首席的男主人面前，由主人将菜肴分入餐盘后递给站在左边的服务员，由服务人员分给女主人、主宾和其他宾客。各种调料与配菜摆在桌上，也可以由宾客自取并互相传递 ④ 美式上菜方式比较简单，菜肴由厨房盛到盘中。除了色拉黄油和面包，大多数菜肴盛在主菜盘中，菜肴从左边送给宾客，饮料酒水从右边送上，用过的餐具由右边撤下

2. 分菜服务

1）分菜前的准备工作

菜品端上餐台之前，值台的餐厅服务员要准备好分菜所用的各种餐具及用具。

① 分菜餐具的准备。分炒菜前，应准备分菜所需相应数量的骨碟；分汤菜前，应准备分汤菜所需相应数量的汤碗与长把汤匙；分蟹类菜肴时，应按相应的人数准备好骨碟与蟹钳等。

② 分菜工具的准备。分菜服务前，应将分菜所需的工具、用具准备齐全，如分菜所需的餐刀、餐叉、餐勺、筷子、汤匙及垫盘、布巾等。

③ 菜肴展示。当传菜员将菜由厨房送至前台后，值台餐厅服务员在分菜服务前，应将菜肴端至客人面前（或放在餐台上或端托在手上）向客人展示。展示的同时，要向客人介绍菜肴的特点、烹调方法等有关内容。当客人观赏后，方可进行分菜服务。展示菜肴时，餐厅服务员应将菜肴的主看面朝向主宾，利用转台的旋转，按顺时针方向徐徐转动餐台一周后，再将菜肴分让给客人；如端托展示时，应用左手端托，右手扶托，将菜托至与餐台平行的高度，餐厅服务员站立的位置应是第一主宾或第一主人视线的最佳位置，同时又要照顾到其他客人的观赏，如可选在第一主人或第一主宾斜对面进行菜肴展示。用礼貌用语如“请稍等，我来分一下这道菜”，然后再进行分派。

2）分菜

服务员分菜时要注意手法卫生、动作利索、分量均匀、跟上佐料；服务员在保证分菜质量的前提下，以最快的速度完成分菜工作；一叉一勺要干净利索，切不可在分完最后一位时，菜已冰凉；带佐料的菜，分菜时要跟上佐料，并略加说明。分菜的方法与要求如表 1-9 所示。

表 1-9　分菜的方法和要求

项　　目	具　　体　　要　　求
分菜方式	① 桌上分让式：服务员站在客人的左侧，左手托盘，右手拿叉与勺，将菜在客人的左边派给客人，一般适用于分热炒菜和点心 ② 二人合作式：由两名服务员配合操作，一名服务员右手持公用筷，左手持长把公用勺，另一名服务员将每一位客人的餐碟移到分菜服务员近处，由分菜服务员分派，然后由另一位服务员从客人左侧为客人送菜 ③ 旁桌分让式：先将菜在转台上向客人展示，由服务员端至备餐台，将菜分派到客人的餐盘中，并将各个餐盘放入托盘中，托送至餐桌边，用右手从客位的右侧放到客人的面前，一般用于宴会
分菜要求	① 将菜点向客人展示，并介绍名称和特色后，方可分让。大型宴会，每一桌服务人员的派菜方法应一致 ② 分菜时留意菜的质量和菜内有无异物，及时将不合标准的菜送回厨房更换。客人表示不要此菜，则不必勉强。此外应将有骨头的菜肴，如鱼、鸡等的大骨头剔除 ③ 分菜时要胆大心细，掌握好菜的份数与总量，做到分派均匀 ④ 凡配有作料的菜，在分派时要先沾上作料再分到餐碟里
特殊菜肴的分让方法	① 汤类菜肴的分让方法：先将盛器内的汤分进客人的碗内，然后再将汤中的原料均匀地分入客人的汤碗中 ② 造型菜肴的分让方法：将造型的菜肴均匀地分给每位客人。如果造型较大，可先分一半，处理完上半部分造型物后再分其余的一半。也可将食用的造型物均匀地分给客人，不可食用的，分完菜后撤下 ③ 卷食菜肴的分让方法：一般情况是由客人自己取拿卷食。如老人或儿童多的情况，则需要分菜服务。方法是：服务员将吃碟摆放于菜肴的周围；放好铺卷的外层，然后逐一将被卷物放于铺卷的外层上；最后逐一卷上送到每位客人面前 ④ 拔丝类菜肴的分让方法：由一位服务员取菜分菜，另一位服务员快速递给客人

3）分鱼

分鱼服务，是餐厅服务员应掌握的服务技巧之一。餐厅服务员要想做好分鱼服务，首先应掌握所分鱼的品种及其烹调方法，根据其不同的食用方法进行不同的分割装碟。

① 分鱼用具。常用的分鱼用具有鱼刀、鱼叉、鱼勺。分鱼配用的餐具应根据鱼的烹调方法而定，如分糖醋整鱼时，因其焦酥，可带鱼骨分用，故而应配用餐叉、餐勺；分干烧整鱼、红烧整鱼、清蒸整鱼时，要将鱼骨、鱼肉分离，故而应配用餐刀剔出鱼骨刺及切割鱼肉，配以餐叉、餐勺用于分鱼装碟。

② 分鱼要求。分鱼操作前，应先备好餐碟、刀、叉、勺，并将要拆分的整鱼向客人进行展示。展示的方法有两种，一种为端托式展示，即餐厅服务员用托盘将放有鱼的盘子托至客人面前，向客人介绍菜肴，在介绍的过程中向客人进行菜肴的展示；另一种为桌展，即将烹制好的鱼放在餐台上，然后餐厅服务员向客人介绍菜肴，在介绍的过程中，客人也观察到了鱼的形状。待餐厅服务员向客人将鱼展示完毕，方可进行分鱼服务。

③ 分鱼的方法。分整形鱼大体有两种方法，一种是在餐台上分，即餐厅服务员向客人展示完后，将鱼转至餐厅服务员处，使鱼呈头朝右、尾朝左，鱼腹朝向桌边，当着客人的面，将鱼进行拆分。另一种是餐厅服务员向客人展示完鱼后，将鱼拿到备餐台进行分鱼。

④ 分鱼注意事项。分鱼服务时，要求餐刀、叉、勺使用手法得当，不得在操作中发出声响；做到汤汁不滴不洒，保持盛器四周清洁卫生；操作时，动作要干净利落；鱼骨剔出后头尾相连、完整不断，鱼肉去骨后完整美观；分鱼装碟时要均匀、准确。

⑤ 分鱼步骤。由于鱼的品种不同，烹调方法不同，因此分鱼的具体步骤也各不相。一般步骤与要求如表 1-10 所示。

表 1-10 分鱼的步骤和要求

操作程序	操作规范
分鱼准备	准备分菜工具——刀、叉、盘
整鱼展示	先报菜名，为客人展示菜肴，然后撤至服务桌
剔出鱼骨	① 服务员先将鱼身上的配料拨到一边，左手持叉，右手持刀，如图 1-72 所示 ② 用叉轻压鱼背，以避免鱼在盘中滑动，叉不可叉进鱼肉中 ③ 用刀顺脊骨或鱼中线划开，将鱼肉分开，让整条鱼骨露出 ④ 用叉轻压鱼骨，用刀将鱼骨剔出 ⑤ 将鱼骨放入服务盘中
整理成型	① 将鱼肉恢复原样，浇上原汁 ② 不要将鱼肉碰碎，要尽量保持鱼的原形
上菜服务	① 将整理成型的整鱼端上餐桌 ② 如需分菜，要用餐刀将鱼肉切成若干块，按宾主先后次序分派。如鱼块带鳞，要将带鳞部分紧贴餐盘，鱼肉朝上

图 1-72 分鱼服务

相关知识

1. 中国的八大菜系

中国幅员辽阔，是历史悠久的多民族国家，由于气候、物产和风俗的差异，各地区人民的饮食习惯和品味爱好有很大不同，因而发展出多种多样、具有地方风味和特色的菜肴以及与之相适应的烹调方法，形成了不同的地方风味。清代初期，鲁菜、苏菜、粤菜、川菜，已成为我国最有影响的地方菜，后称“四大菜系”。后来加入浙、闽、湘、徽地方菜，成为“八大菜系”。中国八大菜系及其特点如表 1-11 所示。

表 1-11 中国八大菜系及其特点

名称	流派组成	特点	代表菜
鲁菜	济南和胶东两大地方菜	选料考究，刀工精细，精于制汤，善用葱姜	蟹黄海参、白汁裙边、山东蒸丸、红烧海螺、九转大肠、糖醋黄河鲤鱼、德州扒鸡、油爆双脆等
川菜	成都菜和重庆菜	以善用“味”而闻名全国，味型较多，富于变化，以鱼香、红油、怪味、麻辣较为突出。用料广博、注重调味、味型多样的特征，其中尤以味型多、变化巧妙而著称	鱼香肉丝、黄焖鳗、怪味鸡块、麻婆豆腐、干煸牛肉丝、水煮牛肉、宫保鸡丁、回锅肉、棒棒鸡、清蒸江团等

续表

名称	流派组成	特　　点	代　表　菜
苏菜	淮扬、金陵、苏锡和徐海风味四大流派	口味平和，清鲜而略带甜味。其菜品细致精美，格调高雅。其特点是浓中带淡，鲜香酥烂，原汁原汤浓而不腻，咸中带甜。烹调时用料严谨，注重配色，讲究造型，四季有别	清汤火方、鸭包鱼翅、水晶肴蹄、松鼠鳜鱼、西瓜鸡、盐水鸭、清炖甲鱼、三套鸭等
粤菜	广州、潮州、东江三个地方菜	菜肴色彩浓重，清淡爽口，滑而不腻。用料广博奇异，善用生猛海鲜，烹调技艺多样善变，口味清新，讲究鲜、爽、嫩，并注重养生功效	龙虎斗、五蛇羹、盐火焗鸡、蚝油牛肉、干煎大虾碌、冬瓜盅、潮州冻肉、文昌鸡、五彩炒蛇丝、护国菜等
徽菜	皖南、沿江、沿淮三地区的地方菜	选料朴实，讲究火功，重油重色，味道醇厚。总体风格是：清雅纯朴、原汁原味、酥嫩香鲜、浓淡适宜，并具有就地取材、选料严谨，巧妙用火、功夫独特，讲究食补、以食养身，注重本味、菜式多样、南北咸宜的共同特征	符离集烧鸡、火腿炖甲鱼、腌鲜桂鱼、火腿炖鞭笋、雪冬烧山鸡、红烧果子狸、奶汁肥王鱼、毛峰熏鲥鱼、李鸿章杂烩等
湘菜	湘江流域、洞庭湖区和湘西山区的菜肴	用料广泛，油重色浓，多以辣椒、熏腊为原料，口味注重香鲜、酸辣、软嫩	腊味合蒸、东安子鸡、麻辣子鸡、红煨鱼翅、汤泡肚、冰糖湘莲、金钱鱼、湘西酸肉等
闽菜	福州、闽南、闽西风味	烹饪原料以海鲜和山珍为主；刀工巧妙，一切服从于味；汤菜考究，变化无穷；烹调细腻，特别注意调味	佛跳墙、醉糟鸡、太极明虾、清蒸加吉鱼、荔枝肉、太极芋泥、东壁龙珠等
浙菜	杭州、宁波、绍兴、温州等地的菜肴	选料刻求“细、特、鲜、嫩”；烹调擅长炒、炸、烩、熘、蒸、烧；注重清鲜脆嫩，保持主料的本色和真味；形态精巧细腻，清秀雅丽	西湖醋鱼、东坡肉、龙井虾仁、叫化童鸡、清汤鱼圆、干菜焖肉、大汤黄鱼、爆墨鱼卷、宋嫂鱼羹等

2. 上菜服务注意事项

① 上菜时，要端平走稳，轻拿轻放。

② 上菜时，切不可从客人肩上、头顶越过，以免发生意外。

③ 上菜时，切忌“推”和“礅”，保持盘底和盘边干净。

④ 上菜时，应注意防止空盘、空台的情况，同时也要防止上菜过勤，出现堆积现象。

⑤ 上菜时，要防止手指伸向盘内，应注意上菜卫生问题。

知识拓展

分菜工具及使用方法

1. 分菜的工具

① 中餐分菜的工具：分菜叉（服务叉）、分菜勺（服务勺）、公用勺、公用筷、长把勺等。

② 俄式服务的分菜工具：叉和勺。

③ 法式服务的分切工具：服务车、分割切板、刀、叉、分调味汁的叉和勺。

2. 分菜工具的使用方法

1）中餐分菜工具的使用方法

① 服务叉、勺的使用方法：服务员右手握住叉的后部，勺心向上，叉的底部向勺心；在

夹菜肴和点心时，主要依靠手指来控制；右手食指插在叉和勺把之间与拇指酌情合捏住叉把，中指控制勺把，无名指和小指起稳定作用；分带汁菜肴时用服务勺盛汁。

服务叉勺的握法有：

- 指握法。将一对服务叉勺握于右手，正面向上，叉子在上方，服务勺在下方，横过中指、无名指与小指，将叉勺的底部与小指的底部对齐并且轻握住叉勺的后端，将食指伸进叉勺之间，用食指和拇指尖握住叉勺，如图 1-73 所示。

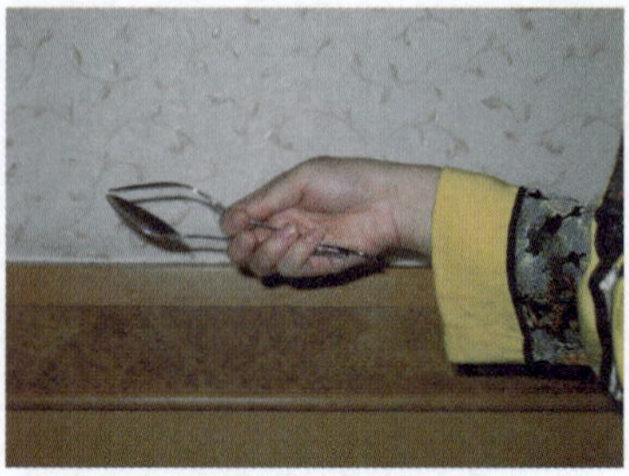

图 1-73　指握法

- 指夹法。将一对叉勺握于右手，正面向上，叉子在上，服务勺在下方，使中指及小指在下方而无名指在上方夹住服务勺。将食指伸进叉勺之间，用食指与拇指尖握住叉子，使之固定。此种方法使用灵活，如图 1-74 所示。

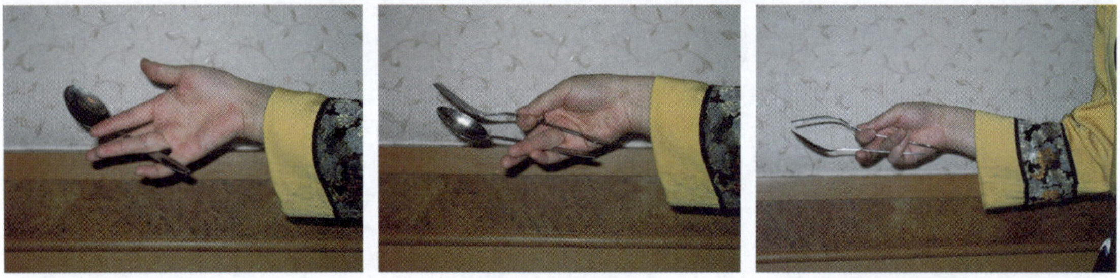

图 1-74　指夹法

- 右勺左叉法。右手握住服务勺，左手握住服务叉，左右来回移动叉勺，适用于体积较大的食物派送，如图 1-75 所示。

图 1-75　右勺左叉法

② 公用勺和公用筷的用法：服务员站在与主人位置成 90 度角的位置上，右手握公用筷，左手持公用勺，相互配合将菜肴分到宾客餐碟之中。

③ 长把汤勺的用法：分汤菜，汤中有菜肴时需用公用筷配合操作。

2）俄式分菜用具的使用方法

一般是匙在下，叉在上。右手的中指、无名指和小指夹持，拇指和食指控制叉，五指并拢，完美配合。这是俄式服务最基本的技巧。

3）法式切分工具的使用方法

① 分让主料：将要切分的菜肴取放到分割切板上，再把净切板放在餐车上。分切时左手拿叉压住菜肴的一侧，右手用刀分切。

② 分让配料、配汁：用叉勺分让，勺心向上，叉的底部向勺心，即叉勺扣放。

技能训练

1. 分组练习，模拟中餐上菜服务

实　训　内　容	
1. 服务程序与标准 ① 检查菜品 ② 端送菜品：选择上菜口上菜 ③ 报菜名：介绍菜肴 ④ 摆菜 2. 中餐特殊菜肴的上菜方式 ① 上有包装的菜肴 ② 上炖类菜品 ③ 上铁板类菜肴 ④ 上拔丝类菜肴 3. 模拟情景：上菜服务模拟	
要点提示	① 上菜时，要端平走稳，轻拿轻放 ② 上菜时，切不可从客人肩上、头顶越过，以免发生意外 ③ 上菜忌讳“推”和“礅”，保持盘底、盘边干净 ④ 上菜时，应注意防止出现空盘空台现象，也要防止上菜过勤，出现菜品堆积现象 ⑤ 上菜时，大拇指不可伸进菜盘内，注意上菜卫生

中餐上菜服务技能测试与考核

考核项目	操作要求	配分	得分
上菜顺序与原则	依照上菜顺序与原则上菜	20	
上菜位置与姿势	从上菜口将菜肴送上餐桌，姿势正确规范	20	
上菜方法	展示菜肴、后退一步 报菜名、介绍特色 语言表达准确，语音语速适中，语态自然大方	15 15 20	
其他服务	菜上齐了要告诉客人，并询问是否需要加菜或其他帮助	10	
合　计		100	

2. 分组练习，模拟分菜服务

实　训　内　容	
1. 分菜程序与标准 ① 桌上分让式 ② 旁桌分让式 ③ 二人合作式 2. 几种特殊菜品的分菜方法 ① 分让鱼类菜肴 ② 分让冬瓜盅 ③ 分让拔丝类菜肴 3. 模拟情景：分菜模拟训练	
要点提示	① 分菜时，所需的餐用具应干净卫生、无破损、无污染 ② 分菜时注意手法卫生；不能在盘底刮出很大的响声，装盘整洁美观 ③ 分送菜品时，不可越位，更不可从客人的肩或头上越过 ④ 分菜时，要做到心中有数，将菜肴优质部分分让给主宾和客人

续表

分菜服务测试与考核			
考核项目	操作要求	配分	得分
分菜手法	分菜手法正确，工具使用得当	20	
分菜位置与姿势	分菜位置正确，操作姿势标准	25	
分菜顺序	能够按先宾后主的顺序依次进行	15	
分菜要求	不滴不洒，一次到位，分派均匀	25	
分菜禁忌	能够做到不违反分菜禁忌要求	15	
合计		100	

思考与练习

1. 分鱼的基本方法和技巧有哪些？

2. 宴会中什么情况下可以为客人分菜，什么情况下可以不为客人分菜，什么情况下一定不能为客人分菜？

3. 一般情况下，婚宴的上菜速度都非常快，请问为什么？

4. 寿宴的上菜顺序和规范、基本要求与注意事项有哪些？请搜集相关资料，进行讨论。

5. 中餐不同菜系的宴会上菜基本规范和顺序各有什么要求？西餐不同类别的上菜规范分别有哪些？请搜集资料，进行讨论和模拟。

6. 试分析中西餐宴会上菜服务有何不同？

7. 案例分析：

派菜派出个不满意

江苏省吴江市某酒店新近开业，短短几个月时间，酒店各部门便上了轨道，慕名前来住店的客人日趋增多，名声开始远播。然而，餐饮市场始终打不开，特别是宴席，问津者寥寥。本地一位企业家为老母做60大寿，特意选中吴都大酒店，让母亲高兴高兴。

主宾一共坐了6桌，服务员很规范地站立一旁，每道菜送上时，服务员照例旋转一次，报个菜名，让每位客人尝菜以前先饱一下眼福。然后便是派菜。服务员很称职，换碟子、斟饮料，都按程序进行，菜烧得也不错。宴席结束后，餐饮经理同那位企业家闲聊起来，客人的一番话使他大吃一惊。客人说，第一，这顿饭菜很精致，但都没吃饱；第二，今天母亲大寿，原想多拍几张照片，但因桌上多是空盆，稀稀拉拉，估计照片效果不佳，所以只拍了几张；第三，原想搞得热热闹闹，但因服务员包下了派菜，所以整个过程便冷冷清清了。

思考：派菜应注意哪些问题？如果你是该餐厅经理，该怎么办？除此之外，你还想到了什么？试着按照改革后的服务将此寿宴重新模拟。

单元二

零点服务

客人来到餐厅后才临时点菜的服务方式称为零点服务。通常酒店设有风格不同、大小不一的零点餐厅，以适应不同类型客人的消费需求。零点餐厅通常设置散台并接受预约订餐。由于零点餐厅的主要任务是接待零星宾客就餐，宾客多而杂，人数不固定，客人的口味需求不一，到达时间交错，因此，造成餐厅接待的波动性较大，工作量也较大，营业时间较长。所以要求服务员有良好的服务态度、较强的敬业精神和过硬的基本功，反应灵敏，熟悉业务，了解厨房当天的供应情况、厨房菜式烹调的基本方法和宾客的心理需求，能推销符合宾客需求的菜点，并向宾客提供最佳的服务。

知识目标

1. 掌握餐厅预订、餐前迎宾、就餐服务、结账与收银等服务的服务程序及标准。
2. 了解就餐服务中为客人点菜服务、上菜服务、席间服务的基本要领。
3. 了解引领客人、安排客人座位的技巧。
4. 了解西式早餐服务的主要形式，熟悉扒房的服务程序。

技能目标

1. 具备熟练准确地为客人提供餐厅预订服务的能力。
2. 具备规范熟练地为客人提供点菜及上菜服务的能力。
3. 具备灵活自如地为客人提供就餐服务的能力。
4. 掌握为客人推销菜肴的技巧并熟练运用。
5. 具备熟练准确地为客人提供结账服务的能力。

任务一 中餐零点服务

中餐零点服务是指在中餐厅接待散客，为临时来用餐的宾客提供的就餐服务。中餐零点服务是酒店最常见的服务方式。其特点是客人多而杂，人数不固定，口味需求不一，用餐时间交错，致使餐厅接待量不均衡，服务工作量较大，营业时间较长。所以，餐厅服务员服务时，在突出热情、周到、细致、体贴的同时，还要做到迅速、快捷而不紊乱。

任务导入

某日，一位美籍华人请一个国内的老同学在酒店内的餐厅吃饭。本来那位老同学说这顿饭就该由他做东，而那位美籍华人执意不肯，老同学只好说："那么改日到我家里来聚一次，为你送行吧！"

两人进餐厅坐下以后，服务员送上菜谱，那位美籍华人接过一看，全都是标有价钱的，于是先请老同学点菜。老同学本想点几样价钱公道便宜的，但感到无从点起，于是说："随便吃什么都可以，上三菜一汤就可以了。"那位美籍华人也感到为难，于是要服务员介绍一些有特色的拿手菜，服务员随口报了三个。美籍华人征询了老同学的意见以后对服务员说："再来一盘醋溜黄鱼和一碗汤，菜不够再点吧。"两人边吃边谈倒也开心，最后客人说已经饱了，不必再加菜了。随后服务员送来帐单："你们两位一共吃了 280 元。"

如果是在单独用餐或和亲人用餐的情况下，美籍华人对服务员的这句话是能忍受的，但在老同学（客人）的面前实在感到忍受不住了。当时他顾不上那么多，便当着客人的面对服务员说："你不要大声嚷嚷好不好！""在我们这里叫做唱收唱付。"服务员竟理直气壮地回敬了那位美籍华人（主人），弄得他啼笑皆非。

思考

1. 该服务员的点菜服务有没有问题？如果有，请你进行分析。
2. 该服务员在结账时的做法对吗？如果你是这位服务员，该如何处理？

任务描述

假设你是一位客人，要到零点餐厅用餐，从进门开始到离开，你将依次享受到哪些服务？把这些内容串起来就是零点餐厅服务程序。做个有心人，掌握零点餐厅服务技能并不难。不过首先你要了解引领客人、安排座位的技巧，掌握迎宾服务的程序与标准；就餐中为客人点菜、上菜及席间服务的基本要领，掌握就餐服务的程序与标准；了解结账的种类与要求，掌握结账与收银服务的程序与标准，以达到熟练为客人提供就餐氛围的能力要求。

任务分析

马上就要为零点客人服务了，你做好准备了吗？迎来送往、点菜下单、席间服务……每个环节都很重要，你要认真练习才行。还要注意一些基本要求：站姿端正，态度热情；主动推销，记录准确；掌握递交账单的方式，结账迅速而准确。

任务实现

1. 迎宾服务

迎宾服务是餐厅每天对客服务的第一步，直接影响酒店形象，因此要求迎宾员和当班服务员都要掌握餐前礼宾接待工作流程及标准，能礼貌地引领客人入座，能合理地安排客人位次，会为客人拉椅、上茶、上香巾，能为客人铺餐巾、撤筷套，会为老人及小孩提供个性化服务，能通过观察了解客人及其宴请的主宾的身份，能通过沟通分析客人的需求，保证餐厅工作顺利开展，让客人真正体会到宾至如归。迎宾服务程序与标准如表 2-1 所示。

表 2-1　迎宾服务程序与标准

工作流程	服　务　标　准
准备工作	① 提前 5 ～ 10 分钟达到岗位，检查自己的仪容仪表，保持精神饱满，如图 2-1 所示 ② 做好迎宾工作的一切准备：物品摆放整齐，工作区域内干净整洁 ③ 根据预定的情况及时填写“每日预订登记表”，熟练掌握当日用餐的预订客人的桌号或包厢号，牢记客人的姓氏等用餐信息
迎宾	① 客人来到餐厅时，应面带微笑，主动上前问好：“先生 / 小姐 / 女士，中午 / 晚上好”，如果知道或熟悉应该称呼姓氏 ② 身体前倾 15 ～ 30 度，不低头，手做引导状 ③ 问候或引领客人以第一位客人为先，或遵循女士优先、官员或领导优先的原则 ④ 语言清新，声音悦耳，音量适中（或根据环境来处理音量）
确定预订	① 向宾客问候后，立即使用敬语向宾客询问：“请问您是否有预订？ ② 如果没有预订，应根据宾客的人数、宾客喜好、年龄、身份等选择餐位，礼貌地征询客人意见，引领客人到满意的餐台，不能让客人久等 ③ 如果餐厅中没有餐位，征求客人意见后将客人安排在候餐区，并告知客人需要等候的时间
引位	① 如果客人已预订，应热情地引领客人入座。引领应侧身走在客人右前方 1 m 左右，并随时回头关注客人；遇到拐弯或楼梯等处，通过手势和语言提示，动作连续自然，语言与手势协调 ② 宾客带到餐桌前，询问客人对餐位的看法：“您对这里的餐位满意吗？” ③ 耐心回答客人询问，保持良好服务形象和酒店形象 ④ 处理好没有餐位的宾客，有效消除宾客等位期间可能的不适 ⑤ 将客人均匀地引领分配到不同服务区域，平衡各位值台服务员的工作量，保证服务质量
拉椅让座	① 当迎宾员把客人带到餐桌旁时，值台员应主动向前问好，并协助为客人拉椅让座，如图 2-2 所示 ② 站在椅背的正后方，双手握椅背两侧，后退半步，同时将椅子拉后半步，用手做一个“请”的手势，示意宾客入座，在宾客落座时轻轻地送回 ③ 一般而言，只需要为主宾与主人拉椅让座即可 ④ 女士优先，特别是老年女性为先。但是有时也以领导为先 ⑤ 如有小孩等特殊客人，主动及时地送上儿童椅及塑料餐具 ⑥ 如果有需要，应协助客人脱去外套，操作时应该注意不要碰到客人的身体，手提衣领，询问客人有无贵重物品，询问是否挂在衣帽间或衣架上
递送菜单	① 当客人入座后，打开菜单的第一页，将菜单递到客人手中 ② 适时向客人介绍酒店或餐厅的设施、主要菜品等 ③ 与值台服务员进行交接：宾客就餐人数、主人与主宾等的姓氏与职务等信息，便于值台服务员服务 ④ 交接工作应该衔接紧密，无疏漏
记录	在协助服务员完成上述服务后，引位员回到迎宾岗位，将客人人数、到达时间、台号等迅速记录在迎宾记录本上

图 2-1　准备迎宾

图 2-2　拉椅入座

模拟对话

Showing Seats（引导来宾入席）

Waiter: Good afternoon, sir. Welcome to the Flower Restaurant.
（下午好，先生。欢迎光临花儿餐厅。）

Guest: Thanks.（谢谢。）

Waiter: How many persons, please?（您一共几位？）

Guest: A table for four, please.（四位。）

Waiter: Where would you prefer to sit?（您想坐在哪儿呢？）

Guest: Well, by the window, please.（嗯，我想要靠窗的位子。）

Waiter: I'll show you to your table. This way, please. … Is this fine?
（我带您入座。这边请…… 这个位子行吗？）

Guest: O.K. That'll be fine.（好，这里很好。）

Waiter: Please take a seat, sir.（先生，请坐。）

Guest: Thanks.（谢谢。）

Waiter: A waiter will come to take your order. Just a moment, please.
（服务生会来侍候您点菜，请稍等。）

Seating the Guest（安排客人就座）

Waiter: Good evening. Welcome to Rottenmeier.（晚上好。欢迎光临“罗登麦尔”。）
Have you made a reservation?（你有预订吗？）

Guest: No. Have you a table for eight?（没有。有八个人的桌子吗？）

Waiter: Sorry. The restaurant is crowded now. We don't have a vacant seat for the moment.
（抱歉。餐厅现在客满。我们一时还没有空位。）

Guest: How long do you think we'll have to wait?（我们还要等多久？）

Waiter: About 10 minutes.（大约 10 分钟。）
You can drink something in the lounge.（你可以在大厅用些饮料。）
I'll inform you as soon as the table is vacant.（一有空桌我就会通知你。）

After 10 minutes…（十分钟后……）

Waiter: Excuse me, madam.（打扰了，夫人。）

Guest: Yes?（嗯？）

Waiter: A big table is available now. This way, please.（有张大桌空出来了。请跟我来。）
Would you like to sit in smoking, non-smoking or whatever comes open first?
（你们要抽烟区还是无烟区，或是有空位就行？）

Guest: We prefer non-smoking.（我们要无烟区。）

Waiter: OK. How is the table?（好的。这张桌子怎么样？）

Guest: The table is too near the band. I'd like a table near the window.
（这张桌子离乐队太近了。我最好要一个靠窗的位置。）

Waiter: Oh, there was a table that just became available near the window. Follow me, please.
（哦，窗边刚好有一张桌子空出来。请跟我来吧！）

Guest: Thanks.（谢谢。）

2. 就餐服务

就餐服务主要是指接受客人点菜并按服务规范将客人所点菜点、饮料送上餐桌，同时根据客人就餐过程中的具体情况提供餐中服务和处理特殊情况等。

1）点菜服务

点菜服务是零点餐服务的中心环节，直接影响酒店效益，是餐厅营销工作的重要组成部分，是服务语言、专业知识和服务技巧的集中体现，体现了餐厅员工的综合业务素质。因此要求基层管理者和服务员都要掌握点菜及推销技巧，能熟悉餐厅菜式特点，能通过交流了解客人的口味、忌讳、用餐目的及需求，能为客人合理搭配菜式和营养，能推销符合客人需求的菜品和酒水饮料，在保证餐厅效益的同时，为客人提供满意的服务。点菜服务程序如表 2-2 所示。

表 2-2　点菜服务程序

服务程序	工　作　步　骤
问候客人	① 礼貌问候客人，如“晚上好，先生。很高兴为您服务”。 ② 征询客人是否可以点菜，如“请问现在可以为您点菜吗”？
介绍、推荐菜肴	① 根据客人的消费要求和消费心理，向客人推销、推荐餐厅的时令菜、特色菜、畅销菜、高档菜 ② 介绍时要作适当的描述和解释 ③ 必要时对客人所点的菜量、数量和食品搭配提出合理化建议 ④ 注意礼貌语言的运用，尽量使用选择性、建议性语言，不可强迫客人接受
填写点菜单	① 为客人点菜时，要站在客人的左侧，身体略向前倾，认真倾听客人的描述，如图 2-3 所示 ② 回答客人问讯时要音量适中、语气亲切 ③ 注意身体姿势，不可将点菜单放在餐桌上填写 ④ 熟悉菜单，对于客人所点菜肴要做到了如指掌
确认	① 点完菜后要向客人复述一遍所点菜肴及特殊要求，并请客人确认 ② 感谢客人，告知客人大约等待的时间
点酒	① 征询客人是否可以点酒，如：“请问现在可以为您点酒吗？” ② 根据客人的消费要求和消费心理，向客人推销、推荐酒水 ③ 介绍时要作适当的描述和解释，适宜地提出合理化建议 ④ 尽量使用选择性、建议性语言，不可强迫客人接受

续表

服务程序	工　作　步　骤
下单	① 填写点菜单和点酒单要准确、迅速、清楚、工整 ② 填写内容齐全，点菜单注意冷热分开 ③ 及时分别送交厨房、收银处、传菜部

模拟对话

点菜服务

Waiter: 下午好，先生。欢迎光临 ×× 餐厅，这是菜单。

Guest: 谢谢。

Waiter: 请慢慢看…… 您现在可以点菜了吗？

Guest: 是的。我要一份油焖大虾和西芹百合。

Waiter: 先生，要不要来点饮料？

Guest: 好的，我要一瓶青岛啤酒。

Waiter: 您点了一份油焖大虾和西芹百合，一瓶青岛啤酒。还需要别的吗？

Guest: 不，就这些了，谢谢。

Waiter: 谢谢您，先生。请稍等一会儿。

图 2-3　点菜服务

2）席间服务

席间服务是餐厅每天对客服务的重要一环，直接影响酒店服务质量，因此要求基层管理者和服务员都要掌握席间服务的工作程序、工作标准及注意事项，掌握无干扰服务技巧，会为客人更换餐碟、菜盘，会为客人更换烟灰缸，会清理用餐中的餐桌，会为客人提供酒水服务，能为客人提供席间加菜、加酒水服务，能处理客人在用餐中出现的问题，让客人吃得高兴、吃得满意。席间服务的程序与标准如表 2-3 所示。

表 2-3　席间服务的程序与标准

服 务 程 序	服　务　标　准
上菜、分菜服务	① 服务技巧见上菜、分菜服务技能部分 ② 把握上菜时机，合理适时分菜
餐桌卫生清洁	① 时刻保持餐台清洁卫生，出现杂物或空盘应征得客人同意后及时撤去 ② 如果餐桌台面上有剩余食物，要用专用的服务用具，切记不可用手直接操作
餐具的撤换	① 将用过的餐具及时撤下 ② 使用托盘撤换时，把干净的餐具放在托盘的一侧，左手托盘，右手为客人撤换餐具，从客人左侧送上干净的餐盘，从客人的右侧撤下脏的餐盘 ③ 撤换餐盘时，要等客人将盘中食物吃完，方可进行。若客人放下筷子而菜未吃完，应征得客人同意后才能撤换
烟缸的撤换	① 烟灰缸中有两个烟头或有明显的杂物时就要给客人撤换 ② 撤换时，应用托盘托上干净的烟缸，用右手的拇指和中指捏紧一个干净的烟灰缸的外壁，从客人的右侧将干净的烟缸覆盖在已用过的脏烟缸上 ③ 将两只烟缸同时移入托盘，然后将洁净的烟缸放回餐桌，可以避免烟灰飞扬污染菜点和落到客人身上

续表

服务程序	服 务 标 准
加菜的处理	主动介绍菜肴，帮助客人选择菜肴 根据客人的需要，开单下厨

3. 结账与收银服务

结账与收银工作是餐厅对客服务的重要一环，直接影响酒店服务质量和效益，因此要求基层管理者和服务员都要掌握结账的方法和注意事项，能处理客人对账单提出的异议，掌握账单错漏的原因及处理方法，不断提高服务质量。表 2-4 为结账与收银服务工作流程及标准。

表 2-4　结账与收银服务工作流程及标准

工作流程		服 务 标 准
结账准备		① 在给客人上完菜后，即可作结账准备，清点所消费酒水、香烟、加菜等，到收银处核对账单 ② 当客人要求结账时，请客人稍候，立即去收银处取回账单，注意核查账单的台号、人数等信息是否准确无误 ③ 将账单放入账单夹内，并确保打开时正面朝向客人 ④ 随时准备结账用笔 ⑤ 如果是团队餐注意是否有分账单，准备好总账及分账单
递交账单		将取回的账单夹在账单夹内，走到主人右侧，打开账单夹，右手持账单夹上端，递到主人面前，请主人检查，并对主人说 ：“这是您的账单。”
结账	现金结账	① 客人付现金时，服务员要礼貌地在餐桌旁当面点清钱款 ② 请客人稍等，将账单及现金送给收款员 ③ 核对收款员找回的零钱及账单上联是否正确 ④ 站在客人右侧，将账单上联及所找零钱夹在账单夹内，送给客人，注意唱收唱付 ⑤ 真诚地感谢客人
	支票结账	① 应请客人出示身份证及联系电话，然后将账单及支票、证件同时交给收款员 ② 收款员结账完毕后，记录证件号码及联系电话 ③ 服务员将账单第一联及支票存根核对后送还给客人，并真诚感谢客人 ④ 如客人使用旅行支票结账，服务员需礼貌地告诉客人到外币兑换处兑换成现金后再结账
	信用卡结账	① 如客人使用信用卡结账，服务员请客人稍候，并将信用卡和账单送到收款员处 ② 收款员做好信用卡收据，服务员检查无误后，将收据、账单及信用卡夹在账单夹内，拿回餐厅 ③ 将账单、收据送给客人，请客人在账单和信用卡收据上签字，并检查签字是否与信用卡上的一致 ④ 将账单第一联、信用卡收据中客人存根页及信用卡递还给客人 ⑤ 真诚地感谢客人 ⑥ 将账单第二联及信用卡收据另外三页送回收银处
	签单结账	① 如果是住店客人，服务员在为客人送上账单的同时，为客人递上笔 ② 礼貌地要求客人出示房间钥匙 ③ 礼貌地示意客人需写清房间号、签名 ④ 客人签好账单后，服务员将账单重新夹在账单夹内 ⑤ 真诚地感谢客人 ⑥ 迅速将账单送交收银员，以查询客人的名字与房间号码是否相符

模拟对话

现金结账

Guest: 服务员，结账。

Waiter: 请稍候……（取来账单）让您久等了，一共 × × 元。

（客人把钱交给服务员）

Waiter: 先生，收了您 × × 元，请稍候。

（过了一会儿）

Waiter: 找您 × × 元，请您点一下。这是您的发票。

（面带笑容）谢谢，期待您的再次光临。

4. 收尾工作

收尾工作流程及标准如表 2-5 所示。

表 2-5　收尾工作流程及标准

工作流程	服务标准
撤器具收布草	① 先清理桌面，再撤走服务桌上所有器皿，送至洗碟机房清洗 ② 把布草分类送往备餐间（干净与脏的要分类）
清　洁	清洁四周护墙及地面，吸地毯，如有污迹，通知绿化部清洗
安全落实	① 关闭水、电开关 ② 除员工出入口以外，锁好所有门窗 ③ 由当值负责人做好最后的安全防患复查后，填写管理日志 ④ 落实厅面各项安全防患工作，最后锁好员工出入口，方可离岗
填写工作日报表	① 餐厅经营情况、客人情况、服务人数、每项都需要认真计算后，用数字形式仔细填写 ② 客人投诉等内容要将事情的详细过程、处理意见、处理结果完整记录下来 ③ 在报表上出现的问题，需写出原因、做出分析、写出解决计划、办法
建立客史档案	根据当餐服务工作情况，建立客史档案
信息传递	将填写好的报表上交餐厅经理，按照规定将相关信息输入计算机并通知相关岗位
存　档	复印一份作为资料存档
反馈及遗留问题处理	① 客人投诉情况，事后要写上餐厅的改进措施 ② 经营情况，要记录改进后的效果

1）收尾服务

待客人全部离开餐厅后，要在不影响其他就餐客人的前提下收拾餐具、整理餐桌，并重新摆台。这项收尾整理工作往往在其他客人仍在用餐或已有客人在等待餐桌的情况下进行，所以文明和速度是该程序的重要标准。在收尾服务中应注意以下几点：

① 根据具体情况迅速清桌，并及时摆台。

② 清桌时如发现客人遗忘的物品，应及时交给客人或上交有关部门。

③ 清桌时应注意文明作业，保持动作沉稳，不要损坏餐具物品，也不应惊扰正在用餐的客人。

④ 清桌时要注意周围的环境卫生，不要将餐纸、杂物、残汤剩菜等乱洒乱扔。

⑤ 清桌完毕后，应立即开始规范摆台，尽量减少客人的等待时间。

⑥ 营业结束，要对餐厅进行全面的检查，结算一天的账务，关闭水、电、火等设备开关，关闭好门窗，一天服务工作即告结束。

2）客史档案

客史档案的作用主要包括：使客人有宾至如归的感觉，有利于引发下次消费行为，有利于进一步提高餐厅服务的管理水平，使餐厅服务工作做到尽善尽美，给客人留下完美印象。餐厅客史档案的主要内容包括：

① 基本特征（姓名、性别、年龄、职位、职业）。

② 饮食特点（菜品、酒水）。

③ 特殊要求、忌讳及其他特征。

3）管理日志

① 内容：餐厅经营情况，特殊食品销售纪录，客人人数，各时段平均消费金额，座位使用情况，服务员工作情况，客人投诉情况，其他部门协调情况，卫生检查情况，培训情况，物品领用情况。

② 常用管理日志的形式：登记表、日报表（见表 2-6 和表 2-7）、流水记录。

③ 使用管理日志的目的：对当班工作情况进行记录，有助于对餐厅的经营情况了如指掌；有利于进行成本控制；有利于对工作情况进行客观、科学的分析和总结，找出经验和不足，力求工作的持续改进和提高。

表 2-6 登 记 表

餐厅经营情况				
项目内容	食品金额	饮品金额	其他金额	总消费金额
早餐				
午餐				
晚餐				
宵夜				
总计				
备注				

服务人员情况						
项目内容	经理	主管	领班	服务员	其他	总计
早餐						
午餐						
晚餐						
公休 / 请假						
总计						
说明						

表 2-7 餐厅日报表

餐厅名称：　座位数：　酒店住房率：　年　月　日　星期

客人情况									
项目内容	预订人数	散客人数	酒店驻店客人	旅游团队客人	酒店宴请客人	其他用餐客人	人数总计	座位周转率	备注
早餐									
午餐									
晚餐									
总计									
客人意见或投诉：									
贵宾用餐情况：									

续表

酒店宴请及高级员工用餐情况：
餐厅发生的意外情况：
卫生、安全检查：
报修未完成项目： 报修完成情况：
其他情况：

相关知识

1. 迎宾服务礼仪

迎宾服务礼仪操作标准与基本要求如表2-8所示。迎宾时的站姿如图2-4所示。

表2-8 迎宾员服务礼仪操作标准与要求

内容	操作标准	基本要求
迎宾员服务礼仪	① 着装华丽整洁、仪容端庄，站姿规范 ② 迎宾员要提前5分钟在餐厅门旁恭候来宾 ③ 精神饱满，精力集中，注视过往宾客。当客人走近餐厅约1.5 m处，应热情问候："小姐（先生），"您好，欢迎光临！""小姐（先生）晚上好，请！" ④ 客人离开餐厅时，礼貌道别："小姐（先生），谢谢您的光临，请慢走。再见！"语调柔和、亲切，并致以鞠躬礼	① 迎宾要求主动、积极，答问要热情、亲切 ② 如遇雨天，要主动收放客人的雨具，客人离去时及时递雨具

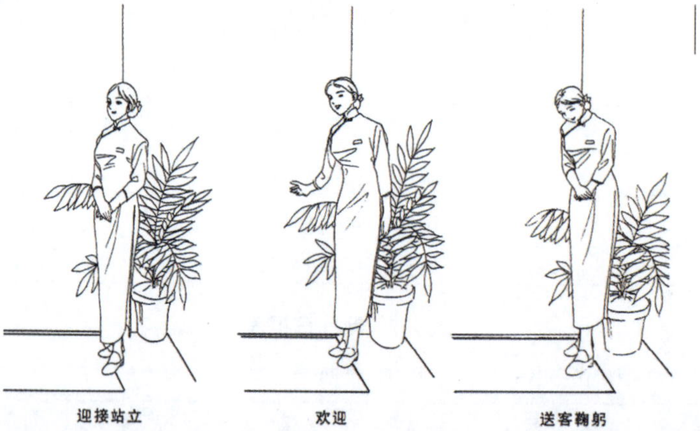

图2-4 迎宾站姿

2. 点菜方法与要求

1）点菜的方法

点菜顺序一般为：凉菜—热菜—主食。使用菜单点菜时，应在点菜单上写清日期、台号、进餐人数、开餐时间、服务员姓名。使用计算机点菜时，服务员先将点菜的分量、品种、价格、总金额输入计算机，打印后交给客人，并通过荧屏显示通知厨房（自动点菜系统）。

2）推荐菜肴

介绍菜单时要做好客人的参谋，适时、适当推荐菜肴，用看、听、问的方法来判断客人的需求，注意原料、口味、烹调方法、高低价格等方面的搭配，时刻体现对客人的关心，提供情感式的服务。菜肴介绍应突出重点并有针对性，对某些特殊情况做好事前说明。

3）基本要求

① 时机与节奏：把握正确的点菜时机，在客人需要时提供点菜服务；点菜节奏要舒缓得当，不要太快也不要太慢，但要因人而异。

② 服务要规范化：填写点菜通知单要迅速、准确，单据的字迹要清楚，注意冷菜、热菜分单填写。要填写台号、日期、用餐人数、开单时间、值台员签名。菜肴和桌号一定要写清楚。

③ 客人的表情与心理：在服务过程中，服务员应注意客人所点的菜和酒水是否适宜，这需要观察客人的表情和心理变化。

④ 清洁与卫生：点菜中要注意各方面的清洁卫生。菜单的干净美观、服务员的个人卫生、记录用的笔和单据的整洁都要符合标准，才可使客人在点菜时放心。

⑤ 认真与耐心：点菜时应认真记录客人点的菜品、酒以及客人的桌号、认真核对点菜单，避免出错；要耐心回答客人的问题，当客人发脾气时，服务员要宽容、忍耐，避免与其发生冲突。

⑥ 语言与表情：客人点菜时，服务员的语言要得体，报菜名应流利、清楚，表情应以微笑为主，以体现服务的主动与热情。

⑦ 知识与技能：服务员要不断拓宽自己的知识面，提高服务技能，才能应付复杂多样的场面，满足不同顾客的不同需求。

3. 餐间服务的内容与要求

1）餐间服务的基本内容

餐间服务是餐饮服务中时间最长，环节最复杂的服务过程。一般而言，这个过程包括送订单，传菜，上菜，介绍菜名和内容，更换餐具，为客人斟酒水，为客人加工某种菜肴，更换客人不满意的食品，回答客人问话，为客人提出建议，为客人提供其他服务等。

2）餐间服务的基本要求

① 及时准确递送订单：当宾客点完菜后，服务员要迅速地将点菜通知单送入厨房，请厨房制作。

② 上菜要及时准确规范：当菜肴制作好后，由传菜员传到值台员手中，再由值台员送上餐桌。上菜一定要及时，否则可能造成热菜变成凉菜。上菜要准确规范，中餐上菜的顺序是冷菜、热菜、米饭、汤、点心等，一般先荤后素。其次，准确规范还体现在上菜前一定要核对桌号与菜肴名称，传菜要与订单和餐桌号相符，不能错单、错号。菜上桌时要向宾客介绍菜名，有必要时要将菜肴的加工情况和食用方法如实告诉客人，如有佐料的要同时跟上。值台员上菜时要轻放，放置前应先向宾客打招呼后再从宾客右侧的空隙送上，严禁将菜盘从客人头上越过。

③ 提供迅速、准确、灵活的餐间服务：就餐期间服务员要做到勤巡视，勤斟水，勤换烟灰缸和清理台面，主动照顾好老幼和残疾人士，照顾好坐在边角位置的宾客，尽量满足宾客的合理要求，有问必答，态度和蔼，语言亲切。在客人用餐过程中，应及时地为其更换使用过的骨碟、餐具和烟灰缸，随时保持餐桌上的整洁。为客人提供服务时要迅速，如为客人分菜要迅速，当客人酒杯中的酒少于 1/3 时要及时为客人添酒等，要在客人提出服务要求前为客人提供服务。服务要准确，方式要正确、位置和时机也要正确。

4. 结账的种类与要求

1）结账的种类

餐厅结账的方式常有现金支付、签单、信用卡或支票等。服务员应了解和掌握各种结账方法，做到准确、迅速且彬彬有礼。

① 现金结账——适用于店外的零散客人和团队客人。

② 支票结账——适用于大企业、大公司的长期包餐或大型宴会、旅游团队用餐。

③ 信用卡结账——适用于零散客人。

④ 签单——适用于住店客人、与酒店签订合同的单位、酒店高层管理人员及酒店的 VIP 客人。

2）结账的要求

① 要注意结账的时机。服务人员不可催促客人结账，结账应由客人主动提出，以免造成赶客人走的印象。同时递送账单要及时，不可让客人等候过长。

② 要注意结账的对象。尤其是在散客结账时，应分清由谁付款，如果搞错了收款对象容易造成客人对酒店的不满。

③ 要注意服务态度。餐饮服务过程中的服务态度要始终如一，结账阶段也要体现出热情和有礼的服务风范。绝不要在客人结账后就停止为其服务，马上去撤台收拾，而应继续为其服务，直至客人离去。

知识拓展

1. 合理引座的要求

① 掌握一张餐桌只安排同一批客人的客人就座。

② 按照一批客人的人数去安排合适的餐桌。

③ 吵吵嚷嚷的大批客人，应当安排在餐厅的包房或餐厅靠里面的地方，以免干扰其他客人。

④ 老年人或残疾人尽可能安排在靠餐厅门口的地方，可避免多走动。

⑤ 服饰漂亮的客人可渲染餐厅的气氛，应将其安排在餐厅中引人注目的地方。

⑥ 将情侣或夫妇引到较安静的餐桌就座，便于小声交谈。

⑦ 有明显生理缺陷的客人，要注意安排在适当的位置，能遮掩其生理缺陷，以示体贴。

⑧ 如客人需要到指定位置，要尽量给予满足；如其他宾客已占用时，应礼貌地说明。

⑨ 靠近厨房出入口处的位置，是最不受客人欢迎的位置，应对被安排在这张餐桌上用餐的客人多说几句礼貌用语，如：小姐（先生），十分抱歉。今天客人太多，委屈您了，下次光临一定为您安排个好座位。”以示关心与热情。

2. 零点服务注意事项

1）迎宾引位注意事项

① 应随时掌握餐厅座位的使用情况，座位安排应尽可能分布均匀。

② 遵循女士、儿童、老人优先和先到客人先安排就座的原则。

③ 对不同特点的客人安排不同的餐桌。

2）就餐服务注意事项

① 客人所点菜肴过多或重复时，要及时提醒客人。

② 如客人点菜单上的菜肴没有或已经销售完时，要积极与厨房取得联系，尽量满足客人的需要或介绍其他相应的菜肴。

③ 如果客人所点菜肴需烹制时间较长时，要主动向客人解释，告知等待时间，调整出菜顺序，以免客人因久等而不耐烦。

④ 如客人需要赶时间，要主动推荐一些快捷易做的菜肴。

⑤ 记清客人的特殊要求，并尽量满足客人。

⑥ 要掌握上菜的时间和间隔。一般来说，客人点菜后10分钟内凉菜要摆上台，热菜不超过20分钟。也不能只管上菜，造成桌面杂乱；如桌面上无位时，应拿走剩菜最少的菜，但要征求客人意见以免引起客人的不满。

⑦ 斟酒、上菜要严格按操作规程进行，切忌手指触及杯子及菜肴；切忌站在同一个位置为两位客人同时斟酒；切忌越过客人头顶上菜。

⑧ 新上一道菜，应简要介绍菜名及其特色，并将菜肴的最佳部位对着主宾和主人。

⑨ 开酒水饮料瓶盖时，应在客人的侧后方朝外拉开，倒香槟酒或其他冰镇酒要用餐巾包好酒瓶再倒，以防酒水喷洒或滴落在客人身上。

⑩ 如客人不慎将餐具等物品落在地上，要迅速上前取走和更换。

⑪ 菜上齐后，应告诉客人："菜已上齐上了，请慢用。"

⑫ 当正在为一张餐桌上的客人服务时，还要兼顾其他各桌客人的需求，用眼睛、手势、语言等示意，及时上前照应，或轻声告之："请稍等，马上就来。"

⑬ 当客人问及菜肴的原料、品种时，要乐于介绍，有问必答，百问不厌。如一时回答不上来时，应说："实在抱歉，我不清楚，让我问清楚后再告诉您。"

⑭ 值台时一定要神情专注，随时应答客人的招呼，做到忙而不乱，有条不紊。

⑮ 值台时要坚守岗位，站姿规范，不倚墙靠台，不搔头摸耳，不串岗闲聊。

⑯ 即使营业时间已过，客人没有散席，也绝不能有催促或忙于收拾、打扫、关灯等不礼貌的逐客之举，整个的清扫应在所有宾客离开后进行。

3）结账服务注意事项

① 要求服务员在客人提出结账之前，清点好客人所消费项目及费用，以备客人提出结账要求时，及时、准确地送上账单。

② 要求服务员应在客人主动提出结账时方可提供结账服务，分清付款人。

③ 结账完毕应向客人表示谢意。

④ 应记住客人结账后并不等于服务的终止，而应继续为客人提供其需要的相关服务，如送茶水等，直至客人离去。

⑤ 客人以签单方式结账时，应弄清客人的身份，并在签单协议的客户名单中查找相关资料（如有签单资格者的基本情况等），核对无误后方可签单，并请客人留下有效联系方式。

⑥ 客人用支票结账时，服务员要先将支票上各项内容仔细查看（如印鉴是否齐全、是否有最高金额限制、是否有密码等），然后要求客人出示有效的身份证件，准确无误后方可接受。

⑦ 客人用信用卡结账时，应弄清该信用卡在本餐厅能否使用。若能使用，应查看信用卡的有效使用日期，核对“止付”名单。将客人在餐厅消费的餐费、酒水等总费用刷卡后并附上分项账单请持卡人检查、核对和签名。服务员要核对客人签名与卡上签名是否一致，确认无误后将信用卡送还给客人。

技能训练

1. 仪容仪表实训

实训内容			
仪表 1. 基本素质要求： ①端庄大方，体态均匀；②精神饱满，充满活力；③着装整洁，符合要求 2. 模拟情景：仪表准备 姿态 1. 基本素质要求： ①站姿优美，挺拔如松；②坐姿端庄，大大方方；③行姿稳重，让人信赖 2. 标准站姿、坐姿、行姿训练			
要点提示	①仪表基本素质要求；②姿态仪态基本素质要求		
仪容仪表能力测试与考核			
考核项目	**操作要求**	**配分**	**得分**
仪表	表情：精神、自然 头发、指甲符合要求 淡妆、不戴首饰、不留胡子 工作服整洁 脸带笑容	5 5 10 5 5	
站姿	身体重心在两前脚掌 身体要端正，挺胸、收腹面带微笑 两眼平视前方；手臂姿势正确 手脚不可随便摆动 女服务员站立时，双腿和膝盖并拢，脚尖呈现“V”字形；男服务员站立时，双手背身后，双脚同肩宽	5 5 5 5 5	
坐姿	入座时，要保持身体平衡，先出右脚，左脚要紧跟；坐下的时候要轻，让客人感觉很优雅 坐下时，只需要坐满椅子的 1/2 ~ 2/3 坐下后身体要挺拔，挺胸抬头，目光平视，不可翘脚乱动 身体正对着前方或者顾客，双手自然放在扶手或者腿上 女子双腿并拢，男子的腿间距可保持一拳头的宽度	5 5 5 5 5	
行姿	行走时挺胸、收腹、抬头、身体重心落于两脚掌 手臂自然下垂，膝盖伸直，面带微笑 步幅不能过大，男在 40 厘米左右，女 30 厘米左右	5 10 5	
合计		100	

2. 迎宾与领位实训

<table>
<tr><th colspan="4">实　训　内　容</th></tr>
<tr><td colspan="4">1. 餐厅有座位时的迎宾服务
服务程序与标准：①迎接客人；②引位；③拉椅让座；④送上菜单；⑤记录
模拟情景：餐厅有座位时的迎宾服务
2. 餐厅已满时的迎宾服务
服务程序与标准：①迎接客人；②引位；③拉椅让座；④送上菜单；⑤记录
模拟情景：餐厅已满时的迎宾服务</td></tr>
<tr><td>要点提示</td><td colspan="3">① 遇到 VIP 前来就餐时，餐厅经理应在餐厅门口迎接
② 如引位员迎领客人进入餐厅而造成门口无人时，餐厅领班应及时补位，以确保客人前来就餐时有人迎接
③ 如客人前来就餐而餐厅已满座时，应请客人在休息处等候，并表示歉意。待到餐厅有空位时应立即安排客人入座。也可以将客人介绍到饭店其他餐厅就餐
④ 引位员在安排餐座时，应注意不要将客人同时安排在一个服务区域内，以免有的服务员过于忙碌，而有的则无所事事，影响餐厅服务质量
⑤ 如遇带儿童的客人前来就座，引位员应协助服务员送上儿童座椅
⑥ 如遇客人来餐厅门口问讯，引位员应热情地帮助客人，尽量满足其要求</td></tr>
<tr><th colspan="4">迎宾与领位服务能力测试与考核</th></tr>
<tr><th>考核项目</th><th>操　作　要　求</th><th>配分</th><th>得分</th></tr>
<tr><td>迎接客人</td><td>面带微笑主动上前问好</td><td>20</td><td></td></tr>
<tr><td>引　位</td><td>引领姿态正确
合理引位</td><td>10
10</td><td></td></tr>
<tr><td>拉椅让座</td><td>女士优先，顺序正确
拉椅姿势正确</td><td>10
15</td><td></td></tr>
<tr><td>送上菜单</td><td>菜单干净整洁
拿取菜单姿势正确，顺序正确</td><td>5
20</td><td></td></tr>
<tr><td>记　录</td><td>正确填写迎宾记录表</td><td>10</td><td></td></tr>
<tr><td>合　计</td><td></td><td>100</td><td></td></tr>
</table>

3. 点菜实训

<table>
<tr><th colspan="2">实　训　内　容</th></tr>
<tr><td colspan="2">1. 服务程序与标准
① 问候客人，征询客人是否可以点菜
② 介绍、推销菜肴和酒水
③ 填写点菜单
④ 特殊服务
⑤ 确认
⑥ 下单
2. 模拟情景：点菜和点酒水服务</td></tr>
<tr><td>要点提示</td><td>① 知晓客人就餐人数，随时准备增减餐具
② 及时为客人斟茶倒水
③ 服务周到细致，不要远离客人</td></tr>
</table>

续表

点菜服务能力测试与考核			
考核项目	操　作　要　求	配分	得分
问候客人	礼貌问候客人 介绍自己 征询客人是否可以点菜	5 5 5	
介绍、推销菜肴和酒水	向客人推销、推荐餐厅的时令菜、特色菜、畅销菜、高档菜 介绍菜肴、酒水时要做适当的描述和解释 注意礼貌用语的使用，尽量使用选择性、建议性语言，不可强迫客人接受	5 5 5	
填写点菜单	站在客人的左后侧，身体略向前倾，认真倾听客人上的叙述 回答客人问询时要音量适中，语气亲切 注意身体姿势，不可将点菜单放在餐桌上填写 熟悉菜单，对于客人所点菜肴、酒水要做到了如指掌	5 5 5 5	
特殊服务	客人所点菜肴过多或重复时，要及时提醒客人 如客人所点菜单上的菜肴没有或已销售完时，要积极与厨房取得联系，尽量满足客人的需要或介绍其他相应的菜肴 如客人点需烹制时间较长的菜肴时，要主动向客人解释，告之等待时间，调整出菜顺序 如客人需赶时间，要主动推荐一些快捷易做的菜肴 记清客人的特殊要求，并尽量满足客人	5 5 5 5 5	
确　认	点完菜后，要向客人复述一遍，并请客人确认 感谢客人，告之客人大约等待时间 同客人告别	5 5 5	
下　单	填写点菜单要准确、迅速、清楚、工整 填写内容齐全、不同种类要分开填写 及时分别送交厨房（吧台）、收银处、传菜部	3 5 2	
合　计		100	

4. 结账实训

实　训　内　容			
1. 服务程序与标准 ① 递交账单 ② 现金结账 ③ 支票结账 ④ 信用卡结账 ⑤ 签单结账 2. 模拟情景：结账与收银服务			
要点提示	① 注意结账的时机，不可催促客人 ② 客人要求结账时，不要让客人久等 ③ 注意结账对象，应分清由谁付款 ④ 注意服务态度，将服务做到客人离去		
能　力　测　试			
考核项目	操　作　要　求	配分	得分
递交账单	能够按照操作姿势进行规范操作	30	
结　账	能够按照操作要求进行操作，唱收唱付	40	
结账后的服务	面带微笑送别客人	30	
合　计		100	

5. 送客及收尾工作实训

实 训 内 容			
1. 撤台服务程序与标准 ① 撤台要求；② 撤台程序与标准 2. 送客服务程序与标准 ① 协助客人离开座位；② 向客人致谢；③ 送客人离开餐厅；④ 餐厅检查 3. 收尾服务程序与标准 ① 减少灯光；② 撤器具、收布草；③ 送客人离开餐厅；④ 清洁 4. 模拟情景：送客与收尾服务			
要点提示	提醒客人不要忘记随身携带的物品 收撤换餐具时要分类收撤，轻拿轻放 当天的收尾工作当天完成，不要放到第二天		
送客及收尾工作能力测试与考核			
考 核 项 目	**操 作 要 求**	**配分**	**得分**
撤台服务	能够按照操作姿势进行规范操作	30	
送客服务	协助客人离开座位 向客人致谢 送客人离开餐厅 餐厅检查	10 10 10 10	
收尾服务	减少灯光 撤器具、收布草 送客人离开餐厅 清洁	10 5 5 10	
合 计		100	

6. 管理日志填写实训

管理日志填写实训内容			
1. 填写日报表的程序与标准 资料准备：①迎宾记录；②餐厅每天所有的点菜单；③团队通知单；④早餐单 填写报表： ①餐厅经营情况、客人情况、服务人数，每项都需要认真计算后，用数字形式仔细填写 ②客人投诉等内容要将事情的详细过程、处理意见、处理结果完整记录下来 ③在报表上出现的问题，需写出原因、做出分析 ④写出解决计划、办法 上报：将填写好的报表上交餐厅经理 存档：复印一份作为资料存档，每月装订一次 反馈：①客人投诉情况，事后要写上餐厅的改进措施、客人的反馈意见；②经营情况，要记录改进后的效果 2. 模拟训练：餐厅日报表的填写			
要点提示	管理日志的填写要准确、翔实 填写要清楚、工整、一目了然		
填写管理日志的能力测试与考核			
考核项目	**操 作 要 求**	**配分**	**得分**
资料准备	资料准备齐全	30	
填写报表	填写规范 填写准确 填写详实	20 20 10	
上报、存档	将填写好的报表上交餐厅经理 复印一份作为资料存档，每月装订一次	10 10	
合 计		100	

思考与练习

1. 中餐零点餐服务的基本程序是什么？
2. 点菜下单就是要想方设法让客人多点菜、点贵的菜，这种做法对不对，为什么？
3. 迎宾引坐时应注意哪些问题？
4. 结账服务应注意哪些问题？
5. 案例分析：

迟迟不愿离开餐厅的客人

一个深秋的晚上，三位客人在南方某城市一家酒店的中餐厅用餐。他们在此已坐了两个多小时，仍没有去意。服务员心里很着急，到他们身边站了好几次，想催他们赶快结账，但一直没有说出口。最后，她终于忍不住对客人说："先生，能不能赶快结账，如想继续聊天请到酒吧或咖啡厅。"

"什么！你想赶我们走，我们现在还不想结账呢。"一位客人听了她的话非常生气，表示不愿离开。另一位客人看了看表，连忙劝同伴马上结账。那位生气的客人没好气地让服务员把账单拿过来。看过账单，他指出有一道菜没点过，但却算进了账单，请服务员去更正。这位服务员忙回答客人，账单肯定没错，菜已经上过了。几位客人却辩解说，没有要这道菜。服务员又仔细回忆了一下，觉得可能是自己错了，忙到收银员那里去改账。

当她把改过的账单交给客人时，客人对她讲："餐费我可以付，但你服务的态度却让我们不能接受，请你马上把餐厅经理叫过来。"这位服务员听了客人的话感到非常委屈。其实，她在客人点菜和进餐的服务过程中并没有什么过错，只是想催客人早一些结账。

"先生，我在服务中有什么过错的话，我向你们道歉了，还是不要找我们经理了。"服务员用恳求的口气说道。"不行，我就是要找你们经理。"客人并不妥协。服务员见事情无可挽回，只好将餐厅经理找来。客人投诉说他们对服务员催促其结账的做法很生气。另外，服务员把账目多算了，这些都说明服务员的态度有问题。

思考：①本例中的服务员在结账这个环节上犯了哪些错误？②如果你是该服务员会如何处理？③餐厅中的包厢，经常会有一些客人用过餐以后，因聊天迟迟不肯离开餐厅，如果你是餐厅主管，如何培训服务员处理这种情况？

任务二 西餐零点服务

西餐服务经过多年的发展，各国和各地区都形成了自己的特色。西餐服务常采用法式服务、俄式服务、美式服务、英式服务等方式。因此，一个优秀的西餐值台员应掌握各种服务方式的服务规程，以适应不同就餐客人的需求。

任务导入

小李从职校毕业后被分配在一家四星级酒店的西餐厅工作。首先是跟班见习，但没想到第一天上班因为带班师傅请假，服务区域内只有她一人值台。客人点完菜后，小李按自己在学校学得的知识开始上菜，菜上完之后，上点心，最后上汤。用餐的客人开始不高兴了。

思考

试分析客人不高兴的原因是什么？西餐上菜顺序与中餐有何不同？

任务描述

西餐大致可分为法式、英式、意式、俄式、美式等几种，不同国家的人有着不同的饮食习惯，有种说法非常形象，说“法国人是夸奖着厨师的技艺吃，英国人注意着礼节吃，德国人考虑着营养吃，意大利人痛痛快快地吃……”。现在，我们就来看看不同西餐的主要特点。不过首先你要了解西餐零点服务程序，掌握西餐零点服务的操作要领；进而掌握法式服务、俄式服务、美式服务、英式服务等方式的服务技巧，以达到能够熟练为客人提供西餐服务的目的。

任务分析

马上就要为客人提供西餐零点服务了，你做好准备了吗？西餐与中餐在服务方式上有很大不同，要注意比较。还要注意一些基本要求：服务员彬彬有礼，服务周到有序；服务动作优雅大方，操作卫生安全；掌握西餐零点服务的操作程序与标准。

任务实现

1. 咖啡厅早餐服务

来我国旅游、访问的外国客人大都喜欢用西式早餐。早晨客人多而且都急于去办事或游览，因此希望提供快捷便利的服务。早餐是客人一天中的第一餐，服务员应尽量给客人提供满意的服务。提供早餐服务必须准时，应该在前一天通过口头或预订卡来确定用餐时间。尽可能合理安排每位客人的就餐时间，特别是大酒店中的餐厅，因为客人很多时会给服务带来困难。当宾客较多时，就应该在前一天晚上提前准备好，特别要考虑季节性变化。因此要求提供的早餐在数量和品种上要齐全、高质量，另外还要给客人一个舒适的就餐环境，如图 2-5 所示，尽可能使早餐服务具有特色。咖啡厅早餐服务程序与标准如表 2-9 所示。

图 2-5　舒适的咖啡厅

表 2-9　咖啡厅早餐服务程序与标准

文　件　名	咖啡厅早餐服务标准
1. 准备用具 ① 将早餐餐桌上所需的一切用具：餐巾、主刀、主叉、甜食勺、咖啡勺、面包碟、面包刀分类依次整齐放入服务托盘内 ② 各类餐具必须经过高温消毒，擦拭干净，光洁无异物、无破损 ③ 主刀、主叉、面包刀及甜食勺须事先放在叠好的餐巾里，以加快服务速度 2. 摆桌和检查 ① 检查桌面，桌面要光洁，无异物，无污迹 ② 将桌面上的花瓶、糖盅、椒盐瓶、烟灰缸、食碟、勺依次摆放好 ③ 将咖啡杯放在咖啡碟上，杯口向上，杯把向右，咖啡勺放在杯把处，再摆在桌上 ④ 检查糖盅是否清洁无污迹，各类袋糖是否齐全及摆放整齐 ⑤ 检查餐台上各种用具是否齐全，餐具是否清洁、无破损，桌椅是否整齐干净 3. 标准 ① 使用敬语 ② 服务快捷，动作熟练 ③ 奉行女士优先原则 4. 程序 ① 按着装要求和站立要求，面带微笑，迎接客人，询问预订情况等 ② 将客人引领至适当的座位，走在客人前面，并保持一定的距离，用手示意行走路线 ③ 拉椅请客人入座 ④ 为客人打开口布，动作要轻 ⑤ 接受客人点菜。订菜时，如果宾客点用蛋类，要问清宾客喜欢什么样的烹调。如煎蛋，要问清是单面煎还是双面煎，煮蛋要几分钟，蛋类是配熏肉（bacon）、香肠（sausage）还是火腿（ham） ⑥ 迅速将订单送至收款台，再将其送至厨房或酒吧 ⑦ 根据早餐上菜顺序，即咖啡或茶、果汁、面包和黄油、果酱、蛋类，给客人上食品或饮品，将餐盘上的店徽对着正前方，介绍菜肴、饮品 ⑧ 及时撤走脏盘、空盘，更换烟缸，及时添加咖啡或茶 ⑨ 询问客人有无其他要求 ⑩ 结账 ⑪ 送客，检查有无遗留物品 ⑫ 恢复台面，使用托盘，分类收拾口布、餐具，用清洁的抹布擦净台面，按摆台要求重新布置台面	

2. 扒房午、晚餐服务

“扒房”（Grill Room）是酒店为体现自己菜肴与服务的水准，满足高消费宾客需求，以增加经济收入为目的而开设的高级西餐厅。扒房的布置要求高雅、富丽、神秘并具有独特风格，如图 2-6 所示，一般的设计以欧洲文化艺术为背景。扒房的色彩多以暖色为基调。地毯、餐椅、墙壁要求色调协调，灯光较暗淡，吸顶灯、吊灯、壁灯高度均能调节。开餐时所有灯光调得很暗，以餐桌上的蜡烛光照明为主。背景音乐主要播放世界古典名曲，有时安排钢琴现场演奏或小提琴桌边表演。演奏可由宾客点曲，从而形成一种浪漫、典雅的气氛。在扒房入口处或中央设置的展示台，是用水果、蔬菜、酒品、服务器具等精心设计装饰而成，其目的是为了突出餐厅的特色和主题。扒房所使用的餐具、服务器具既高档又专业化。如银质或镀银的餐叉，餐刀，水晶杯，贵重的烹制车，酒车，甜品车，手推车，精致的瓷器等。扒房的家具也较豪华，如羊皮扶手沙发，精制方形或长方形餐桌，法兰绒桌垫，全棉桌布等。扒房服务员以男性为主，着紧身西装，佩戴领结，或穿燕尾服佩戴领结。女领位员一般着西式拖地长裙，长裙以黑、红等深色为多。所有服务员能熟练地用英语会话，有些扒房还要求服务员懂法语。扒房的菜单、酒单印制得十分讲究，常常使用皮革封面。菜单中应包括该扒房所经营餐式（如法式、意式、俄式西餐）中的主要大菜和风味食品。扒房的酒水品种齐全，特别注重配齐世界各地所产的著名红、白葡萄酒和其他名牌酒品。

扒房以提供午、晚餐为主，有的只提供晚餐。在欧美，晚餐比午餐更正式、更受重视。一般来说午餐时间有限而晚餐时间较长，因此，扒房的服务节奏较慢。扒房服务应体现酒店餐饮与服务的最高水准，服务员应熟悉菜肴与酒水及其服务方式，掌握客前烹制技能，有娴熟的推销技巧。用外语对客服务，并应彬彬有礼，具有绅士风度。扒房服务专业性强，应经培训合格后才能上岗。员工搭配往往是一名领班带一名或两名服务员和一名助手负责服务一个区域。

图 2-6　具有独特风格的扒房

1）预订

扒房因进餐节奏慢、就餐时间长，所以座位的周转率很低。宾客为了保证到餐厅就有座位，往往需要提前预订。扒房一般由领位员或餐厅预订部负责接受宾客的电话预订或当面预订（见图 2-7）。表 2-10 为西餐订单示例。

表 2-10　西餐订单

西餐订单
部门：
Outlet　　　　　　　　NO. 000001

日期 DATE	服务员 WAITER	人数 PERSONS	台号 TABLE
数量 QTY	品名 DETAILS		单价 PRICE

西餐厅：
四联一组，无碳复写
第一联：收款员
第二联：厨 房
第三联：跑菜员
第四联：值台员

2）餐厅台面布置

餐厅的台面应根据宾客预订要求摆台，并按照预订登记表所记人数选定餐桌，在餐桌上放置留座卡。每个餐位按西餐正餐所要求的规格摆放餐具。

3）迎宾入座

餐厅领位员见到宾客首先问候，如：Good evening sir/madam．Do you have a reservation sir/madam? 如果宾客有预订，领位员将宾客引领到预留的餐桌，与餐厅服务员合作，为客人拉椅，铺餐巾（见图 2-8），点蜡烛。迎宾员离开时要向客人说“Enjoy your dinner”。

图 2-7　当面预订

图 2-8　铺餐巾

铺餐巾时要注意：

①按先女士后男士，先客人后主人的次序顺时针方向依次进行。

②站于客人的右手边拆开餐巾，左手提起餐巾的一角，使餐巾的背面朝向自己。

③用右手拇指和食指捏住餐巾的另一角。

④采用反手铺法，即右手在前，左手在后，轻快地为客人铺上餐巾，这样可避免右手碰撞到客人身体。

4）餐前酒水服务

绝大多数西方客人在点菜前先要喝些餐前酒，因此，应先递上酒水单，不要急于将菜单递上。酒水员或餐厅领班到宾客面前推销餐前饮品：“请问餐前需要用些什么酒水？我们备有各种鸡尾酒、啤酒和果汁饮品，请选点”。酒水订单一式三联，一联交收款台以备结账，二联到吧台取酒水，第三联自留备查。在一桌有很多宾客的情况下，往往需要在草稿纸上画出餐位示意图，按图用缩写或符号记下宾客要求，以防止上错酒水。开单后，应尽快将酒水送到客人桌上，没有点酒的宾客应为其倒上冰水。上餐前酒时，轻声重复酒水名称，并视需要用搅拌棒为客人的餐前酒调和。服务鸡尾酒时，应用托盘送上，并报出名称。

5）上面包、黄油

备匙、大叉各一把，置于面包篮的一端，匙柄、叉柄向右，面包篮里备好各款面包。服务员从宾客左边上黄油，黄油碟摆放在面包碟正上方约 1.5 厘米处，并将面包篮放在餐台的左上角，礼貌地请客人选择喜欢的面包品种，然后右手持匙和大叉将面包夹送至客人的面包碟里。面包服务按逆时针方向进行，每服务完一位客人要将匙和大叉放回篮子里，同时后退一步再转身去为下位客人服务，千万不可将面包篮直接从客人头上绕过去。在服务另一位客人时再拿起匙和大叉。

6）递菜单

扒房领班为每位宾客呈递一份菜单，呈递按先女后男或先宾后主次序进行。呈递时从宾客的右边递送，要打开菜单的第一页，同时介绍当日厨师特选和当日特殊套菜。然后略退后，给宾客以看菜单的时间。

7）接受点菜

扒房是由领班接受宾客点菜，在一般情况下服务员不能接受点菜。因西餐是分食制，人手一份菜单，每位宾客所点的菜式都可能不一样。点菜时就需事先在草稿纸座位示意图上将相应宾客所点菜名写上。熟练运用推销技巧，确保记录无误。点菜较多的宾客，可征求他的同意将色拉跟主菜吃，而点菜较少的宾客则可将色拉当一道主菜上。总之，尽量让每位宾客都不受冷落，做到从第一道菜和最后一道菜每位宾客都有吃的。领班将开好的订单第一联交收款台，第二联交厨师长备菜，将第三联与草稿纸一起交给服务员，由服务员去做准备工作。

在宾客点下列菜肴时，应注意下述事项：

① 点牛排、羊排问生熟程度。“请问您的牛排需烹制几成熟？是全熟、七成、五成、三成、还是一成熟？”

② 点色拉要问跟何种色拉汁。

③ 点法国洋葱汤问清是否配柏尔玛干酪（Parmesan Cheese）。

④ 在客前制作色拉时，要将装有各种调料的盆子端给宾客看，征询宾客是否要放全每种调料。

模拟对话

Taking the Order（受理点菜和推荐食物）

Waiter: Good afternoon, sir. Welcome to the Flower Restaurant. May I show you our lunch menu?（下午好，先生。欢迎光临花儿餐厅。您要午餐的菜单吗？）

Guest: Thanks.（谢谢。）

Waiter: Please take your time. …… May I take your order now?
（请慢慢看…… 您现在可以点菜了吗？）

Guest: Yes, I'll have a mixed Salad and a Sirloin Steak. Which vegetables come with the steak?
（是的。我要一份综合沙拉和一客沙朗牛排。牛排的配菜是什么呢？）

Waiter: French fried potatoes, carrots and peas.（有炸薯条、胡萝卜以及青豌豆。）

Guest: That'll be fine.（不错。）

Waiter: Would you like anything to drink, sir?（先生，要不要来点饮料？）

Guest: Yes, I'll have some beer with coffee to follow.
（好的，我要啤酒，再来点儿咖啡。）

Waiter: How would you like your steak, sir?（先生，您的牛排要几分熟？）

Guest: I'll have it medium rare, please.（请给我三四分熟的。）

Waiter: Would you like your coffee now or later?（咖啡要现在喝还是等会儿再喝？）

Guest: Later, please.（等会儿再喝。）

Waiter: A medium rare Sirloin Steak, a mixed Salad, a glass of beer and a cup of coffee. Will there be anything else?

（一份三四分熟的沙朗牛排，一份综合沙拉，一杯啤酒和一杯咖啡。还要点儿别的吗？）

Guest: No, that's all, thanks.（不，就这些了，谢谢。）

Waiter: Thank you, sir. Just a moment, please.（谢谢您，先生。请稍等一会儿。）

8）呈递酒单

领班或酒吧调酒师根据宾客所点的菜肴，介绍推销与其相配的佐餐酒，并留足宾客自己选择的时间。在上酒水单时，应根据客人所点的菜，主动推销红、白葡萄酒："先生，红葡萄酒/白葡萄酒如配上您的牛排/海鲜，风味将会更好，请问需要一瓶吗？"

9）重新摆放台面餐具

服务员根据订单和草稿纸上的示意图，给每位宾客按上菜顺序摆换刀、叉、勺。最先吃的菜肴用具放在最外侧，其余刀叉依次向中央摆放。如最后吃主菜牛排，则牛排刀、叉置于最里面靠垫盘两侧。

10）点酒水及上酒水服务

征求宾客用什么葡萄酒(西餐的红、白葡萄酒一般是整瓶出售)。如果订红葡萄酒，要问清是现在喝还是配主菜喝，如果配主菜喝，现在是否要打开，红葡萄酒要盛放在酒架或酒篮里展示给宾客。开瓶要当着宾客进行，开启后将酒瓶与酒架或酒篮放在宾客餐桌上。白葡萄酒则需立即服务，即将白葡萄酒瓶放在盛冰块与水的香槟酒桶里，连酒桶架一起端至主人右手边，同时根据订单摆放酒杯。有的餐厅摆位时已准备了红、白葡萄酒杯，如果只订一种葡萄酒，则将多余的葡萄酒杯撤下。

① 用餐巾托起瓶身向主人展示酒的牌子，让主人确认是他所点的酒后，放回冰桶里，如图2-9所示。

② 在宾客面前用开瓶器将木塞取出，木塞直接递给主人，主人闻一下木塞，待其确认酒品没有问题后再用餐巾擦拭瓶口，如图2-10所示。

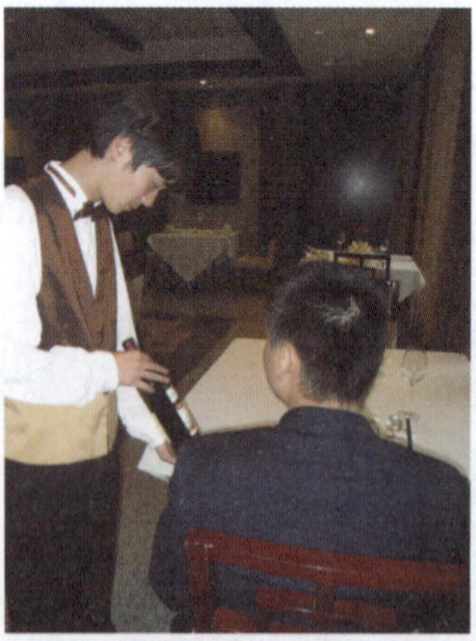

图2-9 示酒

图2-10 闻塞

③ 用餐巾包裹瓶身，但需露出牌子。先在主人杯子里倒入少许让主人品尝，如图2-11和图2-12所示，然后先女后男斟酒，最后再给主人斟至标准量（一般红葡萄酒斟五成，白葡萄酒斟七成，即红酒斟1/2杯，白酒斟2/3杯）。

④ 将斟后的酒瓶放回冰桶，上面覆盖餐巾，随时准备替客添加。如果酒瓶空了，征求宾客意见是否再订一瓶。

图 2-11 斟酒

11）上菜服务

图 2-12 品酒

上菜从宾客右边进行，上佐料从宾客左边进行，上菜顺序必须严格按照西餐的上菜顺序要求，即先开胃菜、汤、再上色拉，然后上主菜，最后上甜品、奶酪、水果和餐后饮料。上菜时要注意：上菜前必须把前一道菜撤掉，不能两道菜同时上桌；上菜前要核对菜单；上菜报菜名，注意控制上菜速度与顺序；上甜品时撤掉所有基本台面的餐具，即大刀、大叉、黄油碟、黄油刀等；上餐后饮料时，从客人右侧把所有甜品的餐具撤掉，摆放餐后饮料所需用的餐具和配料；上菜在客人的右侧进行；上菜时，重复客人所点的菜式名称；将每道菜观赏面或主菜朝向客人；上菜完毕后再一起揭开菜盖，并请客人慢用。

① 服务头盆。西餐的第一道菜是头盆，也称为开胃品。开胃品的内容一般有冷头盆和热头盆之分，常见的品种有鱼子酱、鹅肝酱、熏鲑鱼、奶油鸡酥盒、焗蜗牛等。因为是要开胃，所以开胃菜一般都有特色风味，味道以咸和酸为主，而且数量少，质量较高。

根据订单和座位示意图，用餐厅规定的服务方式上菜。有的餐厅用手推车将在厨房分盘装好的菜推至桌边；有的餐厅则用银盘分派。端上菜肴时，要报菜名。一般情况下，上菜时服务员用右手从宾客右边端上，直接放入装饰盘内。上完菜后，要移走手推车。

头菜吃完后，撤盘前需征求宾客意见，撤时按先女后男次序进行，将刀叉放在空盘里一同撤下。西餐服务要求徒手撤盘，只有玻璃杯具、烟灰缸、面包盘、黄油盅等小件物品用托盘撤送。收盘时，用右手从宾客的右边撤下，按逆时针方向依次撤下每位宾客的空盘。撤下的脏盘子直接送入洗碗间，分类摆放。

② 服务第二道菜（汤或色拉）。服务员用手推车或旁桌服务方式送上第二道菜，直接放在装饰盘内。汤盅可垫上餐巾折成的小荷花，这样既美观又可保温。色拉碗与汤盅一样需垫小荷花，以使冷食品保持低温。色拉汁等调配料一律从宾客左手边分派。第二道菜吃完后，空盘应连同装饰盘一起撤下。餐位上只留下吃主菜的刀叉用具、面包碟及刀等。

③ 服务主菜。许多餐厅的主菜是在宾客面烹制表演、切割装盘。服务员要提前做好准备工作，然后由领班进行操作表演。将菜肴装盘时要注意布局，一般蔬菜等配菜放在大块肉上方，汁酱不要挂在盘边。服务员在宾客右侧上菜，上完后要报菜名，牛、羊排要告知几成熟。放盘时，让主菜、肉类靠近宾客面前，蔬菜则靠桌心方向。

12）巡台

① 添酒。酒杯里的酒不能少于1/3，如酒瓶已空，要展示给客人看，主动推销葡萄酒。待主人认可后方可将空瓶拿走。

② 添冰水，水杯里的水少于1/3时也要添加。

③ 添黄油和面包：如客人还在吃面包，而黄油碟里的黄油已少于1/3时可添加。

④ 更换烟灰缸：换下有两个烟头或许多杂物的烟灰缸。

⑤ 撤走空饮品杯，并推销其他饮品。

13）撤餐碟

① 在客人右侧进行。

② 要等到整桌客人均吃完同道菜后再撤掉餐碟，不要在客人仍在吃时，便先撤掉吃完的餐具，这样就如同催促未吃完的客人。

③ 按顺时针方向撤盘。

14）询问客人意见

当菜上到1/3左右时，领班应主动上前询问客人对食品及服务质量的意见。

15）清洁桌面

当全部宾客吃完主菜后，除水杯（包括有饮料的玻璃杯）、烟缸、蜡烛座外，应将餐桌的其他餐具撤下。撤餐具按顺时针方向进行，同时用服务巾和面包碟将桌上的面包碎屑扫干净。

16）推销奶酪和甜点

先展示各式奶酪，将宾客点的奶酪当场切割装盘、摆位，并配上胡椒、盐盅、黄油、面包、蔬菜。待宾客吃完奶酪后，将用具撤下，只留下甜品叉、勺及有酒水的杯子、餐巾、烟缸、花瓶、蜡烛。然后展示甜品车，服务蛋糕、甜点、水果。有些扒房则呈递甜品单，甜品在厨房里准备。

17）服务咖啡或茶

先问清宾客喝咖啡还是茶，随后送上糖缸、奶壶或柠檬片，准备咖啡具、茶具。咖啡和普通红茶配糖和淡奶，柠檬茶配糖和柠檬片。

18）推销餐后酒和雪茄

展示餐后酒车，问宾客是否在餐后享用利口酒或干邑白兰地或雪茄烟。用酒车上准备好的各式酒杯倒酒并随之记账。如果宾客点了雪茄，要帮助宾客点燃。

19）结账

① 准备好账单。

② 从主人的左手边递上账夹，然后略后退。

③ 结账后须向客人表示感谢。

20）送客

宾客起身离座时，要帮助拉椅、穿外套，并提醒宾客带上自己的物品。说："希望您吃得愉快"、"谢谢光临"、"欢迎下次再来"。送宾客出餐厅门口，感谢客人的光临。

21）清台

摆好椅子，清理餐台，换上干净台布，准备迎接下一批宾客或为下一餐铺台。

相关知识

1. 西式早餐服务的主要形式

西餐早餐大致由果汁类、水果类、五谷类、鸡蛋类、肉类（火腿、香肠、咸肉等）、面包类、热饮类组成。

早晨是一天活动的开始，人们为了赶着出门上班或办事，对早餐的要求是简单、快捷。但不同的国家或地区对饭菜品种、餐食的数量和质量的要求也不一样。西式早餐有欧陆式早餐、英式早餐、美式早餐。

① 欧陆式早餐（Continental Breakfast）。这是一种比较简便的早餐，包括果汁或水果、牛角包或丹麦甜饼、各种面包配黄油和果酱、咖啡或茶。无蛋无肉，又称“全咖啡加面包”。

② 英式早餐（English Breakfast）。包括果汁或水果、冷或热的谷物食品、各式鸡蛋或煎希墨鱼、吐司配黄油及各式果酱、咖啡或茶。英式早餐有蛋无肉。

③ 美式早餐（American Breakfast）。这是一种比欧陆式早餐稍微复杂一些的早餐服务。包括果汁或水果、冷或热的谷物食品、各式蛋类配以肉食(咸肉、小香肠、火腿等)、吐司配黄油及果酱，有时还加炸土豆条、咖啡或茶。美式早餐有蛋有肉。

2. 西餐零点服务注意事项

① 当服务员发现客人吃菜后把刀、叉平行摆放在盘内，即表示这道菜已用完，服务员可以将它们撤走，如刀、叉分搭在菜盘两边，则表示还需继续食用，不能撤。

② 无论客人对刀、叉的摆法如何，在撤走餐具之前，应以目光或手势示意，经客人同意后再撤，以免发生误会。

③ 撤菜盘、餐用具时，服务员应该站在客人的右边。

知识拓展

西餐服务方式

1. 法式服务（French Style Service）

传统的法式服务在西餐服务中是最豪华、最细致和最周密的服务。通常，法式服务用于法国餐厅，即扒房。法国餐厅装饰豪华高雅，以欧洲宫殿式为特色，餐具常采用高质量的瓷器和银器，酒具常采用水晶杯。通常采用手推车或旁桌现场为顾客加热和调味菜肴及切割菜肴等服务。在法式服务中，服务台的准备工作很重要，要在营业前做好服务台的一切准备工作。法式服务注重服务程序和礼节礼貌，注重服务表演，注重吸引客人的注意力，服务周到，每位顾客都能得到充分的照顾。但是法式服务节奏缓慢，需要较多的人力，用餐费用昂贵。

法式服务由两名服务人员，即一名服务员和一名服务员助手为一桌宾客服务。服务员的任务是：接受宾客点菜点酒，上酒水；在宾客面前即兴烹制表演，以烘托餐厅气氛；递送账单，为宾客结账。服务员助手的任务是：送点菜单入厨房；将厨房准备好的菜盘放在推车上送入餐厅；将服务员已装好盘的菜肴端送给宾客；负责收拾餐具，听从服务员的安排。在法式服务中，除面包、黄油、色拉和其他必须放在客位左边的食品从宾客的左手边上桌外，其他食品饮料一律用右手在客位的右边送上餐桌。

法式服务是一种非常豪华的服务，最能吸引宾客的注意力，给宾客的个人照顾较多。但是，法式服务要使用许多的贵重餐具，需用餐车、旁桌，故餐厅的空间利用率很低，同时还需要较多的经过培训的专业服务人员。

2. 俄式服务（Russian Style Service）

俄式服务同法式服务相似，也是一种讲究礼节的豪华服务。但其服务方法不同于法式。俄式服务讲究优美文雅的风度，将装有整齐、美观菜肴的大浅盘端给所有宾客过目，让宾客欣赏厨师的装饰和手艺，并且也刺激了宾客的食欲。俄式服务由一名服务员完成整套服务程序，服务的方式简单快速，服务时不需要较大的空间。因此，它的效率和餐厅空间的利用率都比较高。服务员从厨房里取出用加以装饰的银制菜盘盛放的菜肴，还要一同取出热的空盘，将其置于餐厅服务边桌之上。用右手将热的空盘按顺时针方向，从客位的右侧依次派给宾客，然后将盛菜银盘端上桌让宾客观赏，再用左手垫餐巾托着银盘，右手持服务叉勺，从客位的左侧按逆时针方向绕台给宾客派菜。派菜时，根据宾客的需求量派给，避免浪费和不足分派，每派一道菜都要换用一付清洁的服务叉勺。汤类菜肴可盛放在大银碗中用勺舀入宾客的汤盆里，也可以盛在银杯中，再从杯中倒入汤盆。

由于俄式服务使用了大量的银器，并且服务员将菜肴分给每一个宾客，使每一位宾客都能得到尊重和较周到的服务，因此烘托了餐厅的气氛。由于俄式服务是大浅盘里分菜，因此，可以将剩下的、没分完的菜肴送回厨房，从而避免不必要的浪费。俄式服务的银器投资很大，如果使用和保管不当会影响餐厅的经济效益。在俄式服务中，最大的问题是最后分到菜肴的宾客，看到大银盘中的菜肴所剩无几，总有一些影响食欲的感觉。虽然采用大量的银质餐具，但服务员的表演较少。它注重实效，讲究优美文雅的风度。

俄式服务较法式服务节省人力，服务速度也较快，餐厅的空间利用率高，又能显示其讲究、优雅的特点，使宾客感受到特别的关照，派菜后多余的食物可以回收。但是，如果宾客同点一道菜，那么派到最后一位宾客时，所能看到的是一只并不美观的盘子。如果每一位宾客点的菜不同，那么服务员必须端出很多银盘。可想而知，多种银器的投资很大，而使用率却又相当低，因此高额的固定成本也会影响餐厅的经济效益。

3. 英式服务（British Style Service）

英式服务也称家庭式服务，其服务方法是服务员从厨房里取出烹制好的菜肴，盛放在大盘里和热的空盘里，一起送到主人面前，由主人亲自动手切割主料并分盘，服务员充当主人的助手，将主人分好的菜盘逐一端给宾客。各种调料、配菜都摆放在餐桌上，由宾客根据需要互相传递或自取。英式服务的家庭气氛很浓，许多服务工作由客人自己动手，用餐的节奏较缓慢。主要适用于宴会，很少在大众化的餐厅里使用。在美国，家庭式餐厅很流行。

4. 美式服务（American Style Service）

美式服务又称为"盘子服务"，是一种简单和快捷的餐饮服务方式，一名服务员可以看数张餐台。食物都由厨师烹制好，并分别装入菜盘里，由服务员送至餐厅，直接从客位的右侧送给每位宾客，脏盘也从右侧撤下。热菜要盖上盖子，并且在顾客面前打开盘盖。传统的美式服务，上菜时服务员在客人左侧，用左手从客人左边送上菜肴，从客人右侧撤掉用过的餐盘和餐具，从顾客的右侧斟倒酒水。目前，许多餐厅的美式服务上菜服务从顾客的右边，用右手，顺时针进行。

美式服务简单明了，速度快，人工成本很低，有利于用有限数量的服务人员为数量众多的宾客提供服务。常用于各类宴会，也是西餐厅、咖啡厅中十分流行的一种服务方式。

5. 大陆式服务（Continental Service）

大陆式服务融合了法式、俄式、英式、美式的服务方式，餐厅根据菜肴的特点选择相应的服务方式。如第一道菜用美式服务，第二道菜用俄式服务，第三道菜用法式服务等。但不管采用何种方式，都必须遵循方便宾客用餐，方便员工操作这两个原则。又如，西餐零点餐厅多以美式服务为主，但也可根据点菜情况在宾客面前烹制青椒扒，配制魔鬼咖啡或爱尔兰咖啡，用法式服务来点缀菜肴，烘托整个餐厅的气氛。

6. 自助式服务（Buffet Service）

自助式服务是把事先准备好的菜肴摆在餐台上，客人进入餐厅后支付一餐的费用，便可自己动手选择符合自己口味的菜点，然后拿到餐桌上用餐，这种用餐方式称为自助餐。餐厅服务员的工作主要是餐前布置，餐中撤掉用过的餐具和酒杯，补充餐台上的菜肴等。自助餐是宾客支付一定费用后，进入餐厅，在预先布置好的食品台上自己动手，任意选菜，自己取回在座位上享用的一种近于自我服务的用餐形式。当今，自助餐和各种冷餐会的用餐方式日趋流行。原因之一是食品台上的菜肴丰富，装饰精美，价格便宜。人们只花少量的钱即可品尝到品种繁多，又具特色的佳肴。原因之二是就餐速度快，餐位周转率高。宾客进入餐厅后，无需等候，适合现代社会快节奏的工作方式和生活方式。服务员只需提供简单的服务，如斟倒酒水、撤脏盘、结账等，这样餐厅可节省人员、节省开支。因此许多酒店的咖啡厅早餐、午餐多采用自助餐的开餐形式。

技能训练

零点餐预订服务实训

实　训　内　容
当面预订服务的受理 1. 服务程序与标准： ①问候客人；②了解需求；③接受预订；④预订通知；⑤预订记录 2. 模拟情景：当面预订服务的受理 电话预订服务的受理 1. 服务程序与标准 ①问候客人；②了解需求；③接受预订；④预订通知；⑤预订记录 2. 模拟情景：电话预订服务的受理

续表

要点提示	①预订是一种承诺，应强调时间的重要性；②预订的变更；③预订人员既要精通业务，又要具备良好的服务意识和道德修养；④预订的记录准确		
零点餐预订服务能力测试与考核			
考核项目	操　作　要　求	配分	得分
当面预订	问候客人 了解需求 接受预订 预订通知 预订记录	10 10 10 10 10	
电话预订	问候客人 了解需求 接受预订 预订通知 预订记录	10 10 10 10 10	
合　计		100	

思考与练习

1. 西餐有哪些服务方式？
2. 西餐扒房的服务程序是怎样的？
3. 试比较中西餐零点服务的区别。
4. 试比较美式服务、法式服务及俄式服务的异同点。
5. 案例分析：

出色的领位员

马格丽特是亚特兰大某酒店咖啡厅的领位员。咖啡厅最近比较繁忙。这天午餐期间，马格丽特刚带几位客人入座回来，就见一位先生走了进来。

“中午好，先生。请问您贵姓？”马格丽特微笑着问道。

“你好，小姐。你不必知道我的名字，我就住在你们酒店。”这位先生漫不经心地回答。

“欢迎您光顾这里。不知您愿意坐在吸烟区还是非吸烟区？”马格丽特礼貌地问道。

“我不想坐在吸烟区，你们这里都有什么吃的？”客人有点不耐烦。

“我们的头盘有一些沙律、熏鱼等，大盆菜有猪排、牛扒、鸡、鸭、海鲜等。您要感兴趣可以坐下看看菜单。您现在是否准备入座了？如果准备好了，请跟我去找一个餐位。”马格丽特说道。

这位先生看着马格丽特的倩影和整洁、漂亮的衣饰，欣然同意，跟随她走向餐桌。“不，不，我不想坐在这里。我想坐在靠窗的座位，这样可以欣赏街景。”先生指着窗口的座位对马格丽特说。

“请您先在这里坐一下。等窗口有空位了我再请您过去，好吗？”马格丽特在征求他的意见。在征得这位先生的同意后，马格丽特又问他要不要些开胃品，这位先生点头表示赞同。马格丽特对一位服务员交代了几句，便离开了这里。

当马格丽特再次出现在先生面前告诉他窗口有空位时，先生正与同桌的一位年轻女士聊得热火朝天，并示意不换座位，要赶紧点菜。马格丽特微笑着走开了。

思考：①请从此案例即领位员服务的过程中，分析领位服务应具体注意哪些方面？②出色的领位员该怎样练就？③针对不同的客人，该如何领位？请列举几种。

单元三

宴会服务

宴会（Banquet）是为了表示欢迎、答谢、祝贺、喜庆等举行的一种隆重的、正式的餐饮活动。宴会的种类有很多，从规格上分，有国宴、正式宴会、便宴。从宴会的餐别上分，有中餐、西餐、自助餐和鸡尾酒会等。从举行宴会的时间上分，有早宴、午宴和晚宴等。宴会具有就餐人数多，消费标准高，菜点品种多，气氛隆重热烈，就餐时间长，接待服务讲究等特点。宴会一般要求格调高雅，在环境布置及台面布置上既要舒适、干净，又要突出隆重热烈的气氛。在菜点选配上有一定格式和质量要求，按一定的顺序和礼节递送上台，讲究色、香、味、形、器，注重菜式的季节性，用拼图及雕刻等形式烘托喜庆、热烈的气氛。在接待服务上强调周到细致。讲究礼节礼貌，讲究服务技艺和服务规格。

知识目标

1. 掌握中西餐宴会服务程序及操作标准。
2. 了解宴会厅的布置等基本知识。
3. 熟练掌握宴会设计的要求及设计要点。
4. 掌握宴会服务的“八知”、“三了解”及宴会服务注意事项。

技能目标

1. 能够根据宴会要求认真准备好各项所需用具和设备。
2. 能够准确做好宴会的预定，准确及时提供席间服务。
3. 能够熟练清理现场和收台检查。
4. 具备根据客人需求熟练准确地进行宴会场景、席位、菜单、酒水和台面等方面设计的能力。

任务一 中餐宴会服务

中餐宴会是在我国筵席基础上发展起来的具有中国传统民族风格的宴会。中餐宴会按照中国的饮食习惯，用中国酒、中国菜点、中餐餐具，行中国的传统礼节。形式典雅，气氛隆重，以热菜为主，所有菜点均按一定程序和礼节陆续上席。中餐宴会服务可分为四个基本环节，即宴会前的组织准备工作，宴会前的迎宾工作，宴会中的就餐服务和宴会结束工作。

任务导入

某四星级酒店里，富有浓郁民族特色的贵妃厅今天热闹非凡，30 余张圆桌上方是一条临时张挂的横幅，上书“庆祝 XX 集团公司隆重成立”。今年来此赴宴的都是商界名流。由于人数多、品位高，餐厅上自经理下至服务员从早上开始就换地毯、装电器、布置环境，宴会前 30 分钟所有服务员均已到位。

宴会开始，一切正常进行。值台员上菜、报菜名、递毛巾、倒饮料、撤盘碟，秩序井然。按预先的安排，上完“红烧海龟裙”后，主人要祝酒讲话。只见主人和主宾离开座位，款款走到话筒前。值台员早已接到通知，在客人杯中已斟满酒水饮料。主人、主宾身后站着一位漂亮的服务小姐，手中托着装有两杯酒的托盘。主人和主宾简短而又热情的讲话很快便结束，服务员及时递上酒杯。正当宴会厅内所有来宾站起来准备举杯祝酒时，厨房里走出一列身着白衣的厨师，手中端着刚出炉的烤鸭向各个不同方向走去。客人不约而同地将视线转向这支移动的队伍，热烈欢快的场面就此给破坏了。主人不得不再一次提议全体干杯，但气氛已大打折扣了。客人的注意力被转移到厨师现场分工割烤鸭上去了。

思考

该酒店宴会服务环节存在什么问题，为什么？

任务描述

中餐宴会服务是中餐服务中规格最高、礼仪要求最全的服务方式，也是最能体现酒店服务水准的服务，其操作程序也较为复杂。首先要了解宴会的分类与特点、宴会厅的布置。进而掌握中餐宴会服务程序与操作标准，以达到熟练进行中餐宴会服务的能力要求。

任务分析

宴会服务省去了点菜这道重要程序，这就使得宴会前的准备工作显得尤为重要。可不要小看了准备工作，它可是宴会能否正常进行的关键之一，一定要好好练习才行。另外，宴会一般人多事杂，总免不了有意外事件发生，平常练习时不能松松垮垮，一定要进入实战状态，尽可能多地强化突发事件的应变能力，以不变应万变。注意熟练掌握宴会预订服务程序及宴会服务程序，将所学知识应用到中餐宴会服务中。

任务实现

1. 宴会的预订

宴会预订是一项具有较强专业性而又有较大灵活性的工作。宴会预订过程既是产品推销过程，又是客源组织过程。所以，餐厅应根据宴会举办者要求，积极推销，受理预订，并组织为完成宴会而需要的各项服务工作。宴会预订业务都要遵循一定的程序，这对于接受预订、计划、安排好一个宴会是十分必要的。严格按照这些程序将确保有效的最佳控制，使宴会按计划、有步骤地顺利办好，对大规模的宴会尤其如此。宴会预订的程序与要求如表 3-1 所示。

表 3-1　宴会预订的程序和要求

程　序	工作标准及要求
准备工作	① 按照酒店规定着装，准时到岗 ② 参加班前例会 ③ 查看交接班记录，处理未尽事宜 ④ 查看宴会、团队用餐更改通知单，并准确迅速发至各营业点 ⑤ 核对宴会记录，送宴会通知单至各个餐厅、厨房、酒吧、总经理室、大堂处、前台问讯处、客房及总吧台
问候客人	① 以规范的礼貌用语问候客人，并自报部门 ② 如是电话预订，要求在电话铃响三声之内拿起电话 ③ 无论客人来店当面订餐，还是电话预订，都应面带微笑、亲切地给客人介绍情况，回答客人提出的问题
接待介绍	① 向客人介绍酒店特色，如：菜系、价格、服务设施、环境、等级标准及收费项目等 ② 耐心倾听客人提出的问题，根据客人提问进行介绍，当好客人的参谋。不能说："不知道"、"不行"、"没有"等。如当面回答确有困难，应马上向客人道歉，并设法在十分钟内弄清楚并告知客人 ③ 对当面预订的客人，除了口头介绍外，还应提供菜单和陪同客人实地考察
受理预订	① 详细了解客户的单位名称、宴会目的、用餐时间、出席人数、宴会性质、宴会标准、联系电话、结账方式、客户要求等有关信息 ② 订餐洽谈和签约时，要明确宴会承办的各个细节，包括约定客人观看宴会厅、餐厅布置要求，了解客户的特殊要求 ③ 客人订餐时应避免催促，给订餐者充足的考虑时间 ④ 向客人提供宴会活动布置的平面图、菜单、预算单等
确认预订	① 客人无其他要求后，应礼貌地将预订情况向客人复述一遍，以便核对 ② 详细填制宴会预订单，如表 3-2 所示，请客人签字。不论是中文还是外文的订单，书写都必须要规范、清楚 ③ 客户订了大型宴会后，应送交营销部经理或餐饮部经理签发宴会确认书，再交客户签字确认 ④ 向预订客人收取 10% 的预订金，并开出收据
致谢送客	礼貌地向客人致谢，并将客人送至电梯口或门口
发出通知	① 预订确认后应开出预订单，并发至相关部门做好餐前准备 ② 将客人的特殊要求通知餐厅主管和厨师长 ③ 对当日未确认的预订，要求再次主动与客人联系、确认
更改预订	处理临时更改通知单，及时通知有关部门
交接班	与下一班员工交接，交待好未尽事宜与注意事项，填写交班日记

表 3-2 宴会预订单

<table>
<tr><td colspan="2">宴 会 名 称</td></tr>
<tr><td>预订日期：
落实日期：
预订人姓名：
电传、电话：
联系地址：
工作单位：</td><td>宴会形式：
宴会地点：
宴会日期：
开始时间：
结束时间：
保证人数：
预计人数：</td></tr>
<tr><td>宴会费用标准
食品价格 每位：
每席：
酒水价格 每位：
每席：
其他收费：
房租：
服务费：
总计：</td><td>具体要求
宴会菜单： 酒水单：
场地布置：
主桌型
场地图
音响设备
鲜花
衣帽间
休息室</td></tr>
<tr><td>确认签字： 结账方式：</td><td>预收订金：</td></tr>
</table>

2. 宴会前的组织准备工作

1）掌握情况，明确分工

接到宴会通知单后（见表 3-3），餐厅管理人员和服务员应做到“八知”、“三了解”。八知是知台数、知人数、知宴会标准、知开餐时间、知菜式品种及出菜顺序、知主办单位或房号、知收费办法、知邀请对象。三了解是了解宾客风俗习惯、了解宾客生活忌讳、了解宾客特殊需要。如果是外宾，还应了解国籍、宗教、信仰、禁忌和口味特点。在人员分工方面，要根据宴会要求，对迎宾、值台、传菜、供酒及衣帽间、贵宾室等岗位，都要有明确分工，有具体任务，将责任落实到人。做好人力物力的充分准备，要求所有服务人员思想重视，措施落实，保证宴会善始善终。

表 3-3 宴会接待通知单

<table>
<tr><td>主办单位</td><td colspan="5"></td></tr>
<tr><td>举办时间</td><td colspan="3"></td><td>地 点</td><td></td></tr>
<tr><td>形 式</td><td></td><td>人数 / 席数</td><td></td><td>出席领导</td><td></td></tr>
<tr><td>项 目</td><td colspan="4">内 容</td><td>负责
部门</td></tr>
<tr><td></td><td colspan="4"></td><td></td></tr>
<tr><td>发 送</td><td colspan="2"></td><td>签 收</td><td></td><td></td></tr>
</table>

餐饮部经手人：

填发日期： 年 月 日

2）宴会布置

宴会布置分场景布置和台形布置，如图 3-1 和图 3-2 所示。中餐讲究进餐环境的气氛和情调，因而在场景布置方面，应根据宴会的性质和规格的高低来进行，要体现出既隆重热烈、美观大方，又具有我国传统的民族特色。

图 3-1　婚宴场景布置

图 3-2　婚宴台面布置

举行隆重大型的正式宴会时，一般在宴会厅周围摆放盆景花草，或在主台后面用花坛、画屏、大型青枝翠树盆景装饰，如图 3-3 所示，用以增加宴会的隆重、热烈的气氛。中餐宴会通常要求灯光明亮以示辉煌，如图 3-4 所示。但国宴和正式宴会则不要张灯结彩作过多的装饰，而要突出严肃、庄重、大方的气氛。宴会厅的照明要有专人负责，宴会前必须认真检查一切照明设备及线路，保证不发生事故。宴会期间要有人值班，一旦发生故障即刻组织抢修。正式宴会设有致辞台（Podium），致辞台一般放在主台附近的后面或右侧，装有两个麦克风，台前用鲜花围住。扩音器应有专人负责，事前要检查并试用，防止发生故障或产生噪声。临时拉设的线路要用地毯盖好，以防发生意外。国宴活动要在宴会厅的正面并列悬挂两国国旗，正式宴会应根据外交部规定决定是否悬挂国旗。国旗的悬挂按国际惯例，以右为上左为下。由我国政府宴请来宾时，我国的国旗挂左方，外国的国旗挂在右方。来访国举行答谢宴会时则相互调换位置。

图 3-3　大型青枝翠树盆景

图 3-4　灯光明亮的宴会厅

台型布置涉及社交礼仪等问题，因此，要根据宴会厅的形状、实用面积和宴会要求，按宴会台形布置的原则，即“以右为上、以远为上、居中为上”来设计。在布置中做到既要突出主台，又要排列整齐、间隔适当；既要方便宾客就餐，又要便于服务员席间操作。通常宴会每桌占地面积标准为 10 ~ 12 m^2，桌与桌之间距离为 2 m 以上，如图 3-5 所示。重大宴会的主通道要适当宽敞一些，同时铺上红地毯，突出主通道，如图 3-6 所示。

图 3-5　餐桌之间保持较大的距离

图 3-6　宽敞的通道

3）熟悉菜单

服务员应熟悉宴会菜单和主要菜点的风味特色，以做好上菜、派菜和回答宾客对菜点提出询问的思想准备。同时，应了解每道菜点的服务程序，保证准确无误地进行上菜服务。对于菜单应做到：能准确说出每道菜的名称，能准确描述每道菜的风味特色，能准确讲出每道菜肴的配菜和配食佐料，能准确知道每道菜肴的制作方法，能准确服务每道菜肴。

4）物品准备

席上菜单每桌一至二份置于台面，重要宴会则人手一份。要求封面精美，字体规范，可留作纪念。根据菜单的服务要求，准备好各种银器、瓷器、玻璃器皿等餐酒具。要求每一道菜准备一套餐碟或小汤碗。根据菜肴的特色，准备好菜式跟配的佐料。根据宴会通知单要求，备好鲜花、酒水、香烟、水果等物品。

5）铺好餐台

宴会开始前 1 小时，根据宴会餐别，按规格摆好餐具和台上用品。菜单放在正副主位餐碟的右上侧。同时，备好茶、饮料、香巾，上好调味品，将各类开餐用具摆放在规定的位置，保持厅内的雅洁整齐。

6）摆设冷盘

大型宴会开始前 15 分钟左右摆上冷盘，摆设冷盘时，注意根据菜点的品种和数量、菜点色调的分布、荤素的搭配、菜型的正反、菜盘间的距离等。使摆台不仅是为宾客提供一个舒适的就餐地点和一套必需的进餐用具，而且能给宾客以赏心悦目的艺术享受，为宴会增添隆重而又欢快的气氛。

准备工作全部就绪后，管理人员要作一次全面的检查。从台面服务、传菜人员等分派是否合理，到餐具、饮料、酒水、水果是否备齐；从摆台是否符合规格，到各种用具及调料是否备齐并略有盈余；从宴会厅的清洁卫生是否搞好，到餐酒具的消毒是否符合卫生标准；从服务人员的个人卫生，仪表装束是否整洁，到照明、空调、音响等系统能否正常工作，都要一一进行仔细的检查，做到有备无患，保证宴会按时举行。

3. 宴会的迎宾工作

1）热情迎宾

根据宴会的入场时间，主管人员和迎宾员提前在宴会厅门口迎候宾客，值台服务员站在各自负责的餐桌旁准备。宾客到达时，要热情迎接，微笑问好。待宾客脱去衣帽后，将宾客引入休息间就座休息。回答宾客问题和引领宾客时注意用敬语，做到态度和蔼，语言亲切。

2）接挂衣帽

如宴会规模较小，可不设专门的衣帽间，只在宴会厅房门前放衣帽架，安排服务员照顾宾客宽衣并接挂衣帽。如宴会规模较大，则需设衣帽间存放衣帽。接挂衣服时，应握衣领，切勿倒提，以防衣袋内的物品倒出。贵重的衣服要用衣架，以防衣服走样。重要宾客的衣物，要凭记忆进行准确的服务。贵重物品请宾客自己保管。

3）端茶递巾

宾客进入休息厅后，服务员应招呼入座并根据接待要求，递上香巾、热茶或酒水饮料。递巾送茶服务均按先宾后主，先女后男的次序进行。

4. 宴会中的就餐服务

1）入席服务

值台服务员在开宴前5分钟斟好预备酒，然后站在各自服务的席台旁等候宾客入席。当宾客来到席前，要面带笑容，引领入座。在照顾宾客入座时，用双手和右脚尖将椅子稍撤后，然后徐徐向前轻推，让宾客坐稳坐好，引领入座时，同样按先宾后主、先女后男的次序进行。

待宾客坐定后，即把台号、席位卡、花瓶拿走。菜单放在主人面前，然后为宾客取餐巾，将餐巾摊开后为宾客围上，脱去筷子套，斟倒酒水。

2）斟酒服务

为宾客斟倒酒水时，要征求宾客意见，根据宾客的要求斟倒各自喜欢的酒水饮料，一般酒水斟八分满即可。斟白酒时，如宾客提出不要，应将宾客位前的空杯撤走。酒水要勤斟倒，宾客杯中酒水只剩1/3时应及时添酒，斟时注意不要弄错酒水。宾客干杯和互相敬酒时，应迅速拿酒瓶到台前准备添酒。主人和主宾讲话前，要注意观察每位宾客杯中的酒水是否已满上。当主人或主宾到各台敬酒时，服务员要准备酒瓶跟着准备添酒，宾客要求斟满酒杯时，应予满足。

3）上菜服务

菜要一道道趁热上。多台宴会的上菜要看主台或听指挥，做到行动统一，以免造成早上或迟上，多上或少上现象。要正确选择上菜位置，操作时站在陪同人员之间进行。每上一道新菜要介绍菜名和风味特点，并将菜盘放在转盘中央位置，凡是鸭鱼等整体菜或椭圆形的大菜盘，在摆放时头的一边朝向正主位。

凡宴会都要主动、均匀地为宾客分汤分菜。分派时要胆大心细，掌握好菜的分量、件数，分派准确均匀。凡配有佐料的菜，在分派时要先沾上佐料再分到餐碟里，分菜的次序也是先宾后主，先女后男。也可采用“旁桌分菜”，即在席上示菜后，到席旁工作台上分菜，待分好后再给客人送上餐位。

4）撤换餐具

为显示宴会服务的优良和菜肴的名贵，为突出菜肴的风味特点，为保持桌面卫生雅致，在宴会进行的过程中，需要多次撤换餐具或小汤碗，如图3-7所示。重要宴会要求每上道菜换一次餐碟，一般宴会的换碟次数不得少于三次。撤换餐碟时，要待宾客将碟中食物吃完方可进行，如宾客放下筷子而菜未吃完的，应征得宾客同意后才能撤换。撤换时要边撤边换，撤与换交替进行。按先主宾后其他宾客的顺序先撤后换，站在宾客右侧操作。

5）席间服务

① 宴会进行中，要勤巡视、勤斟酒、勤换烟灰缸，如图 3-8 所示。细心观察宾客的表情及示意动作，主动服务。服务时态度要和蔼，语言要亲切，动作要敏捷。

图 3-7　撤换餐具

图 3-8　撤换烟缸

② 在撤换菜盘时，如转盘脏了，要及时抹干净。抹时用抹布和一只餐碟进行操作，以免脏物掉到台布上。转盘清理干净后才能重新上菜。

③ 若宾客在席上弄翻了酒水杯具，要迅速用餐巾或香巾帮助宾客清洁，并用干净餐巾盖上弄脏部位，为宾客换上新的杯具，然后重新斟上酒水。

④ 宾客吃完主食后，送上热茶和香巾，随即收去台上除酒杯、茶杯以外的全部餐具，抹净转盘，换上点心碟、小汤碗和汤匙，然后上甜品、水果，并按分菜顺序分送给宾客。

⑤ 宾客吃完水果后，撤走水果盘，递给宾客香巾，如图 3-9 所示，然后撤走点心碟，摆上鲜花，以示宴会结束。

图 3-9　毛巾服务

5. 宴会的送客服务

1）结账准备

上菜完毕后即可做结账准备。清点所有酒水、香烟、加菜等宴会菜单以外的费用并累计总数，送收款处准备账单。结账时若是签单或转账结算，应将账单交宾客或宴会经办人签字后送收款处核实，及时送财务部入账结算。

2）拉椅送客

主人宣布宴会结束，服务员要提醒宾客带齐随身物品。当宾客起身离座时，要主动为其拉开座椅，以方便离席行走。视具体情况目送或随送宾客至餐厅门口。如宴会后安排休息，要根据接待要求进行餐后服务。

3）取递衣帽

宾客出餐厅时，衣帽间的服务员根据取衣牌号码，及时、准确地将衣帽取递给宾客。

4）收台检查

在宾客离席的同时，服务员要检查台面上是否有未熄灭的烟头，是否有宾客遗留的物品。在宾客全部离去后立即清理台面。

5）清理现场

各类开餐用具要按规定位置复位，重新摆放整齐。开餐现场重新布置恢复原样，以备下次使用。收尾工作做完后，领班要进行检查。

相关知识

1. 宴会的种类

1）按宴会的规格划分

（1）国宴

国宴是国家元首或政府首脑为国家的节庆、庆典，或为外国元首、政府首脑来访而举行的正式宴会，是一种招待规格最高、礼仪最隆重、程序要求最严格、政治性最强的宴会形式。国宴设计既要体现民族自尊心、自信心、自豪感，又要体现兄弟国家和民族之间的平等、友好、和睦气氛。国宴环境布置讲究，厅内要求悬挂国旗，安排乐队演奏国歌及席间乐，席间还要致辞和祝酒，礼仪要求十分严格。

（2）正式宴会

通常是政府和人民团体有关部门为欢迎应邀来访的宾客而举行的宴会。正式宴会的安排和服务程序大体与国宴相同。宾主按身份排席次和座次。在礼仪上的要求也比较严格，席间一般都致辞，有时也设乐队演奏席间乐，但不悬挂国旗，不奏国歌。

（3）便宴

便宴是一种非正式宴会，包括午宴、晚宴。不拘严格的礼仪，随便、亲切，多用于招待熟识的宾朋好友。规模一般较小，席间随意交谈，不作正式致辞或祝酒。菜点的道数和饮料的品种也不作具体的规定，可酌情增减。

2）按宴会菜式特点划分

（1）中餐宴会

中餐宴会是按中国传统举办的一种宴会形式。中餐宴会根据中国的饮食习惯，吃中国菜点，喝中国酒水，用中国餐具。菜点品种和数量根据进餐标准高低而不同。

（2）西餐宴会

西餐宴会是按西方传统举办的一种宴会形式。西餐宴会根据西方的饮食习惯，吃西式菜点，喝外国酒水，根据菜点不同使用多套餐具，讲究菜点与酒水的搭配。

3）按宴请形式划分

（1）冷餐会

冷餐会是按自助餐的进餐方式而举办的一种宴会形式。冷餐会的菜点以冷菜为主，也有部分热菜，且既有西菜西点，又有中菜中点，客人可根据其饮食爱好自由取食。酒水通常放在吧台上由客人自取，或由酒水员托送。这种宴会形式因其灵活方便而常为政府部门、企业界、贸易界举办人数较多的欢迎会、庆祝会、开业或周年庆典、新闻发布会所采用。

（2）鸡尾酒会

鸡尾酒会是欧美社会传统的聚会交往的一种宴会形式。鸡尾酒会以供应酒水（特点是鸡尾酒和混合饮料）为主，配以适量的佐酒小吃，如三明治、肉卷等。鸡尾酒会可在一天中的任何时候单独举办，也可在正式宴会前举办（作为宴会的一部分）。

（3）茶话会

茶话会是一种既经济简便而又轻松活泼的宴会形式，主要以品茶、尝点为主，不排座次，但有意将主人、主宾安排在一起，其他人随意入座。茶话会多为社会团体或单位举行纪念和庆祝活动时所采用。

2. 宴会厅的布置

1）环境的布置

① 宴会厅的布置原则。要以宴会主人的需要为依据，或豪华、讲究排场气派，或喜庆、热烈，或典雅、别致（见图 3-10 和图 3-11），或具有民族特色，或具有宗教色彩，或具有行业特征，或还原某一旧日时刻等。另外，还要以宴会厅的场地面积、形状和宴会的类型、规模等为依据来安排。

图 3-10　典雅、别致的布置

图 3-11　喜庆、热烈的布置

② 布置方法。宴会厅周围或主桌后面摆放花草盆。根据宴会的规模进行不同的布置。对桌数较少的宴会，可根据客人的意见和餐厅的条件，或安排在大厅的某一处用屏风或绿色植物隔断隔成一个相对独立的就餐区域，如图 3-12 所示；或安排在小厅（包房、雅间）内举行，以免不同宴会互相干扰，影响气氛。有贵宾出席的宴会，更应安排在单厅举行。

中型和大型宴会均应在大厅举行，根据不同宴会的要求，调整餐厅的布置装饰。一般在大厅周围摆放花草盆景，或在舞台上方悬挂标明宴会主体的标识（如会标、横幅等）以增加宴会热烈喜庆、隆重盛大的气氛，如图 3-13 所示。

图 3-12　宴会包厢的分隔

图 3-13　宴会悬挂会标

2）台面布置

布置中餐宴会厅一定要讲究突出主桌，主桌摆放位置及主桌装饰都应与其他餐桌不同。现行宴会台面装饰中常利用摆放鲜花和餐巾折花来烘托气氛，如图 3-14 所示。恰当的花材和花形的选用，其象征意义更能突出宴会的性质和主题。如迎宾宴选用鹤望兰、吉祥草、仙客来等花材；餐巾折花的花形可选用迎宾花篮、和平鸽等，以表达欢迎嘉宾的情感。又如婚宴的花材选用玫瑰、百合；而餐巾折花的花形可选用心心相印、双鸟归巢等，预祝新人百年好合，天长地久。再如商务宴会花材可选用月季、紫薇、菊花等，餐巾折花的花形可选用一帆风顺、春笋等，以示生意兴隆，财源茂盛之意。如此定能给人留下深刻印象。

图 3-14　宴会台面摆放鲜花

3）台形布置和席位安排

（1）台形布置和主位安排

中餐宴会大多选用圆桌。中餐宴会的台形布置就是将宴会所用的餐桌根据一定要求排列组成各种格局。无论是何种格局都应注意：突出主桌，即主桌应安排在正对餐厅门口；餐台的排列应整齐有序，间隔适当，既方便客人就餐，又便于席间服务。宴会类型、规模等的不同，台形也应有所区别。图 3-15 为几种常见的台型布置方法。

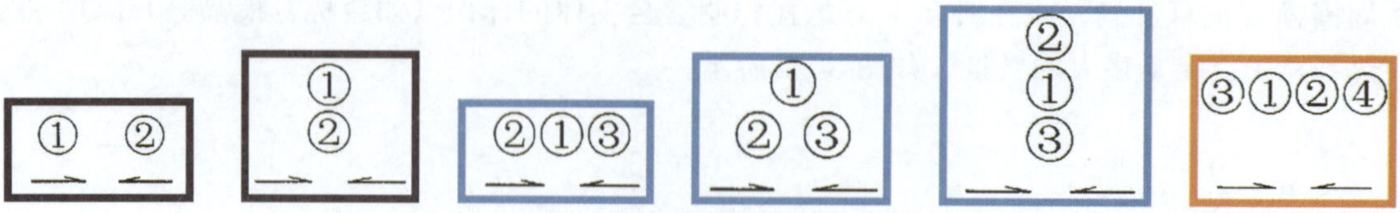

图 3-15　几种常见的台型布置示意图

图 3-15　几种常见的台型布置示意图（续）

宴会台形设计注意事项：

① 中餐宴会多数用圆桌。餐桌的排列，十分强调主桌位置。主桌应放在面向餐厅主门，能够纵观全厅的位置。将主宾入席和退席要经过的通道辟为主行道，主行道应比其他行道宽敞突出些。其他桌椅的摆法、方向要以主桌为准。

② 中餐宴会不仅强调突出主桌的位置，如图 3-16 所示，还十分注意对主桌进行装饰，主桌的台布、餐椅、餐具、花卉等，也应与其他桌有所区别。

图 3-16　突出主桌

③ 要有针对性地选择台面，一般直径为 150 厘米的圆桌，每桌可以坐 8 人左右；直径为 180 厘米的圆桌，每桌可以坐 10 人左右，直径为 200 ～ 220 厘米的圆桌，可坐 12 ～ 14 人左右；如主桌人数较多，可安放特大圆桌，每桌可坐 20 ～ 30 人左右。直径超过 180 厘米的圆桌应安放转盘。

④ 大型宴会除了主桌外，所用餐桌都应编号。号码放在桌上，使客人从餐厅的入口处就可以看到，客人也可以从座位图知道自己桌子的号码和位置。座位图应在宴会前画好，宴会的组织者按照宴会图来检查宴会的安排情况和划分服务员的工作区域。而宴会的主人可以根据座位图来安排客人的座位。但任何座位计划都应为可能出现的额外客人留出座位。一般情况下应预备留 10% 的座位，不过，事先最好与主人协商一下。

⑤ 餐桌台形排列要根据餐厅的形状和大小及赴宴人数的多少来安排，桌与桌之间的距离以方便穿行上菜、斟酒、换餐碟为宜。在整个宴会餐桌的布局上，要求整齐划一，做到桌布一条线、桌腿一条线、花瓶一条线，主桌主位能互相照应。

（2）中餐宴会的席位安排

① 中餐宴会一般有主人、副主人、主宾、副主宾、翻译及陪同人员。其席位都有固定的安排，主人座位坐在上首，面向众席（背对重点装饰面），副主人在主人的对面，主宾在主人的右侧，副主宾在副主人的右侧，翻译在主宾的右侧。对陪同人员，一般无严格规定。

② 多桌宴会餐桌主位的安排通常有两种。一种是各桌主位方向一致，另一种是各桌主位方向不同，各桌主位都面向主桌方向，选择哪种方式主要是根据主办单位（人）的要求及餐

厅的场地来决定。

③ 遇有高规格的中餐宴会，餐厅要协助主办单位（人）绘制席次图安排座位。一般都把来宾以其地位之高低预为排定；将来宾之姓名依次画在一张平面图上，张贴在餐厅入口处，以便引导客人按序顺利入席。

3. 中餐宴会服务的注意事项

① 服务操作时注意轻拿轻放，严防打碎餐具和碰翻酒瓶酒杯，从而影响场内气氛。如果不慎将酒水或菜汁洒在宾客身上，要表示歉意，并立即用毛巾或香巾帮助擦拭（如为女宾，男服务员不要动手帮助擦拭）。

② 当宾主在席间讲话或举行国宴演奏国歌时，服务员要停止操作，迅速退至工作台两侧肃立，姿势要端正。餐厅内保持安静，切忌发出响声。

③ 宴会进行中，各桌服务员要分工协作，密切配合。服务出现漏洞，要立刻互相弥补，以高质量的服务和菜肴赢得宾客的赞赏。

④ 宴会结束后，应主动征求宾主和陪同人员对服务和菜品的意见，客气地与宾客道别。当宾客主动与自己握手表示感谢时，视宾客神态适当地握手。

知识拓展

撤换餐具的时机

① 上翅、羹或汤之前，上一套小汤碗。待宾客吃完后，送上毛巾，收回翅碗，换上干净餐碟。

② 吃完带骨的食物之后。

③ 吃完芡汁多的食物之后。

④ 残渣骨刺较多或有其他脏物，如烟灰、废纸、用过的牙签的餐碟等，要随时更换。

⑤ 宾客失误，将餐具跌落在地的要立即更换。

技能训练

1. 宴会预订服务实训

实　训　内　容	
当面预订服务的受理 1. 服务程序与标准： ①问候客人；②了解需求；③接受预订；④预订通知；⑤预订记录。 2. 模拟情景：当面预订服务的受理 电话预订服务的受理 1. 服务程序与标准 ①问候客人；②了解需求；③接受预订；④预订通知；⑤预订记录 2. 模拟情景：电话预订服务的受理	
要点提示	①预订是一种承诺，应强调时间的重要性；②预订的变更；③预订人员既要精通业务，又要具备良好的服务意识和道德修养；④预订的记录准确

续表

宴会预订服务能力测试与考核

考核项目	操 作 要 求	配分	得分
当面预订	问候客人	10	
	了解需求	10	
	接受预订	10	
	预订通知	10	
	预订记录	10	
电话预订	问候客人	10	
	了解需求	10	
	接受预订	10	
	预订通知	10	
	预订记录	10	
合 计		100	

2. 撤换餐具服务实训

实 训 内 容	
① 撤换骨碟、汤勺、汤碗 ② 撤换菜盘 ③ 撤换酒具 ④ 撤换烟灰缸 ⑤ 撤换香巾 ⑥ 更换台布	
要点提示	① 在撤换时，注意将干净的和用过的餐具严格分开，以免交叉污染 ② 注意不要将汤汁滴洒在宾客身上或台面上，动作要轻、要稳 ③ 在撤换时，注意将干净的和用过的酒具严格分开，以免交叉污染。操作时不得将酒具相互碰撞，以免发出声响，打扰客人 ④ 撤换烟灰缸动作要轻，不要打扰客人，要防止烟灰到处乱飞 ⑤ 撤换香巾注意不要用手直接取送 ⑥ 更换台布注意台布四周下垂均匀，符合规范；将台面用品按规定摆放好

撤换餐具服务能力测试与考核

考核项目	操 作 要 求	配分	得分
操作姿势	能够按照操作姿势进行规范操作	30	
更换要求	能够按照操作要求进行操作	40	
更换效果	更换后台面用品按规定摆放好	30	
合 计		100	

思考与练习

1．宴会有何特点？宴会有哪些不同的分类？

2．中餐宴会的宴前组织准备工作包括哪些内容？

3．宴会开始前宾主讲话致辞时，服务员该怎么办？

4. 宴会进行中，客人不慎碰翻了酒杯，服务员该怎么办？

5. 案例分析：

大型宴会上的小波折

南方某4星级酒店3楼气派豪华的宴会厅内，正在举办规模盛大的宴会。因此次活动参加人数多、规格高，因此餐饮部不得不临时抽调了几名实习生前来帮忙。席间，一切按计划进行，客人的欢声笑语不断。忽然，离主桌最远的一张桌前有位女客发出尖叫声，宴会领班小丁和公关部朱经理闻声同时赶去，发现那位女客的一身套装湿淋淋的，一个实习生手里托着倾翻的汤碗，脸色灰白，呆立一旁，手足无措。朱经理立即明白了一切，她一面安排另外几名服务员收拾被女客带落到地上的筷子、酒杯等杂物，一面与小丁用身体挡住女客，将其护送出宴会厅，一路上女客埋怨不断。

朱经理关照小丁先安排客人到房间里淋浴，压压惊，她自己到客房部暂借一套干净的酒店制服请女客先穿一穿。小丁又委婉地问清了女客内衣的尺寸，接着一个电话打到公关部，请秘书小姐以最快的速度到附近的大商场购买高档内衣。朱经理另派人将女客换下的脏衣送到洗衣房快洗。在这些工作分头进行的同时，小丁已陪同梳妆完毕的女客到一楼餐厅单独用餐，并代表酒店向她表示真切的歉意，女客很快便恢复了平静。

再说3楼宴会厅，由于处理及时，客人又开怀畅饮，重现热烈的气氛。此时大酒店外方总经理正好前来敬酒，朱经理把事情经过向他报告后，他旋即同朱经理一起来到了一楼餐厅，向女客郑重致歉，后来又特地向女客的上司表示歉意。女客反而感到不好意思了，她指指身上的酒店制服，不无幽默地说，"我也成了酒店的一员，自己人嘛，还用这么客气？"

半小时后，洗衣房已把女客的衣服洗净烫平，公关部秘书早已买来了内衣。女客高高兴兴换上自己的套装，还不时向朱经理和小丁道谢。临出门时，朱经理还为她叫了一辆出租车……

思考：造成上述问题发生的原因是什么？该酒店处理上述案例成功经验对你有哪些启示？

任务二 西餐宴会服务

西餐宴会是以西方国家举行宴会的布置形式、用餐方式、风味菜点而举办的宴请活动。西餐宴会摆西式餐台，使用各式西餐餐具，并按西餐礼仪服务。西餐宴会的服务环节较多，要求也较严格。

任务导入

某3星级酒店的西餐厅正在举行宴会。突然，一位外宾发出诧异的声音，原来他的红酒杯有一道裂缝，酒顺着裂缝流到了桌子上，翻译急忙让服务员过来换杯。另一位客人用手指着眼前的小碟子让服务员看，原来小碟子上有一个缺口。翻译赶忙检查了一遍桌上的餐具，发现许多餐具物均有不同程度的损坏，上面都有裂痕、缺口和瑕疵。翻译站起身把服务员叫到一旁说：“这里的餐具怎么都有毛病？这可会影响外宾的情绪啊！”“这批餐具早就该换了，最近太忙还没来得及更换。您看其他桌上的餐具也有毛病。”服务员红着脸解释着。“这可不是理由啊！难道这么大的酒店连几套像样的餐具都找不出来吗？”翻译有点火了。“您别着急，我马上给您换新的餐具。”服务员急忙改口，并更换了餐具。望着桌上精美的餐具，喝着可口的酒水，这几位宾客终于露出了笑容。

思考

该酒店宴会服务环节存在什么问题，为什么？餐前准备中应重视的问题有哪些？

任务描述

宴会是在普通用餐基础上发展起来的高级用餐形式，也是人们在交往中常见的礼仪活动，其操作程序较为复杂。首先要了解西餐宴会服务的程序与标准，掌握西餐宴会服务的服务技巧与操作要领，以达到能够熟练进行西餐宴会服务的目的。

任务分析

西餐宴会服务是西餐服务中另一常见的服务方式，与零点服务相比，表演的性质强于服务本身的实用性。由于西餐宴会所需的物品相对较多，除精美的餐具外，还需准备鲜花、烛光、音乐等调节宴会气氛，所以宴会必须提前预订，为宴会前的准备工作留出足够的时间。另外，还要注意比较中西餐在服务方式上有哪些不同。这就要求要熟悉西餐宴会的服务程序，严格执行西餐宴会用餐服务规程，将所学知识和技能应用到西餐宴会服务中。

任务实现

1. 预订服务

预订是西餐宴会工作中很重要的一个环节，良好的预订服务可以为餐厅获得更多的客户信息，而且了解的客户信息越详细，宴会的准备工作也就可以做得越充分，服务工作也会越顺畅。

1）填写预订单

根据客人预订要求逐项填写宴请预订单信息（见表 3-4），如单位名称、宴请时间、标准、人数、场地布置要求、菜肴要求等。

表 3-4 宴会预订通知单

BANQUET EVENT ORDER

编号 EVENT ORDER NO.:

公司名称 COMPANY		日期 DATE		星期 DAY	
组织者 ORGANIZER		电话 TEL			
地址 ADDRESS		预计人数 EXPECT		保证人数 GUARANTEED ATTENDANCE	

续表

<table>
<tr><td colspan="2">活动形式
TYPE OF FUNCTION</td><td colspan="2"></td><td>付款方式
PAYMENT</td><td></td></tr>
<tr><td colspan="2">预订员
RESERVED BY</td><td colspan="2"></td><td>预付款
DEPOSIT</td><td></td></tr>
<tr><td colspan="4">用餐安排 MEAL ARRANGMENT</td><td colspan="2">价 格 PRICE</td></tr>
<tr><td>人数
NO.PAX</td><td>时间
TIME</td><td>地点
VENUE</td><td>餐别
FUNCTION</td><td>食品 FOOD</td><td></td></tr>
<tr><td></td><td></td><td></td><td></td><td>饮料 BEVERAGE</td><td></td></tr>
<tr><td></td><td></td><td></td><td></td><td>场租 ROOM RENTAL</td><td></td></tr>
<tr><td></td><td></td><td></td><td></td><td>咖啡茶点 COFFEE BREAK</td><td></td></tr>
<tr><td></td><td></td><td></td><td></td><td>杂项 MISC</td><td></td></tr>
<tr><td colspan="6">特殊要求 SPECIAL REQUEST:</td></tr>
<tr><td colspan="2">指示牌 SIGNBOARD</td><td colspan="2"></td><td>用花 / 公共区域
FLOWERS/PUBLIC AREA</td><td></td></tr>
<tr><td colspan="4" rowspan="7">菜单 MENU:

发行日期 ISSUING DATE：</td><td>乐队 BAND</td><td></td></tr>
<tr><td>酒水部 BEVERAGE</td><td></td></tr>
<tr><td>装饰 DECOR</td><td></td></tr>
<tr><td>美工 ARTIST</td><td></td></tr>
<tr><td>工程部 ENGINEERING</td><td></td></tr>
<tr><td>摆台 SET-UP</td><td></td></tr>
</table>

抄送 DISTRIBUTION TO:

餐饮部 F&B DEPT　酒水 BEVERAGE　宴会操作 BANQUET OPERATION

行政总厨 EXECUTIVE CHEF　管事部 STEWARD　工程部 ENGINEERING DEPT

管家部 HOUSE KEEPING DEPT　财务部 FINANCIAL DEPT　市场营销部 MARKET&SALE DEPT

2）签订宴会合同书

一旦宴会安排得到确认，菜单、饮料、场地布置等细节内容认可以后，应将这些信息以确认信的方式送交给客人，并附上宴会合同书，经双方签字即生效。

3）跟踪查询、收取订金

① 如果客人是提前较长时间预订的，应主动与客人保持联系，进一步确定日期及有关细节内容。

② 为了保证宴会预订的成功率，可以要求顾客预付订金。如果是酒店的常客且具有良好的信誉，可以不必付订金。

4）确认、取消预订服务

① 确认通知。在宴请活动前两天，必须设法与客人取得联系，进一步确定已谈妥的事项，将“宴会通知单”送往各部门；若确认的内容有变动，应填写“宴会更改通知单”（见表 3-5），并注明原预订单的编号，发送到相关部门。

② 取消预订处理。如果客人要取消预订，预订员应填写“取消预订报告”送至相关职能部门，并为不能向客人提供服务表示遗憾，希望今后能有合作机会。

③ 建立宴会预订档案。将预订客人的有关信息和宴会活动资料整理归档，尤其整理客人对菜肴、场地布置等方面的特殊要求和一些常客的详细资料，以便能提供针对性服务。

表 3-5 宴会预订更改单

宴会预订更改单

更改单号 adjustment sheet Number： 日期 Date：

订单号 Event Order Number	
宴会日期 Date of Function	
地点 Location	
功能 Type of Function	
公司 Name of Company	

更改内容
ADJUSTMENTS

	从 From	改为 To
日期 Date		
时间 Time		
地点 Location		
人数 Number of Persons		

其他 Other Changes
宴会负责人 Catering Coordinator： 发给以下部门 Copies to be sent to the following Departments：

餐饮总监 F&B Director		前台 Front Office		销售部 Sales
行政总厨 Exec.Chef		宴会 Bqt.Operations		公关 P. R.
宴会部经理 Catering Manager		饮料部 Beverage Dpt.		保安 Security
		咖啡厅 Silk Road		工程部 Engineering
管事部 Stewafding		茶园 Atrium		客房部 Housekeeping
计财部 Accounting		啤酒园 Beer Garden		总机 Operator
大堂经理 Asst.Manager		采购部 Purchasing		其他 Others

2. 宴会准备工作

1）台型设计与席位安排

① 台型设计。宴会的台型设计要根据宴请活动的性质、形式、主办单位（人）的具体要求、参加宴会的人数、宴会厅的形状和面积等情况来决定。西餐宴会一般使用长台。其他类型的餐台由小型餐台拼合而成。如 T 形、U 形、一字形、教室形等（见图 3-17）。总的要求是美观适用。

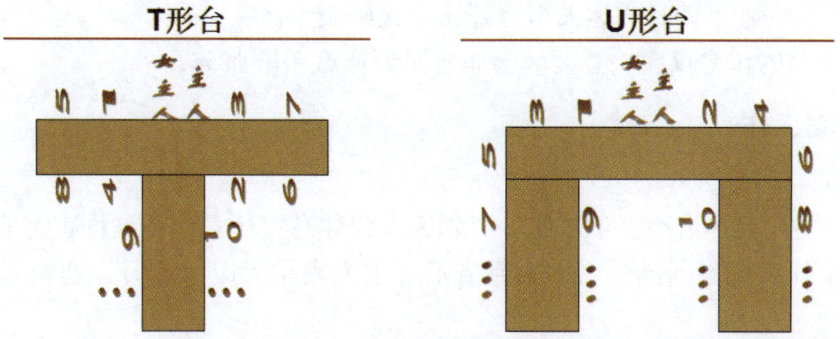

图 3-17 西餐宴会台型设计

② 席位安排。西餐宴会一般有主人、副主人、主宾、副主宾、翻译及其他陪同人员。其席位都有固定的安排，主人坐在上首面对众席，副主人在主人的对面，主宾在主人的右侧，副

主宾在副主人的右侧，翻译在主宾的右侧。其他陪同人员，一般无严格的规定。

2）了解掌握宴会情况

① 服务员应掌握宴会通知单的内容，如宴请单位、宴请对象、宴请人数、宾主身份，宴会时间、地点、规格标准、客人的风俗习惯与禁忌等。

② 服务员要掌握宴会要求的服务方式。

3）熟悉菜单内容

服务员要熟悉宴会所备菜式的风味特点、主料、配料及制作方法；熟记上菜顺序和菜肴与酒水、酒杯的搭配。

4）准备物品及摆台

① 根据宴会规格、规模等准备工作台。

② 根据宴会通知单备足所用餐具。

③ 按西餐宴会要求摆台，如图 3-18 所示。

图 3-18　西餐宴会台型与摆台

5）餐前服务

① 在客人到达餐厅前 10 分钟摆开胃品放在餐桌上，一般是每人一份。在摆开胃品时应考虑其荤菜、特点、口味的搭配，盘与盘之间要留出一定距离。

② 在客人到达餐厅前 5 分钟，服务员要将面包、黄油摆放在客人的面包盘和黄油碟内，每位客人的分量应一致，同时为客人斟倒好冰水或矿泉水。

③ 检查服务员的仪容仪表，重要宴会服务员要佩戴手套服务。

3. 宴会迎宾工作

1）热情迎宾

客人到达时要礼貌热情地表示欢迎，引领客人到休息室休息，在征询宾客的意见后，根据客人的要求送上饮料或餐前酒。当客人到齐后，主人表示可以入席时，迎宾员应及时引领客人到宴会厅。

2）拉椅让座

当客人到服务员服务的区域时，服务员应主动上前欢迎、问候、拉椅让座，遵循女士优先、先宾后主再一般宾客的原则，待客人坐下后为客人打开餐巾。

4. 宴会就餐工作

1）斟酒服务

客人就座后，用托盘托送宴会酒水，先示意宾客选择，按先女后男，最后主人的顺序斟上佐餐酒。

2）上菜服务

西餐宴会多采用美式服务。上菜顺序是：头盆、汤、副盆、主菜、甜点水果、咖啡或茶。

① 头盆。根据头盆配用的酒类，服务员从主宾开始进行斟倒。当客人用完头盆后，服务员从主宾位置开始撤盘，连同头盆刀叉一齐撤下。

② 上汤。上汤时连垫盘一起上，上汤时一般不喝酒。如安排了酒类，则先斟酒再上汤。当客人用完汤后，即可从客人右侧撤下汤盆。

③ 上鱼类。应先斟倒好白葡萄酒，再为客人从左侧上鱼类菜肴。当客人吃完鱼类菜肴后即可从客人右侧撤下鱼盘及鱼刀、鱼叉。

④ 上主菜。上主菜前，服务员应先斟倒好红葡萄酒。主菜多为采用煎、炸、烤、焖等烹调方法烹制的肉类菜肴。一般配有几样蔬菜和沙司及色拉。主菜的服务程序是：从客人右侧撤下装饰盘，摆上餐盘；值台员托着餐盘从左侧为客人分派主菜和蔬菜，菜肴的主要部分应靠近客人；另一名值台员随后从客人左侧为客人分派沙司；如配有色拉，也应从左侧为客人送上。

⑤ 上甜点。吃甜点用的餐具要根据甜点的品种而定，热甜点一般用甜点匙和中叉；冰淇淋用冰淇淋匙放在垫盘内同时端上去。吃甜点时若有客人讲话，多上香槟酒，斟香槟酒一定要在上甜点或客人讲话之前全部斟好，以方便客人举杯敬酒。

⑥ 上干酪。一般由服务员分派，用托盘托送干酪及配食的面包或饼干。吃完干酪，应撤掉餐台上的餐具，但饮具不动。

⑦ 上水果。摆好餐盘和水果刀叉，再用托盘托送分派水果；然后从客人左侧上洗手盅。

⑧ 上咖啡或茶。上咖啡或茶时，服务员应送上糖缸、奶壶。在客人的右手边放咖啡具或茶具，然后用咖啡壶或茶壶依次斟上。

5. 宴会结束工作

1）结账服务

宴会接近尾声时，服务员要清点所消耗的酒水饮料。由收银员开出总账单，宴会结束时，由主办单位（或人）的经办人（助手）负责结账，其方法与中餐宴会相同。

2）送客服务

客人离开时，服务员要主动为客人拉椅、取递衣帽，其要求同中餐宴会服务。

相关知识

1. 西餐宴会台型设计方法

宴会的场地布置要根据宴请活动的性质、形式、主办单位的具体要求、参加活动的人数、宴会厅的形状和面积等情况来制定设计方案。然后由销售预订员画出标准比例尺的布置图，注明所有布置的细节要求。西餐宴会的台形设计方法有以下几种：

①“一”字形长台。“一”字型台一般设在餐厅的中央位置，与餐厅两侧的距离大致相等。餐台两端留有充分的余地，以方便服务员的工作。

②“U”字形台和马蹄型台。采用此种设计方法应注意其横向长度应比竖向长度短一些。

③“E”字形台。三个翼长度应一致，竖向要长于横向的长度。

④ 除了以上基本台形外，西餐宴会根据人数的多少与场地的实际状况，还设计有“T”字型餐台、正方形餐台、鱼骨形餐台、星形餐台、梳子形餐台、教室形餐台等。利用中餐宴会圆形餐桌布置餐台，也是西餐宴会台型设计的一种方法。

2. 西餐宴会服务注意事项

① 主宾位置的安排，台布、餐巾、酒具的摆放要严格按照规范要求进行。服务操作规范要记住五句话：左叉右刀，左菜右酒，左上右撤，先撤后上，先宾后主。

② 上每一道菜之前服务员都应先将用完的前一道菜的餐具撤下。

③ 上菜时，应先摆好与之配套的餐具。

④ 上菜时，应先斟酒后上菜。斟好的酒杯应移至最右边，以方便客人取用。

⑤ 宴会厅全场的上菜、撤盘应以主桌为准。

⑥ 西餐宴会餐具讲究吃一道收一道，吃到最后餐桌上无多余物品。上点心时，连调味架一并收撤。最后上水果与咖啡。餐具收拾情况直接反映服务员操作水平和餐厅档次，应熟练掌握。

知识拓展

西餐宴会预订注意事项

① 在接受宾客询问前，预订员应掌握本酒店宴会厅的状况，并了解各种菜单、价格及服务水平等情况，做到心中有数。

② 与客户洽谈所有的宴请细节，尽量满足宾客的各种要求，填写宴会预订单。

③ 在宴会活动日记簿上按日期标明活动地点、时间、人数等事项，注上是否需确认的标记。

④ 一旦宴会活动得到确认，经过认可的菜单、饮料、场地布置示意图等细节资料，应以确认信的方式迅速送交顾客。

⑤ 收取订金。为了保证宴会预订的成功率，可以要求顾客预付一定数量的订金。

⑥ 建立宴会预订档案。将预订单分为“待确定”和“已确定”两类归档，按时间顺序排列。预订员要主动与宾客联络，并提前填写“宴会通知单”送往有关各部门。

⑦ 在宴请活动前两天，必须设法与顾客联系，进一步确定已谈妥的所有事项。任何与宴请有关的变动都应立即填写“宴请变更通知单”发送有关部门，变更通知单上需写明原来预订单的编号。

⑧ 宴会销售预订员有责任督促检查当日大型宴会活动的准备工作，发现问题随时纠正。

⑨ 如果客人取消预订，预订员应填写“取消预订报告”送至有关部门。

技能训练

餐前例会实训

实训内容	
1. 餐前会服务程序与标准 由餐厅经理或领班负责，总结前一天的工作，讲解当日工作任务 ① 检查服务人员的仪容、仪表及服务工具是否备好 ② 了解厨房当天菜点水果供应情况和当天特色菜肴的原料、口味及烹调方法 ③ 介绍客人情况以及重要客人的接待工作 ④ 向服务员说明客人的投诉及处理解决方法 ⑤ 总结前一天的工作，讲解当日工作要点 ⑥ 其他部门对本部门的意见及请求协作事项 2. 模拟情景：餐前会	
要点提示	注意餐前会信息传达要翔实、准确

餐前例会能力测试与考核

考核项目	操作要求	配分	得分
准备工作	完成各项准备工作，餐厅营业前 30 分钟举行餐前会 检查服务人员的仪容、仪表及服务工具是否备好	10 10	
检查仪表	服饰整洁 化淡妆 服务员姿态自然大方，动作轻快、稳重	10 10 10	
讲解当日工作要点	讲解厨房当天菜点水果供应情况和当天特色菜肴的原料、口味及烹调方法 介绍客人情况以及重要客人的接待工作 说明客人的投诉及处理解决方法 其他部门对本部门的意见及请求协作事项	10 20 10 10	
合　计		100	

思考与练习

1. 西餐宴会台型设计方法有哪些？
2. 试分析中西餐宴会上菜服务有何不同。
3. 宴会服务如何把握好上菜的节奏？
4. 案例分析：

西餐宴会预订

小张是某酒店预订部的秘书，她第一次接到一家客户的大型宴会预订电话时，在记录宴会日期、主办单位、联系人情况、参加人数、宴会的类别和价格等基本情况后，就急忙带上预订单和合同书要亲自去客户单位确认。同事老王阻止了她，并告诉她最好先请对方发个预订要求的传真过来，然后根据要求把宴会预订单、宴会厅的平面图和相关资料反馈给对方，并要求对方二次传真预订。小张按老王说的去做了，几天后，她接到客户的传真。果然，这一次对方对宴会预订的很多方面都有了变动，而且在价格上提出了意见。小张与之商谈后，客户最终签订了预订合同并交纳了订金。

思考：宴会预订的步骤有哪些？有多少种预订方式？这些预订方式各有什么优点？

单元四

餐饮服务质量管理

餐饮服务是餐饮部工作人员为就餐客人提供餐饮产品的一系列行为的总和。优质的餐饮服务是以一流的餐饮管理为基础的，而餐饮服务质量管理是餐饮管理体系的重要组成部分，它是搞好酒店餐饮管理的重要内容，对其控制和监督的目的是为宾客提供优质满意的服务，创造酒店良好的社会效益和经济效益。

知识目标

1. 掌握餐饮服务质量分析的主要方法。
2. 了解餐饮服务质量检查的方式。
3. 掌握餐前准备、餐中服务、开餐和就餐及餐后服务环节质量控制的主要内容。
4. 掌握餐饮服务质量检查的主要内容及标准。

技能目标

1. 能够使用餐饮服务质量管理分析方法对餐饮服务质量进行分析。
2. 学会餐前准备、餐中服务、开餐和就餐及餐后服务环节餐饮服务质量控制的方法并应用。
3. 能够制定餐饮服务质量检查表并对餐饮服务质量进行监督检查。
4. 学会对餐饮服务各环节的案例进行分析，并能够正确处理投诉。

任务一 餐饮服务质量分析与检查

餐饮服务是餐饮部员工为就餐客人提供餐饮产品的一系列行为的总和。服务态度、礼节礼貌、言行举止、安全卫生、菜肴质量、餐厅服务质量的稳定程度和产生的质量问题等构成了服务质量分析的内容。

任务导入

安德森夫妇是来广州旅游的瑞典游客，下榻在广州某酒店。一天，他们到酒店餐厅用餐。点菜时，客人根据服务员小李的解释、推荐和自己的口味习惯等点了“拔丝香蕉”、“煎牛排”、“贵妃鸡翅”等菜肴。上菜时，小李用熟练的英语为他们重新介绍了“拔丝香蕉”的菜名、制作方法和使用方法，引起了两位客人的极大兴趣，并对中国烹饪赞不绝口。菜上完后，小李发现两位客人对“煎牛排”不是太感兴趣，经过仔细观察，小李主动上前，微笑地问明客人原因，发现客人对这道菜的制作方法不是很满意。小李在征得客人同意后，及时撤下这道菜，并与西餐厅厨房联系，根据客人的要求，对这道菜进行了重新加工。菜肴加工完毕后，又及时地为客人端上餐桌。客人品尝后，连连竖起大拇指，夸奖道：“这里的服务是世界一流的！”

思考

要完成一次令顾客满意的服务，应注意服务过程中的哪些具体环节？为外宾提供餐饮服务时，应注意哪些事项？

任务描述

顾客是上帝，客人可以用手或脚来表达他的选择，用手的时候意味着掏钱给你，用脚的时候意味着一走了之，大家知道如何让顾客用手来选择你吗？首先你要了解餐饮服务质量的内涵、特点以及服务质量管理的含义和内容；熟悉现代餐饮服务质量的质量标准与质量管理原则，进而掌握餐饮质量管理过程常用的质量分析与检查方法。

任务分析

餐饮服务质量包括有形产品质量和无形产品质量两大部分。在有形餐饮产品高度同质化的今天，提高餐饮服务质量，即无形产品质量成为餐饮企业在激烈的市场竞争中获胜的一个重要法宝。监督检查是对餐饮产品服务质量的进一步保证，是服务质量控制的重要环节。酒店可以从监督检查的主体、方法、结果及分析几方面来形成一个完整的体系。为了强化服务质量管理的力度，检查人员应具有良好的职业道德和公正的人品，而且应具有很强的专业能力和一定的权威。检查的内容不仅要包括直接服务现场，还应包括间接的服务现场。间接部门应将直接服务部门看成是自己的“内部顾客”，工作上也应强调“零缺点”，才能保证整体服务水平的提高。

任务实现

服务质量就是指服务能满足服务需求的特性的总和，这里所说的服务包含餐厅为顾客所提供的有形产品和无形产品，而服务需求是指顾客的需求。餐厅顾客的需求既有物质方面的，也有精神方面的，具体反映在顾客对食品饮料的价格、质量、卫生和服务是否及时、周到、热情、礼貌等要求上。餐饮服务工作能否满足顾客的需求，在很大程度上取决于服务员的水平和能力的发挥，即是由服务工作质量所决定的。服务需求质量反映了顾客的要求，服务工作质量反映了为保证和提高需求质量而进行各方面工作的水平或能力。前者与后者的紧密结合构成了服务质量的完整概念。

1. 餐饮服务质量分析

1）餐饮服务质量分析的主要方法

质量分析是酒店质量控制与管理的基础工作。通过质量分析可以找出餐饮服务存在的主要质量问题和引起这些质量问题的原因，使管理人员有针对性地对质量问题采取有效的方法进行控制和管理。

（1）ABC 分析法

运用 ABC 分析法，可以找出餐饮服务中存在的主要质量问题。ABC 分析法以“关键的是少数，次要的是多数”这一原理为基本思想，通过对影响餐饮服务质量诸因素的分析，以质量问题的个数和质量问题发生的频率为两个相关的标志，进行定量分析。先计算出每个质量问题在总体质量问题中所占的比重，然后按照一定的标准把质量问题分成 A、B、C 三类，以便找出对服务质量影响较大的一至两个关键性的质量问题，并将其纳入酒店当前的 PDCA 循环中去，从而保证既能解决重点质量问题，又能照顾到一般质量问题。

① 收集服务质量问题信息。管理者可以通过宾客意见调查表、客人投诉记录和各岗位的检查记录等收集质量问题信息。

② 将收集到有关质量问题的信息进行分类、统计，制作服务质量问题统计表。对餐饮服务质量的分类一般有：服务态度、服务技巧、外语水平、菜肴质量等。然后统计出每类质量问题出现的次数，并计算出在质量问题总体中所占的百分比。例如，某餐厅对顾客投诉进行统计分类，得出以下数据（见表 4-1）。

表 4-1　服务质量问题统计表

质量问题	问题数量（频数）	频　　率	累计频率（%）
菜肴质量	130	65.0	65.0
服务态度	36	18.0	83.0
外语水平	20	10.0	93.0
等候时间长	8	4.0	97.0
其他	6	3.0	100.0
合计	200	100.0	100.0

③ 根据统计表绘制巴雷特曲线图，如图 4-1 所示。

巴雷特曲线图是有两条纵坐标轴的直角坐标图。横坐标轴上标明分类后的质量问题，从左到右按出现次数多少的顺序排列。左边的纵坐标轴为质量问题出现的次数，右边的纵坐标轴为质量问题出现的频率（%），以每类质量问题出现的次数为纵坐标，最后按累计频率进行分类。一般的划分标准为：

A 类是关键的问题，累计频率百分数范围在 0 ～ 70%左右。

B 类是一般性的问题，累计频率百分数范围在 70%～ 90%左右。

C 类是次要的问题，累计频率百分数范围在 90%～ 100%左右。

上述分类标准不是绝对的。ABC 类划分的范围可以根据实际情况进行一定幅度的升降。如图 4-1 中 A 类问题的累计频率百分数范围为 0 ～ 65%。

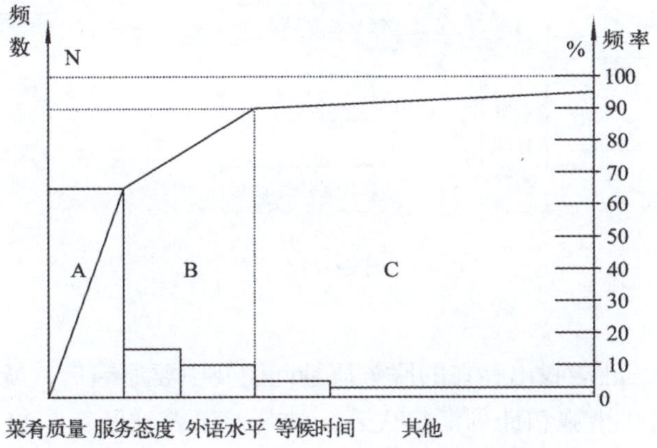

图 4-1 巴雷特曲线图

④ 分析并找出主要质量问题。根据巴雷特曲线图的划分可知，在餐饮服务质量问题中：

A 类问题是存在的主要质量问题，这类质量问题在总体中占 60% ～ 80% 左右。A 类问题的个数虽然很少，仅有一个问题，但这类质量问题却在餐饮服务质量问题总体中占了 65%，说明菜肴质量是关键的少数问题。如果这个质量问题得以解决，酒店的服务质量将有大幅度的提高。因此，管理人员对 A 类质量问题必须给予充分的重视，立即着手解决，并把这类质量问题作为当前质量控制与管理的对象。

B 类质量问题属于一般的质量问题。这类质量问题占问题总数的 15%～ 25%左右。这类质量问题尽管没有列入当前质量控制与管理的对象，但管理人员也应给予足够的重视，以防止其有上升的趋势。

C 类质量问题是次要的质量问题。虽然这类质量问题包括的个数很多，但只占问题总体的 5% ～ 15% 左右。这类质量问题往往带有较大的偶然性，管理人员不必为此花费太多精力。

（2）因果分析法

因果分析法又叫树枝图法，也是一种普遍有效的质量分析方法。用 ABC 分析法找出了餐饮服务中的主要质量问题，可是这些主要的质量问题是怎样产生的呢？对产生这些质量问题的原因必须作进一步的分析。影响餐饮服务质量的因素是多方面的，因果分析法就是将各种影响质量的因素的关系进行整理和分析，并且将原因与结果的关系用带箭头的线来表示。

① 确定要分析的质量问题，即通过 ABC 分析法找出 A 类质量问题。

② 发动员工共同分析，寻找 A 类质量问题产生的原因。各种原因找出以后，还需要作进一步的分析，即查明这些原因是怎样形成的。

③ 将找出的原因进行整理后，按结果与原因之间的关系画在图上，如图 4-2 所示。

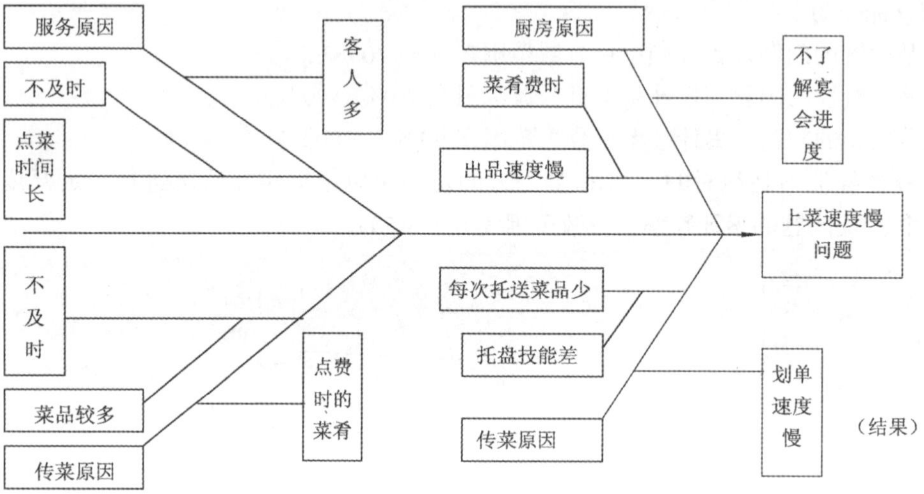

图 4-2　因果分析图

（3）对策表法

对策表即措施计划表。酒店找出存在的服务质量问题及主要原因后，就要制定对策，即制定改进措施和计划。将这些措施和计划汇集成表，就是对策表（见表 4-2）。对策表是改进服务质量的一种有效控制方法。

① 做出措施计划表。

② 用 ABC 分析法分析出酒店存在的主要质量问题。

③ 经因果分析图找出酒店主要质量问题存在的主要原因。

④ 针对主要原因制定对策，制定改进措施和计划，并汇集成表。

表 4-2　对策表（提高菜肴质量对策）

序号	问　题	现　状	对　策	负责人	进　度				
					5	10	15	20	25
1	原料不符合规范	菜肴外形不美观	制定采购规格标准 严格原料入库制度	×××					
2	无标准菜谱	菜肴份额不均	制定标准菜谱 增设厨房配菜员	×××					
3	技术水平低	菜肴花色单调	参加厨师等级培训考核 聘请特级厨师现场指导	×××					

（4）PDCA 循环法

运用 PDCA 循环来解决酒店的质量问题，可分成八个步骤进行，如图 4-3 所示。

① 计划阶段（Plan）。

步骤 1：对酒店服务质量或工作质量的现状进行分析，找出存在的质量问题。运用 ABC 分析法分析存在的质量问题，从中找出对服务质量影响最大的问题。

步骤 2：运用因果分析法分析产生质量问题的原因。

步骤 3：从分析出的原因中找出关键点。

步骤 4：提出要解决的质量问题，制定解决质量问题要达到的目标和计划，提出解决质量问题的具体措施和方法以及责任者。

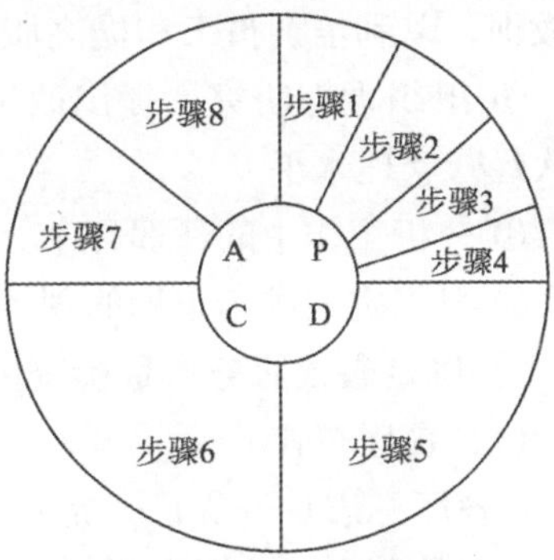

图 4-3 PDCA 循环的步骤

② 实施阶段（Do）。

步骤 5：按已定的目标、计划和措施执行。

③ 检查阶段（Check）。

步骤 6：在步骤 5 执行以后，再运用 ABC 分析法对酒店的质量情况进行分析，并将分析结果与步骤 1 所发现的质量问题进行对比，以检查在步骤 4 中提出的提高和改进质量的各种措施和方法的效果。同时，要检查在完成步骤 5 的过程中是否还存在其他问题。

④ 处理阶段（Act）。

步骤 7：对已解决的质量问题提出巩固措施，并使之标准化，以防止同一问题在下次循环中再次出现，即制定或修改服务操作标准或工作标准。对已完成步骤 5，但未取得成效的质量问题，也要总结经验教训，对于如何防止这类问题再发生提出相关的建议。

步骤 8：提出步骤 1 所发现而尚未解决的其他质量问题，并将这些问题转入下一个循环中去求得解决，从而与下一个循环的步骤 1 衔接起来。

2）餐饮服务质量分析的主要内容

（1）餐饮服务质量水平分析

以各种信息反馈的资料、检查和考核资料、日常统计数据为依据，正确分析本酒店餐饮服务质量的水平，本酒店与本市、本地区、国内餐饮服务水平相比较所处的位置，本酒店餐饮服务质量的绝对水平所处的档次，本酒店餐饮服务质量提高的潜力有多大，有何不足之处，等等。

（2）餐饮服务质量的稳定性分析

服务质量的稳定性包括餐饮服务各环节各工序协调的稳定，相互之间质量水平的稳定，服务水平在时间上的持续性（未发生明显波动）。

（3）餐饮服务质量的问题分析

主要分析几个“问题”：服务质量上出现的问题、产生问题的原因、用什么方法去解决问题，等等。

2. 餐饮服务质量监督检查

1）确立餐饮服务质量监督检查的任务

① 制定并负责执行各项管理制度和岗位规范，抓好礼貌待客、优质服务教育，实现服务质量标准化、规范化。

② 通过反馈系统了解服务质量情况，对宾客投诉及工作中的正反典型事例及时总结经验

和教训，以利培训员工和提高服务质量。

③ 组织调查研究，提出改进和提高服务质量的方案、措施和建议，促进餐饮服务质量和餐饮经营管理水平。

④ 分析工作中的薄弱环节，完善规章制度，整顿工作纪律，纠正不正之风。

⑤ 组织定期或不定期的现场检查，开展评比和组织优质服务竞赛活动。

2）确定餐饮服务质量检查内容和标准

（1）餐厅布置

- 餐厅标志是否醒目、完好、美观、干净？
- 门是否完好、干净？门上的各种金属物是否光亮、无锈迹？
- 门开关是否自如？玻璃是否干净、无破损？
- 窗子是否完好、干净？油漆有无脱落？
- 窗帘是否完好、干净、挂放端正？
- 窗帘挂钩是否完好、干净、使用正常？
- 墙纸是否干净，无破损、无剥落？
- 天花板是否干净、完好？
- 地毯是否完好、无污迹、平整？
- 各种灯具是否安装稳固、安全、端正？
- 各种灯具放置位置是否合理？
- 各种灯具是否完好无损、清洁无尘？
- 各种灯具的明线是否放置在安全的位置？
- 各种装饰品，如字画、图片、工艺品等是否挂放的位置合理、端正整齐，完好干净并给人以新颖的印象？
- 各种装饰品选择的是否合理？
- 餐厅的色调是否协调？
- 餐厅的设备风格是否统一？
- 各种盆景、花木是否新鲜，有无枯枝败叶？
- 盆养花木是否干净？花盆是否完好？盆中土壤有无异味和虫子？
- 各种花木是否定期修剪或更换？
- 餐厅内水池、鱼缸是否美观、完好、干净？水是否干净？
- 空调是否完好、是否保证规定的温度和干湿度？
- 空调滤网是否清洁？
- 空调噪音是否大？
- 背景音乐音量是否适宜？
- 播放的音乐是否适宜？
- 餐厅内所有家具、用具、餐具是否有统一规格？
- 餐厅内桌椅是否完好、干净？
- 餐厅内桌椅放置是否安全、稳固？
- 餐厅内桌椅摆放是否美观？

- 台布大小是否合适？台布铺设是否正确？
- 台布是否干净、无破损、烫平整？
- 台布色调是否与餐厅色调和谐？
- 摆台时是否放置口布？口布是否干净、完好、烫平整？
- 工作台（柜）是否干净完好？
- 工作台（柜）放置位置是否合理？
- 餐厅内外各种张贴物是否干净、完好、端正、美观？
- 桌面上是否摆放鲜花？花瓶、鲜花规格式样与台面是否协调？
- 桌面上是否放置桌号牌？桌号牌是否完好干净？
- 各种调料装放是否合适？
- 桌面有无烟缸和火柴？烟缸、火柴是否完好、干净？
- 菜牌和酒水牌是否达到平均每两个餐位有一份？
- 菜牌和酒水牌是否具有宣传性，能让客人了解餐厅特色和主要风味？
- 工作台面放置的用品是否干净完好？
- 屏风是否完好、干净？

（2）洗手间

- 洗手间的各种设备是否完好、清洁？
- 洗手间内的香皂（皂液）、卫生纸是否齐全、干净？
- 这些用品是否保证正常更换？
- 洗手间排风是否良好？烘手器是否完好、干净、使用正常？
- 烘手器是否噪音过大？
- 洗手间地面、四壁、天花板是否完好清洁？
- 洗手间内温度是否适宜？
- 洗手间有无异味？
- 洗手间纸篓、便池、洗手盆是否完好、干净？
- 洗手间镜子是否完好、明亮？
- 洗手间给排水系统是否完好，有无堵塞和滴漏？
- 洗手间各种灯具是否完好、干净、使用安全？
- 厕位的护板是否干净、完好？
- 厕位的插销是否干净、完好？
- 恭桶是否完好、干净？
- 卫生纸托架是否完好、干净？
- 卫生纸托架是否使用正常？是否有卫生纸？
- 男女间指示牌是否明确、醒目、干净、完好、摆放端正？
- 洗手台面是否完好、干净？

（3）餐厅服务员

- 服务员是否按酒店规定着装？
- 是否挂胸章？

- 胸章是否完好、干净、正规?
- 领班与服务员的服装有无区别?
- 工作服是否清洁、完好、挺括?
- 衬衣、领带，领花、鞋袜、外套是否统一、适体?
- 围裙是否干净平整?穿着是否统一?
- 工作服的颜色、式样与餐厅色调、格调是否协调?
- 男服务员有无留长指甲、蓄胡须?女服务员有无留长指甲、染指甲?
- 男服务员的发型是否得体?头发是否干净?是否梳整齐?
- 女服务员上岗时是否佩带耳环、手镯、项链等饰物?
- 服务员化妆是否得体?
- 服务员有无使用气味过浓的香水?
- 是否做到说话轻、动作轻、走路轻?
- 是否实行站立服务?站立姿势是否符合标准规定?
- 是否使用敬语服务?
- 是否微笑服务、亲切待客?
- 是否做到不抓头、搔痒、挖鼻子、修指甲、吸烟?
- 有无工作时精力不集中、扎堆聊天的情况?
- 是否有议论、嘲笑客人和模仿客人的动作?
- 有无暗示客人付小费?
- 有无在工作时间打私人电话?
- 有无在工作时间吃东西、靠墙休息、坐客椅?
- 行走时是否做到主动避让客人 ?
- 工作时发生不慎，是否能冷静处理 ?

(4) 开餐服务

- 中餐、西餐摆台是否正确?是否符合标准?
- 每样餐具是否干净、无破损、无指印、无水痕?
- 是否准备好足够的备用餐具和各种用品?
- 服务员是否了解餐厅供应的各种菜肴、酒水、饮料的名称、特点和价格?
- 客人到达前，是否做到仔细检查开餐前的各种准备工作?
- 带位员是否站立在餐厅门口，向客人表示“欢迎光临”?
- 带位员是否将客人引到预定或适当的位置?
- 服务员是否向客人问候并拉椅让座?
- 拉椅让座的次序是否正确?
- 是否及时递上香巾?是否符合操作标准?
- 是否适时地帮助客人铺口布，并放到合适的位置上?是否符合操作标准?
- 根据客人就餐人数是否及时添加或撤走桌上用具用品?
- 是否及时询问客人用何种饮料，并替客人斟倒饮料?操作是否符合规定标准?
- 是否及时递上菜牌和酒水牌，请客人过目?

- 菜牌是否能使客人迅速了解餐厅的特点及风味菜？
- 接受客人点菜时，服务员站立位置和姿势是否恰当？
- 有无伏在餐桌上写菜单的情况？
- 对不熟悉本餐厅风味的客人，服务员是否推荐点菜？
- 客人点完菜后，是否重复一遍？
- 是否为客人及时上第一道热菜？
- 上菜的速度是否适当？
- 凉菜和热菜的温度是否符合规定？
- 每道菜的式样是否美观？
- 每道菜的质量和数量是否符合标准？
- 上菜（汤）是否按操作标准进行；动作是否熟练、准确？
- 菜盘和汤盆摆放是否正确、美观？
- 是否向客人介绍每一道菜肴和食品的名称？
- 是否准确回答客人对菜肴和食品的询问？
- 是否适时征求客人对菜肴的意见？
- 是否适时更换骨碟？
- 是否经常观察客人的活动，随时主动上前服务？
- 服务员有无对客人举手看不见或不注意的情况？
- 是否适时更换烟灰缸？
- 更换烟灰缸时，动作是否符合规范？
- 当客人吃完一道菜，是否及时撤下剩盘子？
- 撤下盘子时是否征求客人意见？
- 撤下盘子后是否当着客人面刮盘中剩物？
- 客人用餐时不慎将饮料和食品洒在餐桌上，服务员是否立即清理餐桌，用一张干净的餐巾将弄脏处盖住？
- 对客人投诉，是否认真听取，并诚恳赞同客人的合理意见？
- 对客人投诉，如条件许可，是否立即采取措施纠正工作中的偏差？
- 上水果和甜食前是否为每位客人摆上必要的用具？
- 客人用餐完毕，是否及时递上香巾？
- 是否及时通知收款员准备账单？
- 账单交给客人时，是否使用托盘？
- 是否将账单放在付账客人的左前方，账单面朝下？
- 服务员收款后是否向客人致谢？
- 客人就餐完毕，是否为客人拉椅送客并致谢？
- 客人离开餐厅，服务员是否在规定时间清理好餐桌，做好迎接新客人准备？

（5）辅助服务部分

① 对厨房的检查。

- 每个厨师是否按酒店规定着装？
- 配菜秤是否准确？

- 切片机、拌料机是否运转正常？
- 灶头及厨房照明设备是否完好？
- 厨房各类工作台及烹调工具是否齐全、完好？
- 加热炉上方的吸烟滤罩是否定期清扫？
- 厨房里是否配备灭火器？
- 电源插座是否完好安全？
- 厨房的地面、墙面是否干净？
- 厨房里的器具和其他用品是否干净而且完好？
- 不锈钢器械的保养和卫生是否符合要求？
- 煎炸机的内部和外沿有无油垢；煎炸机中的油是否干净、是否每天过滤两次？
- 大锅的卫生是否符合规定？
- 滤网架和滤器是否干净？
- 工作台是否干净，台面的格架放得是否整齐？
- 通风罩是否干净？
- 储食器内外是否干净（包括器内冰淇淋和其他食品）？
- 食用冰是否符合食用卫生标准？
- 微波灶的内部和外部是否干净？
- 烹饪器具是否符合标准（如锅、炉子等）？
- 切片机、搅拌机是否卫生？
- 放刀抽屉是否整洁？
- 重量秤是否准确、干净？
- 土豆刮皮是否干净？
- 洗菜池是否干净，是否每天冲洗去腻？
- 洗菜篮子是否干净？
- 冷菜摆样是否美观，是否符合食用卫生标准？
- 野味销售是否有专门的规定，内容是否全面？
- 洗碗机、进碗台、出碗台是否卫生？
- 碗橱柜、玻璃器皿柜是否干净？
- 洗碗间地面、墙面、瓷砖是否清洁？
- 洗碗机漏水孔是否干净、无堵塞？
- 垃圾桶内是否放了垃圾袋、垃圾箱是否干净（外表），气味是否浓烈？
- 装备用器具的托盘是否干净？
- 备用器皿及备用小工具是否干净并摆放整齐？
- 洗杯机是否整洁卫生？
- 洗碗设备是否完好？

② 仓库检查。

- 仓库地面是否定期打扫？
- 磅秤是否干净，仓库内鼠类及蟑螂是否绝迹？
- 所有仓库是否有锁？

- 仓库的照明设备是否完好？
- 冷库是否指示在规定的温度上（-18℃或低于此度数）？
- 冷库的覆霜是否太厚，是否注意了化霜的时间？
- 冷库地面、墙面、货架、门是否干净、卫生？
- 冷库货物堆码是否合理，是否有利于清仓盘点工作？
- 检查入库的时间是否合适，货物的入库时间与复核时间是否相符？
- 冷库温度计是否指示在规定的温度上？
- 冷库入口门、货架、地面、墙面是否干净，气味是否正常？
- 冷库的货物堆码是否正确，使用的器皿是否干净（如桶、盘等）？
- 冷库中不同的货物是否按不同的类别堆放了（如奶制品类、肉类等）？
- 速冻柜的外表、内部（壁、板、门）是否清洁，货物摆放是否正确？
- 冰箱中货物摆放是否正确，使用的器皿是否干净？

相关知识

1. 餐饮服务质量的内容

餐饮服务质量包含两方面的内容，即餐厅的设施条件和服务水平。根据宾客需要配齐和增添新的设备，改善就餐条件，美化就餐环境和就餐气氛是提供餐饮服务和提高餐饮服务质量的物质基础。而服务水平则是检验服务质量的重要内容。餐饮服务水平主要包括：礼节礼貌，服务态度，清洁卫生，服务技能技巧，服务效率等。

1）礼节礼貌

礼节礼貌在整个服务工作中是很重要的。礼貌是人与人之间在接触交往中，相互表示敬重和友好的行为规范，它体现了时代的风格与道德品质。礼节是人们在日常生活和交际场合中，相互问候、致意、祝愿、慰问以及给予必要的协助与照料的惯用形式。礼节是礼貌的具体表现。餐厅中的礼节礼貌则是通过服务人员的语言、行动或仪式来表示对宾客的尊重、欢迎、感谢和表达谦逊、和气、尊敬的态度和意愿。一个优秀的餐厅服务员要注重仪容仪表、服装发型，使用敬语，讲究形体动作、举止合乎规范。要时时、事事、处处表现出彬彬有礼，和蔼可亲，友谊好客的态度，给宾客一种宾至如归之感。对顾客的礼节礼貌主要表现在语言和行为上。语言，特别是服务用语，标志着一个餐饮企业的服务水平。掌握服务用语是提供优质服务（特别是提供感情服务）不可缺少的媒介。服务动作快速敏捷、准确无误、训练有素也是对顾客的敬重和有礼貌的具体体现。餐饮服务员要将对客人的礼貌服务贯穿在服务过程的始终。

（1）仪表仪容规范

仪表仪容是一种无声的语言。仪表即人的外表，由服饰、姿态组成，是个人精神面貌的外观体现。仪容主要是指人的容颜容貌，是员工本身素质的体现。良好的仪表仪容可以给宾客留下美好的印象，它是一种先入为主的潜意识印象，非常重要，也是人际关系沟通的第一步。

餐厅员工应举止端庄文雅、行为得体、精神奕奕、充满活力，员工仪表仪容的总体要求是：

容貌端正，举止大方；端庄稳重，不卑不亢；

态度和蔼，待人诚恳；服饰庄重，整洁挺括；

打扮得体，淡妆素抹；训练有素，言行恰当。

具体而言，仪容主要涉及发型要求（见图 4-4）、面部要求、手部要求；仪表主要涉及制服要求、袜子要求、鞋子要求、个人卫生要求等内容（见图 4-5）。仪表仪容的规范要求如表 4-3 所示。

图 4-4　发型要求

图 4-5　仪表仪容要求

表 4-3　仪表仪容的规范要求

部　位	男　员　工	女　员　工
整　体	自然大方得体，符合工作需要及安全规则，精神饱满，充满活力，整齐整洁	
头发状况	勤洗发，理发；梳理整齐，无头皮屑、无杂物，不染发、不烫发、不留怪异发型	
发　型	前不遮眼，侧不扣耳，后不过领	前面留海不过眉毛，后不过肩，不留披肩发
发　饰	发饰颜色为黑色或与头发本色近似	
面　容	脸颈及耳朵绝对干净，不留胡须，鼻毛不准出鼻孔，口齿无异味	脸颈及耳朵绝对干净，上岗之前化淡妆（淡雅自然），不浓妆艳抹，口齿无异味
身　体	上班前不吃异味食品，不喝含酒精的饮料。勤洗澡、无体味	
装饰物	不能佩戴首饰（项链、耳环、手镯及夸张的头饰），只允许佩戴手表、婚戒	
着　装	着统一的岗位工作服，佩戴相应的领带、领结、领花或者丝带，工作服要干净、平整、无垢尘、无脱线、纽扣齐全扣好，不可衣冠不整，工号牌要佩戴在左胸前，不得歪斜；不要将衣袖、裤子卷起；衣袋里不能装任何物品，特别是上衣口袋、领子、袖口要干净。内衣不能外露（图 4-6 为中餐厅服务员服装示例）	
手　部	指甲要修好，不留长指甲，保持干净、勤洗手	不能涂有色指甲油、不留长指甲、保持干净、勤洗手
鞋　袜	着黑色皮鞋，表面锃亮、无灰尘、无破损、着黑色袜子	着黑色皮鞋或布鞋，表面干净，着肉色连裤袜，不挂边、不破损、不滑丝
整理场所	需整理仪表时，要到卫生间或工作间等客人看不到的地方，不要当客人的面或在公共场所整理	

图 4-6　中餐厅服务员服装

（2）仪态规范

仪态就是人的身体姿态，又称体态，指人们在交际活动中的举止表现出来的姿态和风度，包括表情和体姿两个方面的内容。

① 表情。表情是指人的面部情态，即通过面部眉、眼、嘴、鼻的动作和脸色的变化表达出来的内心思想感情。表情是人的面部动态所流露的情感，在给人的印象中，表情非常重要。在为客人服务时，要注意以下几点：

- 要面带微笑，和颜悦色，给人以亲切感；不能面孔冷漠，表情呆板，给客人以不受欢迎感。
- 要聚精会神，注意倾听，给人以受尊重之感；不要无精打采或漫不经心，给客人以不受尊重感。
- 要坦诚待客，不卑不亢，给人以真诚感；不要诚惶诚恐，唯唯诺诺，给人以虚伪感和不信任感。
- 要沉着稳重，给人以镇定感；不要手忙脚乱，给客人以毛躁感。
- 要神色坦然，轻松、自信，给人以宽慰感；不要双眉紧锁，满面愁云，给客人以负重感。
- 不要带有厌烦、僵硬、愤怒的表情，也不要扭捏作态，做鬼脸、吐舌、眨眼，给客人以不受敬重感。

② 体姿。体姿主要是指人的身体表现出来的姿势，包括站姿、坐姿、行姿、手势等。

- 站姿（立姿）。站姿的种类及规范要求如表 4-4 所示。
- 走姿。走姿的规范要求如表 4-5 所示，各种走姿如图 4-7 所示。

表 4-4　站姿的种类及规范要求

内　容	操　　作　　规　　范	基本要求
侧立式	① 头抬起，正视前方，下颚微内收，颈部挺直，双肩放松，呼吸自然，腰部直立 ② 脚掌分开呈“V”字形，脚跟靠拢，两膝并严，双手放在腿部两侧，手指稍弯曲，呈半握拳状	站立要端正，自然，亲切，稳重，即要做到“立如松”。挺胸收腹，眼睛平视，下颌微收，嘴唇微闭，面带笑容，躯干挺直，直立站好，身体重心应在两腿中间，做到挺胸、收腹、立腰、提臀，动作要平和自
前腹式	① 同“侧立式”站姿操作标准第 1 条 ② 脚掌分开呈“V”字形，脚跟靠拢，两膝并严，双手相交放在小腹部	
后背式	① 同“侧立式”站姿操作标准第 1 条 ② 两腿稍分开，两腿平等，比肩宽略窄些，双手在背后轻握放在后腰处	
丁字式	① 同“侧立式”站姿操作标准第一条 ② 一脚在前，将脚尖外略展开，形成腹前相交，身体重心在两脚上，此种姿势只限女员工使用	

续表

内　容	操　作　规　范	基本要求
自行调节	站立的时间较长，感觉很累时，可自行调整站姿，可以将两腿微微分开，将身体重心移向左脚或右脚，但要注意不可身体弯曲，随意扭动身体，或一条腿着地，而另一条腿悬空。也不可倚墙而立。双手不叉腰、不插袋、不抱胸	然。双肩放松，保持随时向客人提供服务的状态

表 4-5　走姿的规范要求

内　容	操　作　标　准	注　意　事　项
一般走姿	① 在行走时，必须保持明确的行进方向，尽可能地使自己犹如在直线上行走，不要突然转向，更忌突然大转身 ② 步幅适中。行进时迈出的步幅与本人一只脚步的长度相近。即男子每步约 40 厘米，女子每步约 36 厘米 ③ 速度均匀，不突然加速或减速 ④ 重心放准。行进时身体向前微倾，重心落在前脚掌上 ⑤ 身体协调。行进时要以脚跟首先着地，膝盖在脚步落地时伸直，腰部成为重心移动的轴线，双臂在身体两侧一前一后地自然摆动 ⑥ 体态优美。做到昂首挺胸，步伐轻松而矫健，收腹，直起腰背，伸直腿部	① 走路时最忌讳内八字和外八字，其次是弯腰弓背，摇晃头脑，大摇大摆，左顾右看，脚蹭地面 ② 男员工行走，双脚跟走两条线。两脚尖稍外展，通常速度较快，脚步稍大，步伐奔放有力，充分展示男性的阳刚之美。女员工行走，两脚交替走在一条直线上，脚尖正对前方，称“一字步” ③ 女员工穿旗袍和中跟鞋时，步幅宜小些，以免因旗袍开衩较大，露出大腿，显得不雅；穿长裙行走要平稳，因裙子的下摆较大，更显得女子修长，飘逸；穿着短裙时，步幅不宜太大，步频可稍快些，以保持轻盈，活泼，灵巧，敏捷
陪同客人的走姿	① 同“一般走姿” ② 引客人时，位于客人侧前方 2 ～ 3 步，按客人的速度行进，不时用手势指引方向，招呼客人	
与员工同行	① 同“一般走姿” ② 不可并肩同行，不可嬉戏打闹，不可闲聊	
与客人反向行	① 同“一般走姿” ② 接近客人时，应放慢速度；与客人交会时，应暂停行进；空间小的地方，要侧身，让客人通过后再前进	
与客人同行	① 同“一般走姿” ② 尽量不超过客人；如果必须超过，要先道歉后超越，再道谢	

服务员每日上班前要检查和注意自己的仪容仪态。但应注意不要在餐厅有客人的地方照镜子、化妆和梳理头发，整理仪容仪表要到指定的工作间。

2）服务态度

希尔顿酒店联号的创始人希尔顿先生的治业三训“勤奋、自信、微笑”中，对服务态度是十分重视的。而驰名世界的麦克唐纳快餐联号的总裁克拉克先生，把“微笑、热情、干净”看作是“达到企业旺盛的诀窍”。这些成功者的经验应该给我们以深刻的启迪。

图 4-7　走姿示意图

整个餐饮销售过程，从迎宾到就餐，直到送走宾客，自始至终一直伴随着服务员的服务性劳动。作为服务员不仅要承担出售食品的技术性劳动，还要把服务性劳动作为本身主要的职责。服务员为顾客服务的过程，首先是从接待开始的。通常顾客对服务员的印象先来自服务员的外表，再来自服务员的语言、手势、举止等。服务员要用良好的服务态度去取得顾客的信任与好感，从双方开始接触就建立起友善的关系。因此，良好的服务态度是进一步作好服务工作的基础，是贯彻“宾客第一”和员工有无“服务意识”的具体表现。在餐饮服务中所有员工要特别注重处处体现出“服务意识”，使之形成一种思想，并融入职业习惯，作为工作中的指南。同时，还要遵循顾客的心理规律，采取相应的服务措施，从而保证服务质量的不断提高。

在餐厅工作中，要体现良好的服务态度应做到以下几点：

① 微笑，问好，最好能重复宾客的名字。

② 主动接近宾客，但要保持适当距离。

③ 含蓄、冷静，在任何情况下都不急躁。

④ 遇到宾客投诉时，让他发泄。最好是请其填写宾客意见书。如果事实证明是我们错了，应立即向宾客道歉并改正。

⑤ 遇有宾客提出无理要求时，只需向宾客解释明白，不要要求宾客认错，坚持体现“宾客总是对的”。

⑥ 了解各国各阶层人士的不同心理特征，提供针对性服务。

⑦ 在时间上、方式上处处方便宾客，并在细节上下功夫，让宾客感到服务周到。

3）清洁卫生

餐饮部门的清洁卫生工作要求高，是体现服务质量的重要内容。包括餐厅的环境卫生、餐具卫生、服务人员的个人卫生等。做好清洁卫生工作首先要制定严格的清洁卫生标准，如餐厅及整个就餐环境的卫生标准、各工作岗位的卫生标准、餐饮工作人员个人卫生标准等。其次，要制定明确的清洁卫生规程和检查保证制度。清洁卫生规程要具体地规定设施、用品、服务人员、膳食饮料等在整个生产、服务操作程序中各个环节上为达到清洁卫生标准而在方法、时间上的具体要求。在执行清洁卫生制度方面要做到清洁卫生工作制度化、标准化、经常化。

4）服务技能技巧与服务效率

服务员的服务技能和服务技巧是服务水平的基本保证和重要标志。娴熟的服务技能，恰到好处的服务技巧，能使服务变得赏心悦目，提升了服务劳动的价值和品味。每一位员工都要注重业务培训，掌握过硬的服务技能，不断提高服务质量。

服务效率是服务工作的时间概念，是提供某种服务的时限。它不但反映了服务水平，而且反映了管理的水平和服务员的素质。它是服务技能的体现与必然结果。

消费心理表明，就餐顾客对等候是最反感的。等候会抵消餐饮部门在其他服务方面所做出的努力。为此，在服务中一定要讲究效率，尽量缩短就餐宾客的等候时间。缩短候餐时间是客我两便的事情，顾客高兴而来，满意而去，餐厅的餐位利用率提高，营业收入增加。餐饮部门有必要对菜食烹制时间、翻台作业时间、顾客候餐时间做出明确的要求和规定，并将其纳入服务规程之中。在服务人员达到一定的时限标准后，再制定新的、先进合理的时限要求来确定效率标准。餐厅应该把尽量减少甚至消灭等候现象作为提高服务质量的一个目标来实现。

5）餐厅的设施条件

餐厅的设备设施须齐全、先进、方便、舒适，能够满足客人物质享受和精神享受的需要，这是提高餐饮服务质量的物质基础和硬件要求，也是其基础条件。

① 容量。酒店须配有各种类型的餐厅，提供各种风味服务，以满足客人多类型、多层次

的消费需求。为满足宾客的消费需求，餐厅总座位数最低不少于客房数 ×2×80%，若餐饮经营状况好，流动客人多，则可减少一定的餐位数，同时要求餐厅空间宽敞，色调柔和，家具舒适，功能齐全。另外，餐厅温度分布要均匀，空气要清新。

② 餐饮环境布局。设备配置要齐全、舒适、安全、方便，各种设备的摆放地点和通道尺度要适当，运用对称和自由、分散和集中、高低错落、对比和映衬以及借景、延伸、渗透等装饰布置手法，形成美好的空间构图形象，如图 4-8 所示。同时，要做好环境美化，主要包括装饰布局的色彩选择和运用，如窗帘、天花板、墙壁的装饰，盆栽、盆景的选择和运用。

图 4-8　餐厅环境

③ 照明。光线柔和，分布均匀，如图 4-9 所示。照明装置和控制器要符合国家质量要求，灯光亮度要能适应工作需要，适合客人阅读菜单。高档餐厅灯光照明度应可以调节。而对于较大的中餐厅或是宴会厅，在照明手法处理上可采用多种照明回路结合。装饰性花灯、重点照明餐桌的卤素射灯、氛围光补充的灯槽、墙面装饰的壁灯都可以分开处理，通过不同回路的自由组合实现不同的灯光场景，以适应客流量、日光的变化需要。

图 4-9　餐厅照明

④ 音响。音量要适中，曲目要合适。餐厅内噪音不应超过 50 分贝，最好控制在 45 分贝以内。

⑤ 家具。家具的选用应考虑客人舒适、服务方便、空间合理。餐厅家具摆放要合理，便于客人进餐行走和服务员操作服务。家具选择和室内装饰要协调，桌椅必须牢固、光滑，式样、高度和色彩、质地必须协调一致，桌椅配套，同时应备有儿童座椅。

⑥ 餐具、用品。各种餐具要配套齐全，种类、规格、型号须统一，质地优良，与餐厅营业性质、等级规格和接待对象相适应，新配餐具和原配餐具规格、型号一致，无拼凑现象。餐巾、台布、

香巾、口纸、牙签、开瓶器、打火机、火柴等各种服务用品配备齐全，酒精、固体燃料、鲜花、调味用品要能适应营业需要。筷子要清洁卫生，不能掉漆、变形，不能有明显磨损的痕迹。

2. 餐饮服务质量的特点

服务是无形的，无法像有形产品那样制定出一系列数量化的标准。但可以根据顾客对酒店服务的共同的、普遍的要求对服务质量的特点进行分析，进而有针对性地采取相应措施，加强管理，实现优质服务。一般认为，服务质量有下述几个显著特性。

1）综合性

餐饮服务是一个精细复杂的过程，环节众多。而服务质量是餐饮管理水平的综合反映，它的实现有赖于餐饮计划、餐饮业务控制、物资设备、餐饮服务人员的素质、财务等多方面的保证。如果一个环节出现问题，都会导致服务链条的断裂，影响餐饮服务的总体水平。

2）短暂性

餐饮产品现生产、现销售，生产与消费几乎同时进行。时间限制对餐饮管理及餐饮工作人员的素质是一个考验。能否在短暂的时间内很好地完成一系列工作任务，也是对服务质量的一种检验。

3）协调性

从饮食产品生产的后台服务到为宾客提供餐饮产品的前台服务有众多环节，而每个环节的好坏都关系到服务质量的优劣。这众多的工序与人员只有通力合作、协调配合，发挥集体的才智与力量，才能够保证实现优质服务。

4）一致性

这里说的一致性是指餐饮服务与餐饮产品的一致性。质量标准是通过制定服务规程这个形式来表现的，因此服务标准和服务质量是一致的。即产品质量、规格标准、产品价格与服务态度均保持一致。

5）主观性

尽管餐饮部自身的服务质量水平基本上是一个客观的存在，但由于餐饮服务质量的评价是由顾客享受了服务之后，根据其物质和心理满足程度做出的，因而带有很强的个人主观性。顾客的满足程度越高，其对服务质量的评价也就越高，反之亦然。餐厅管理者没有理由要求顾客必须对餐饮服务质量做出与客观实际相一致的评价，实际上是无法办到的，更不应指责顾客对餐饮服务质量的评价存在偏见，尽管有时的确是一种偏见。相反，这就要求餐厅管理者在服务过程中通过细心观察，了解并掌握顾客的物质和心理需要，不断改善对客服务，为顾客提供有针对性的个性化服务，用符合顾客需要的服务来提高顾客的满意程度，从而提高并保持良好的餐饮服务质量。

3. 服务质量检查的方式

酒店对各项服务制定了明确的标准和规范，但这些标准和规范是否得到执行，是否奏效呢？这就要求餐饮部的管理人员必须深入现场，加强督促检查。一般来说，检查的方式主要有以下几种。

1）员工的自我检查

酒店要注意培养员工在工作中的主动意识，养成自我检查的习惯。这对于一线服务人员尤为重要，因为在面对面的服务过程中一旦出现失误，就会对顾客产生直接负面影响，事后弥补往往需要花费很多精力，而且有时无法弥补，使酒店蒙受损失。

2）各级管理者的日常检查

酒店是一个公共场所，人员进出频繁，意外事件随时可能发生，所以各部门、各班组的管理人员在日常工作中也要随时检查运行情况，尽可能早地发现潜在的事故。

3）顾客的最终检查

酒店建立监督检查机制的目的就是为了使顾客满意，而服务质量的好坏，最终还是由顾客来评判。除非很不满意，顾客一般不会主动告诉酒店他对酒店服务质量的看法，而顾客反馈是酒店服务质量改进的重要依据，所以酒店应通过顾客意见表、拜访、邀请、暗访等方法主动征求顾客意见，真实地了解酒店对客服务质量的意见。

知识拓展

PDCA 循环的关键问题

① PDCA 循环法必须按顺序进行，四个阶段的八个步骤既不能缺少，也不能颠倒。

四个阶段的八个步骤就像个车轮一样，一边循环，一边前进，如图 4-10 所示。这个车轮必须依靠酒店组织的力量和全体员工的努力推动，才能顺利地转动前进。

② PDCA 循环法必须在酒店各个部门、各个层次同时进行。

酒店是个大的 PDCA 环，各个部门又有各自的 PDCA 环，各班组直至个人都应有 PDCA 环，如图 4-11 所示。只有每个环都按顺序转动前进，互相促进，才能产生作用。例如，餐饮部根据酒店质量计划（即酒店的 PDCA 循环的 P 阶段）制定餐饮部的质量计划。这样外层的 PDCA 循环是内层 PDCA 循环的依据，内层的 PDCA 循环又是外层 PDCA 循环的具体化。通过酒店、部门、班组 PDCA 循环把整个酒店的质量管理有机地结合起来，使各部门、各层次彼此相互推动，相互促进。

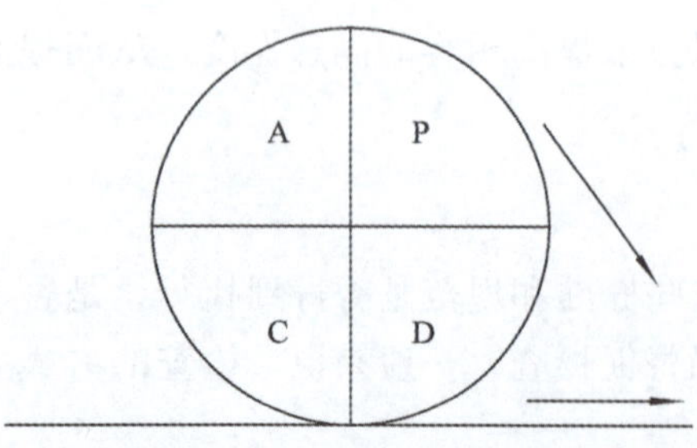

图 4-10　车轮式的 PDCA 循环

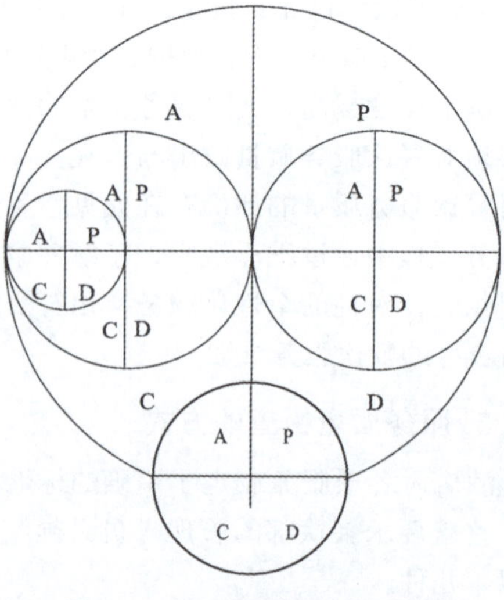

图 4-11　PDCA 循环在各部门同时进行

③ PDCA 循环不是简单的原地循环。

PDCA 每循环一次都要有新的、更高的目标，犹如爬楼梯一样，如图 4-12 所示。每循环一次必须既向前推进了一步，又向上升高了一层。这意味着每经过一次循环后，酒店的服务质量就有了新的提高。

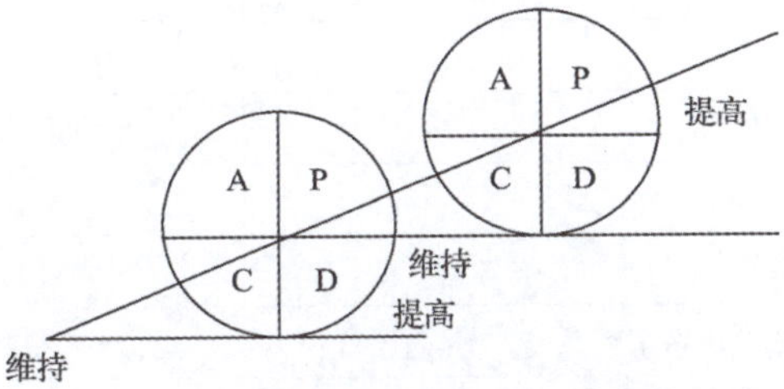

图 4-12 PDCA 循环不是简单的原地循环

技能训练

制定餐饮服务质量检查表并依据检查表进行现场检查

<table>
<tr><th colspan="2">实 训 内 容</th></tr>
<tr><td colspan="2">训练目的：了解餐厅服务的标准
训练程序：
① 根据餐饮服务质量的内容中对服务员礼节礼貌、仪表仪容、服务态度、清洁卫生、服务技能和服务效率等方面的要求，将质量检查归纳为：就餐环境、服务规格、仪表仪容、工作纪律等四个大项。依据这些内容可以制定详细的检查表并据此进行检查
② 列出就餐环境、服务规格、仪表仪容、工作纪律中每个项目的检查细则。这个餐厅服务检查表在使用时，可视酒店本身的等级和本餐厅的具体情况增加或减少检查细则项目
③ 将四大类检查项目分为四个检查表分别使用。在“等级”栏目中，也可将“优、良、中、差”分别改为得分标准，如将“优”改为得 4 分，“良”得 3 分，“中”为 2 分，“差”为 1 分。分别制作出就餐环境检查表（见表 4-6）、餐厅服务规格检查表（见表 4-7）、员工仪表仪容检查表（见表 4-8）、工作纪律检查表（见表 4-9）
④ 最后可按优、良、中、差各个等级的得分率来进行比较；或将四大项若干个细则得分总计进行服务质量好坏的比较</td></tr>
<tr><td>训练提示</td><td>餐饮服务质量的监督检查是餐饮管理的重要内容之一。在餐饮服务质量系统中，部门和班组是执行系统的支柱，以岗位责任制和各项操作规范为保证，以提供优质服务为主要内容。从上到下逐步形成工作指令系统，从下到上形成信息反馈系统。将部门所制定的具体质量指标分解到班组和个人，由质量管理办公室或部门质量管理员协助部门经理负责对餐厅服务质量实施监督检查。这种服务质量检查表既可作为餐厅常规管理的细则，又可以将其量化，作为餐厅与餐厅之间、班组与班组之间、个人与个人之间竞赛评比的标准或对餐厅服务员考核的依据</td></tr>
<tr><td>思 考</td><td>你觉得餐饮服务质量检查还应考虑哪些因素？________________________
____</td></tr>
</table>

表 4-6 就餐环境检查表

________餐厅

序号	检 查 细 则	等 级			
		优	良	中	差
1	玻璃门窗及镜面是否清洁、无灰尘、无裂痕？				
2	窗框、工作台、桌椅是否无灰尘和污渍？				
3	地板有无碎屑及污痕？				

续表

序号	检　查　细　则	等　级			
		优	良	中	差
4	墙面有无污痕或破损处？				
5	盆景花卉有无枯萎、带灰尘现象？				
6	墙面装饰品有无破损、污痕？				
7	天花板是否清洁、有无污痕？				
8	天花板有无破损、漏水痕迹？				
9	通风口是否清洁，通风是否正常？				
10	灯泡、灯管、灯罩有无脱落、破损、污痕？				
11	吊灯照明是否正常？吊灯是否完整？				
12	餐厅内温度和通风是否正常？				
13	餐厅通道有无障碍物？				
14	餐桌椅是否无破损、无灰尘、无污痕？				
15	广告宣传品有无破损、灰尘、污痕？				
16	菜单是否清洁，是否有缺页、破损？				
17	台面是否清洁卫生？				
18	背景音乐是否适合就餐气氛？				
19	背景音乐音量是否过大或过小?				
20	总的环境是否能吸引宾客？				

检查者：　　　　　　　　　　　　　　　　　　　　　年　　月　　日

表 4-7　餐厅服务规格检查表

________________餐厅

序号	检　查　细　则	等　级			
		优	良	中	差
1	对进入餐厅的宾客是否致以问候，表示欢迎?				
2	迎接宾客是否使用敬语？				
3	使用敬语是否点头致意？				
4	在通道上行走是否妨碍宾客？				
5	是否协助宾客入座？				
6	对入席宾客是否端茶送巾？				
7	是否让宾客等候过久？				
8	回答宾客提问是否清脆、流利、悦耳？				
9	要与宾客讲话，是否先说“对不起、麻烦您了”？				
10	发生疏忽或不妥时，是否向宾客道歉？				
11	对告别结账离座的宾客，是否说“谢谢”？				

续表

序号	检　查　细　则	等　级			
		优	良	中	差
12	接受点菜时，是否仔细聆听并复述？				
13	能否正确地解释菜单？				
14	能否根据菜单准备好必要的餐具？				
15	斟酒是否按照操作规程进行？				
16	递送物品是否使用托盘？				
17	上菜时是否介绍菜名？				
18	宾客招呼时，能否迅速到达桌旁？				
19	撤换餐具时，是否发出过大声响?				
20	是否及时、准确地更换烟缸？				
21	结账是否准确、迅速?				
22	是否检查餐桌、餐椅？有无宾客遗失物品?				
23	是否在送客后马上翻台?				
24	翻台时是否影响周围宾客用餐?				
25	翻台时是否按照操作规程作业?				
26	与宾客谈话是否点头行礼?				
27	是否根据菜单事先准备好餐具及材料?				
28	拿玻璃杯时是否只握下半部?				
29	领位、值台、上菜、斟酒时的服务姿态是否符合规程?				

检查者：　　　　　　　　　　　　　　　　　　　　年　　月　　日

表 4-8　员工仪表仪容检查表

________餐厅

序号	检　查　细　则	等　级			
		优	良	中	差
1	服务员是否按规定着装并穿戴整齐?				
2	制服是否合体、清洁？有无破损、油污?				
3	名牌是否端正地挂在左胸前？				
4	服务员的打扮是否过分？				
5	服务员是否留有怪异发型？				
6	男服务员是否留有胡须？				
7	女服务员的头发是否清洁、干爽？				
8	外衣是否熨烫平整，无污渍？				
9	指甲是否修剪整齐？				
10	牙齿是否清洁？				
11	口中是否发出异味？				

续表

序号	检　查　细　则	等　级			
		优	良	中	差
12	衣裤口袋中是否放有杂物？				
13	女服务员是否涂有色指甲油？				
14	女服务员发式是否过于花哨？				
15	除手表戒指外，是否还佩戴其他饰物？				
16	是否有浓妆艳抹的现象？				
17	使用香水是否过分？				
18	衬衫领口是否清洁并扣好？				
19	男服务员是否穿深色鞋袜?				
20	女服务员是否穿肉色长袜？				

检查者：　　　　　　　　　　　　　　　　　　年　　月　　日

表 4-9　工作纪律检查表

________餐厅

序号	检　查　细　则	等　级			
		优	良	中	差
1	工作时间是否相聚闲谈或窃窃私语?				
2	工作时间是否大声喧哗?				
3	是否有人放下手中的工作？				
4	有无上班时间打私人电话？				
5	有无在柜台内或值班区域随意走动？				
6	有无交手抱臂或插入口袋现象？				
7	有无在前台区域吸烟、喝水、吃东西现象？				
8	上班时间有无看书、干私事现象？				
9	有无在宾客面前打哈欠、伸懒腰行为？				
10	值班时有无倚靠、趴在柜台的现象？				
11	有无随背景音乐哼唱的现象？				
12	有无对宾客指指点点的动作？				
13	有无嘲笑宾客的现象？				
14	有无在宾客投诉时进行辩解的现象？				
15	有无不理会宾客询问的现象？				
16	有无在态度、动作上向宾客撒气的现象？				
17	对宾客有无过分亲热的现象？				
18	对熟客有无过分随便的现象？				
19	对所有宾客有无做到一视同仁、又个别服务?				
20	是否对老幼病残宾客提供方便服务？是否对特殊情况提供了针对性服务?				

检查者：　　　　　　　　　　　　　　　　　　年　　月　　日

思考与练习

1. 观察附近的一家餐厅，看看这家餐厅的服务存在哪些问题，并提出建议。
2. 试用你所学到的餐饮服务质量分析方法对餐饮服务质量问题进行分析。
3. 餐饮服务质量的内容及特点有哪些？
4. 你认为餐饮服务质量检查还应考虑哪些因素？试着设计一份餐饮服务质量检查表。
5. 用你设计的餐饮服务质量检查表，到一家餐厅用具体配分的方式为其服务质量打分。
6. PDCA 循环的具体步骤是什么？
7. 餐饮服务质量监督检查的方式及内容有哪些？
8. 餐饮服务质量分析的方法有哪些？
9. 案例分析：

一根头发引出的思考

一个大型的团队自助餐正井然有序地进行着。这时，一位戴金丝眼镜的老年客人向我招手示意。我疾步上前轻声地问："先生，请问有什么需要？"他和蔼地说："请您看一下，这筷子里是否有一根头发？可能是我看错了。"同时，他用双手扶着镜框又仔细看了一下。我仔细一瞧，确实有一根细长的头发裹在筷子里，于是赶忙给他换上一副干净的筷子，并真诚地对他说："谢谢您对我们工作的提醒！"同时，给他上了一份精美的时令果拼。客人十分感动地说："我是第一次从日本来中国，而且是第一次住你们酒店，你们的优质服务给我留下了深刻的印象。"我的内心很惭愧，并再一次向客人表达了深深的谢意。凝视这根在常人眼里很普通的细发，我陷入了深深的思考……

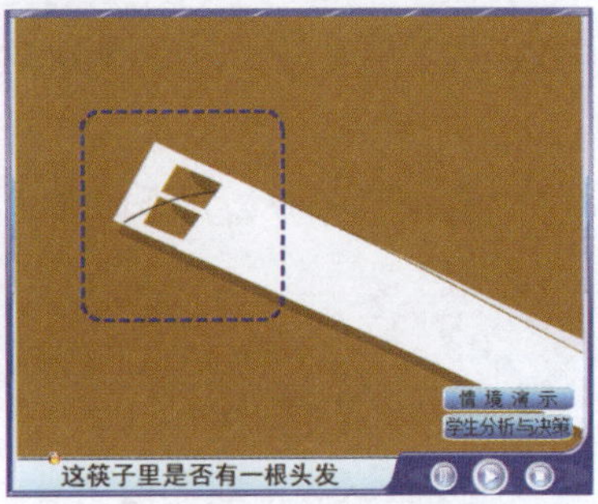

思考：应该如何发现和避免餐饮服务质量问题的发生？

任务二 餐饮服务质量控制

做好餐饮服务质量的控制和管理是提高餐饮质量的重要一环，也是在餐饮有形产品高度同质化的今天赢得顾客、提高顾客满意度的重要手段。目前，酒店餐饮服务工作在追求标准化和个性化两大目标的同时，仍旧存在一些有待解决的问题。但只要确定了餐饮部所要达到的质量水平，并制定出相应的控制方法，就能达到最终的管理目的。

任务导入

"青椒炒牛肉，请慢用"。服务员小杨报上菜名即欲转身离开餐桌。"小姐，先别走。我们点的是蚝油牛肉，怎么变成了青椒炒牛肉？"桌上的一位老先生开口了。"对呀，我们点的不是青椒炒牛肉呀。看看菜单。"不知是谁提出要看点菜单的建议。小杨从工作台取过菜单，递给刚才提建议的那位先生——一位戴眼镜的常客苏先生。"点菜单写的没错，是蚝油牛肉。小姐，是不是别桌的菜送到我们这桌来了？先退下吧。”苏先生明显想给小杨一个台阶下，意思是不管怎样，还是先退下这道菜，免得客人不高兴。

小杨将菜端出了包厢，但不一会儿又端着原菜转了回来。“没有上错，其他桌没点牛肉。你们就将就了吧。”小杨不轻不重地说，看来出错菜是经常的事。但是刚才那位最先提出异议的老先生不高兴了，有点生气地说：“你们酒店怎么能这样，上错菜不当回事，请你们经理来！”小杨嘟着嘴，显然不太情愿的样子，默不作声地走出包厢。客人们正想恢复前面话题继续谈天，包厢的门“嗒嗒”两声之后就打开了。一位穿着黑色西服的年轻女经理满脸堆笑地走了进来，人到声到：“非常抱歉，是我们工作没做好，让你们不满意了。这样吧，这份青椒炒牛肉算我们赠送，再给你们做一道蚝油牛肉怎么样？”说完扫了大家一眼。由于都是常客，苏先生赶紧出来打圆场。黄经理又走到吴先生面前，吴先生倒是有儒者风度，主动站了起来，温和地说：“黄经理，其实不能怪我们不讲情面。我来这里吃了好几次饭了，经常发现上错菜的情况。我们能给你们提意见，也是为了你们好。你们倒是要认真查一下，究竟原因出在哪里，要拿出一点措施来，才能杜绝这种情况，你说对不对？今天的菜我们就将就了，希望下次不会再这样了。”黄经理忙不迭地说：“您说得非常对，这是我的责任，我一定要查一下，彻底解决这一类问题。太感谢你了。”

思考

餐饮服务分为几个阶段？应该如何做好各个阶段的服务质量控制工作？

任务描述

服务带给客人的实际上是一种感觉。餐饮服务人员应在客人不经意的举手投足和言谈笑语之中，察言观色，想客人所想，当服务超出了客人的期望值时，客人便会满意。餐饮服务质量内容涵盖较广，需要在餐饮服务的全过程进行追踪监控。了解服务质量的构成和控制方法是有效提高餐饮服务质量的前提和基础。

任务分析

服务质量是餐饮工作的生命线，任何餐饮企业要想在激烈的餐饮市场竞争中占得一席之地，就要不断提高餐饮服务质量，靠质量求生存，靠质量求信誉，靠质量求效益。餐饮服务质量的控制是餐饮企业管理工作的重要内容。根据餐饮服务的三个阶段（准备阶段、执行阶段和结果阶段），餐饮服务质量控制可相应地分为预先控制、现场控制和反馈控制。

任务实现

1. 餐前准备环节的预先控制

做好餐前准备环节的控制是做好接待服务工作的前提。所谓预先控制，就是为使服务结果达到预定的目标，在开餐前所做的一切管理上的努力。预先控制的目的是防止开餐服务中所使用的各种资源在质和量上产生偏差。餐前准备工作包括人员的素质准备（培训教育）和餐饮业务准备。服务质量的优劣其实在开始服务之前就已基本确定了，因此，酒店必须花大力气抓好事前控制。服务活动开始前的充分准备是服务质量稳定的根本保证。

1）人力资源的预先控制

根据预订信息，合理安排员工班次、数量与岗位。安排人员时要考虑工作量负荷的相对平衡，同时从人性化管理的角度充分考虑员工的服务技能技巧及特点，人尽其才地安排到合适的岗位上。餐厅应根据自己的特点，灵活安排人员班次，以保证有足够的人员。那种“闲时无事干，忙时疲劳战”，或者餐厅中顾客多而服务员少，顾客少而服务员多的现象，都是人力资源使用不当的现象。

在开餐前必须对员工的仪容仪表进行一次检查。开餐前数分钟，所有员工必须进入指定的各自岗位，姿势端正地站在最有利于服务的位置上。女服务员双手自然叠放于腹前或自然下垂于身体两侧，男服务员双手背后放或贴近裤缝线。全体服务员应面向餐厅入口等候宾客的到来，给宾客留下良好的第一印象。

2）物力资源的预先控制

服务过程是否顺利、高效，餐前准备是基础。根据所掌握的宾客信息和菜单内容准备相应的布件、餐具、服务用具和调味品，并按规定整齐摆放在固定位置以备用。开餐前，必须按规格摆好餐台；准备好餐车、托盘、菜单、点菜单、订单、开瓶工具及工作台小物件等。另外，还必须备足相当数量的“翻台”用品，如桌布、口布、餐纸、刀叉、调料、火柴、牙签、烟灰缸等物品。

3）卫生质量的预先控制

根据餐厅卫生质量标准，开餐前要进行全面检查，其内容包括环境卫生、设施设备卫生、餐具卫生等，发现问题，马上整改。开餐前半小时对餐厅卫生从墙、天花板、灯具、通风口、地毯到餐具、转台、台布、餐椅等都要做最后的检查。一旦发现不符合要求的，要安排迅速返工。

4）事故的预先控制

开餐前，餐厅主管必须与厨师长联系，核对前后台所接到的客情预报或宴会通知单是否一致，以避免因信息传递失误而引起事故。另外，还要了解当天的菜肴供应情况，如个别菜肴缺货，应让全体服务员知道。这样，一旦宾客点到该菜，服务员就可以及时向宾客说明，避免事后引起宾客不满。

5）服务信息的沟通

信息沟通不畅是造成服务质量下降的重要原因之一。例如：服务员热情地向宾客推荐菜点，但当点菜单传入厨房后被告知所点菜点没有；宾客订餐时讲明是回民，服务员仍向宾客推荐红烧排骨。这些因信息沟通不畅而出现的质量问题应在预先控制阶段就予以解决。开餐前服务人员要清楚知道当天的特别推荐菜式，同时明了来宾的信息。管理人员应在餐前会上检查服务员对客情及菜点的掌握情况，以便提供更具个性化的服务。

6）员工的思想准备

员工思想准备包括岗前培训，大型、重要接待任务前的思想动员等，其目的是使员工保持良好的服务状态。

2. 餐中服务环节的现场控制

餐中服务是餐饮服务的主要环节，涵盖多项服务内容，涉及点菜、上菜、分菜、撤换餐具等具体内容，且操作复杂，服务规格要求高。服务人员必须在严格遵守操作规程和服务规范的基础上，灵活处理各项服务内容。所谓现场控制是指监督现场正在进行的餐饮服务，使其规范化、程序化，并迅速妥善地处理意外事件。这是餐厅主管的主要职责之一，餐饮部经理也应将现场控制作为管理工作的重要内容。

1）服务程序的控制

开餐期间，餐厅主管应始终站在第一线，通过亲身观察、判断、监督，指挥服务员按标准服务程序服务，发现偏差，及时纠正。同时，各位餐厅主管之间应有较明确的职责分工，分别对传菜、酒水等服务岗位进行具体的监管，从而保证现场控制的全面性。在营业的顶峰期，如果出现人手不够的问题，主管应及时查补漏缺，在监管的同时，灵活机动地参与到服务工作中去，不能只说不做，造成甚至激化服务人员的逆反情绪，影响其为顾客提供服务的质量。

2）上菜时机的控制

要根据宾客用餐的速度，菜肴的烹制时间等掌握上菜时间，做到恰到好处，既不要宾客等待太久，也不应将所有菜肴一下子全送到桌上。餐厅主管应时常注意并提醒掌握好上菜时间，尤其是大型宴会，上菜的时机应由餐厅主管掌握。

3）意外事件的控制

餐饮服务是面对面的直接服务，容易引起宾客的投诉。一旦引起投诉，主管一定要迅速采取弥补措施，以防止事态扩大，影响其他宾客的用餐情绪。发现有醉酒或将要醉酒的宾客，应告诫服务员停止添加酒精性饮料。对已经醉酒的宾客，要设法让其早点离开，以保护餐厅的气氛。

4）人力资源的控制

要注意人力资源的现场控制，根据各餐厅的客源情况及时调配人手，相互替补增援，保证服务效率，避免因人员问题造成服务质量的下降。开餐期间，服务员虽然实行分区看台负责制，但是主管应根据客情变化，进行第二次分工、第三次分工……如果某一个区域的宾客突然来得太多，就应从另外区域抽调员工支援，等情况正常后再调回原服务区域。当用餐高潮已经过去，则应让一部分员工先去休息一下，留下一部分人工作，到了一定的时间再交换，以提高工作效率。这种方法对于营业时间长的餐厅如咖啡厅等特别必要。

3. 餐后服务环节的反馈控制

餐后服务是指客人用餐结束后，由餐厅为其提供的相关服务，一般包括结账、征询意见、投诉处理、送客等。所谓反馈控制，就是通过质量信息的反馈，找出服务工作在准备阶段和执行阶段的不足，采取措施加强预先控制和现场控制，提高服务质量，使宾客更加满意。

服务质量反馈控制的关键是建立信息反馈系统。信息反馈系统由内部系统和外部系统构成。内部系统是指信息来自服务员和经理等有关人员。因此，每餐结束后，应召开简短的总结会，以不断改进服务质量。信息反馈的外部系统是指信息来自宾客。为了及时得到宾客的意见，餐桌上可放置宾客意见表，在宾客用餐后，也可主动征求客人意见。宾客通过大堂、旅行社等反馈回来的投诉属于强反馈，应予高度重视，保证以后不再发生类似的质量偏差。

相关知识

1. 餐饮服务质量控制的基础

要进行有效的餐饮服务质量控制，必须具备以下三个基本条件。

1）必须建立餐饮服务的标准规程

服务的标准规程是餐饮服务所应达到的规格、程序和标准。餐饮部的服务工种、岗位很多，各点的服务内容和操作要求都不相同。为了检查和控制服务质量，餐厅应根据不同筵席标准，对零点、宴会和团队餐以及包厢的整个服务过程制定出迎宾、引座、点菜、走菜、分菜、斟酒、送别等全套的服务程序。

制定服务规程时，首先确定服务的环节程序，再确定每个环节统一的动作、语言、时间、用具，包括对意外事件、临时要求的化解方式、方法等。在制定服务规程时，不要照搬其他酒店的服务程序，而应在广泛吸取先进管理经验、接待方式的基础上，紧密结合本店大多数顾客的饮食习惯和本地的风味特点，推出全新的服务规范和程序。

管理人员的任务是执行和控制规程，特别要抓好各套规程之间的薄弱环节，用服务规程来统一各项服务工作，从而使之达到服务质量标准化、服务岗位规范化和服务工作程序化、系列化。

2）抓好员工的培训工作

企业之间服务质量的竞争主要是员工素质的竞争，很难想象，没有经过良好训练的员工能有高质量的服务。因此，新员工上岗前，必须进行严格的基本功训练和业务知识培训，不允许未经职业技术培训、没有取得一定资格的人上岗操作。在职员工也必须利用淡季和空闲时间进行培训，提高业务技术、丰富业务知识。

3）必须收集质量信息

餐厅管理人员应该知道服务的效果如何，即宾客是否满意，从而采取改进服务、提高质量的措施。应该根据餐饮服务的目标和服务规程，通过巡视、定量检查、统计报表、听取宾客意见等方式来收集服务质量信息。

2. 服务质量预先控制的方法

1）调整顾客（服务接受者）预期服务质量

预期服务质量是顾客对酒店所提供服务预期的满意度，感知服务质量则是顾客对酒店提供的服务实际感知的水平。在顾客感知质量达到或超过预期质量时顾客就满意，从而认为对顾客的服务质量较高；反之，则会认为酒店的服务质量较低。预期服务质量是影响顾客对整体服务质量评价的重要因素。如果预期质量过高，不切实际，则即使从某种客观意义上说他们所接受的服务水平是很高的，顾客仍然会认为酒店的服务质量较低。因此，酒店必须影响、调整顾客预期服务质量。预期质量受四个因素的影响：即顾客需求、市场沟通、企业形象和顾客口碑。这里重点介绍顾客需求的把握和市场沟通。

（1）顾客需求

顾客需求是顾客预期服务质量的基础，受到顾客年龄、身份、文化程度、喜好等各方面因素影响非常大，是酒店的不可控因素。当酒店提供的服务无法满足顾客多样化的需求时，让顾客满意必然成为空话。因此，要提高服务质量，必须主动倾听顾客心声、理解顾客，把握顾客的真实需求，特别是顾客都没有意识到的潜意识需求（满足潜意识的需求，才有可能使顾客感到惊喜）。酒店了解顾客需求的方式可以有很多种：面对面交谈征求顾客意见、进行正式调查、到服务现场去体验、设立消费者热线、分析顾客建议和投诉等。只有准确把握了顾客需求，才有可能为其提供优质服务。同时，管理者应当明白，顾客需求虽然是不可改变的，但却是可以引导的。特别是当酒店无法提供顾客期待的某些服务时，服务人员应当善于引导顾客的需求，通过变换需求可能带来的利益等方式来诱导转变，并争取顾客在这一过程中的配合。例如，当某个餐厅无法提供顾客所点的某个菜肴时，服务人员往往会推荐另一道相关的菜肴，并且会举出一些诸如“新菜”、“招牌菜”之类的理由，诱导顾客改变选择。

（2）市场沟通

酒店还应当在其他可以控制的方面调整顾客预期质量，例如市场沟通工作。服务的不可感知性使顾客在使用有关服务之前，很难对该服务做出正确的理解或描述，他们对该服务的功能及利益的期望也是很模糊的，甚至是过高的。不合乎实际的期望又往往使其错误地评价服务及做出不利的评语。而运用有形展示（服务设施、服务设备、服务人员的仪态仪表等）、广告宣传等市场沟通手段则可让顾客在使用服务前能够具体地把握服务的特征和功能，较容易地对服务产品产生合理的期望，以避免因顾客期望过高而难以满足所造成的负面影响。

2）服务提供者的管理

服务是通过服务人员（服务提供者）与顾客的交往来实现的，服务人员的行为对酒店的服务质量起着决定性作用，而且在服务的过程中酒店无法直接控制员工的行为。因此，必须高度重视对服务提供者的管理。一方面，高素质、符合要求的服务人员是提供优质服务的一个必不可少的条件；另一方面，员工的服务态度和水平也是决定顾客对服务满意程度的关键因素之一。一个高素质的员工能够弥补由于物质条件的不足而可能使消费者产生的缺憾感；相反，素质较差的员工则不仅不能充分发挥酒店拥有的物质设施上的优势，还可能成为顾客拒绝再消费酒店服务的主要缘由。

（1）服务人员的选拔

服务人员的选拔不能像招聘普通员工那样只看重经验和技能，而更应考察态度、资质和个性等因素，尤其要注重服务人员的个性和服务岗位的特点以及与消费者特点相结合。由于每个人所受的教育、工作经验、心理素质等差别，同样能力的人在同样岗位工作，其工作成果并不一定相同。只有实现“人与岗位的和谐”才能做到人尽其用，才能保证服务质量。另外，由于越来越多的服务项目需要多名服务人员的协作才能提供，服务人员的选拔还应当考虑到“人与人的和谐”，合理进行酒店内部人力资源组合。否则，将脾气秉性不合的人安排在同一岗位上，会影响协作的效率和服务质量。

（2）服务人员的培训

对服务人员的培训主要分为两个方面：技能培训和意识培训，这直接决定了所提供服务的水准，培训的效果可以在服务水平的高低上显著体现。

① 技能培训。技能培训是指针对某些特定的事务培训，例如餐厅服务员应当掌握菜肴、饮品等的相关知识，学会餐桌布置等技能。同时，由于员工在为顾客服务中可能遇到的问题

难以预先料到，很难在培训中对这些问题加以模拟，因此在技能培训中应当尤其注重交往技巧的培训，要学会观察顾客、询问顾客、感知顾客，并能够处理意外事件。

② 意识培训。服务意识的培训方式有多种，例如可以向员工说明为顾客服务带来的好处：“你将学会重要的技能，这些技能将帮助你成功，无论将来你做什么。如果你做得好，顾客会回头。你做得越好，整个酒店就会越好，所有的情形都会好起来。”除了像这种说教式的培训外，更重要的是酒店管理层所营造的“为顾客服务意识”氛围，使“顾客至上”观念深入到员工的心中。

(3) 授权服务人员

对于服务一线的员工，不仅要规定责任，还要给予适当权限。这是因为一线员工在提供服务的过程中必然与顾客直接接触，因此很容易出现一些意料之外的问题与冲突。而对这样的情形，当事的员工应该具有在一定范围内不需事先请示而处理问题的权限。例如，对于餐厅来说，在就餐高峰期间，顾客会因为等待时间过长、上错菜等事情同服务员发生冲突。此时如果服务员只有责任而无权限时，他们就会寻找托词、推卸责任或干脆等待上级处理，其结果必然是延长问题解决时间、增加顾客不满程度。但是，如果服务员有无需事先报告就可以向正常就餐受到影响的顾客提供一定量的免费饮料或免费饭菜等权限的话，他们就可以灵活、从容地把矛盾解决于初始状态。

(4) 对服务人员的服务

有两句格言，一是“你希望员工怎样对待顾客，你就怎样对待员工”；二是“如果你不直接为顾客服务，那么，你最好为那些直接为顾客提供服务的人提供优质服务”。只有让服务人员满意了，服务人员才会让顾客满意。如果管理人员帮助员工解决问题，员工也就会为顾客解决问题。使服务人员满意不仅包括了物质的、精神的激励手段，更重要的是酒店内部为服务人员提供的服务机制，要使酒店内部的二线员工都围绕着“为一线员工的优质服务提供更好的条件”这一中心展开。酒店为员工提供的服务是信息、资源、支持、放权、激励等，协调直接服务人员和后台人员的工作关系，使其通力合作。

(5) 对服务人员的激励

对服务人员的激励主要有两个方面。一是物质层面：物质激励的主要手段是工资制度，工资制度必须建立在良好的顾客服务基础上，努力将工资水平与顾客对服务人员的满意程度挂钩，否则，即使其他方面做得很好，也会有麻烦。二是精神层面：管理人员应当懂得“当人的某个行为做出后立即被奖励，他将乐于再做出这一行为”，当员工面对挑剔的顾客保持冷静时，当员工采取灵活措施帮助顾客时，当员工的行为超过酒店所要求的行为标准时，管理人员应当及时给予表扬，无论是对员工还是对顾客都将产生巨大的效果。

3) 制定服务标准

服务标准具有两面性，对酒店和服务人员而言是约束要求和努力目标；对顾客而言是酒店对所提供服务的承诺，是选择、信赖酒店服务的理由。服务标准应当是满足顾客要求的、酒店能够提供的服务描述。服务标准过高，酒店负担过重，员工难以长期坚持，服务的收益难以抵补成本；服务标准过低，无法满足顾客需求，顾客对酒店缺乏信任，酒店无从获得收益。因此，服务标准必须恰到好处。

服务质量可以分为两个方面，技术性质量和功能性质量，如图 4-13 所示。技术性质量是指顾客与酒店之间交易后所得到的实质内容，如餐厅的餐饮服务等。技术性质量可以通过客观方式加以评估，并成为任何顾客对某项服务评价的重要依据。功能性质量包括以下要素：员工的态度、员工的行为、员工间的关系、服务人员的外表、服务对于顾客的可及性、服务人员对于服务的态度等。功能性质量虽不易于进行客观的评估，但也是顾客对服务评价的重点。因此，服务标准的制定也主要从这两项质量方面进行分解。对技术性质量标准，酒店应当从“规范化和技能化”入手，使员工掌握必要的知识和技能，按照规范作业，解决顾客疑难问题。对功能性质量标准，酒店应当着眼于“服务人员态度和行为”、“服务的可亲近性和灵活性”、“服务的可靠性”、“服务体系的自我修复”等方面。特别是要赋予顾客一定的服务监督权利。多数顾客希望对服务交易有一定的控制能力，而不总是受酒店摆布。如果这种需求得以满足，将大大提高顾客的满意程度。

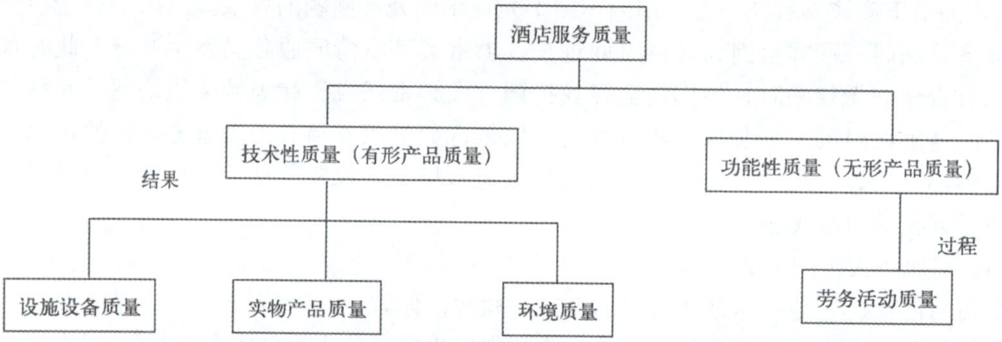

图 4-13　酒店服务质量的构成

服务标准应当对服务的过程和结果有具体、客观和量化的要求，以便于衡量和评价。同时，标准要抓住服务质量的控制重点，简单明了地规定出谁、何时、何地、做什么、做到什么程度，以便于执行和检查。另外，服务标准的制定应当让服务人员一同参与，得到他们的理解和认同。如果标准太复杂或太苛刻、员工对标准有不同意见、标准与现有的企业文化发生冲突，服务标准就很难得到充分贯彻。只有服务人员理解和认同了服务标准，才可能在服务过程中切实执行，减少服务过程中的差错。

4）按规范要求做好餐前的各项准备工作

餐前准备是餐饮服务的重要环节之一，它是餐饮服务的基础，也是做好服务工作的开始曲。餐前准备工作充分与否直接与餐饮服务过程中服务缺陷和失误的存在有关系，同时也反映出餐饮服务专业水平的高低和服务质量的优劣。餐前准备工作主要包括了环境准备、人员安排、餐前短会、熟悉菜单等几个方面的内容。餐厅服务员要以旺盛的精神、充沛的体力、清晰的思维、敏捷的动作，有条不紊地做好餐前各项准备工作。

知识拓展

餐饮服务蓝图与服务过程

服务蓝图就是以简洁明确的方式，将服务理念和设计思路转化为服务系统的图示方法。服务蓝图用来描述服务过程、确定服务接触关键环节，它首先给管理者提供了一个服务系统的全景，全面、明确又很简洁，便于高层管理者进行统筹计划。其次，服务蓝图所提供的信息，可协助管理者发现和确定在服务接触过程中可能的服务失误点，并加以针对性地进行服务设计。再次，细节性服务蓝图还可协助服务组织的中基层管理者了解本部门的工作流程，制定相应的管理方案。运用服务蓝图技术可以生动、全面地表述顾客的消费全过程、餐饮企业提供服务的全过程和餐饮企业前后台之间的关系。餐饮服务蓝图如图 4-14 所示。

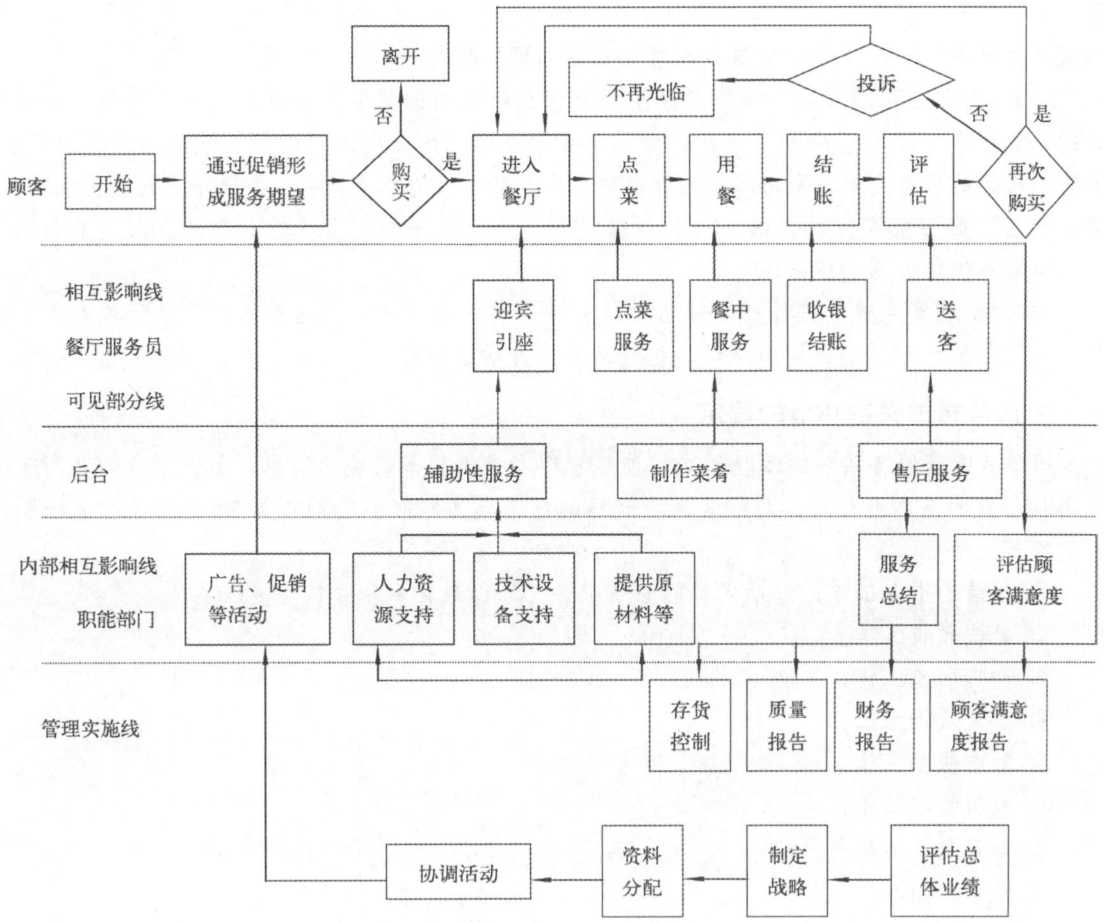

图 4-14　餐饮服务蓝图

1. 餐饮服务过程的蓝图表述

服务不仅仅是一个“流程”，它还是一种“结构”。如服务的设施环境结构，还有组织机构、信息系统结构、财务系统结构等。但是单独的“结构”还不能完全描述服务，因为没有顾客的出现，服务结构本身是没有意义的。所以描述服务必须将“流程”与“结构”联系起来考虑。同时也应将顾客的参与和服务提供的系统结合起来，这就是服务蓝图的总体设计思路。

服务蓝图用水平和垂直两个方向的设计将“流程”与“结构”结合起来。“流程”是由水平方向上的从左至右按时间先后顺序排列起来的行为框表示，图上箭头表明了服务的路线。服务的“结构”在蓝图的垂直方向上表示出来。自上而下，出现三层结构，表示一般服务的组成：服务接触、后台支持性工作和管理活动。这里值得注意的是，蓝图的结构层次刚好是传统组织机构图的倒置，一线员工在上，而管理者在下，体现出直接服务者在服务组织中的作用，或者说服务蓝图实质上是在倒置的组织机构图上加入行为框而成。

（1）在服务接触层，有一条“相互影响线”将顾客的行为和一线服务员的服务行为联系起来。顾客的行为在这条线之上，而员工行为在这条线之下，他们的行为从左至右依次进行。

（2）一条“可视部分线”将服务系统的前台和后台分开。所谓“可视”是相对顾客而言。顾客“可视”部分就是服务系统的前台，而在“可视部分线”之下，即顾客不可视部分就是服务系统的后台。后台员工为前台员工提供支持性服务，如餐饮后台的厨师为前台服务人员的服务提供有形产品，餐厅文员在顾客离开后对顾客信息进行统计存档。

（3）“内部相互影响线”将服务系统的后台和组织内的其他支持性功能部门分开。提供完善的服务，不仅需要直接服务者和后台服务者的努力，还需要组织内部其他职能部门的配合，如营销部门的广告支持，采购部门的物品供应，人事部门的业务培训，工程部门的设备维护等。可以看出，服务蓝图生动详细地向服务组织展示了服务是如何组成的，有多少人、多少部门参与到服务提供的活动中来。

（4）“管理实施线”将管理职能活动与业务活动区分开来。在这条线之下是管理者的管理职能活动，如计划活动、组织活动、控制活动、评估活动等。

2. 服务接触关键环节的确定

服务蓝图是服务系统的简化形式，能给管理者提供较多的决策信息。餐饮服务的蓝图表明了餐饮服务的基本流程及其与顾客消费过程的结合点（即服务接触点），也指出了服务控制的关键环节。

① 餐前的准备工作，包括人员的素质准备（培训教育）和餐饮业务准备。

② 餐饮预订工作。

③ 迎宾引座工作。

④ 点菜及酒水工作。

⑤ 餐中服务工作。

⑥ 收银结账工作。

⑦ 送客及其他相关服务。

⑧ 意见反馈和投诉处理。

这 8 个环节构成了餐饮服务的主体过程，每个环节都有明显店客之间的服务接触，每个环节都是反映餐饮服务质量和影响顾客消费的“真相时刻”，必须予以重点控制和管理。

技能训练

餐饮服务质量控制

实　训　内　容
1. 实训内容 ① 参观酒店餐饮服务部，对酒店的服务质量管理进行考察，比较不同酒店服务质量及厨房管理的差异，并进行分析 ② 选择一家经营不太景气的酒店进行分组考察，找出其在质量管理方面存在的问题，并提出解决办法 ③ 请利用周末时间到当地的酒店实习，认真观察并详细记录该餐厅管理人员及服务员在餐前、餐中、餐后服务过程中对于服务质量进行控制的内容与方法，并根据观察记录情况总结出该酒店在质量控制过程中的优缺点 ④ 为特殊客人提供服务是餐饮服务个性化的一个重要表现，也是提升服务质量的重要途径，针对特殊客人的不同需求，开展有针对性的服务也是对餐饮服务员的一项新的挑战

续表

2. 操作程序

开始实训→对挑剔客人的服务→对老年人和残疾人的服务→对儿童的服务→对有急事的客人的服务→对独自就餐的客人的服务。

3. 实训步骤及操作标准

(1) 对挑剔客人的服务

① 服务时礼貌、耐心，不可打断客人的讲话
② 不允许同客人争论人和事物的正确与否
③ 不将自己的意志强加于客人
④ 不要因为客人的挑剔而影响自己的情绪
⑤ 对客人所挑剔的问题，在企业不受损失的情况下，尽力给予解决
⑥ 记录爱挑剔的顾客的姓名和饮食习惯，提供给其他的服务人员
⑦ 所有服务人员在服务时，须保证一致性

(2) 对老年人和残疾人的服务

① 尽量安排此类客人就座于靠近门口或舒适的位置
② 客人就座时必须积极协助拉椅子，挪动桌子
③ 对于行动不便的客人给予及时地帮助
④ 服务时要礼貌、耐心、周到，不允许催促客人，随时了解客人的特殊要求
⑤ 如有必要，须帮助客人将食品分切开

(3) 对儿童的服务

① 准备儿童座椅，协助家长帮助儿童就座
② 帮助儿童铺好口布，调整桌椅间的距离
③ 及时撤下儿童面前的刀、叉、盘、杯
④ 为儿童准备一把甜食叉和厚边磁杯
⑤ 家长阅读菜单时，如有可能，为儿童准备一件玩具
⑥ 服务饮料时不得使用高脚杯，需准备吸管
⑦ 协助家长为儿童点菜，介绍一些适合儿童的食品
⑧ 如果必要则帮助家长把儿童的食品分切开
⑨ 随时撤下儿童面前的脏盘，更换干净的口布
⑩ 在家长面前尽量多称赞他们的孩子

(4) 对有急事的客人的服务

① 以最快的速度安排客人就座，并询问客人就餐需要的时间
② 立即为客人呈送菜单，订饮料，并向客人介绍可以立即服务的食品项目
③ 订菜时须说明每道菜所需用的制作时间
④ 到厨房送单时须向厨师长说明客人情况
⑤ 加快服务速度，缩短每道菜间隔的时间
⑥ 服务员之间相互提醒，优先服务此类客人
⑦ 提前准备好账单

(5) 对独自就餐的客人的服务

① 安排客人就座于边角位置
② 多与客人进行接触，服务过程中延长在客人桌旁的停留时间
③ 对经常光顾餐厅独自一人的客人，要记住客人的饮食习惯，有意安排一个固定的位置
④ 服务速度不宜过快或过慢

4. 模拟情景：对特殊客人的服务模拟训练

要点提示	① 随时倾听客人的意见和建议，并给予反馈；② 注意听取员工的意见和建议；③ 发现员工工作不符合质量要求，应及时指出并纠正

餐厅服务质量现场控制测试与考核

考核项目	操　作　要　求	配分	得分
服务礼仪礼貌	注重仪容仪表，使用敬语，行为举止得体	25	
服务态度	主动热情，微笑问候，时时处处体现良好的服务意识	25	
服务技能	技术娴熟，灵活运用	25	
服务时效	准确高效，灵活把握	25	
合　计		100	

思考与练习

1. 假如你是一家星级酒店的餐饮部经理，请你设计一份对客服务质量控制方案，包括预先控制和现场控制方案。

2. 设计不同场景，采用角色扮演方法模拟就餐环节投诉并处理。

3. 餐饮服务质量控制一般分几个阶段，各自的内容是什么？

4. 顾客对技术性质量感知强烈还是对功能性质量感知强烈？哪种服务质量最终影响着顾客对餐厅的评价？

5. 案例分析：

无形的力量

上海某酒店住进了几位外国客人，他们是一家人：丈夫罗伯特、全身瘫痪的妻子劳拉和两个三四岁大的孩子。安顿好之后，一家人来到中餐厅，由于旅途疲劳，也许由于疾病缠身，心情不好，瘫痪的妻子劳拉不肯吃饭。罗伯特一筹莫展，孩子们也在旁边哭。这时，餐厅的一位年轻的服务员小刘立刻走上前去，从罗伯特先生手中接过饭碗，一遍遍地耐心用英语鼓励、安慰劳拉，一遍又一遍地用勺子把饭送到她紧闭的嘴边。许久，劳拉终于张开了嘴，愿意接受递到嘴边的食物。吃了一口，又一口，再一口……服务员小刘代替她的亲人喂她吃完了饭。这情景使罗伯特十分感动，他感慨地说："在中国，我真正感到了社会的温暖和人与人之间的真挚感情，你们简直比亲人还要亲！谢谢你们！"事后，餐厅主管和同事们问小刘怎么会走上前去帮助他们，这位服务员回答："看到这不幸的一家，我从心里感受到他们的痛苦，忍不住流下同情的泪水，一股无形的力量推我上前去帮助他们。我觉得我只是做了我应该做的，这是人之常情嘛。"

思考：应该如何提供优质的餐饮服务？

单元五

餐饮销售管理

餐饮产品的生产制作、餐饮服务人员的服务劳动，最终都有赖于有效的餐饮产品销售业务管理，方能完成产品到商品的转变。抓好了餐饮销售管理这一环节，就能使餐饮生产的产量、品种进入规范、有序的状态，生产出适销对路的产品，同时能够促使企业根据市场的变化，确定相应的价格水平，也能让企业在市场中调整自己的经营策略和服务方法。

知识目标

1. 了解餐饮定价目标及相应的定价策略。
2. 掌握餐饮产品价格制定的程序与方法。
3. 掌握餐饮产品销售计划的制定方法。
4. 掌握餐饮营业场所的销售决策方法。
5. 掌握餐饮销售控制的主要内容与方法。

技能目标

1. 能够通过规范的价格制定步骤及方法确定餐饮产品的价格。
2. 能够进行餐饮产品的销售预测和销售统计。
3. 能够进行儿童节、中秋节、食品节等促销方案的设计。
4. 能够用不同方法对餐饮产品销售进行控制。

任务一 餐饮产品定价

定价是餐饮销售的重要环节，价格是否适当直接影响市场的需求变化和经营利润，对其竞争地位影响也极大。然而，餐饮定价又是一个非常复杂的问题，所有的餐饮经营者都希望在保持产品质量和不降低经营水平的前提下，能有一个足以使企业利润最大化的价格定位，这实际上就是一个价格决策的问题。但要准确把握餐饮市场的价格规律是非常不容易的。如果价格定得太高，超出了消费者的承受能力，会因此而失去消费者和市场，使企业走向孤立；如果价格定得过低，企业可能因此无法获取应有的利润，有难以维持下去的危险。

任务导入

在美国有一家墨西哥式餐厅，坐落在中低档街区，吸引了好多人前来就餐。但有一段时期，餐厅利润开始下降，餐厅也曾为提高菜品质量苦心经营，但收到的回报却很低。其菜品很出色，深受顾客喜爱，选址也较成功，而且顾客也不少，为什么利润这么低呢？问题在于定价。墨西哥美食餐厅的价格远远低于竞争对手的价格，餐厅想给顾客提供最优的价格，认为必须把价格降到那些连锁餐厅的价格以下。那些连锁餐厅的建筑成本高，广告开支大，如果自己餐厅降价便可赢得竞争优势。降价的结果是，墨西哥美食餐厅的顾客没有明显地增加，相反却差点毁灭了自己。由于价格低，餐厅现金收入不足，难以维持修缮开支，餐厅的努力并没有使其收到资金回报。后来经过专家诊断，该餐厅的价格比竞争对手低 50%，而其顾客认为餐厅的菜品质量并不比其他餐厅差。餐厅决定逐步提高价格。提价以后，餐厅的营业收入增长率比价格增长率还高。这说明顾客对提价并没有抵制，顾客仍然认为他们得到了较好的价值回报。收入的增加使得餐厅能够雇佣较多的员工、对餐厅内部进行装修。当然，投资的增加又给餐厅带来了丰厚的回报。

思考

哪些因素会影响餐饮产品定价？如何才能成功地给餐饮产品定价？

任务描述

餐饮产品的价格体现了餐饮企业的档次、规格，反映了餐饮企业的市场定位、经营指导思想及经营策略。可以说餐饮产品的定价，是一门技术，更是一门艺术。餐饮产品是一种特殊的商品，在其定价上受到具体餐饮企业的餐饮成本、餐饮特色、市场需求、社会环境及政府政策等诸多因素的影响。你首先要了解影响餐饮产品价格的因素，明确餐饮产品定价目标和定价策略，进而掌握餐饮产品的定价方法，以为餐饮产品合理定价。

任务分析

餐饮产品的价格是否合理，对产品的销售、餐饮企业在市场中的竞争力及市场占有率、餐饮企业的营业收入和利润等都会产生极大的影响。因此，价格历来是企业经营管理中最敏感的问题，必须引起餐饮企业管理者的高度重视。餐饮产品定价的合理与否直接影响到餐饮企业的经营成败，所有产品的定价都是以成本、费用为基础的。而产品价格一旦制定，一般不会在短时间内轻易改变。餐饮产品定价除了要能反映餐饮企业的设施、环境和服务质量等外，还需考虑到竞争对手的定价、消费者的需求及承受能力等。所定的价格并不是越便宜越好，定价要具有相对的稳定性和连续性，要随着市场的变化而加以调整，保持一定的地区差价和季节差价。

任务实现

1. 餐饮产品定价的程序

不同的餐饮产品应采用不同的定价方法，但任何一种餐饮产品在定价时都应遵循一定的步骤。根据不同的情况，餐饮产品定价的方法也各有区别。餐饮企业通常会采用许多方式来处理定价问题。小型餐饮企业的产品价格常由高层管理者决定；大中型餐饮企业的产品定价则由决策者会同财务、餐厅、厨房等部门的管理者共同制定。餐饮价格确定的步骤一般有以下 6 个阶段。

1）判断市场需求

不同的价格会产生不同的需求水平。在正常情况下，市场需求与产品价格成反比，即价格越高，需求量也就越低；而价格越低，需求量就越高。这是因为大部分消费者的可支配收入有限，餐饮产品的价格过高，消费者只能减少外出就餐的次数。在一些特定的情况下，市场需求与产品价格之间也可能存在正比关系，即提高价格的同时需求不降反升。例如，在许多城市里的节假日，尤其是一年一度的春节，宴席价格比平时高出许多，但订餐情况却比平日更旺。但是，应当注意的是，需求对应于价格总是有限度的，一旦价格定得过高，超出了市场的平均承受能力，需求就会明显下降。

餐饮企业在制定餐饮产品的价格时，必须根据以下因素来确定价格的高低：

① 竞争对手的多少。餐饮企业的竞争对手越多，餐饮产品的价格就会越低；如果餐饮企业的竞争对手较少，餐饮产品的价格可制定得稍高一些。

② 消费者对价格的敏感程度。消费者对价格的敏感程度较高，产品的价格应稍低；如消费者对价格的敏感程度较低，则产品的价格不妨制定得略高一些。

③ 消费者的习惯。如果本地居民有经常外出就餐的习惯，餐饮企业可将价格制定得高一些；但若本地居民没有外出就餐的习惯，则只能采取低价策略以吸引更多的消费者。

④ 经济形势。当经济形势好转时，消费者的可自由支配收入较多，光顾餐饮消费的次数就会有一定的增加，此时，产品的价格可适当提高；反之，就只能采取低价政策。

2）确定定价目标

餐饮企业首先必须确定餐饮产品的定价目标，定价目标越清楚，定价也就越容易。如果餐饮企业已经仔细地进行了市场细分，并选定了其目标市场，同时对餐饮企业及其产品进行了市场定位，那么对于这个餐饮企业而言，制定最终价格已不成问题。例如一些高档餐饮企业，它们拥有出众的硬件产品与优秀的服务及管理人员，这些服务对于那些追求豪华、舒适和体面生活，并且具备较强经济能力的顾客群体来说，价格较昂贵已不是首先要考虑的问题。

从理论上讲，任何一个餐饮企业都希望通过定价达到这样的几个目标：即生存目标、最大化利润目标、最高市场占有率目标、创新产品目标等。如果餐饮企业面临激烈竞争或消费者的需求改变等因素，通常会将企业的生存视为主要目标。在这种情况下，餐饮企业就应制定较低的价格以求增加产品的销量，此时生存比赢利更为重要。大多数餐饮企业定价的目标为追求本期利润最大化，这些企业根据市场需求和产品的成本制定使本期利润最大的产品价格。有些企业则以争取最高的市场占有率为首要目标，这些企业认为，自己若拥有最大的市场占有率，将可使经营费用降低，长期的利润将会提高。为了拥有较高的市场占有率，企业会尽可能制定较低的价格，以此扩大自己的销售量，并实现最高销售成长的目标。有些企业以创新产品为定价目标，这些创新产品的价格通常比较高，以补偿创新产品的高成本和开发费用。这类企业必须不断地开发、创造新的产品，以确保自己在市场上的地位。

3）预测产品成本

餐饮企业所制定的产品价格应包括其所有生产、销售成本，以及对酒店所做的努力和承担的经营风险的一个合理的报酬。也就是说，餐饮产品的定价必须抵偿所有的原料成本与费用，并获得一定的利润。因此，正确计算餐饮企业的成本与费用是餐饮企业进行餐饮产品定价的前提与基础。在计算成本与费用时一定要注意以下两点：一是成本的计算应该是餐饮企业所有的成本和费用，决不能有任何遗漏；二是必须做出详细的统计、计算和对成本与费用分析的明细表。

4）分析同行竞争对手价格

竞争对手是指那些地理位置相近，提供的产品和服务在内容和档次上相似或相同，其面对的客源市场也相同的餐饮企业。市场竞争对手的餐饮产品与价格会对本企业产品的价格和销量有很大的影响，可作为本企业产品定价的参考。如果竞争对手的产品与本企业类似，且企业的档次也相似，则产品的定价必须接近竞争对手的价格。

酒店的竞争分析可采用以下四个步骤来完成：

① 将本企业与竞争对手进行比较。比较的内容主要有：餐饮企业的地理位置、餐厅以及其他方面的服务质量和特色、餐饮企业的市场营销活动等。

② 分析竞争对手的独特销售点。在将各竞争对手同本企业进行逐项对比之后，应重点分析竞争对手的独特销售点（Unique Sales Points，USP）。独特销售点是指促使该餐饮企业区别于其他企业的要素和特点，是本企业所不具备的特点。

③ 寻找和分析经营机会。竞争分析还包括对竞争对手成功因素的分析，从中可以发现本酒店可能成功的领域。此外，还必须寻找竞争对手所忽略的经营机会，从中找到突破口。进行竞争分析需要详尽的竞争对手的资料，这些资料的收集可以通过实地观察和到该餐饮企业消费以获得第一手的资料（如菜单等）和印象，也可以从该餐饮企业的手册、服务指南和其他促销渠道中获得。

④ 做好数据统计、分析工作。对竞争对手的以上情况，特别是竞争对手的产品成本与价格，要在收集整理的基础上，进行图、表等形式的分析，为下一步选择准确、合理的定价方法做好准备工作。

5）制定毛利率标准

在以上工作的基础上确定毛利率标准。

毛利与售价之间的比率，称为销售毛利率（也称内扣毛利率），其计算公式为：

销售毛利率 = 毛利 / 售价 ×100%

毛利与产品成本之间的比率，称为成本毛利率（也称外加毛利率），其计算公式为：

成本毛利率 = 毛利 / 成本 ×100%

毛利率不仅反映着餐饮产品的毛利水平，还直接决定着企业的盈亏，关系着消费者的利益。在餐饮产品原料成本和相关费用不变的情况下，毛利率越高，销售价格就越高，利润也越高；反之，毛利率越低，销售价格越低，利润也越低。

6）选择定价方法

通过前面几步，餐饮企业的经营决策者手里已经有了至少三份统计资料的分析图表，即市场需求分析表、产品成本费用分析表、竞争对手（包括成本和价格在内）的有关资料统计分析图表。在这三份统计图表的基础上，就可以开始考虑制定本酒店的产品价格了。但是，尽管有一定的分析资料，餐饮企业的经营决策者往往还是处于对价格难以定夺的困境之中。价格定得过低，可能有利于对抗竞争对手的压力，但是却不能产生利润；一旦价格定得比较高，又将使需求萎缩，销售阻力将会增加。决策者常常就是在这两难中摇摆不定。一般说来，酒店产品的成本与费用规定了其价格的最低限度，即下限或底限。竞争对手同类产品的价格是餐饮企业产品定价的参照坐标，而餐饮企业产品相对于竞争对手同类产品所体现出来的独特性质，则是其定价的最高限度，即上限。也就是说，成本与费用、竞争对手同类产品的价格政策、产品的独特性，是制定酒店产品价格时应予以重点考虑的主要因素。酒店可以考虑上述三个主要因素的一个或几个来选择定价方法，制定出一个可行的最终价格方案。

2. 餐饮产品定价的方法

餐饮产品的价格是否合理，不仅关系到餐饮企业能否最大限度地吸引宾客，而且还影响到餐饮企业的盈利能力。因此，产品的价格对餐饮企业的经营成败具有举足轻重的影响。旅游涉外酒店及餐饮企业的餐饮产品定价方法较多，并且各不相同，每种定价方法各有优点和缺点。各酒店及餐饮企业应根据自己的具体情况及不同的产品类别灵活选用定价方法。

1）销售毛利率法

销售毛利率法是根据餐饮产品的标准成本和销售毛利率来计算餐饮产品销售价格的一种定价方法。其计算公式可作如下推导：

设 P 为销售价格；C 为原材料成本；M 为毛利；r 为销售毛利率。因为：

销售毛利率（r）= 毛利（M）/ 售价（P）×100%

则毛利为销售价格与销售毛利率之乘积：

$$M=P\cdot r \tag{1}$$

餐饮产品价格为原材料成本与毛利之和：

$$P=C+M \tag{2}$$

将式（1）代入式（2），得：

$$P=C+P\cdot r$$

整理得：

$$销售价格（P）= 原材料成本（C）/（1- 销售毛利率（r））$$

【例 1】某餐厅新增一种菜肴，其原材料成本为 5.40 元，餐厅对该菜肴规定的销售毛利率为 55.00%，计算该菜肴的销售价格。

根据公式得：

该菜肴销售价格 = 原材料成本 /（1- 销售毛利率）=5.40/(1−55%)=12 元

【例 2】某餐厅的鸡尾酒“两者之间”耗用的基酒成本为 8.50 元，辅料成本为 4.95 元，配料和装饰物成本为 0.14 元。餐厅规定调制饮料的销售毛利率为 60.00%。计算“两者之间”的销售价格。

首先计算“两者之间”的原材料成本：

调制饮料成本 = 基酒成本 + 辅料成本 + 配料和装饰物成本

=8.50 元 +4.96 元 +0.14 元 =13.60 元

再按销售毛利率法来计算其售价：

“两者之间”的销售价格 = 原材料成本 /（1- 销售毛利率）=13.60/(1-60%)=34 元

【例 3】某星级酒店餐厅的一款名为“尖椒牛柳”的菜肴，其原材料成为 14.00 元，餐厅对该菜肴规定的销售毛利率为 50.00%，计算“尖椒牛柳”的销售价格。

“尖椒牛柳”的销售价格 = 原材料成本 /（1- 销售毛利率）=14/(1-50%)=28 元

使用销售毛利率法进行餐饮产品的定价，可以让经营者清楚地知道餐饮产品的毛利在销售额中所占的比例，但不能反映每种餐饮产品的劳动力成本。

2）成本毛利率法

成本毛利率法是根据餐饮产品的标准成本和成本毛利率来计算餐饮产品销售价格的一种定价方法。其计算公式可作如下推导：

设 P 为销售价格；C 为原材料成本；M 为毛利；r 为成本毛利率。因为：

$$成本毛利率（r）= 毛利（M）/ 原材料成本（C）\times 100\%$$

则毛利为原材料成本与成本毛利率之乘积：

$$M=C\cdot r \tag{3}$$

餐饮产品价格为原材料成本与毛利之和：

$$P=C+M \tag{4}$$

将式（3）代入式（4），得：

$$P=C+C\cdot r$$

整理得：

$$销售价格（P）= 原材料成本（C）\times（1+ 成本毛利率（r））$$

【例 4】某餐厅新增一种菜肴，其原材料成本为 17.30 元，餐厅对该菜肴规定的成本毛利率为 85.00%，计算该菜肴的销售价格。

该菜肴的销售价格 = 原材料成本 ×(1+ 成本毛利率)=17.30 元 ×(1+85.00%)=32.00 元

【例 5】某餐厅的威龙干红葡萄酒的进价为 22.00 元，餐厅对国产葡萄酒规定的成本毛利率为 75%，计算威龙干红葡萄酒的销售价格。

威龙干红葡萄酒的销售价格 = 原材料成本 ×(1+ 成本毛利率)

=22.00 元 ×(1+75.00%)=38.50 元

【例 6】某星级酒店餐厅的一款名为“芹菜肉丝”的菜肴，其原材料成本为 4.00 元，餐厅对该菜肴规定的成本毛利率为 150.00%，试计算“芹菜肉丝”的销售价格。

“芹菜肉丝”销售价格 = 原材料成本 ×(1+ 成本毛利率)

=4.00 元 ×(1+150.00%)=10.00 元

用成本毛利率法进行餐饮产品的定价时，由于是以原材料成本为出发点，所以，经营者难以清楚地知道餐饮产品的毛利在销售额中所占的比例。

3）价格乘数法

价格乘数法是国外餐饮产品定价管理中所使用的一种方法，其主要步骤为：

① 收集餐厅计划资料。

② 计算餐厅可容成本 C_x，即用计划销售额 M 减去各种合理耗费 C、计划利润 m 和税金 m_n 的余额，亦即 $C_x=M-(C+m+m_n)$。

③ 计算价格乘数。价格乘数（r）= 计划销售额（M）/ 餐厅可容成本（C_x）。

④ 计算餐饮产品价格。餐饮产品价格 = 价格乘数（r）× 单位产品成本（C）。

【例 7】某酒店中餐厅年度计划食品销售额 800 万元，流通费用率 29%，餐饮利润率 35%，营业税率 5%。餐厅部分餐饮产品单位成本核定如表 5-1 所示。试用价格乘数法制定其产品价格。

表 5-1　某餐厅部分产品单位成本

产品名称	单位成本 c（元）	产品名称	单位成本 c（元）
炸烹虾仁	30.10	酱爆鸭片	20.50
特色鸡	25.80	椒盐花菇	15.60

解：餐厅可容成本为：

$$C_x=M-(C+m+m_n)$$

=800 万元 −[800 万元 ×(29% +35% +5%)]=248 万元

菜单价格乘数 $r=M/C_x$ =800 万元 ÷248 万元 =3.2258

由餐饮产品价格 = 价格乘数（r）× 单位产品成本（C），得餐厅部分产品价格如下：

炸烹虾仁：30.10 元 ×3.2258=97.10 元

特色鸡：25.8 元 ×3.2258=83.23 元

酱爆鸭片：20.5 元 ×3.2258=66.13 元

椒盐花菇：15.6 元 ×3.2258=50.32 元

价格乘数法的优点是：从餐厅经营的全局出发，充分考虑经营管理过程中的各种合理耗费，能够保证利润目标的实现；缺点是：价格乘数对各种餐饮产品都是相同的，产品价格高低主要取决单位产品的成本，不能充分反映名优产品的价格差别。

4）边际成本法

这种方法分析价格、销售量、边际成本、边际收入的相互关系，以实现企业利润最大化为定价目标。由微观经济学的理论得知：当边际成本和边际收入相等时，企业利润达到最大，餐饮产品的价格就以此时的价格为准。边际成本是指每增加一单位产品销售量所增加的成本。边际收入是指每增加一单位产品销售量所增加的收入。

【例 8】某酒店餐厅 12 月份计划成本费用总支出（包括固定费用、可变费用）、收入和利润如表 5-2 所示。餐厅原定每人次收费 75 元，预测月接待 1500 人次。如果价格下调，接待人次将增加，相应的结果如表 5-2 所示，试用边际成本法确定 12 月份最大利润的价格。

表 5-2　某餐厅 12 月计划表　　单位：万元

价格（元 / 人次）	预测接待（人次）	收入	边际收入	总支出	边际成本	边际毛利	净利润
75	1500	11.25	0.00	8.65	0.00	0.00	2.60
73	1710	12.48	1.23	9.20	0.55	0.68	3.28
70	2010	14.07	1.59	9.91	0.71	0.88	4.16
68	2310	15.71	1.64	10.65	0.74	0.90	5.06
65	2430	15.80	0.09	10.7	0.05	0.04	5.10
62	2550	15.81	0.01	10.7	0.00	0.01	5.11
60	2580	15.48	-0.33	10.55	-0.15	-0.18	4.93

解：根据所给条件，列表计算分析价格、接待人次、边际收入和边际成本，如表 5-2 所示。当边际收入等于边际成本时，餐厅利润达到最大。

分析可见：当价格为 60 ～ 62 元 / 人次时，可达到利润最大的定价目标。

相关知识

1. 影响餐饮产品价格的因素

餐饮企业在制定产品价格时的影响因素很多，餐饮企业的管理人员必须予以认真、充分的分析和研究，才有可能制定出有利于企业生存与发展的餐饮产品价格。影响餐饮产品定价的因素一般说来可分为两大类，即内部因素与外部因素。

1）影响餐饮产品定价的内部因素

影响餐饮产品定价的内部因素是指餐饮企业在定价时自己有能力控制的因素，如成本和费用、餐饮产品、档次、原料、工艺、人力资源、经营水平等。

（1）成本和费用

餐饮企业经营的最基本要求是餐饮产品的价格必须高于其成本和费用，只有这样，餐饮企业才有利可图，因此，成本和费用是影响餐饮产品定价的最基本因素。从餐饮企业的实际经营活动看，餐饮企业总的成本和费用中占较大比例的是固定成本和变动成本，不同的成本结构对企业的营业收入和利润的影响较大。表 5-3 说明了餐饮企业的成本、营业收入和利润之间的相互关系。

表 5-3　餐饮企业成本、营业收入和利润的关系　　单位：元

企业 \ 项目 收入	甲餐饮企业		乙餐饮企业		丙餐饮企业	
	正常收入	增收 10%	正常收入	增收 10%	正常收入	增收 10%
营业收入	100 000	110 000	100 000	110 000	100 000	110 000
固定成本	30 000	30 000	35 000	35 000	40 000	40 000
变动成本	55 000	60 500	50 000	55 000	45 000	49 500
总成本	85 000	90 500	85 000	90 000	85 000	89 500
利润	15 000	19 500	15 000	20 000	15 000	20 500
增减率	30.00%		33.33%		36.67%	

从表 5-3 可以得知，在营业收入变化相同的情况下，如果固定成本所占的比例较大，则餐饮企业的利润增幅也较大；反之，如果变动成本所占的比例较大，则餐饮企业的利润增幅就较小。

（2）餐饮产品

产品是企业定价的基础，只有优质的产品才能吸引消费者前来购买，当某些产品成为一种品牌时，定价就变得很容易。

西方一些专家、学者经过研究后认为餐饮产品由 5 个部分组成，每一个部分都可能给消费者带来满足或不满足。构成餐饮产品的 5 个部分如下：

① 地理位置。餐饮企业地理位置的好坏意味着可进入性与交通是否方便，周围的环境是否良好、是否具备宽敞的停车场地等。

② 设备与设施。餐饮企业的设备与设施包括餐厅酒吧的装修、装饰、内部环境等。

③ 服务。服务包括服务内容、服务方式、服务态度、服务效率等因素。

④ 形象。形象是指消费者对餐饮企业的地理位置、设备设施、服务、内外环境、企业名称等各项因素印象的综合。

⑤ 价格。价格既表示了餐饮企业通过其地理位置、设备设施、服务和形象给予消费者的价值，也表示了消费者从上述因素中所获得的满足。

（3）档次

餐饮企业档次的高低直接影响餐饮产品的定价水平。如“香菇菜心”在一家普通的社会餐馆的定价为 10.00 元，而在一家四星级酒店的餐厅，其定价可高达 30.00 元。这充分说明餐厅档次对定价的影响。

（4）原料

餐饮原料对价格的影响显而易见。如市场上普通的养殖甲鱼售价为 58.00 元 / 千克，而野生甲鱼的售价却高达 560.00 元 / 千克。原料成本不同，其定价必然不同。

（5）工艺

餐饮产品的制作工艺对定价水平的影响也非常大。一般说来，工艺复杂的菜肴，其销售价格较高，而工艺相对简单的菜肴，其销售价格则较低。如在一家餐厅中，其松鼠鳜鱼的销售价格为 68.00 元，而其清蒸鳜鱼的销售价格只要 48.00 元。

（6）人力资源

餐饮企业人力资源数量的多少和质量的高低势必会影响其定价水平。因为这涉及餐饮企业的经营费用。如果餐饮企业用工数量较多，为保证其正常的赢利水平，其定价水平必然较高；如果餐饮企业招用较多的名厨（厨师）、名师（服务师），其定价水平也必然较高。

某地两家同地段、同档次、同规模的酒楼，酒楼甲以每月 12 000 元的高薪聘用了当地的一位名厨，而酒楼乙则以普通的薪资聘用了一批刚从烹饪学校毕业的年轻厨师。结果是两家酒楼的价格水平相差 10% 以上。

（7）经营水平

某餐饮企业在当地连锁发展了 5 家餐厅，这 5 家餐厅的餐饮原料实行招标采购，结果因其进货量大而使餐饮原料的采购成本大大低于当地同类餐饮企业的进价，所以其菜肴的定价也因此低于同类餐厅而顾客盈门，经营形势相当乐观。

某四星级酒店的餐饮部为在激烈的市场竞争中生存并发展，每月举办一次“美食节”，并在“美食节”期间进行累计消费优惠促销活动，结果使该酒店的餐饮在当地成为一个品牌，生意一直红红火火。

2）影响餐饮产品定价的外部因素

影响餐饮产品定价的外部因素是指餐饮企业无法控制的、但对企业定价有较大影响的因素，如市场需求、竞争、市场的发展和环境等。

（1）市场需求

按照现代市场营销学的观点，企业必须在满足市场需求的基础上实现收入。因此，餐饮企业在进行产品定价时，必须充分了解市场需求，才能使企业实现自己的经营目标。但餐饮企业面对的市场需求不稳定，因此，餐饮企业应加强对市场的调查研究，并进行经常性的销售分析，以发现市场需求的变化动态及其规律，并采取相应的措施，以灵活的价格策略来吸引消费者。

（2）竞争因素

其他餐饮企业，特别是档次相近的餐饮企业的价格，对本餐饮企业价格的制定具有较大的影响和制约。如本企业的价格高于竞争对手，则无法吸引消费者。但若价格低于竞争对手，则很快便会引发一场降价大战，对任何企业都不利。因此，竞争价格、竞争产品等因素对餐饮产品的定价产生较大的影响，餐饮企业在制定价格策略时，必须要考虑到竞争因素。

（3）市场发展情况

市场发展过程一般包括初期缓增长阶段、腾飞阶段、高峰稳定阶段和下降阶段。不同的市场发展阶段要求制定不同的价格策略。如一家餐饮企业在正处于初期缓慢增长阶段的市场中开业，则该企业首先应对竞争对手的产品质量和价格等进行调查研究，并进行比较分析，然后制定相对比较低的价格策略，以便在这样的市场阶段赢得更多的消费者，并确立一定的竞争优势。

（4）环境

餐饮企业在制定价格策略时，必须考虑到企业所处的外部环境因素，如目前酒店及餐饮行业的状况和发展趋势；餐饮原材料的通货膨胀；国家有关价格、竞争、行业结构等方面的政策法规；社会公众及消费者的意见等。餐饮企业应认真分析这些环境因素，从而制定出既适合环境，又具有一定竞争力的价格策略，以保证企业的经济效益。

（5）本地区人民生活水平

餐饮企业的价格水平在很大程度上受到当地人民的平均生活水平的影响。一般说来，当地人民的生活水平高，餐饮企业的定价水平就会高一些；而如果当地人民生活水平较低，则餐饮企业的定价水平也就会低一些。当然，餐饮企业竞争的激烈程度也在很大程度上影响餐饮企业的定价水平。

中国香港九龙地区有一家名为“上海菜馆”的餐厅，规模不大，档次也一般，但其菜单上有一款称为“上海醉鸡”的冷菜，售价 98.00 元港币，青岛啤酒的售价为每瓶 26 元港币。可见当地人民生活水平与餐饮产品的价格水平之间的关系。这样的价格对许多大陆居民来说是天价，但对于香港居民而言，是较为合理的价格，因为一名普通的酒店服务员的月薪也高达一万港币。

（6）气候

气候对餐饮消费者的影响是较大的，如在炎热的夏季，某些清热降火类菜肴的销售量大增，其销售价格必然比寒冷的冬季要高，而冬季时火锅、沙锅类菜肴旺销，此类菜肴的价格也必然比平时有所上扬。

江南某星级酒店以餐饮闻名，当地四季的温度差异较大，在炎热的夏季，其菜肴价格比平时增加 10% 左右，但还是宾朋满座；而在寒冷的冬季，该酒店的菜肴价格比平时增加 15% 左右，但客人还需提前一周预订才能确保有餐位。管理人员经调查分析得知：一方面，本酒店的餐饮已经成为品牌，所以能吸引众多的消费者；另一方面，消费者在太冷、太热的情况下，不愿亲自下厨做饭，而酒店的中央空调充足，也是吸引客人的一大优点。

（7）消费者的心理价位

餐饮企业的价格水平必然受目标市场客源消费水平的影响。企业目标市场客人的消费水平较高，其产品的定价水平也较高，反之亦然。

某四星级酒店位于该市商业中心，入住酒店的商务客人较多，餐饮部为吸引住店客人前来餐厅消费，特别推出价格为 98.00 元 / 人的商务套餐，并在酒店前厅设置醒目告示牌，在客房等地放置商务套餐的宣传资料，结果是前来享用商务套餐的商务客人人数大为增加，且增加了商务宴会的销售。

2. 餐饮产品定价目标

1）以利润为导向（Profit-Oriented）的定价目标

餐饮企业往往要以经营利润作为目标。管理人员根据利润目标，预测经营期内将涉及的经营成本和费用，然后计算出完成利润目标必须完成的收入指标。

要求达到的收入指标 = 目标利润 + 食品原料成本 + 经营费用 + 营业税

例如：某餐厅要求达到年利润 200 000 元，根据以前的财务统计，餐饮原料成本占营业收入的 45%，营业税占 5%，部门经营费用占 30%，餐饮部分摊的企业管理费占 5%。预计明年这些项目占营业收入比例相差不大，那么明年餐饮营业的收入指标 TR 为：

TR=200 000 元 +45%TR+5%TR+30%TR+5%TR

$$TR=\frac{200\ 000}{1-45\%-5\%-30\%-5\%}=1\ 333\ 333\ 元$$

决定销售收入的大小有两个关键指标，一是座位周转率，二是客人平均消费额。通过预测餐厅的座位周转率，就能预测出客人的平均消费额指标：

$$客人平均消费额=\frac{计划期餐饮收入指标}{座位数\times 座位周转率\times 每日餐数\times 期内天数}$$

如果该餐厅有100个座位，预计座位周转率为1.12，每天供应午餐和晚餐，那么客人的平均年消费额指标为：

$$客人平均年消费额=\frac{200\ 000}{100\times 1.12\times 2\times 365}=16.50\ 元$$

根据目标利润计算出客人平均消费额指标，还应与顾客的需求和顾客愿意支付的价格水平相协调。在确定目标客人平均消费额指标后，就可以根据各类菜品占营业收入的百分比来确定各类菜品的大概价格范围。

2）以销售为导向（Sale-Oriented）的定价目标

在有些情况下，管理人员出于经营的需要，在定价时追求增加客源和菜品的销售数量。例如，有些餐厅所处的地点过于偏静，或餐厅的知名度较低，管理人员为吸引客源，增加菜单的吸引力，往往在一段时间内将价格定得低些，使顾客喜欢光顾从而使餐厅的知名度提高，有些餐厅在遇到激烈竞争时，为了扩大或保持市场占有率，甚至为了控制市场，也会以低价来增加客源。这些企业虽然会因低价而生意兴隆，但可能会得不到应得的利润，甚至不能产生利润。

3）以刺激其他消费为导向的定价目标

有些餐厅为实现企业的总体经营目标，如以增加客房或其他部门的客源作为餐饮定价的目标，可能会以较低的餐饮价格来吸引会议、旅游团体以及公务客人，以此提高客房出租率，使企业的整体利润提高。

在餐厅中，菜单上的有些菜品是无利甚至亏损的，但前提条件是这些菜品的销售必须能够刺激其他菜品的销售。如有的餐厅提供日式火锅，餐厅以象征性的收费甚至免费提供开胃头菜，如野山椒、泡菜、黄瓜条等，因为其成本很低，几样菜加起来不过一两元的成本。顾客却非常喜欢，吃完野山椒后问服务员："能不能再上一碟野山椒？"服务员欣然从命。餐厅的经营者意识到，如果顾客多点一碟野山椒，他很可能就会再多点一份鱿鱼或肥牛，其毛利远远超过那些头菜的成本。

知识拓展

餐饮产品定价策略

在餐饮企业经营中，价格策略是一项重要决策。因为只有价格科学合理，才会给餐饮企业带来营业收入并赢得利润；只有确定合理的定价策略，才能使企业获得最大化的营业收入。

定价策略有许多种方式，较常见的有满意利润策略、市场占领策略、声望价格策略、差别价格策略、竞争价格策略、心理价格策略等。也可以把这几种定价策略结合在一起，这就涉及综合定价的策略。实际上，酒店在选择定价策略时，很少只运用一种定价策略，大多数情况下是以一种定价策略为主，配合其他的定价策略，具有综合定价策略的特点。

1. 满意利润策略

这是一种介于撇脂定价策略与渗透定价策略之间的折中定价策略，它吸取了这两种定价策略的优点，采取两种价格之间的适中水平来确定创新产品的价格，既能保证餐饮企业获得较为合理的利润，又能为消费者所接受，从而使双方都满意。同时，餐饮企业还可根据市场需求的状况、市场竞争激烈程度、产品的新奇特程度和企业本身的实力（如知名度和美誉度的高低等），来确定产品偏高或偏低的价格。

2. 市场占领策略

餐饮行业是一个没有专利的行业，任何一种餐饮产品在推出不久就会使餐饮企业很快丧失优势。因此，餐饮企业在进行新产品定价时必须考虑到产品的生命周期。市场占领策略其实是指餐饮企业将创新的餐饮产品以较低的价格投放市场的策略。餐饮企业把产品的价格定得较低，以便迅速占领市场，增加该产品的销售量，并刺激其他产品的销售，从而使企业尽快获得较好的经济效益。

从企业经营角度来说，一家企业若要采用市场占领策略，最好能具备下列条件：

① 市场对价格高度敏感，低价有助于拓展市场。

② 随着销售量的增加，餐饮企业能降低产品的单位成本。

③ 低廉的价格可阻止竞争者进入市场。

3. 声望价格策略

所谓声望价格策略，是指根据餐饮企业的声誉和产品特质来定价，而不是根据产品的成本水平或价格惯性定价。

消费者经常把价格看作是产品质量的标志。知名度较高的餐饮企业或普通餐饮企业的高档餐饮产品在定价时应适当提高价格，这样既可提高本企业餐饮产品的身价，又衬托出消费者的身份、地位和消费能力，给消费者以心理上的极大满足。如价格过低，有些顾客反而会怀疑餐饮产品的质量低而不愿光顾。价格对他们来说也是反映质量和个人地位的一种标志。如客人消费了1650.50元，按声望定价法，其价格应为1800.00元。而如果餐饮企业接待的商务客人，还可定价为1 888.00元，以迎合他们求吉利的消费心理。但如餐饮企业接待的客人比较追求实惠，则应定价为1688.00元，既实惠又吉利。

4. 差别价格策略

差别价格策略又叫价格歧视策略，是指酒店按照两种或两种以上不同的价格销售同一种酒店产品和服务。这里所说的同种产品是指不反映成本比例差异的产品。差别价格策略在餐饮企业中的运用是比较广泛的，常见的有以下几种形式。

1）因人而异定价

因人而异定价也叫客人差别定价，是指酒店把同一产品或同一服务项目按不同的价格销售给不同的客人。这种价格策略听起来似乎有点不可思议，但在酒店中却经常用到，尤其是在那些高级的宾馆、酒店中。这主要是基于来自不同地区、国家的客人的经济收入指数的不同所采取的一种定价方式。比如，在某星级大酒店喝一杯咖啡，内宾的定价是 20 元人民币，而外宾的定价是 20 美元。在餐厅就餐也是有差别的，有的酒店是通过收取不同的币种来实现差价，有的则是直接用同一种钱币来标出不同的价格，也有的是在内宾销售价格的基础上再加一定比例的价钱。同样是内宾，有的酒店也有价格差别。如个人与团队、成人价和儿童价、残疾人价与正常人价、一般消费者与老年（如离退休老干部等）消费者等，这样可以利用不同的价格策略吸引不同层面的消费者。

2）质量差价

质量差价一般是指整个酒店的档次、等级的差价。如同一酒店的宴席包间，就有豪华型包间、高级包间与普通包间之别，其各种包间的定价也是有区别的；宴席则有高级宴席、普通宴席、风味宴席等区别，销售价格也不一样；即使同一种菜肴的价格也是有区别的，这主要取决于所用原料的质量等级的差异，同是螃蟹，有鲜活与冷冻之分，几乎所有的水产品都有这样的差别，其菜肴的定价自然就不一样。

3）区位差价

所谓区位差价，是指在同一酒店内不同的区域，或是同等级的酒店产品由于位置不同而对其制定不同的价格。在同一酒店内，地下餐厅与地上餐厅的产品价格是有区别的，一楼餐厅与最高层的旋转餐厅的产品价格肯定是不一样的。

运用差别价格策略时，经营者应注意以下几个问题：

① 市场必须是可以细分的，而且各个市场部分须表现出不同的需求。

② 付低价的细分市场的顾客无法将产品转手或转销给付高价的细分市场的顾客。

③ 低价产品或低价时的销售收入要大于其成本费用，不能亏本经营。

④ 价格差别不会引起客人的反感，因而差价要确定得恰到好处。

⑤ 采取的价格差别形式既要合理，又要符合价格法规。

差别价格策略实际上是经营者的一种创意。经营者在经营中发现差异，并使顾客接受这种差异的关键在于酒店的经营管理者能否避免对本酒店产品内外环境等方面熟视无睹，不断变换角度去观察周围的一切，就可能发现许多可以利用的细节，从而赢得差别价格策略的实际效益。

5. 竞争价格策略

竞争价格策略是指餐饮企业以竞争对手的价格作为自己定价的基本导向。在这种情况下，餐饮企业不会针对需求或成本的变化作出反应（除非需求或成本的变化也影响到竞争对手的价格），而是根据自己的消费对象、形象、市场营销组合、消费者的忠诚程度及其他因素，来制定低于市场、等于市场或高于市场的价格。目前，在我国的餐饮市场中运用这一定价方式的经营者很多。因为当前餐饮市场处于非常激烈的竞争中，如果经营者不能把握市场的价格走向，不能随时调整自己产品的价格，就会使自己处于被动局面中，而丧失其竞争力。因此，基于竞争的定价策略在餐饮行业中很是流行的。它简便易行，不依赖于需求曲线、价格弹性或者产品的单位成本。而且正在实行的市场竞争，无论是对消费者还是对餐饮企业来说都是公平的。更重要的一点是，按市场定价不会破坏竞争，因此一般不会导致报复。

基于竞争的定价方式主要有两个方面，即领导价格和竞争性投标价格。

1）领导价格

领导价格又称为价格领袖，是指在同质市场的价格竞争中，通常总是有一家（或几家）餐饮企业首先宣布价格变化，其他餐饮企业便随后跟着这样做，它们起到了带领市场价格变化的作用。领导价格的作用在于制定反映市场状况的价格。而不是破坏市场价格。因为这样的价格调整一般不会让消费者感觉价格增加太多或过度降价引发竞争对手之间的价格战。虽然有时这种价格战是不可避免的，但领导价格的本意却是积极的。

能够有资格起领导价格的餐饮企业，一般是那些市场份额较大、地位显赫、声誉较高并且受竞争者尊敬的餐饮企业，它们推动价格变革。

2）竞争性投标价格

竞争性投标价格是两家或两家以上的餐饮企业向特定客户的特别需求的报价。比如，某外国投资公司要举行每年一度的庆典活动，他可以把详细的要求同时通知几家酒店，然后，根据各酒店做的计划与报价选择其中的一家。因此，在餐饮行业运用竞争性投标价格的范围是比较窄小的，它只适应于一些特殊的餐饮产品或业务。

6. 心理价格策略

大部分情况下，价格是消费者购买过程中最为敏感的因素。根据现代营销学的观点，适销对路才能令消费者真正满意。因此，消费者对餐饮产品满意程度的高低直接影响餐饮产品的定价。心理价格策略是指从消费者的心理反应出发来刺激其消费动机，达到促销、多销目的的定价策略。

1）尾数定价策略

根据心理学的分析和市场调查的统计数据显示：在消费者的心目中，4.90元与5.00元，9.90元与10.00元，38.00元与40.00元，99.50元与100.00元的对比定价，在理性地认识时，这些价格是一回事，但消费者对这些价格的心理反应却是完全不一样的。因此，针对消费者不同的心理反应，餐饮产品的定价应遵循以下要求：

① 餐饮产品的尾数应为奇数。根据西方市场营销学家的经验，餐饮产品的价格尾数一般应为奇数，特别应当为5或9。因为餐饮企业长期以来一直采用这样的尾数，而消费者也已经习惯。另外，以5或9为尾数的定价会使消费者认为餐饮企业给了他们一定的折扣。根据美国心理学家的调查，如果某一菜肴的价格从1.99美元降至1.96美元，该菜肴的销售数量反而会下降。

美国的心理学调查显示：价格在6.99美元以下的餐饮产品的价格尾数通常应为9，使消费者认为餐饮企业为扩大销售量，而有意给他们1美分的折扣。如某菜肴的价格为2.99美元，顾客会认为该菜肴的价格应当是3.00美元。而价格在7.00美元以上的餐饮产品的价格尾数通常应为5，以使消费者认为餐饮企业给了他们5美分的折扣。因为价格高的菜肴应该有较大的折扣。此外，到价格较高的餐饮企业去消费的客人会认为以9为尾数的价格是廉价餐饮企业的标志，与他们的身份和地位不相称。因此，以5为尾数的价格更能满足这类顾客的消费心理。如果餐饮产品的价格超过了10.00美元，尾数为0也是很常见的。但餐饮企业在制定具体的价格时，也应充分利用顾客的消费心理，如应定价为29.00美元，而不应定价为30.00美元。

② 餐饮产品的价格尾数应为 6、8 等吉利数字。根据我国大多数餐饮企业的实践经验，中国的餐饮消费者在就餐时图吉利，因而更容易接受 6、8 等较为吉利的数字。因此，餐饮企业在具体的定价实践中，必须充分重视这些吉利数字的利用。如许多餐饮企业的菜肴价格定为 6.00 元、8.00 元、16.00 元、18.00 元、28.00 元、68.00 元、38.00 元、98.00 元、288.00 元等，也将一些婚宴的价格定为 688.00 元／桌、888.00 元／桌、1288.00 元／桌、1688.00 元／桌等，均是为了迎合客源市场的消费心理。

③ 注意定价中的第一位数字。消费者通常会根据餐饮产品价格的第一个数字来作出消费决策，一般认为菜肴价格中的第一个数字要比其他数字更重要。如消费者会认为 7.9 元与 8.10 元两种价格之差要比 7.70 元与 7.90 元两种价格之差大得多。因此，餐饮企业宁愿将菜肴的价格从 7.20 元调整至 7.70 元，也不愿意将菜肴的价格从 7.90 元调整至 8.10 元。

④ 应尽量让价格保持在一定范围内。心理学家的调查显示：消费者常常把某一价格范围看成是一个价格，如他们经常会把 8.60 元 ~ 13.90 元看作是 10.00 元；把 14.00 元 ~ 17.90 元看作是 15.00 元；把 18.00 元、24.90 元看作是 20.00 元等。因此，餐饮企业在进行产品定价或调整价格时，应将产品价格确定在一定的范围内，就较容易为消费者所接受。

⑤ 价格不宜频繁调整。餐饮企业的价格调整过于频繁或幅度过大，很容易引起消费者的反感。因此，餐饮企业通常每次调价的幅度不宜过大，调价次数也不宜过于频繁，如快餐厅一年内的调价次数不应超过 3 次。

2）整数定价策略

一般的消费者在购买某种商品时，对产品的制作过程或烹调技艺等并不了解，当然也无须去了解。但许多消费者都具有“一分价钱一分货”的价值观念，因此，餐饮企业在制定餐饮产品价格时，应将产品的价格调整到代表产品价值效用数附近的整数，以使消费者比较容易接受并选购。如餐饮企业的饮料价格一般确定在 10.00 元、8.00 元、6.00 元等，而酒类的价格又通常定价为 98.00 元、60.00 元、48.00 元、28.00 元等。

3）习惯性定价策略

这是根据市场上同类水平的餐饮档次或以往产品价格的惯性来定价的一种策略。大部分客人在购买某种产品或是到某酒店去就餐前，都有自己一种习惯性的对产品价格的判断。这种习惯性判断一般来自于两个方面：一是自己的购买消费经验，比如用以前在同样水平的酒店宴客时的消费标准来判断另一家酒店的价格水平，因此，餐饮企业在定价时就要根据客人的这一心理特点，充分了解与自己档次相同的酒店的价格水平；二是根据产品的价值与质量来判断，比如三星级大酒店在消费者的心目中应该是一个什么样的价格水平，五星级大酒店比三星级酒店的价格应该高出多少，消费者心里都有一种习惯性的评价，如果酒店的实际价格远远超出了客人习惯性对价格的判断，就会引起客人的警觉，以至于对这里的产品定价产生怀疑。

4）折扣定价策略

在实际定价工作中，餐饮企业通常会适当提高餐饮产品的价格水平，再给予消费者各种优惠或折扣，鼓励消费者大量消费本企业的餐饮产品，以达到餐饮产品大量销售的目的。从严格的意义上说，折扣定价的策略完全是利用消费者乐于享受各种优惠待遇的心理需求。因此，只要是打折，看上去就是比原来的价格要便宜些。但其实则不然，因为折扣的定价策略包含了真实折扣和虚假折扣两种形式。

所谓真实折扣是指经营者在原有产品价格的基础上给消费者实实在在的折扣，使客人实际用于购买的价格确实比原来得到了优惠。而虚假折扣则是经营者为了用打折来吸引消费者，但又要尽可能地保持原有的价格水平，就要预先把价格提高到一定的价格水平，使折扣后的实际价格与原来核定的价格水平基本保持相当。无论真实折扣还是虚假折扣，对消费者来说都具有一定的吸引力，因此，餐饮行业中运用得极为广泛。具体运用时有如下几种做法。

（1）数量折扣

数量折扣是指给予消费数量达到一定金额的消费者以某种折扣优惠。当消费者一次性消费的金额达到餐饮企业规定的要求时，就可得到某种折扣优惠。购买数量越多，折扣也就越大，以鼓励并刺激消费者一次性大量消费本企业的餐饮产品。累计折扣应用于多次性消费。对于餐饮消费者来说，累计折扣更有吸引力。对于餐饮企业来说，累计折扣可使消费者重复、多次购买本企业的产品，可起到促销的作用。

（2）时段折扣

所谓时段折扣是指根据客人就餐的不同季节、日期、时间等采取不同层次的折扣优惠的价格策略。餐饮经营的特点之一是餐饮消费受就餐时间的限制。因此，餐饮企业为扩大餐饮销售，通常会在营业的非高峰期间给予消费者以消费折扣优惠，这在星级酒店的咖啡厅、酒吧等处特别常见。如某星级酒店的酒吧规定在下午 2 时至 6 时，凡在酒吧消费的客人人均消费 188 元可得到“买一赠一”的折扣优惠。即在规定时段内，客人消费一份饮品，酒吧就赠饮一份同样的饮品。这就是大多数酒吧经常推出的半价销售的“快乐时光”（Happy Hour）活动。

（3）实物折扣

餐饮企业为鼓励客人大量消费本企业的餐饮产品，可给予消费者以实物的刺激，也会收到较好的效果。实物折扣对于老顾客和有消费潜力的新顾客具有较大的吸引力。如餐饮企业为来就餐的外国客人赠送筷子、中式点心、当地的小纪念品。又如餐饮企业为国内的餐饮消费者赠送菜肴、茶点、水果及纪念品等。再如某星级酒店为吸引更多的客人来餐厅消费，特别规定：凡在餐厅一次性消费满 2 000.00 元以上者，将免费在本酒店的 1 间标准客房住宿 1 天。此举推出后，来酒店餐厅消费的客人大为增多，消费量大为增加。

（4）功能折扣

功能折扣也叫推销津贴，有些餐饮企业会给予对企业有贡献的客户以一定数量推销津贴。推销津贴可以是现金，也可以是本企业的餐饮消费券或其他形式的奖励。

有些餐饮企业为鼓励本企业的员工多向食客推销餐饮产品，也制定了一些奖励措施，给予那些在日常工作中销售出色的员工以一定的推销津贴。例如，某大酒店规定：凡是本酒店的员工都有推销本酒店产品的义务，员工每推销一桌宴席，可从销售额中提取 10% 的功能折扣，以此来鼓励员工主动招徕客人。

技能训练

给“清蒸鲩鱼”定价

<table>
<tr><th colspan="2">实　训　内　容</th></tr>
<tr><td colspan="2">训练目的：掌握用毛利率定价法给菜肴定价
相关资料：清蒸鲩鱼一份。主料为新鲜鲩鱼 725 克，计 12 元，配料笋片、黑木耳、葱等 2 元，调料 1 元。餐厅规定销售毛利率是 50%，试制定该菜肴的售价。原料成本数不变，餐厅规定的成本毛利率是 50%，试制定该菜肴的售价。
训练程序：
① 了解毛利的构成。毛利是餐饮产品的售价减去直接成本（食品成本）后的部分，它包括加工制作及销售中的费用、税金和利润。计算公式为：
毛利 = 产品售价 − 原料成本
　　= 费用 + 税金 + 利润
② 了解毛利率计算方法。
③ 计算“清蒸鲩鱼”的价格。
销售毛利率法。根据公式可得：售价 =（12+2+1）/（1−50%）=30 元
成本毛利率。根据公式可得：售价 =（12+2+1）/（1+100%）=30 元</td></tr>
<tr><td>训练提示</td><td>毛利率不仅反映着餐饮产品的毛利水平，还直接决定着企业的盈亏，关系着消费者的利益。通常在餐饮企业应用中，除了另有说明外，毛利率一般指的就是销售毛利率（内扣毛利率）。</td></tr>
<tr><td>思　考</td><td>请你试着用其他方法为这道菜肴定价 ______________________________
______________________________</td></tr>
</table>

思考与练习

1. 先进行市场调查，然后用所学过的定价方法，试着给你所喜欢的菜肴定价。
2. 对附近的餐饮企业进行调查，看看它们在给自己的产品定价时通常采取哪些策略。
3. 餐饮产品定价方法有哪些？如何根据不同的情况采取不同的定价方法？
4. 餐饮企业有哪些常见的定价目标和定价策略？
5. 餐饮产品定价的步骤有哪些？
6. 案例分析：

不明不白的小菜

邓小姐和 8 位同事在深南路某三星级酒店用餐，服务员先端来了四碟小菜及酒店自制一罐酱菜，邓小姐和同事按酒店提供的菜谱点了 8 个菜，按她们点菜的价格不足 400 元，外加酒水，总价约 500 元。可结账时，账单却超过 1000 元，打完折后也有 800 元。邓小姐一查账单，发现小菜一碟 5 元、那罐自制酱菜则收了 50 元、还有纸巾、茶位费、服务费等。点菜以外的费用竟然与主菜的价格持平。由此引发纠纷。

思考：作为酒店、餐饮企业该如何对产品定价做好自律？

任务二 餐饮产品销售计划与控制

由于餐饮产品的原料贮存期短，许多原料要根据当日生产计划采购和准备，所以餐饮产品的生产和销售更需要用计划进行指导。另外，餐饮产品采购、制作、销售服务之间的时间间隔很短，餐饮产品的生产直接与销售量和客人的需要量相关，餐饮品种和数量的生产计划要直接以销售预测作为基础，因而需要餐饮管理人员精心筹划，做好餐饮产品销售计划，尽可能做到采购多少、生产多少、销售多少。如果餐厅对销售控制不严，会使餐厅蒙受损失。

任务导入

某酒店是一家以接待商务客人为主的四星级酒店，在分析近期经营情况时发现，酒店的客情渐旺，住房的出租率由60%提高到90%，但酒店的早餐营业收入却不见变化，上座率基本不变。总经理将这个情况告诉了餐饮部经理，希望他对此进行分析，找出原因。餐饮部经理进行调研后发现是早餐服务和一些菜肴存在一些问题，他决定采取一些行之有效的措施，改变这一状况，争取早餐收入随客房出租率同比例增长。

思考

如何及时正确进行菜肴销售分析与统计工作以便及时发现问题？

任务描述

管理人员如果忽视销售控制这一环节会造成很大的漏洞。由于餐饮业的特殊性，很多餐饮业管理人员具有丰富的现场管理经验，但是如何使自己的管理更加现代化和科学化？经营情况数据化就是其中一个手段。经营情况数据化可以使管理人员非常明确地掌握自己所负责区域的经营情况，从而提出针对性的改进举措。餐饮部经理应与财务部密切配合，分析有多少住店客人来餐厅用餐，菜品的受欢迎程度如何。对菜肴质量进行检查，与员工一起分析原因。如是否是菜肴质量有问题，或是菜肴品种缺乏变化及特色。根据当地特点和客源分布情况开发特色菜肴，制定适合客人需求的销售价格，加强宣传和推销。因此，你要学会制定餐饮产品销售计划，掌握餐饮营业场所的销售决策方法，懂得如何进行餐饮销售控制。

任务分析

为何有些餐饮企业明明生意很好，但最终却赢利很少，甚至出现亏损的状况？虽然原因很多，但很大程度上与产品的价格以及销售控制有着密切关系。销售控制的目的是要保证餐厅向客人提供的菜品都能产生收入。成本控制固然重要，但销售的产品若不能得到预期的收入，则成本控制的效果就不能实现。制定销售计划后，餐厅应尽可能精确地预测销售数量。这样就可对采购数量、生产的品种及工作人员的安排做出全面、合理的决策。但是，由于餐厅的客流量和顾客对菜肴的需要量随机性很大，会受各种因素的影响而经常变化，因而比较难精确地预测未来的销售量。一般餐厅都是在掌握过去经营情况的基础上，在经营条件没有很大变化的条件下，根据以往的销售数量，按科学的方法找出其销售趋势和规律，然后根据这些规律来预测将来的销售量。

任务实现

1. 餐饮产品销售统计

餐饮销售统计是以书面形式记录餐厅菜肴的销售份数。销售统计的复杂程度取决于餐厅经营品种的数量、信息的详细程度以及信息的用途等。

1）原始记录

消费者订菜的数量记录基本上来自餐饮第一线的餐饮销售人员——餐厅服务员。服务员在接受就餐者点菜时，将客人点菜的有关信息（菜名、价格、分量、台号等）记录在“点菜单”上。点菜单所记录的信息必须完整、清楚、准确。这些信息通常可以从以下途径获取。

（1）收银员的即时统计

餐厅收银员在接受服务员传递的点菜单、开具用餐账单的同时，应做好各种菜肴的销售数量记录。这种信息可以记录在预先准备好的菜肴销售记录卡上。销售记录卡如表 5-4 所示。

表 5-4　某餐厅菜肴销售记录卡

日期：2008.12.25　　星期：四　　餐别：晚餐　　天气：小雪

菜肴名称	销售份数	总数 / 份	单价 / 元	销售额 / 元
炸烹虾仁	正正正正	20	30.00	600.00
特色鸡	正正正正正正	30	28.00	840.00
酱爆鸭片	正正正正	20	22.00	440.00
椒盐花菇	正正正	15	18.00	270.00
总　数		85		2150
客人数	正正正正正正正正正正正正正正正正正正正正正正正正正正正正正正正正 正正正正正正正正正正…			280 人

这种方法的特点是：信息收集及时，无需专门人员在数据累计后再作专门统计，不需要增加额外的人工费用。但要求收银员必须仔细、完整地做好记录。

（2）收餐后的事后统计

有些餐厅的收银员当班时工作繁忙、业务量大，不能及时做统计工作，可以在每餐结束后将点菜单连同账单交给财务部，统计方法如前。但这种形式较费时间。

（3）计算机统计

计算机已经进入酒店各方面的业务管理，目前许多酒店普遍采用计算机进行统计。利用计算机进行餐饮销售统计工作，必须对计算机安装相应的计算机统计管理软件。

2）信息的汇总及使用

餐饮销售统计管理人员在获取餐饮销售统计数据之后，可以选用不同的方式将数据汇总。常见的汇总方法如下：

（1）按经营日期汇总

所谓按经营日期汇总，就是将每日的销售统计数据按日历日期排好，每周或每月列在一张纸上予以汇总。此种汇总方法的作用为：

① 反映菜肴总销售趋势及各菜肴销售趋势，可以预计下周、下月和次日的菜肴销量，便于作好生产计划安排。

② 通过销售数量的统计，了解各菜肴的受欢迎程度，便于及时对菜单进行分析和调整。这种按经营日期汇总的方法如表 5-5 所示。

表 5-5　某餐厅按经营日期销售统计汇总表

日　期	1 2 3 4 5 6 7 8 9 10 11 12 13 14
星　期	一 二 三 四 五 六 日 一 二 三 四 五 六 日
品　名	销售份数 / 份
炸烹虾仁	
特 色 鸡	
酱爆鸭片	
椒盐花菇	
…	
总　数	
客人数 / 人	

（2）按每周各天的形式汇总

按每星期中的各天分别统计销售数据。将数据按周一、周二、……、周日分别汇总。这种销售统计方法能反映出一周中每天客流量的变化情况与各天的销售规模及规律，了解一周中每天各类菜肴的销售份数，便于计划一周中每天各菜肴的销售与生产数量以及相应的人员配备。按每周的形式汇总如表 5-6 所示。

表 5-6　某餐厅按每周各天的销售统计汇总表

星　期	星期一	星期二	星期三
日　期	1 8 15 22 29 小计	2 9 13 23 30 小计	3 10 …
品　名	销售份数 / 份		
炸烹虾仁 特 色 鸡 酱爆鸭片 椒盐花菇 … 总　数			
客人数 / 人			
销售额 / 元			
平均消费额 / 元			

（3）按销售时段汇总

许多餐厅对各时段的销售额和客人数量进行汇总统计。对于快餐厅、咖啡厅和酒吧，这种统计汇总更为重要。因为这些经营场所营业时间长，在清淡和高峰时段的需求量波动显著。掌握各时段的销售数据，能帮助餐饮管理人员作好生产时间的安排及不同生产时间生产数量的计划，帮助管理人员确定职工工作的班次和职工人数的安排。同时，该信息还能显示出餐厅营业的清淡时段，以便策划清淡时段的推销活动。表 5-7 所示为某咖啡厅在中午 12：00 到晚上 24：00 的经营时间内对销售额和客人数量的统计数据。

表 5-7　某咖啡厅的销售额和客人数量统计表

时　　段	客人数量 / 人	销售额 / 元
12：00~13：00	16	800
12：00~14：00	45	2350
14：00~15：00	45	2150
15：00~16：00	26	135
16：00~17：00	3	160
17：00~18：00	4	210
18：00~19：00	23	1150
19：00~20：00	39	2005
20：00~21：00	48	2410
21：00~22：00	49	2500
22：00~23：00	36	1810
23：00~24：00	24	1200
总计	358	18095.00

（4）按各菜肴销售数的百分比汇总

不少餐厅除了统计各菜肴的销售份数外，还统计各菜肴的销售百分比。进行这种统计往往不能只取一天的数值，因为一天的数值有许多偶然因素，很难反映出规律性，所以要取一段较长时间的数据。表 5-8 所示即为某餐厅累计的有关菜肴销售百分比的数据。

表 5-8　某餐厅有关菜肴销售百分比统计表

品　　名	销售份数 / 份	占销售量的百分比 /%
炸烹虾仁	1803	28.52
特色鸡	1952	30.88
酱爆鸭片	1431	22.64
椒盐花菇	1135	17.96
总数	6321	100

各菜肴销售百分比统计，对于各菜肴的销售预测和制定各菜肴生产计划具有极大的参考价值。如销售百分比是较长时间的累积值，则能较客观地反映出各菜肴的销售和需求规律，在预测未来的菜肴销售总额后，可与此比例进行比较，预测各菜肴的销售量，并根据销售量作

好各菜肴的生产和销售计划。除此之外，这种信息对分析菜单上各菜肴受欢迎程度、决定是否继续提供某种菜肴有重大意义。

2. 餐饮产品的销售预测

预测是利用得到的相关数据对未来进行估计，是对未来的一种有根据的推测。如果能对未来的销售量作较精确的预测，就能适当地做好餐饮采购和生产计划，能够正确地安排每天各种菜肴的生产份数，避免盲目采购和生产，有效降低食品饮料变质和丢失的几率，减少浪费。

1）菜肴销售的总量预测

对菜肴销售总量的预测需要应用销售记录的数据。餐饮企业若能每天分别统计各种菜肴的销售量，进行销售预测就比较容易。假如餐饮企业要求预测下周一的销售量，就要先列出上一个月中各星期一全部菜肴的销售总数，然后采取加权平均法求出预测值。

例如，某餐饮企业在 1 月份各星期一的有关菜肴的销售总数以及加权值如表 5-9 所示。

表 5-9 某餐饮企业 1 月份各星期一的有关菜肴的销售汇总表

日期	菜肴销售数 Q/ 份	各销售数据的权数 W	加权值 QW/ 份	理论预测值 / 份
01.01	128	1	128	
01.08	124	1	124	
01.15	123	2	246	
01.22	131	2	262	
01.29	125	3	375	
合计	631	9	1135	
02.05				1135 ÷ 9 ≈ 126

加权平均预测法是给予以往的销售数据以不同的权数，越近的数据给予的权数越大，然后将加权值相加除以总权数，求出平均值。其计算公式为：

$$\bar{x}=(Q_1W_1+Q_2W_2+\cdots+Q_nW_n)/(W_1+W_2+\cdots+W_n)$$

式中：Q_i 为销售数；W_i 为权数。在上例中，理论预测值的计算如下：

$$\bar{x}=(128\times1+124\times1+123\times2+131\times2+125\times3)/(1+1+2+2+3)=126.11\text{ 份}\approx126\text{ 份}$$

加权平均法能反映销售趋势，也能消除由于偶然事件而引起数据非规律性的变化。尽管如此，按数学公式计算出来的预测只能是理论预测值，实际工作中还要考虑季节、天气等因素。若是酒店中的餐厅，还要考虑客房出租率，是否有会议和团队用餐、宴会预订等因素。用数学方法计算得到的数据考虑上述几种因素，再加上一定保险值，就得出菜肴销售的预测值：

预测值 = 理论预测值 ± 特殊情况增减值 + 保险值

在上例中，若根据气象预报下周一会下雨但无其他特殊情况，管理人员根据经验，估计下雨大概售销量会减少 50 份，为保证供应，加上理论预测值 10%的保险值，这一天的预测值应为：

126 份 ×(1+10%)−50 份 =88.6 份≈ 89 份

这种预测方法十分简单，也比较实用，适合需要每日计划生产量的餐厅使用。

2）各菜肴的销售份数预测

如果某预测日的菜单与以前的可比日的菜单无大变化，并且该日没有大的特殊餐饮活动，则可使用前述“各菜肴销售百分比”记录数据来预测各菜肴的销售份数。

首先，预计被预测日的全部菜肴的销售总数，然后，查出根据一段较长时间统计的各菜肴占总销售数的百分比来进行预测。在上例中，被预测的2月5日的销售总数、各菜肴所占的百分比统计值以及各菜肴的理论预测值如表5-10所示。

表5-10　各菜肴所占百分比统计表

品　　名	占销售总数的百分比统计值%	预测销售份数/份
炸烹虾仁	31.11	38
特色鸡	18.89	24
酱爆鸭片	37.78	49
椒盐花菇	12.22	15
2月5日预测总数	100	126

显然，各菜肴销售份数的理论预测值，只要将该日销售总数预测值乘以各菜肴占总数的百分比即可。管理人员还应根据该日是否有大的宴会和餐饮活动的计划，对理论预测值进行调整。

上述预测方法有以前的销售统计数据作依据，具有一定的科学性，再加上管理人员对经营情况的判断，因此这种预测方法十分简单，具有一定的实用性。但是此法比较粗糙，在很大程度上要依赖于管理人员的经验判断。

销售预测是生产管理的一个重要环节，对于餐饮生产品种和数量的计划、人员的安排起着指导作用。主厨师长可以利用销售预测数据计划菜单上每个菜肴的生产份数，要求采购员采购适当量的原料。

3. 餐饮产品的生产与销售计划

餐饮产品的生产与销售计划，规定了各菜肴计划生产的份数，反映了各菜肴的预测销售数量，为制作人员和服务人员规定了生产和销售指标。餐饮生产与销售计划由餐饮部经理或相应的管理人员负责编制，餐饮产品生产与销售计划如表5-11所示。

表5-11　餐饮产品生产与销售计划表

日期：2008.12.25　星期：四　餐别：晚餐		
菜　肴　名　称	预测值/份	调整后预测值/份
炸烹虾仁	15	20
特色鸡	25	27
酱爆鸭片	41	48
椒盐花菇	27	29
总数	108	124

4. 餐饮营业场所的销售决策

餐厅在做销售和经营决策时，要以企业能获得尽可能大的经济效益为前提。这里介绍餐厅营业时间决策、清淡时间价格折扣决策及亏损先导推销决策等销售决策方法。

1）餐厅营业时间决策

影响餐厅营业时间的原因有很多，这里主要介绍营业最低销售额的确定。

根据相关的经营数据，能够算出餐厅开业要求达到的最低销售额。若餐厅在早上较早、晚上较晚时间内达到该销售额，则餐厅开业比不开业更为合理。开业要求的最低销售额可按下式计算：

开业要求的最低销售额 = 开业所增加的固定费用 /（1- 食品饮料成本率 - 其他变动费用率 - 营业税率）

例如，某餐厅在晚 9：00 ～ 10：00 开业需增加人工费 120 元，增加其他固定开支 80 元，食品饮料成本率为 35%，其他变动成本率为 10%，营业税率 5%。餐厅开业最低应达到的销售额为：

（120+80）/（1-35%-10%-5%）=400 元

如果餐厅在该段时间内得不到 400 元销售额，关门比开门更为合适些。

2）清淡时间价格折扣决策

根据价格的需求弹性理论，通常降低价格会提高销售数量。许多企业试图利用价格折扣来提高利润。有许多企业为了提高座位周转率，在生意清淡时间段中进行价格折扣。在作价格折扣决策时，必须研究价格折扣对盈利的影响。

（1）短期价格折扣法

一些酒店为鼓励客人在生意清淡时间里消费本酒店的餐饮产品，给予消费者以实物的刺激，如为就餐客人赠送茶点、酒水、水果或纪念品等。也有的酒店在生意清淡的时段中推出“快乐时光”的推销活动。例如推销鸡尾酒时采取“买一送一”的优惠政策，或者以发展就餐俱乐部的形式对会员采取“一份价格买二份”政策。这种折扣政策是否有效，必须对降价前后的毛利进行比较，算出降价后的销售量达到降价前的多少倍，这项折扣决策才算合理。其计算公式为：

降价后销售量需达到降价前的倍数 = 降价前每份菜肴（饮料）的毛利额 / 降价后每份菜肴（饮料）的毛利额

例如，某酒店的酒吧考虑在生意清淡的时段利用“快乐时光”推出“买一送一”的鸡尾酒推销活动。鸡尾酒每杯原价为 4.5 元，饮料成本率是 25%，降价后销售量为降价前的倍数为：

（4.5 元 -4.5 元 ×25%）/（4.5 元 ×50% -4.5 元 ×25%）=3

如果降价后的销售量超过降价前的 3 倍，也就是增加 200%的话，这项推销决策是有效的。

(2) 长期价格折扣法

在有限的短时间内作推销，对增加销售量的计算只要考虑毛利额。但在较长的经营时间内作推销，还要考虑偿付固定成本、企业获得的利润以及平均降价率。例如某餐厅在每周一到周五下午的 3：00 ～ 6：00 的“快乐时光”中推行“买一送一”的降价活动，这项推销虽然在该段时间内降价 50%，但对于整个经营时间来说平均折扣率不是 50%，而是 20%。这项推销决策是否有效取决于降价后的销售额能否达到下述水平：

$$降价后需达到的销售额 =（企业要求获得利润 + 固定成本）/\left(1-\frac{降价前的变动成本率}{1-拟定的降价率}\right)$$

例如，某餐厅准备在周一到周五的下午 3：00 ～ 6：00 进行“买一送一”的推销活动。餐厅每月的固定成本额为 200 000 元，餐厅要求获得月利润为 100 000 元，降价前的变动成本率是 60%，由于每周只有五天降价，每天只有 3 小时降价，所以平均折扣率约为 20%。在降价前企业要完成 100 000 元的利润，需达到的月销售额为：

降价前要求达到的销售额 =（100 000+200 000）/（1-60%）=750 000 元

若要获得同样利润，降价后需达到的月销售额为：

$$降价后需达到的销售额 =（100\,000+200\,000）/（1-\frac{60\%}{1-20\%}）=1200\,000\text{ 元}$$

外出就餐享用的往往是一种享受性产品，而不是一般的必需品，故价格下降通常会引起销售量的增加，但并不是每项降价决策都能得到明显的效果。管理人员必须详细记录降价前后的就餐人数和销售额等数据，比较实际销售额能否达到上述应达到的水平。如果不能达到，就应立即采取措施，改进或取消这项推销活动。

3）亏损先导推销决策

亏损先导（Loss Leader）产品，是企业经过选择将哪些产品价格订得很低，用来作诱饵吸引客人光顾餐厅的产品。

（1）次级推销效应（Secondary Sales Effect）

分析这些产品降价推销的效果，不能只分析这一产品降价前后的盈利性，还必须分析它们的“次级推销效应”。

“次级推销效应”就是某产品的推销对其他产品的销售带来的影响。顾客被诱饵产品吸引进入餐厅时，通常还会购买其他产品。特别是餐饮产品之间具有互补性。一种产品的销售往往会刺激另一种产品的销售。例如西餐主菜菜肴的降价会增加葡萄酒、开胃品、甜品的销售量。前面提到的“快乐时光”或就餐俱乐部的饮料降价决策，还会使餐厅增加顾客并增加其他产品的销售额。

假如某餐厅为增加客源，向前来就餐的客人免费提供一杯葡萄酒，这项推销活动会使餐厅的食品收入提高，预计它对餐厅会产生下述影响：

① 由于免费推销葡萄酒，这部分葡萄酒的销售不产生收入。预计客人会增加一倍，从原先的200位客人增至400位，每位客人的平均消费额为5.5元，则销售额将从1 100元增加到2 200元。

② 由于客人增加一倍，所用饮料的成本总额也增加一倍，即从80元增至160元。食品成本总额也增加一倍，即从407元增至814元。服务人数需增加，人工费增加40元。这项推销活动对餐厅的收入和利润产生的总体影响如表5-12所示。

表5-12　葡萄酒推销的次级推销效应

	食品		饮料		总计	
	推销前	推销后	推销前	推销后	推销前	推销后
销售额	200位客人，平均消费额：5.5元，共得销售额：1 100元	400位客人，平均消费额：5.5元，共得销售额：2 200元	200元	0	1 300元	2 200元
变动成本（指食品饮料成本）	成本率37% 成本额407元	成本率37% 成本额814元	成本率40% 成本额80元	成本额160元	487元	974元
毛利	693元	1 386元	120元	160元	813元	1 226元
工资费用					250元	290元
净收益					563元	936元

综上所述，一个产品的推销对其他产品销售所产生的影响（收益）必须减去本产品损失的利益，它的纯收益可用下述公式来表示：

其他产品增加的客人数 × 客人平均消费额 ×(1− 其他产品变动成本率)− 增加的人工费及其他费用 − 亏损先导损失的收入 − 亏损先导增加的成本

以表 5-12 的数据计算，葡萄酒推销所增加的净收益为：

400 元 −200 元 ×5.5 元 ×(1−37%)−(290 元 −250 元)−200 元 −200 元 ×40% =373 元

由此可见，亏损先导的推销虽然减少了饮料收入，但使餐饮纯收益增加 373 元。但进行亏损先导推销必须做好销售预测和可行性研究。若有可能可先作试推销，再全面推广。

（2）进行“亏损先导推销”活动时需收集的数据

在推销过程中要注意收集信息，避免产生不可收拾的错误。在作亏损先导推销时要收集下列数据：

① 亏损先导的推销给其他产品增加的顾客数和销售额。

② 亏损先导推销所增加的成本（包括亏损先导增加的成本及其他产品所增加的成本）。

③ 亏损先导推销所损失的收入。

④ 推出亏损先导销售所增加的其他费用（如人工费、燃料费等）。

⑤ 计算亏损先导推销所获得的净收益。

5. 餐饮销售控制

餐饮销售控制是从控制角度保证餐饮产品最终变化为餐饮商品的过程。这一过程的圆满实现，需要餐饮经营管理人员，建立一个完整的餐饮销售控制体系，这个体系包括了对点菜单的控制、对出菜检查过程的控制、对收银员的控制、对酒吧销售的控制以及相应的销售控制指标与销售报表的建立与考核。点菜单同收银员的关系较紧密，而这两者又与餐饮前台的服务管理密切相关。

1）点菜单的控制

搞好销售的第一个环节是要求将客人所点的菜品及价格清楚而准确地记载在客人的点菜单上，客人菜单也用作向客人收款的凭证，所以也称作客人账单。如果销售的菜品不记载在账单上，营业收入会流失，现金短缺难以追查。

对点菜单最严格、最有效的控制方法是将厨房留存的一联与收银账单逐项核对检查，这是堵塞餐饮收入漏洞、防止舞弊行为的一个关键环节。但在现实工作中，实施这种控制的难度较大。一方面点菜单数量多，核对起来工作量大，所用的人力物力也大；另一方面，点菜单分散，一个餐厅的点菜单往往分散到几个厨房或酒吧。因此，在实际工作中通常采用一些较为简便的方法。

① 印章审核法。即只审核厨房交来的点菜单上有无收银员印章的方法。

② 页数审核法。即只核对点菜单的页数，不核对每页内容的方法。

③ 抽查法。即在各厨房、酒吧交来的点菜单中抽取一部分与相应的收银账单核对。

2）出菜检查控制

大型酒店的餐厅一般都在厨房中设置一名出菜检查员，有的餐厅称此岗位为“查头”。出菜检查员的岗位设在厨房通向餐厅的出口处，他是食品生产和餐厅服务员之间的协调者，是厨房生产的控制员，因此他必须熟悉餐厅的菜品品种和价格，了解各种菜肴的质量标准。他的责任是：

① 保证所有订单上的菜品都能及时得到生产，并保证服务员取菜和送菜正确。

② 保证厨房只根据账单副联所列的菜品生产，每份送出的菜都应在副联上有所记载。这样可以防止服务员或厨师无订菜单私自生产并擅自免费把食品送给熟人、朋友。

③ 检查客人账单上的价格是否正确，防止服务员为了私利或者粗心将价格写错。

④ 检查每份生产好的菜肴的分量和质量是否符合标准。

⑤ 保管客人账单副联，防止丢失。

3）收银员控制

收银员的职责是记录现金收入和记账收入，向客人结账收款。收银处一般设在接近出口处。如果有收银机，每笔收入都要输入收银机，不管是现金销售还是记账销售。现金收入和记账收入必须分别统计。顾客已付款的账单要盖上“现金收讫”章，有的企业要求将已收款的账单锁在盒子里，这两种方法都是为防止已收现金的账单再次被收银员或服务员使用而囊取企业的收入。

餐厅往往要求收银员统计各项菜品的销售数、客人人数及营业收入。在销售汇总中，要求收银员按账单号登记。这样，账单如有短缺就会非常明显地反映出来，以便于对菜品销售进行控制。销售汇总表除能对账单进行控制外，由于对记账收入和现金收入分别汇总，它还便于对现金进行控制。汇总表上的销售信息不仅对会计统计有用，而且能及时反映餐厅吸引客源和推销高价菜的能力。

餐饮收银控制的主要手段是单据控制。因此，餐厅必须设计和运用适当种类和数量的单据来控制餐饮收入的发生、取得和入库。这里需要注意做到单单相扣、环环相连。任何一单一环短缺，整个控制就可能脱节，差错和舞弊行为就可能随之而来。餐饮收入内部控制主要是针对餐饮收入过程中可能发生的差错和舞弊行为而设计和组织的。

4）酒吧销售控制

有些小型的酒吧为节省人力，让调酒师兼作服务员，负责为客人订饮料，向客人提供酒水服务，填写销售记录，收取客人交付的现金并让客人在账单上签字。这些工作由一个人承担，往往会因缺乏控制而发生一系列经营问题。因此，管理人员对酒吧销售控制要采取严格的措施。

如果酒吧使用收银机，要求服务员或调酒师将向客人售出的饮料数量和金额输入收银机。但如果无其他控制手段，就会造成输入不正确或不足量的收入，将差额装入自己的腰包的漏洞。所以，酒吧也应该使用书面账单。使用收银机的酒吧，服务员收到现金应立即输入收银机并打出账单给顾客，这样如果现金不对，顾客会及时发现。在单纯使用账单的酒吧，调酒师调制的向客人服务的酒水要记载在账单上，这样便于每日审查收入。大型企业中的酒吧有专职收银员，由于劳动有分工，舞弊较困难。

客房小吧是为方便客人使用饮料而设置。为加强对客房小吧酒水销售的控制，在小冰箱上要设小吧的饮料订单，小吧内配备的饮料应有规定的品种和数量，客人饮用后，应填写在饮料订单上。每日由客房服务员检查小吧的饮料消耗数并补充至额定量，服务员还要检查客人是否填写饮料单，如没有写，应帮助填写并请客人签字。在客人退房结账时，前台收银员要问客人是否使用小吧饮料，而客房部也要及时将客人饮料账单转至前厅。

5）餐饮销售指标控制

所谓餐饮销售额是指餐饮产品和服务的销售总价值。此价值可以是现金，也可以是保证未来支付的现金值，例如支票、信用卡等。销售额一般是以货币形式来表示。影响餐饮销售总额高低主要有以下一些控制指标。

（1）平均消费额

管理人员一般十分重视平均消费额。平均消费额是指平均每位客人每餐支付的费用。这个数据之所以重要，是因为它能反映菜单的销售效果，反映餐饮销售工作的成绩，能帮助管理人员了解菜单的定价是否过高或过低，了解服务员和销售员是否努力推销高价菜、宴会和饮料。通常，餐厅要求每天都分别计算食品的平均消费额和饮料平均消费额，其计算方法是：

平均消费额 = 总销售额 / 就餐客人数

管理人员应经常注意平均消费额的高低，如果连续一段时间平均消费额都过低，就必须检查食品饮料的生产、服务、推销或定价有何问题。

（2）每座位销售额

每座位销售额是以平均每座位产生的销售金额及平均每座位服务的客人数来表示。平均每座位销售额是由总销售额除以座位数而得。

每座位消费额 = 总销售额 / 座位数

每座位销售额这一数据可用于比较相同档次、不同酒店的经营好坏程度。比如 A 餐厅的年销售额为 458 万元，具有餐座 200 座；而 B 餐厅的年销售额为 250 万元，具有餐座 100 座；A 餐厅的每座位年销售额为 22 900 元，而 B 餐厅的每座位年销售额为 25 000 元，可见 B 餐厅的经营效益要好一些。

每座位销售额也常用于评估和预测酒吧的销售情况。在酒吧中，一位客人也许喝一杯饮料便匆匆而去；也许整个下午在那里商谈公务，要订十几次饮料。这样难以统计座位周转率和平均消费额，所以往往用座位销售额来统计一段时间的销售状况。

（3）平均每座位服务的客人数

也常常被称作座位周转率，它以一段时间的就餐人数除以座位数而得。

座位周转率 = 某段时间的就餐人数 / 座位数 × 餐数 × 天数

如果 A 餐厅的就餐人数为 24 万，而 B 餐厅的就餐人数为 11 万，这两个餐厅每天都供应两餐。则它们的座位周转率分别为：

A 餐厅座位周转率 =240 000/200 × 2 × 365=1.64

B 餐厅座位周转率 =110 000/100 × 2 × 365=1.5

餐厅早、午、晚餐客源的特点不同，座位周转率往往分餐统计。座位周转率反映餐厅吸引客源的能力。上例中，A 餐厅吸引客源能力高于 B 餐厅，但每座位产生的收入却低于 B 餐厅，说明 A 餐厅的菜单价格较低或销售低价菜的比例较高。

（4）每位服务员销售量

该销售量也有两种指标：一是以每位服务员服务的顾客人数来表示。这个数据反映服务员的工作效率，为管理人员配备职工、安排工作班次提供基础，也是职工成绩评估的基础。当然，该数据要有一定的时间范围才有意义，因为服务员每天、每餐、每小时服务的客人数是不同的。不同餐别每位服务员的客人数不同，一位服务员在早餐能服务的客人数多于晚餐。不同的餐厅的服务员能够服务的客人数也不同，高档餐厅的服务员服务的人数不如快餐厅服务的人数多。

每位服务员的销售量也可以用销售额来表示。每位服务员的客人平均消费额是用服务员在某段时间中产生的总销售额除以他服务的客人数而得。例如某餐厅在月终对服务员工作业绩进行比较时，应用下列销售数据：

服务员甲：服务客人数 1 950、产生销售额 51 675、客人平均消费额 26.50。

服务员乙：服务客人数 2 008、产生销售额 51 832.20、客人平均消费额 25.81。

上述数据明显地反映了，服务员乙无论在服务客人数和产生的销售额方面都超过了服务员甲，说明他在积极主动接待客人方面以及他的工作量都比服务员甲更为出色。但是他服务的客人平均消费额为：

$$51\,832.20/2008=25.81\text{（元）}$$

$$26.5-25.81=0.7\text{（元）}$$

比服务员甲少 0.7 元。

说明服务员乙在推销高价菜、劝诱客人追加点菜和点饮料方面的表现不如服务员甲。管理人员可向服务员乙指明努力方向，指出如果他在上述方面努力，则他在提高餐饮销售额方面还有潜力，还能增加销售额的潜力为：

$$0.7\times 2008=1405.6\text{（元）}$$

服务员的销售数据可由收银员对账单的销售数据进行汇总，也可由餐厅经理对账单存根的销售数据进行汇总而得。

（5）时段销售量

某时段（各月份、各天、每天不同的钟点）的销售量数据对于计划人员的配备、餐饮推销和计划餐厅最佳的开始营业和打烊时间是特别重要的。

时段销售量可以用两种形式表示：一段时间内所服务的客人数和一段时间内产生的销售额。例如某咖啡厅下午 3:00 ~ 6:00 所服务的客人数为 40 位，产生的销售额为 900 元；而在 6:00 ~ 9:00 所服务的人数为 250 位，产生的销售额为 7 000 元。很明显，在这两个不同时段应配备不同人数的职工。又如某餐厅原定于午夜 12:00 停业，但在晚上 10:00 ~ 12:00 期间只产生 60 元的销售额，管理人员经过计算发现这两个小时开业时间的费用和成本会超过收入，因此决定提前停业。

（6）销售额指标

销售额是显示餐厅经营好坏的重要销售指标。一段时间的销售额指标可以通过下式来计算：

一段时间的销售额指标 = 餐厅座位数 × 预计平均每餐座位周转率 × 平均每位客人消费额指标 × 每天餐数 × 天数

由于各餐每位客人的平均消费额相差较大，故销售额的计划往往要分餐进行。例如，A 餐厅计划明年晚餐每位客人的平均消费额指标为 30 元，晚餐平均座位周转率指标为 1.6，A 餐厅座位数为 200，A 餐厅计划明年晚餐的销售额指标为：30 × 200 × 1.6 × 365=3 504 000 元。

相关知识

1. 影响餐厅营业时间的要素

餐厅在早上什么时候开业，晚上什么时候停业，要以餐厅获利最大作为决策准则。确定最佳营业时间必须以经营数据作为决策依据。在试开业时要统计下述数据：

① 各时段销售额。一个进行科学化管理的餐厅需要统计各时段的销售额作为经营决策的一种依据。各时段的销售额数据可用于营业时间决策、清淡时段推销活动决策和人工安排决策。该数据可由餐厅收银员来收集。

② 食品饮料成本率。从月经营情况表中汇总可得出平均成本率。

③ 开业需增加的固定开支。这部分固定费用不包括餐厅固定资产的折旧等，这种费用餐厅即使不开业也已经存在，这种资本是沉没资本。这里仅计算若在清淡时间开业需要增加的（不随销售数量变化而变化的）固定开支。例如增加的劳动人工费（开业需要职工数和每小时工资率），开业需增加的电灯、空调、煤气等能源费及其他费用等。

④ 其他变动费用率。除食品饮料成本外，还有些费用会随销售量的增加而增加，如桌布的洗涤费、餐巾纸等。通过实际费用统计，计算变动费用率。

2. 餐厅延长营业时间的一些其他原因

有些餐厅在早、晚餐的清淡时间内虽然客源少，从经济角度上开业可能不合理，但考虑到下述因素会延长开业时间：

① 延长营业时间是餐厅或酒店招徕客源的一种推销手段，使餐厅及其附属的酒店树立一种经营时间长、能方便顾客的良好形象，使顾客愿意到酒店来住宿或到餐厅来就餐。

② 为正式营业做准备工作。在早晨和晚上客源很少时可以做一些营业准备工作，例如叠餐巾、摆台、整理账目，晚上晚一点停业可以做一些清扫卫生工作。有些企业既要节约费用，又要为顾客留下关门晚的好印象，就可在正式停业前做停业准备和打扫工作。但是这些工作不能留下可见的迹象让顾客察觉，要在后台准备结业，在餐厅前台打扫等于催促客人，会引起客人反感。并且，如果餐厅晚 10：00 关门，9：45 就在餐厅里打扫卫生，顾客会很快得出结论：该餐厅 9:45 关门，这样会造成 9：30 就开始无客光顾了。

③ 延长营业时间是应付竞争的一种措施。有许多餐厅为战胜竞争者，即使赔钱，营业时间也要比竞争者更长或与他们一样长，以此争夺客源。

④ 新餐厅早开业、晚停业可增加它的可见度、提高企业的知名度。有的咖啡厅或快餐厅在下午 2：00 ～ 6：00 之间生意清淡，也许达不到最低营业销售额，但关门不方便，在这段清淡时间，搞一些推销活动会增加些客源。但是这种促销活动一定要有时间限制，如果促销时间过早或过晚都会影响盈利。

3. 点菜单的作用

点菜单也称作客人账单，具有以下作用：

① 使用客人账单帮助服务员记忆客人订的菜品，以便向厨房下达生产指令，厨房必须凭账单生产。

② 客人账单上记载客人所点菜品的价格，作为向客人收费的凭证。

③ 书面记载各菜品销售的份数和就餐人数，以利于生产计划、人员控制、菜单设计等。

④ 用账单核实收银员收款的准确性，核实各项菜品的出售是否都产生收入。账钱核实可控制现金收入的短缺。

⑤ 客人账单可作为餐厅收入的原始凭证，将账单上的销售金额汇总，可统计出餐厅各餐

的营业收入，而且也是收取营业税的基础。

4. 点菜单的内容

为使客人账单能产生以上作用，点菜单应包括以下内容：

① 基本信息。在客人账单上要有日期、桌号、服务员姓名（或工号）、客人数。这些信息便于服务员向客人服务，以免将菜送错餐桌，并帮助辨别账单和餐桌的服务由哪个服务员负责。这样，在服务过程和收入核算过程中如果出现问题，便于追查责任。基本信息还可用于管理决策。汇总这些信息能统计每天餐厅服务的客人数、各时段服务的客人数以及每个服务员服务的客人数。

② 点菜信息。客人账单要包括客人订的菜品和价格。账单上的菜品是客人要求订的菜，是对厨房下达的指令，其金额是向客人收费的凭证。订菜信息也是产品销售信息，汇总产品销售可统计出餐厅每日的营业收入，并在销售过程中起着核算和控制营业收入的作用。在经营管理决策时，可利用账单上各菜品的销售汇总信息，帮助确定菜品的生产计划和人员的配备安排。

③ 存根。有的餐厅的客人账单的下方有一联作存根。存根上有客人账单的编号、日期、服务员姓名（或工号）、账单总金额、收银员签字。服务员向收银员送交账单和客人的付款后，收银员在账单和存根上盖上“现金收讫”字样，并将存根撕下交服务员保存，此存根可证明服务员已将账单和收取的款项交给收银员，如再有账单和现金的短缺，应由收银员负责。

有的餐厅的客人账单上还印上餐厅的名称和店徽、电话号码，有的还注明需加收服务费。这样的账单必须专门定制。使用定制账单可以防止有人在市场上购买普通账单以充当餐厅账单使用，用这种账单向客人收款会造成现金私吞。

如果酒店有多个餐厅和酒吧，应使用不同的账单以免相互混淆。服务员填写账单时必须使用圆珠笔或其他不易擦掉字迹的笔。

5. 账单编号

大多数企业要求账单编号，账单编号制度具有以下控制作用：

① 账单编号能防止收入流失。若在营业结束时核对账单编号，可以很快查出账单是否短缺。如果账单短缺，可能是顾客拿走账单未付账而走，也可能是服务员或收银员不诚实，拿走账单，吞没现金。采用账单编号制度，可促使服务员监督客人结账付款，并控制服务员和收银员严格按账单收款，防止现金的短缺。一旦发现账单短缺，管理人员要追查责任，采取措施，堵塞漏洞。

② 账单编号能规定各服务员对哪些账单负责。账单上的菜品价格不正确或账单短缺，一般会追查到服务员，因而一些餐厅规定服务员对哪些账单和账单号负责并要求签字。采取这种制度，在开餐前服务员领账单本时要记下账单的起始号，营业结束后要记下结束号。

如果订菜员粗心或有意识地在账单上开错价格（例如将18.90元的牛排记成13.90元）或账单缺号，则通过查找账单编号的负责人，就很容易追查责任。为加强控制，有些酒店要求餐饮成本控制员每天检查账单有无漏号，价格填写是否正确。发生差错对收银员或服务员要通报检查。

6. 账单副本制度

副本制度是指账单一式二份或三份制度。账单的正联和副联应以不同颜色印制，应具有相同的编号。正联作账单，作为向客人收款的凭据；副联送厨房，作为厨房生产的指令。出菜控制员要监督菜品的正确发出，厨房必须严格按照副联上填写的菜品和数量生产。这样可以防止厨房生产和出售的菜品得不到收入，减少订菜服务员对客人订的菜不计账而私吞款项的机会。副联不能丢失，有的厨房在服务员取走菜后将订菜单副联放在一个带孔并上锁的盒里。这样可在营业结束时对照检查有无空号。要求所有的副联都有相对应的正联。

知识拓展

餐饮销售统计注意事项

1. 天气状况

在国内，每当天气状况不理想，特别是恶劣的天气时，一般会导致就餐人数减少、销售额下降（尤其是对零点餐厅）。但在欧美国家，雨天或者阴天时反而会使酒店增加外来就餐人数。

2. 特殊日子和特殊活动

重要的节日、假日对餐饮销售量有一定的影响。有些节日使外出就餐人数增加，而有些节假日使某些餐厅的销售量减少。另外，如酒店举办重要活动，像举办展览会、举行会议等，会影响住店客人在餐厅消费。如果餐厅附近翻修马路、城市建设，甚至对酒店门前实施一定的道路交通管制，都会使餐饮销售受到不同程度的影响。

3. 每日的住店客人数及客源结构

对酒店中的餐厅来讲，有必要记载每日的住店客人数及住店客人的客源结构，统计这些住店客人在店内餐厅的就餐比例，这一信息可用于餐饮销售预测。

技能训练

1. 发现餐饮销售中的“失误”

<table>
<tr><th colspan="2">实　训　内　容</th></tr>
<tr><td colspan="2">训练目的：掌握控制餐饮产品销售过程的基本能力
训练要求：学生以小组形式，用角色扮演法练习
训练程序：
① 角色分配。每小组 5 名同学分别模拟顾客、点菜服务员、厨房工作人员、检菜员、收银员 5 个岗位的角色
② 按照点菜服务员为顾客点菜、传送点菜单、收银员进行收银服务等程序模拟一次完整的菜肴销售过程
③ 分析哪些原因会造成菜肴销售过程中单单不符、单物不符、单据遗失、现金流失等无意和有意的失误情况</td></tr>
<tr><td>训练提示</td><td>餐饮销售必须做到单单相扣，环环相连</td></tr>
<tr><td>思　考</td><td>试就改善这些失误状况提出你的建议____________________
____________________</td></tr>
</table>

2. 评价服务员的餐饮销售能力

实　　训　　内　　容

训练目的：掌握餐饮销售收入分析的方法

背景资料：某酒店餐厅在月末对服务员工作业绩进行比较时，得到的数据显示：

	服务员甲	服务员乙
服务客人数	1418 人	1645 人
销售额	37 452.40 元	36 683.50 元

训练程序：

① 掌握评价服务员销售能力的标准。一是以每位服务员的顾客人数表示；二是可以用销售额来表示

② 根据上述标准对两个服务员的餐饮销售能力进行比较

③ 从客人平均消费额指标对两个服务员的餐饮销售能力进行比较

④ 分析产生上述情况的原因

训练提示	服务员的销售数量数据可由收银员对账单的销售数据进行汇总，也可由餐厅经理对账单存根的销售数据进行汇总而得。
思考	试就提高餐厅服务员的餐饮销售能力提出建议____

思考与练习

1. 在你实习的餐厅了解某道菜肴的销售统计资料，预测一下该菜品某日的销售份数并与实际销售结果进行比较，分析产生差异的原因。

2. 在你所实习的餐厅注意发现餐饮销售过程中的失误并想出解决措施。

3. 酒店应如何进行餐饮销售决策？

4. 常用的餐饮销售控制指标有哪些？

5. 案例分析：

菜 上 错 了

有位外宾到某酒店西餐厅点了一份牛肉咖喱饭，但服务员送上来时却成了羊肉咖喱饭，显然是某环节上出了差错。客人大为恼火，餐厅主管一再道歉也不顶用。餐厅经理闻讯赶来，先是一番安抚，并不时插进充满诚意的道歉，又不时递上毛巾和热茶。待到客人火气稍许平息以后，经理提出免去这顿晚餐费用的建议，并询问客人是否还需要添加其他菜肴、点心。客人谢绝了，并表示原谅餐厅服务员的疏忽，同时希望餐厅注意改进服务工作。

思考：餐厅应如何做好餐饮产品销售的控制工作？

任务三 餐饮产品营销

餐饮产品营销不仅是指单纯的餐饮推销、广告、宣传、公关等，它同时还包含有餐饮经营者为使宾客满意并为实现餐饮经营目标而展开的一系列有计划、有组织、广泛的餐饮产品服务活动。它不仅仅是一些零碎的餐饮推销活动，而更是一个完整的过程。

任务导入

某酒店中餐厅有很多顾客，服务员在餐桌之间穿梭忙碌。一群客人走进餐厅，引座员立即迎上前去，把客人引到一张空餐桌前，让客人各自入座，正好十位坐满一桌，服务员小方及时上前给客人一一上茶。客人中一位像是主人的先生拿起一份菜单仔细翻阅起来。小方上完茶后，便站在那位先生的旁边，一手拿小本子，一手握笔，面含微笑地静静等待他点菜。那位先生先点了几个冷盘，接着有点犹豫起来，似乎不知点哪个菜好，停顿了一会儿，便对小方说："小姐，请问你们这儿有些什么好的海鲜菜肴？""这，……"小方一时有点答不上来，"这就难说了，本餐厅海鲜菜肴品种倒是不少，但不同的海鲜菜档次不同，价格也不同，再说不同的客人口味也各不相同，所以很难说哪个海鲜菜特别好。反正菜单上都有，您还是看菜单自己挑吧。"小方一番话说得似乎头头是道，但那位先生听了不免有点失望，只得应了一句："好吧，我自己来点。"于是他随便点了几个海鲜和其他一些菜肴。

当客人点完菜后，小方又问道："请问先生要些什么酒和饮料？"客人答道："一人来一罐青岛啤酒吧。"又问："饮料都有哪些品种？"小方似乎一下子来了灵感，忙说道："哦，对了，本餐厅最近进了一批法国高档矿泉水，有不冒汽的冒汽的两种。""矿泉水？"客人感到有点意外，看来矿泉水不在他考虑的饮料范围内。"先生，这可是全世界最名牌的矿泉水呢。"客人一听这话，觉得不能在朋友面前丢了面子。便问了一句："那么哪种更好呢？""那当然是冒汽的那种好啦！"小方越说越来劲。"那就再来 10 瓶冒汽的法国矿泉水吧。"客人无可选择地接受了小方的推销。服务员把啤酒、矿泉水打开，冷盘、菜肴、点心、汤纷纷上来，客人们在主人的盛情之下美餐一顿……最后，当主人到收银台结账时一看账单，不觉大吃一惊，原来一千四百多元的总账中，10 瓶矿泉水竟占了 350 元！他不由嘟哝了一句："矿泉水怎么这么贵啊？""那是世界上最好的法国名牌矿泉水，卖 35 元一瓶是因为进价就要 18 元呢。"银台服务员解释说："哦，原来如此。不过，刚才服务员可没有告诉我价格呀。"客人显然很不满意，付完账后便怏怏离去。

思考

服务员应如何开展销售工作？你认为餐饮营销管理的内容主要包括哪些？

任务描述

每一个成功的餐饮企业都有不同的营销手段，而每一个失败的餐饮企业则都有一个共同特点，就是不重视营销。很多餐厅都在搞各式各样的营销活动，但活动一般都是临时性的，至于为什么搞营销，目的都很明确，就是为了增加营业额。虽然营销手段众多，却很少有人考虑到营销手段的选择性与计划性，多数凭借经验选择两种思路：一是大家都在搞这个主题营销，所以我也要搞（如节日主题营销）；二是人气不够就打折或赠送（新店开业及老店淡季），最后将营销活动做成了漫无目的跟风，或是每年例行的走过场。餐饮营销是依靠餐厅一整套营销活动不断地跟踪顾客的需要和要求的变化，及时调整餐厅整体经营活动。努力满足顾客需要，获得顾客信赖，通过顾客的满意来实现餐厅经营目标，达到公众利益和餐厅利益的一致。你需要了解餐饮营销的含义，树立正确的餐饮营销理念，明确餐饮营销的任务，灵活使用餐饮营销的内外部策略与技巧，以培养不同市场环境下的营销策划能力。

任务分析

营销无时不有，营销无处不在。由于餐饮行业产品的自身属性，使它与其他行业产品相比，存在着许多特殊性。这些特殊性使餐厅的营销有别于其他行业的营销，同时这些特殊性又加大了餐厅的营销困难，使它面临着许多挑战。餐饮营销人员始终要有强烈的营销意识，为达到推销产品的目的，首先应掌握顾客的需求动机，了解客人的消费能力、层次、身份、条件特点、特殊需求以及个性化需求，并协调相关服务部门，尽可能满足宾客的需求。餐饮营销是在一个不断发展着的营销环境中进行的，所以，为适应营销环境的变化，营销人员应该制定相应的营销计划。有了这些前提准备，然后采取相应的营销手段，餐饮营销就能水到渠成了。以有条不紊的计划做基础，确定餐饮企业的经营方向，进行市场调查以确定经营方向，然后深入进行市场细分，对竞争对手及形势进行分析，确定营销目标，随即研究决定产品服务、销售渠道、价格及市场营销策略，确定具体实施计划财务预算，并通过一段时期的实施，再根据信息反馈的情况，及时调整经营方向和营销策略，最后达到宾客、价格、产品、包装、促销等诸多因素的最佳组合。

任务实现

1. 餐饮营销策略

餐饮营销分为两大类，即对外营销和对内营销。对外营销是指为招徕顾客所做的一切工作。对内营销是指采取措施使来到餐厅的顾客最大限度地消费，并不断光顾，为酒店做宣传。

1）餐饮产品内部营销

（1）服务员推销

餐厅的每一位员工都是推销员，他们的外表、服务质量和工作态度都是对餐饮产品的无形推销。餐厅服务员应掌握以下推销技巧：

① 顾客进店时：客人远远地向餐厅走来或者路过餐厅，迎宾员只宜微笑着轻轻点头表示欢迎和应有的礼节，不宜用语言表示任何意见，当客人临近餐厅大门时，迎宾员应说：“您好！”，当客人继续朝餐厅里走时，应不失时机地点头说：“欢迎光临！”，如果客人主动向迎宾询问座位、食品或其他情况时，迎宾才应热情地解答，并作好客人的向导，带领客人进入餐厅。

主动招呼对招徕顾客具有很大意义。比如有的顾客走进餐厅，环视一下餐厅四周就转身走了。这时，如果有服务员主动上前招呼“欢迎光临”，顾客即使对餐厅环境不十分满意一般也不会退出。

② 点菜时：有些服务员在顾客刚刚就座后就马上询问客人：“先生（小姐）来点什么？”

客人往往会感到很为难。不如先送上茶水，说一声："请用茶！"让客人定定神，再送上菜单轻声说："先生请点菜！"然后侍立一旁等待客人反馈信息。如果客人在点菜时出现犹豫不决或者主动提问时，服务员即可乘机推荐餐厅的招牌菜、风味菜点，或者"今天特别推出菜点"。

客人点完菜，服务人员习惯问客人："您还要点什么酒水吗？"从推销的角度看，客人只有两种选择，即有 50% 的概率说"不要！"，所以不如说："您是要啤酒，还是白酒？"因为这样的选择句，客人有很大可能跟着服务人员的思路去考虑，选择其中的一种，推销的成功率将会大得多。

③ 顾客用餐过程中：客人在用餐的过程中或许会突然问道："小姐！有没有黑米粥？"，"有没有龙虾？给我们上一只"，一些服务人员常常会简单地说："没有！"，这样会使客人非常扫兴。即使餐厅现在没有这些菜点，也应先答应一声："好的！"，然后再说："对不起，先生，今天已经没有龙虾了，能换一个别的菜吗？今天的基围虾，姜葱肉蟹，都很新鲜，您看行吗？"，这样不但安抚了客人，而且把客人单一的追求转移到其他选择上去了。

用餐时，客人有时会批评餐厅的某些菜点质量不好，但又不一定说得准确。服务人员如果马上指出客人的错误予以反驳，客人将会很不高兴，并挫伤他们再次光临的积极性。比如有客人在品味盐煎肉时，大声叫："小姐，你们这个回锅肉怎么不带皮？你知道吗？回锅肉不带皮吃起来没劲！"一位服务员走过去马上说："先生您搞错了，这哪是回锅肉，你吃的是盐煎肉！"客人下不来台，可能会说："这是你把菜记错了，还说我搞错了。"一定要服务员将菜换成回锅肉，弄得双方很不愉快。如果小姐这样说："先生一定对川菜有研究，一吃就感觉出来了。但是今天回锅肉买完了，盐煎肉与回锅肉味型一样，也很有风味，你试试看！"这样客人就不会不高兴了。

有时客人在餐厅等得不耐烦时，会大声催促，一些服务员总是说："请稍等！"、"马上就来！"这样说太简单。如在这句话前加上一句"好的！"效果将大不一样。总之在每一个细微处，都要体现"顾客永远是对的"的经营思想。

如果菜品质量和服务质量真的出了问题，这时许多服务员总喜欢作一些解释，说一些客观原因。但这都是多余的，或者说不必要的，正确的做法应该是说："实在对不起！马上给您换一盘。"并且迅速采取行动，这样才能安抚客人的情绪。

如服务过程中，有时会遇到一些影响食欲的，不太卫生的字眼，服务人员应尽量避开。比如，一位客人在酒后想呕吐，突然在桌上呼小姐："厕所在哪里？"这时如果小姐顺着客人说："厕所（卫生间）在右边角上，"就十分不妥。这样会加深在座其他客人心理上的不快。因此，只能纠正客人不雅的问话，说道："洗手间在右边角上。"

④ 结账离店时：客人用餐完毕，一些餐厅便直接将账单送到餐桌上，简单地说道："550 元"。这是不对的。一般应该让服务人员拿着账单侍立一侧稍候，等待客人说一声："买单！"，才回答："好的"，并把账单递过去，并说道："先生，这是您的账单，请您核对一下！"。前面那种做法和说法似乎餐厅在要钱；后面的做法和说法，是顾客在给钱，细微的差别就在于此。

⑤ 熟悉菜品是餐饮推销的前提：服务员要熟悉单上的每个菜品，熟悉名菜品的主料、配料、烹调方法和味道。为此，餐厅在对服务员进行培训时，可由厨师讲解菜品，并让服务员品尝。

菜品的介绍要能调动顾客的购买欲望。服务员在向客人介绍时，除了介绍菜品的配料外，还要强调菜品的烹调特点，强调菜品由哪位名厨烹调，使客人产生品尝的欲望。如果菜品名称带些典故和来历，服务员一定要结合菜品的典故，有声有色地生动介绍，以引起顾客的兴趣，这样推销的效果比较好。

⑥ 适时推荐高价菜品：有人说："做服务员有什么难的，顾客点什么就记什么，等做好后端上来不就行了吗！"，这里所说的"点什么就记什么"属于自动销售，在这种点菜方式中，顾客主动点菜，服务员被动地接受订菜，没有主动地通过介绍、推荐菜品来影响顾客的选择。这种销售当然最容易，因为服务员对推销所做的贡献最小。

如果看出顾客在点菜时犹豫不定，服务员可适时介绍、推荐高价菜品；如果客人主动让服务员推荐几个菜，那就更方便了。一般说，高价菜品和饮料，其毛利额也高，同时这些菜品、饮料也的确质量好，有特色。因此，服务员的技巧就在于宣传其质量和特色，使顾客最终购买。

⑦ 体谅顾客，关心顾客：前面虽然介绍了一些促销办法，但如果餐厅只以提高销售额、推荐高价菜品为营销目标，那就大错特错了。要记牢，营销的目标是向顾客提供满意的产品和服务，评价一项服务好坏的标准，不是看其是否遵循服务标准和规范，而是看顾客是否满意。所以，餐厅服务员要善解人意，体谅并关心顾客。

（2）菜单推销

菜单是餐厅一项十分有效的推销工具。菜单推销即通过各种形式的菜单向前来餐厅就餐消费的宾客进行餐饮推销。一份精心编制、内容得体、洁净闪亮的菜单不仅能使顾客赏心悦目，心情舒畅，还能增加顾客对餐厅经营和烹调产生好感，并引导顾客点叫餐厅高利润的菜品，增加餐厅收入。相反，一份设计不当、设计平淡、印制粗略、肮脏不堪的菜单则会使顾客对餐厅产生厌恶情绪，对餐厅食品的质量和卫生产生怀疑，相对来说餐厅收入会减少一部分。从这个意义上来说，菜单推销涉及菜品计划内容的编写、编排和菜单的设计印制。

一份好的菜单必须符合当前餐饮市场的潮流，所以餐厅在经营时，必须密切注意餐饮市场的变化，了解菜品销售趋势，据此对菜式品种做出相应的调整。不论是要扭转生意衰退的局面，还是经营格局的转变或市场定位的调整，菜单上所展示的菜式品种、价格及由此所体现的菜品规格、质量和特点等，都应做出相应的调整或重新设计。即便是处于正常经营阶段，因不断变化的餐饮市场而影响菜品销售结构的变化，菜单内容也必须进行及时调整。所以，菜单制作完成并非表示此后就可以高枕无忧了，而应该随时留心客人的反应、顺应餐饮风尚，并做进一步的菜单修正。同时在进行菜单营销应注意以下几项：

① 菜单的种类尽量做到丰富多彩，可以设计固定式菜单、循环式菜单、特选菜单、今日特选、厨师特选、每周特选，本月新菜、儿童菜单、中老年人菜单、情侣菜单、双休日菜单、美食节菜单等来进行宣传和营销。

② 格式、大小灵活变化。各种菜单可以根据情况来选择不同质地，设计出意境不同、情趣各异的封面，格式、大小可灵活变化，并可以分别制作成纸垫式、台卡式、招贴式、悬挂式、帐篷式等。

③ 考虑色彩。菜单的色彩或艳丽，或淡雅；式样或豪华气派，或玲珑秀气。

（3）特殊活动促销

"特殊活动"在餐饮营销上被称为"Event"。餐厅出于销售上的需要，根据目标顾客的特点和爱好，在不同的场合下，举办多种类型的特殊推销活动。餐饮特殊促销是指为了解决餐厅需求不足等问题而进行的一种创造性活动。它不像公关那样，去解决客人对餐饮产品的认识问题和感觉问题。它的重点在于解决客人的购买行动问题。营销人员通过特殊促销活动，刺激客人马上做出购买行动，即希望起到立竿见影的效果。所以，特殊促销的目的是为了解决餐厅面临的短期的需求不足、生意平淡等问题，以便能实现餐厅的短期目标。由于餐厅特殊促销具有暂时性，即它一般是在几个月内进行的短期销售活动，绝不能超出这一时限，否则，这种特殊促销就失去了短期刺激的意义和价值，当然这种促销方法也就不称其为餐厅特殊促销了。

① 特殊活动推销的时机。节日特殊推销活动。节日是人们愿意庆祝和娱乐的时光，是餐饮工作人员举办特殊推销活动的大好时机。在节日搞餐饮推销，需要将餐厅装饰起来，烘托节日的气氛。并且，餐饮管理人员要结合各地区民族风俗的节庆传统组织推销活动，使活动多姿多彩，使顾客感到新鲜。在一年的各种节日里，如春节、圣诞节、国庆节、情人节、中秋节、复活节等都可以举办各种活动。例如北京某酒店，在各国的国庆节推出各国的风味餐和庆祝活动，将驻北京的各国外交人员和商务人员吸引到酒店就餐。又如新加坡皇冠太子酒店在圣诞节与元旦期间，各餐厅都组织丰富多彩的特殊推销活动，其龙江川菜馆利用节日在推出特别节日套餐的同时，举办迪斯科舞会和赠送节日礼品。皇太子咖啡座推出自助餐并有圣诞老人光临助兴。酒廊中备有风味别致的“圣诞鸡尾酒”，并让歌星演唱为客人助兴。

清淡时段推销活动。餐厅为增加清淡时段的客源和提高座位周转率，可在这段时间举办各种推销活动。有些餐厅将清淡时段的推销活动称作“快活时光”（Happy Hour）活动，在这段时间中对饮料进行“买一送一”的销售，进行各种演出等。有一个酒廊在这段时间中让客人以转盘抽取幸运吧座，坐在这个吧座上的客人可免费喝一杯饮料。

季节性推销活动。餐厅可以在不同的季节中进行多种推销，这种推销可根据顾客在不同季节中的就餐习惯和在不同季节上市的新鲜原料来计划。最常见的季节性推销是时令菜的推销。同时，许多餐厅根据人们在不同季节的气候条件下产生的不同就餐偏好和习惯，在酷热的夏天推出清凉菜、清淡菜，在严寒的冬天推出砂锅系列菜、火锅系列菜以及味浓的辛辣菜等。

② 特殊推销活动的类别。特殊推销活动的类别要多样化、要吸引人。常见的有以下几种：

演出型。为娱乐顾客，餐厅往往聘请专业文艺团体和演员来演出。演出的内容有多种，如卡拉OK、爵士乐、轻音乐、钢琴演奏、民族歌舞等。天津某酒店在每晚七点至九点有音乐演出、歌舞表演、模特表演，顾客可一边享受美食，一边欣赏演出。昆明某酒店的团队餐厅原先营业很不理想，餐厅精心组织了一组以展示十四个少数民族绚丽多彩的民族服装为主线的歌舞节目，节目中穿插着让客人参与洒香水、送荷包、猜民族等活动，把就餐气氛推向高潮。这项活动使餐厅的营业额迅速上升，扭亏为盈。

艺术型。餐厅中搞些书法表演、国画展览、古董陈列等也能吸引客人。例如天津某酒店举办儿童绘画竞赛，以吸引家庭客人来店就餐。

娱乐型。为活跃餐饮气氛吸引客人，餐厅常举办一些娱乐活动，例如猜谜、抽奖、游戏等。有的餐厅还配备一些游乐器械。例如以儿童为目标对象的天津某餐厅备有儿童游乐器械、木马等。新加坡文华酒店配备多种有趣的游乐器械，举行魔术表演，放映卡通片并进行抽奖等节目，吸引家庭客人光临自助午餐。

实惠型。餐厅利用顾客追求实惠的心理进行折价推销、奉送免费礼品等活动。例如某餐厅在情人节的当周，对光临餐厅的情侣免费赠送巧克力。又有一餐厅提出，凡在本餐厅订一份乳猪的客人，下次来就餐可免费赠送一份乳猪。使客人得到实惠的推销措施通常是很有吸引力的。目前的餐厅，尤其是休闲餐厅，已变成享受某种乐趣的场所，至于能不能受到大众的欢迎，则取决于活动的“附加价值”如何。

（4）赠品推销

餐厅往往采用赠送礼品的方式来达到推销的目的，赠送礼品的内容和赠送方式应该有讲究，企业要寻求获取最大效益的赠品方式。

① 定期活动节目单。餐厅将本周、本月的各种餐饮活动、文娱活动节目单印刷后放在餐厅门口或电梯口、总台，用来传递信息。印制这种节目单要注意：一是印刷质量要与餐厅的等级相一致，不能太差；二是一旦确定了的活动，不能更改和变动。在节目单上一定要写清时间、地点、餐厅的电话号码，印上餐厅的标识，以强化推销效果。

② 火柴。餐厅每张桌上都可放上印有餐厅名称、地址、标记、电话等信息的火柴，送给客人带出去做宣传。火柴可定制成各种规格、形状、档次，以供不同餐厅使用。

③ 小礼品。餐厅常常在一些特别的节日和活动时间，甚至在日常经营中送一些小礼品给用餐的客人，这些小礼品要精心设计，根据不同的对象分别赠送，其效果会更理想。常见的小礼品有：生肖卡、特制口布、印有餐厅广告和菜单的折扇、小盒茶叶、卡通片、巧克力、鲜花、精致的筷子等。值得注意的是，小礼品要和餐厅的形象、档次相统一，要能起到好的、积极的推销、宣传效果。

④ 菜单。赠品用菜单不同于餐厅中顾客使用的菜单。赠品用菜单可以做得精致、小巧些。一些餐厅将菜单做成心形；有的对折在一起是餐厅的外观和名称，打开后是菜单；也有的餐厅将菜单做成折扇形。餐厅可以充分发挥其想象力和创造力。菜单并无固定模式，只要顾客认为新奇、有趣，能吸引其注意力并乐意收藏，就是好的赠品菜单。

（5）展示推销

食品的展示是一种有效的推销形式，这种方法是利用视觉效应激起顾客的购买欲望，吸引客人进餐厅就餐，并且刺激客人追加点菜。

① 原料展示推销。陈列原料的要求是强调“鲜”、“活”，要使顾客信服本餐厅使用的原料都是新鲜的。一些餐厅在门口用水缸养一些鲜鱼活虾，任凭顾客挑选，厨房按顾客的要求加工烹调。由于顾客目睹鲜活的原料，容易对质量产生满意感。新加坡有一家独特的海鲜馆，该餐馆不备菜单，他们将新鲜的水产品收拾干净，搭配好配料，装在一个个碟子里。顾客选择好后，由厨师直接烹调。这家餐馆虽位于远离市中心的地段，但由于其原料新鲜、推销方法独特，顾客纷纷慕名而来。我国近年来出现的“超市”餐厅就是强调这种展示，餐厅将各种海鲜及其他菜品展现在大堂，任由顾客挑选，服务员帮助记录与服务。原料展示要注意视觉上的舒适性，否则适得其反。如一家新开业的广东餐馆，其供应的菜品中有蛇肉一类，在餐馆门口养着两条大毒蛇，过路的人们看见就远远避开了。

② 成品陈列推销。一些餐厅将烹调得十分美观的菜肴展示在陈列柜里，实物的展示往往胜于很多文字的描绘。顾客通过对产品的直接观察，很快便点完了菜。但并不是所有的菜肴都可以作为成品陈列的。许多菜品烹调后经过放置会失去新鲜的颜色，这样的陈列会起到反

作用。甜点、色拉陈列在玻璃冷柜中，推销效果较好。餐厅中陈列一些名酒也会增加酒水的销售机会。

③ 推车服务推销。许多餐厅让服务员带着菜肴、点心，推车巡回于座位之间向客人推销。推车推销的菜品多半是价格不是太贵且放置后质量不易下降的冷菜、小菜、点心等。有时客人点的菜不够充足，但又怕再点菜等待时间过久，在这种情况下，推车服务既方便了客人，又增加了餐厅收入。有时客人虽已点够了菜，但看到车上诱人的菜品，会产生再来一盘的购买行为。车上的许多菜不一定是客人非买不可的菜品，它属于冲动性购买决策商品。客人若看不见这些菜品，不一定会有购买动机，但看见后便可能冲动性地产生购买动机和行为。因而这种推销形式是增加餐厅额外销售的有效措施。粤菜的早茶都是采取这种形式进行推销和服务的。

④ 现场烹调展示推销。在客人面前表演烹调会使客人产生兴趣，引起客人想品尝的心理。现场烹调能减少食品烹调后的放置时间，使客人当场品尝，味道更加鲜美。现场烹调还能利用食品烹调过程中散发出的香味和声音刺激客人的食欲。一些餐厅还让客人选择配料，按客人的意愿进行现场烹调，这样能够满足客人不同口味的需要。上海某酒店的亚洲美食“梦择园”餐厅内的印度厨师设摊操作，让客人指明要什么配料，决定各调料的多少，厨师当场操作，吸引了很多客人。进行现场烹调推销时，要注意选择食品原料外观新鲜漂亮的菜品，烹调时无难闻气味，烹调速度快而且简单，例如煮、烧烤类的菜品容易现场烹调。另外，烹调的器具一定要清洁光亮。

2）餐饮产品外部营销

（1）人员推销

人员推销是指餐饮销售人员通过面对面与客户洽谈业务，向顾客提供信息，诱导顾客光临本餐厅，购买餐厅产品和服务的过程。作为餐厅推销人员在推销产品之前，事实上在首先推销自己,即推销自己的形象。因此,作为一个优秀的推销员应具备多种条件,其中最基本的有三条：熟悉餐饮产品和服务；了解市场顾客的需求；良好的自我形象。人员推销的程序包括：

① 收集信息，发现可能的客户，并进行筛选。餐饮推销人员要建立各种资料信息库，建立宴会客史档案和用餐者档案，注意当地市场的各种变化，了解本地的活动开展情况，寻找推销的机会。特别是那些大公司和外商机构的庆祝活动、开幕式、周年纪念、产品获奖、年度会议等信息，都是极有推销意义的。

② 计划准备。在上门推销或与潜在客户接触前，推销人员应做好销售访问准备工作，确定本次访问的目的，要访问的对象，列出访问大纲，备齐推销用的各种餐饮资料、菜单和照片、图片等。

③ 销售访问、洽谈业务。访问一定要守时，注意自己的仪容和礼貌，自我介绍，并直截了当地说明来意，尽量使自己的谈话吸引对方。

④ 介绍餐饮产品和服务。着重介绍本餐厅餐饮产品和服务的特点，针对所掌握的对方的需求进行介绍，以引起对方的兴趣，突出本酒店所能给予客人的利益，还要设法让对方多谈需求，从而了解对方的真实要求，再证明自己的产品和服务最能适应客人的要求。介绍餐饮产品和服务还要借助于各种资料、图片、场地布置图等。

⑤ 处理异议和投诉。碰到客人提出异议时，餐饮推销人员要保持自信，设法让顾客明确

说出怀疑的理由，再通过提问的方式，让其在回答提问中自己否定这些理由。对客人提出的投诉和不满，首先应表示歉意，然后要求对方给予改进的机会，千万不要为赢得一次争论胜利而得罪客人。

⑥ 商定交易和跟踪推销。要善于掌握时机，商定交易，签订预订单。这时要使用一些技巧，如代客下决心，给予额外利益和优惠等争取订单。一旦签订了订单，还要进一步保持联系，采取跟踪措施，逐步达到确认预订。即使不能最终成交，也应分析原因，总结经验，把握继续向对方进行推销的机会，便于以后的合作。

（2）电话推销

电话推销是另一种餐饮常用的推销方式，即销售人员利用电话与客人进行交流，推销餐饮产品和服务。电话推销不同于人员推销。进行电话推销时交流双方只闻其声，不见其人，而不像人员推销那样与客人面对面进行交流。因此，要求推销人员特别认真地听取客人的意见，通过听觉来大体上了解客人的购买意图。电话推销要注意：

① 迅速接电话或找到客人寻找的推销人员。

② 做自我介绍询问客人的要求。

③ 语言诚恳，要注意礼貌。

④ 做好电话记录，以免遗忘。

⑤ 中途不要让客人久等。

⑥ 电话中推销自己的产品和服务时力求精确，突出重点。

⑦ 商定面谈和进一步接触的时间地点，感谢客人来电。

（3）广告推销

广告是指通过购买某种宣传媒介的空间或时间，来向餐饮的公众或特定市场中的潜在客人进行推销或宣传的一种营销工具。广告媒介包括出版物、广播电台、电视、专栏和其他标牌，以及一系列的印刷品和直接邮寄函件等种种方法和手段。

广告是餐饮推销常用的方法之一。有些餐厅很少进行广告宣传，餐厅的各种设施和服务的销售情况仍然良好，而有些餐厅在广告上所花费用甚大，却不能得到令人满意的经营效果。这就是说，餐厅营销人员在使用广告这一营销工具之前，应该首先考虑做广告是否必要，然后再研究广告的时机、广告媒介的选择以及广告如何与其他营销工具结合起来使用等问题。只有这样，才能真正地发挥广告的作用。一个有效的餐厅广告能对潜在客人的消费行为产生影响，能为餐厅产品树立良好的形象，并为餐厅创造销售收入。此外，广告还能帮助营销人员纠正客人对餐厅的误解，为客人提供各种信息，解除客人在购买决策过程中所产生的不协调问题。

餐饮广告的策划程序包括：

① 识别广告要吸引的就餐对象，了解他们的地理分布、收入，对本餐厅的态度及心理状况，有针对性地设计广告。

② 确定餐饮广告的目标。餐饮广告的目标应该与餐饮营销目标及餐饮总目标一致。餐厅与目标市场潜在客人进行交流时会出现认识、感觉及行动三个方面的问题，广告的目标可定为认识目标、感觉目标及行动目标。广告目标的不同，会引起广告的主题、正文及其他内容各不相同。

③ 设计能打动、吸引人的广告词和广告提纲，突出自己的风格和特点。

④ 确定餐饮广告的预算。通常预算的方法有：

- 销售百分比法。根据总营业额的一定比例或根据上一年的销售收入及下一年预计的收入来确定某个百分数作为广告的预算费用。
- 根据实际经济实力。
- 竞争比较法。指为了保证市场占有率而根据竞争对手的广告费用来确定自己餐厅的广告预算费用。
- 根据目标和任务确定预算。
- 减少风险法。在餐饮实际促销活动中，许多营销人员并不采用上述的广告费用预算方法，而常常使用广告的期望收入来估计预算费用，或用上一年的广告收入来确定下一年的广告预算费用。也有人用期望的利润作为估计广告预算费用的依据。还有些人干脆凭借自己的直觉或经验来确定广告的预算费用。

⑤ 选择合适的广告媒介和广告公司。

⑥ 制作和审查广告稿。广告稿是指将广告的主题、广告的基本内容转化成为具体的、适合于某种广告媒介的、具有创造性的广告，这一步工作常由广告公司的专业人员去完成。一个优秀的广告应该是由广告标题、副标题、正文、插图、音响效果、识别标志等内容所组成的一个协调的整体。

⑦ 核定广告的效果。衡量广告效果的方法有两种：一是交流效果调研法，二是销售效果调查法。

⑧ 广告的执行和评估。当广告经过一段时间的宣传后，广告人员便可根据事先确定好的检查方法来评估餐饮广告的实际效果。这是餐饮广告最后一步管理工作，这一步工作能为餐饮广告人员在以后的广告决策中提供方便。

总之，广告只要使用得当，将是一种强有力的业务推销手段。当然并不是说任何餐厅都必须运用广告手段来推销。但是只要仔细地选择媒介，精心撰写广告词，选择登载时机，广告便会给所有餐厅带来财源。

2. 食品节的策划与组织

食品节的策划与组织一般遵照以下步骤进行。

1）确定活动主题，选定活动方式

食品节促销活动的主题是确定和影响整个食品节一切工作的依据。活动的主题必须具有独特性，既不能人云亦云、步人后尘，更不可哗众取宠，故弄玄虚。确定食品节的主题必须兼顾时令性和技术力量，以确保食品节能如期举办并取得较好效果。

确定活动主题的同时，应选择好举办活动的方式。比如，酒店在公共场所举办开放式冰淇淋食品节，同时举办吃冰淇淋比赛，不仅能吸引众多客人参加，还可以增加其新闻价值，从而扩大对活动和对餐厅的宣传报道。无论哪种食品节促销，都应针对其目标顾客，计划、选定活动举办的方式，如自助餐、套餐、宴会、零点、外卖或综合几种方式举办等。

2）编排活动计划，指定促销菜单

编排全面详细的活动计划可以避免食品节期间的差错，尤其是要请外地、外单位的人员来本酒店厨房主持的食品节，计划应包括活动起止日期、每天生产和营业时间、场地、用具、人员、原料的组织和人员费用等。对有外单位技术人员参加的食品节，还应将其抵达酒店工作的日期、人员要求及数量，以及其在本酒店的接待安排情况全部计划在内。

提前制定一份富有新意和吸引力的食品节推销菜单（包括小吃、点心单等）是十分重要的。菜单风味品种的选定要突出食品节的特点，充分考虑厨房的技术力量，结合整个活动计划，合理安排原料的筹措与菜品的制作。菜单不仅要突出食品节的主题，还要合理进行菜点搭配组合，进而测算每份菜的成本、毛利和售价。为了保证菜单品种的如期推出和出品质量，至少应将所有推出菜点的主料、配料及配菜小料和盛器与装盘规格，列表作出明确规定。如果可能，及时给每一菜点制定标准化菜谱，这样不仅对生产操作极为有利，对厨房的成本控制也是十分有用的。

3）落实人员、场地，计划安排时间

若食品节是依靠本酒店厨房内部的技术力量举办的，则要指定专人分别负责食品节期间的各类食品生产，并同时协调安排好其他正常生产营业工作。如果遇到厨房人手紧张时，也应调剂、落实各岗位人员，以保证食品节的正常进行。要根据食品节菜点生产制作和服务的需要，提供必须的场地。如有可能，尽量将食品生产与餐厅销售集中在同一楼层、同一区域。

一般食品节都选择在本酒店餐饮业务较淡的季节，尽管如此，也应安排好活动开展的起止及生产和营业时间，以便及时组织货源，保证原料新鲜、营养卫生和使用方便。如果既定的食品节万一碰到厨房生产比较繁忙的时候，更要作好详细的时间计划，力求使有限的场地、设备用具发挥更大的作用。

4）组织货源，调剂用具设备

食品节开始之前，菜单确定之后，一个很重要的工作就是筹措食品节所需各种原料，不仅要备齐食品节推出菜点的主料、配料，同时还要根据食品节用料清单，想方设法备全各种调味品、盛装器皿和装饰用品。例如，药膳食品节所需的各种药材，冰淇淋食品节所需的各种杯边装饰品，宫廷菜食品节所需的各种金边餐具和餐厅服务人员的头饰和旗袍等。

大多数酒店都不愿为了某一食品节而专门添置大型的设备和用具。因此，在食品节举办之前应做好设备用具调剂使用的安排，如能错开生产时间当然最好，比如同样烧烤食品，温度对成品质量影响不十分明显的可提前生产，如果不能错开生产，则应考虑设备和人员是否可以兼用，比如通过培训可以使炉灶厨师既能烹制正常营业菜肴，又能烹制食品节菜品，如果上述两点都做不到，则应区分生产必须程度，合理分配现有设备用具的使用，使各项生产和出品能有序进行。

5）开展广告宣传，印刷有关材料

食品节的影响大小和成功与否，很大程度上取决于广告的宣传作用。要在食品节举办之前详细计划和分步实施广告宣传活动，要针对食品节特点和主题，选择一定的广告宣传媒体，进行相应的广告宣传工作。若食品节的主题或菜式具有特别意义而又鲜为人知，则更应进行大规模的宣传。食品节中的印刷品除了具有广告宣传作用的印刷品，还有菜单、酒单等，这些印刷品的设计和印刷质量，应与酒店餐饮规模、档次相适应，既要美观大方，又要突出食品节的主题，还要注意保持餐厅一贯的宣传风格和强化给客人的印象。

6）试制菜肴，培训生产和服务人员

食品节前要对食品节上即将推出的菜品进行试制，无论是在店外邀请的技术力量，还是本酒店的厨师，都应进行试菜，并根据情况请酒店主要管理人员及有关行家进行品尝鉴赏。试菜可以了解当地客源市场对菜品的认可和接受程度，如确有必要，对其用料和口味可稍作调整。还能通过试菜制定全面详细的标准食谱，以有利于控制成品和培训、存档。借试菜的机会，对参与食品节食品生产和销售的厨师和服务人员进行现场培训，使其充分了解将要生产和推销菜点的用料、制作程序和成品特点，如有典故和相关趣闻，也应一并培训，以增加生产制作的精细程度和服务的情趣。

7）如期布置场地，推出各类食品

食品节举办期间，先要设计布置出具有一定气氛、特定主题的餐厅。餐厅应有一个独特、鲜明的形象，如宫廷菜食品节雕龙画凤，川湘风味食品节茅舍檐前缀以串串红椒等，给光顾食品节的客人留下深刻的印象。餐厅的布置也非愈地道愈逼真愈好，有些只宜神似，有某种氛围即可。如在素食节布置一些绿色植被、陈列一些“三菇六耳 ”便能达到效果。

制作和如期推出各类食品是食品节组织控制的重点。食品节期间，不仅要保证菜单所列品种如数按时供应，还要注意其规格质量标准不能低于试菜效果。生产中出现的原料、场地、设备、人手等方面的问题，管理者要随时协调，并做到善始善终，确保广告宣传的落实和慕名品尝的客人如愿以偿，切不可虎头蛇尾。

8）总结评估，积累资料

食品节结束，除了及时清理场地，收拾并妥善处理剩余原料、食品及装饰用品外，还应对食品节的全过程进行总结评估，以积累一定的组织筹划、原料采供、生产制作等方面的经验教训，并注意与外邀技术人员搞好关系，做好经济、交通等其他善后工作。无论此类食品节以后再举办与否，都要做好一定的文字资料积累，为菜肴的推陈出新和其他不时之需做好准备。

3. 餐饮营销计划的编制程序

编制餐饮营销计划一般遵照以下步骤进行。

1）整理餐饮经营的历史数据

市场营销计划的制订必须依据最新的资料，其中餐饮企业自有的各种资料是计划制订不可缺少的重要依据之一。在制订下一阶段的市场营销计划之前，参考上一阶段计划执行成果（数据），对于计划制订者发现上期计划目标设定中的偏差，重新认识餐饮的经营管理能力和计划执行能力，检验预测准确性和计划的合理性都有很大的帮助作用。因此要对餐饮经营的历史数据进行及时的更新、整理。然而，餐饮营销计划的制订与最新历史数据的获得存在时间上的错位，制订计划的开始时间要早于餐饮经营数据的全面汇总、整理时间。因此，为制订市场营销计划而收集的餐饮经营数据经常是暂时性的或者是估计性的。例如，上年全年的实际数据可能得不到，因为要等到全年结束以后才能进行整理、统计，从而得到综合的数据。然而，用当年的现有数据以及过去几年的经营规律来预测当年全年的综合情况往往是可行的，这种全年数据的初步估计会有很大的可信度，虽然这不是最后的统计数据。

2）进行市场调查

市场调查的主要内容有：宏观环境调查、竞争对手调查和餐饮自身调查。宏观环境是指全面地、间接地影响餐饮企业长远发展的外部因素，主要包括政治法律环境、社会文化环境、经济环境、金融环境和技术环境等。竞争对手是指那些与本企业具有相同或类似的产品或服务，规模和档次较为接近并且目标市场基本一致的餐饮企业。对它们的调查主要集中在产品组成、价格政策、销售渠道、营业推广、企业形象、公关宣传等方面。餐饮企业自身调查主要包括宾客调查、产品调查、销售调查和促销调查。

市场调查一般从背景信息收集和专题调查这两个方面着手进行。背景信息收集主要是第二手资料的收集、整理和加工，资料收集的重点是关于目前市场与竞争形势的背景信息，它一般适用于宏观环境调查，对这些信息的分析常被称为形势分析，用以预测将来可能发生的情况。专题调查是根据餐厅制订市场营销计划所需参考资料的具体情况而组织的专门调查活动，如宾客需求和满意度调查、产品价格调查等。专题调查一般多用于餐饮企业自身调查和竞争对手调查，宏观环境调查中有时也使用此方法，但是所需的投入与背景信息搜集相比要大得多，对一家餐厅而言得不偿失。

3）信息分析

分析现有的信息、数据和资料是为了预测市场发展趋势、竞争对手的活动、顾客的行为和经济形势等。经过前两个步骤，餐饮企业获得了大量信息、数据、资料，但是尚不能直接使用，因为这些资料仍然显得零散、琐碎和表面化。信息分析就是要通过各种分析手段将已经取得的各种数据、资料进行“深加工”，经过求证、逻辑推理等步骤，从中提取结论性的信息，这些信息才是餐饮企业制订市场营销计划的最终依据。

信息分析一般有定量分析和定性分析两种。定量分析是餐饮企业制订市场营销计划的基础，餐饮企业在确定营销目标时的许多参考因素，诸如市场份额、各产品销售状况、宾客满意度、竞争对手数量等，都需要以量化的数据直观地反映出来。定性分析也有可能要参考大量的数据资料，但这只是用来支持对某种变化或趋势的判断，这样的分析并不一定都需要包括定量分析，在实际工作中，定性分析强调从非数字的数据中找出所包含的有用的东西。定性分析需要较强的逻辑推理能力和较为丰富的工作阅历，因此，餐厅必须选择合适的人员进行此项工作，并通过有效途径（如专家审查等）对信息分析质量加以控制。

4）制定目标、策略和行动方案

经过对各种数据、资料的搜集、整理和分析，已经掌握了制订餐饮营销计划的主要依据，接下来的工作便是制定目标、策略和具体的营销活动方案。营销目标是一定时期内在餐饮企业关键区域所应实现的成果的清晰而明确的表述。此处所指的关键区域（Key Area）是指餐饮企业内部能够取得长远战略成果和短期经营效益，并使经营目标成为本年度目标的区域。由此可以看出，营销目标不是虚幻的美梦或一厢情愿的期望，而是在一定时间和空间之内必须完成的某项工作或应当取得的某种成果。营销目标、策略和组合方案的制订要受到餐饮企业的任务、总体目标和策略、餐饮企业政策和资源等方面的约束。因此，本步骤的主要工作通常包括：确定目标；制定能达到目标的策略和方法；根据达到目标（如利润）的能力、餐饮企业的政策和实现目标的可能性等因素设计不同方案进行比较，以选择合适的目标、策略和方案的组合形式。其中的关键事项是要考虑多项可行的方案，再对其加以论证。

5）制定初始财务报表

营销目标为餐饮企业规定了需要达到的经营期望值，这些期望值主要包括利润增长率、销售额增长率、市场占有率等。但是，期望终究只是期望，能否最终成为现实仍然需要进行进一步的求证。从财务管理和控制的角度对市场营销计划方案进行详细的财务分析，便是对计划目标可行性的一种具体而有效的论证方法。财务分析的基础是各种财务报表，常用的财务报表一般包括现金流量表、预算报表、损益表等。通常，餐饮企业的高层管理人员必须十分仔细、慎重地审查这些报表，尤其是对那些期望达到的财务指标，以使得这些指标既可以实现，同时又能保证获得比较理想的实际收益。

6）计划的审查和批准

如前所述，餐饮营销计划的制订是由许多部门共同参与完成的，每个职能部门制定计划的过程实际上也是一个向餐饮企业高级决策层阐述自己的意见或主张并获得资源（如资金、人力等）支持的过程。由于受到一些主、客观因素的影响，部门的意见或计划往往较多地注重细节而失于全面。因此，已经制订的市场营销计划必须经过高层管理者反复几轮的审定，去除计划中不准确、不必要或不尽人意的部分和内容。经过必要的调整和修订，从步骤1）到步骤5）制定的餐饮营销计划将最终得到批准并付诸实施。为使餐饮营销计划更加全面、准确，制订工作更有效率，餐饮企业应建立由中层、高层管理人员和专家组成的计划审核体系并根据一定的工作程序将计划的审查工作贯穿于整个计划制订过程中去。

7）计划实施进度的调整

餐饮企业经营的内外部环境始终处于连续不断的变化之中，它是客观存在并不以人的意志为转移的。虽然在制订市场营销计划的过程中十分强调市场调查，强调信息的收集和分析，以及对未来各种可能情况的预测，但是，预测与实际结果通常存在一定的差距，这种差距经常造成计划对现实情况的不适应。变化是永恒的，计划应该是可变的。在计划期内餐饮企业面临环境的变化时，计划向目标迈进的方向和速度必须加以调节，以使计划保持必要的正确性。这意味着必须及时收集环境信息和测定目标（如市场占有率和销售量）达到程度所需要的信息。这些信息可以通过定期或不定期的市场调查研究及常规的信息系统进行收集。

8）营销计划实施后的审查

在一个计划周期结束后，餐饮企业必须对计划执行的实际效果与计划目标进行比较分析，找出这两者之间存在的差距并认真分析其产生的原因。审查的范围主要集中在：

① 计划周期内实际销售额、利润（率）与计划指标是否一致，未能完成或超额完成的原因。

② 各部门对计划的理解和执行能力是否达到餐饮经营的要求，尚存在哪些薄弱环节。

③ 所收集的信息是否及时、有效，是否能够满足计划对信息的需求。

④ 餐饮企业对市场变化的预测是否准确，产生误差的原因何在。

⑤ 计划执行过程中是否存在协调方面的困难，这些困难是否是由于计划制订时缺乏考虑和安排而造成的。

⑥ 计划的灵活性如何，即市场环境发生变化时，餐饮营销计划是否能够进行相应的、及时的调整，调整后的效果怎样。

⑦ 餐饮企业各级管理人员，尤其是中、高级管理人员对计划执行的综合控制能力如何。

这种对计划实施情况的信息反馈和总结将为餐饮企业目前的和将来的市场营销计划制订与实施工作提供很重要的参考资料。

相关知识

1. 餐饮营销的含义

餐饮营销是指餐饮经营者为了使宾客满意或招徕更多的宾客，并实现餐饮经营目标而展开的一系列有计划、有组织的活动。它是一个完整的过程，而不是一些零碎的推销活动。餐饮营销必须要符合以下几项要求：

1）满足顾客需求

餐饮营销活动的首要任务是发现并满足顾客的需求。顾客已经有了什么，他们还需要什么，这两者之间存在的差距是什么，顾客需要什么，他们对自己的需要是否已经意识到，如果意识到，他们将如何决策等。这些都是从事餐饮营销的人员必须努力了解的内容。

2）餐饮营销具有连续性

餐饮营销是连续不断的管理活动，不是一次性的决策，后者只能被看作是整个餐饮营销管理的一项内容。

3）餐饮营销应有步骤地进行

良好的餐饮营销是一个过程，应有序地一步步去做。

4）餐饮营销调研起着关键作用

餐饮营销活动要有效地进行，就要进行营销调研，只有这样才能预见并确认顾客需求，以利于更好地提供满足顾客需求的餐饮产品和服务。

5）餐饮营销需要各部门精诚合作

餐饮部内任何一个部门都不可能独立地承担营销的全部活动。没有各个部门的精诚合作，营销便不能成功，必须发扬团队合作精神。

6）应注意与同行、相关行业搞好合作

同一行业中的各企业在进行营销时有许多合作的机会，既竞争又合作，整个行业才能蒸蒸日上。

2. 餐饮产品与服务的营销组合

在产品与服务组合策略领域内，强调的重点是产品和服务给予人们的满足及利益，而不仅是产品与服务本身。最常见的组合策略理论被概括为4P，1980年，美国著名酒店营销学家考夫曼（C · Dewittcoffman）在《酒店销售学》一书中将营销因素组合概括为6个P，即：

① 人（People）。指客人或市场。酒店的任务是通过市场调研确定目标市场消费者，然后详尽地了解他们的需求和愿望，即了解服务的对象。

② 产品（Product）。指酒店建筑、产品、设备和服务。酒店应根据顾客的需要，向他们提供所需的产品和服务。

③ 价格（Price）。价格一方面要适应顾客的需要，另一方面要满足酒店对利润的要求。

④ 促销（Promotion）。促销的任务是使顾客深信本酒店的产品就是他们的需要，并促使他们来消费。

⑤ 绩效(Performance)。指产品的传递。这是使顾客重复购买和大量购买酒店产品的方法，并使顾客在离店后为本酒店进行宣传。

⑥ 包装（Package）。酒店的“包装”与商品的包装不同。酒店的“包装”是指把产品和服务结合起来，在顾客心目中形成本酒店的独特形象。酒店的“包装”包括外观、外景、内部装修布置、维修保养、清洁卫生、服务人员的态度和仪表、广告和促销印刷品的设计，以及分销渠道等。

3. 餐饮营销管理的任务

美国著名的营销学家菲利普 · 科特勒（Philip Kotler）认为营销管理是通过分析、计划、实施和控制来谋求创造、建立及保持营销者与目标顾客之间互利的交换，以达到营销者的目标。

餐饮营销管理的实质就是餐饮产品的需求管理。现代餐饮营销管理的任务主要包括扭转性营销、刺激性营销、开发性营销、恢复性营销、同步性营销、维护性营销和限制性营销等。

1）扭转性营销

如果大部分顾客讨厌或不需要某种餐饮产品或服务，甚至愿意出钱回避它们，这种现象对于餐饮企业来讲就是一种负需求。这时，餐饮营销管理的任务就是扭转性营销。餐饮企业应通过调研，找出问题所在，采取针对性的措施，扭转这一局势。例如20世纪90年代中期，某些正宗川菜馆在各地的营业额逐渐下滑，经营有萧条的迹象。于是，成都和重庆地区的品牌川菜馆打出了“开发新品川菜，重振川菜雄风”的口号。经过两三年的努力，企业通过菜品创新、服务创新、风格创新等措施，各家川菜馆的生意又渐趋红火，企业上座率和利润逐渐攀升。

2）刺激性营销

当某地餐饮市场大部分顾客不了解某种餐饮产品和服务，对其毫无兴趣或漠不关心，我们称之为无需求。这时，餐饮企业采取营销措施，扭转这种现状称为刺激性营销。例如某地区一家西餐厅开业，由于人们不理解也不喜欢吃西餐，所以营业之初，经营情况很不理想。为此企业制定了新的营销任务，那就是刺激性营销。首先，企业把讲究餐厅环境的年轻白领作为目标顾客，开发他们喜爱的鸡尾酒和菜肴，制定符合当地消费水平的价格，经过宣传和促销后，营业额不断提高。

3）开发性营销

顾客对某种餐饮产品或服务有强烈需求，而现有餐饮企业又无法满足顾客需求的称为潜伏需求。这时，餐饮企业及时开发出顾客需要的菜肴、酒水、服务及用餐环境等称为开发性营销。例如，近几年，随着我国与世界各国经济贸易的合作与发展，咖啡厅、西餐厅在各大城市如雨后春笋般地涌现，同时餐饮企业在用餐环境、餐具、摆台和服务等方面都有许多创新。

4）恢复性营销

当餐饮市场大部分顾客对某种菜肴、酒水或服务的兴趣衰退时，称为下降需求。餐饮企业采取措施，将衰退的需求重新唤起，称为恢复性营销。例如，过去许多中国人有在茶艺馆饮茶的习惯，后来人们逐渐对茶艺馆淡漠了。近年来一些地方建起了茶艺馆，新建的茶艺馆保持了传统茶艺馆的特色又有创新举措，使茶艺馆更符合现代顾客的需求。现代茶艺馆讲究外观造型、内部文化气氛、设施和器皿、服务风格，现场音乐演奏。许多茶艺馆还增加了厨房和餐厅，开发了有特色的传统菜肴，方便顾客用餐。有些茶艺馆还结合了现代餐饮服务理念，准备了几十种茶食，采用自助式服务，顾客可以根据自己的需求，拿取自己喜爱的食品，同时采取对品茶顾客免费食用茶食的营销策略，从而重新唤起了人们对中国茶艺的需求。

5）协调性营销

某些餐饮产品或服务存在着明显的季节性和时间性等特点，市场需求因此也具有较强的波动性，这种现象称为不规则需求。餐饮企业通过各种措施，调节需求和供给之间的矛盾，使二者协调地经营称为协调性营销。例如，广州餐饮企业普遍根据顾客不同时间的用餐需求筹划不同种类的菜单：早茶菜单、午茶菜单、下午茶菜单、晚餐菜单和夜茶菜单，通过三个“茶市”、两个“饭市”调节一天内的消费波动性。

6）维护性营销

当餐饮产品和服务的需求达到饱和时，称为充分需求。这是企业最理想的一种需求状况。但这时消费者的偏好会不断变化，企业的竞争也会更加激烈。餐饮企业保持合理的售价，严格控制成本，稳定产品销售量的措施维护销售，称为维护性营销。例如，一些地方的某类餐厅已经达到饱和，一方面企业做好更新产品的准备，一方面采取措施，稳定销售。包括：努力保持菜品质量、经常测定消费者的满意程度、制定有竞争力的价格、加强环境和服务的管理等，千方百计维持目前的需求水平。

7）限制性营销

当餐饮产品或服务的市场需求超过了企业所能供给或愿意供给的水平的一种需求现象称为过量需求。这时，餐饮企业营销的任务是限制性营销，即降低市场营销。主要的方法有提高产品的价格、合理分销产品、减少服务项目、减少促销等。例如，某地区一著名快餐厅刚上市，每天餐厅的顾客都超过了接待能力，这样企业可以采取提高利润的方法以暂时限制该产品的销售量，同时，积极筹备第二个餐厅以扩大销售。

4. 餐厅赠品的类别与要求

1）餐厅赠品的类别

（1）商业赠品

为鼓励大客户经常来光顾，餐饮推销人员常向其赠送商业礼品。

（2）个人礼品

为鼓励顾客光顾餐厅，在就餐时可免费向客人赠送礼品，在节日和生日之际向客人和老顾客赠送礼品或纪念卡。

（3）广告性赠品

这种赠品主要起到宣传餐厅、使更多人了解餐厅、提高餐厅知名度的作用。管理人员要选择价格便宜，可大量分送的物品作为这类赠品。礼品上要印上餐厅的推销性介绍，比如给客人分发一次性使用的打火机、火柴、菜单、购物提包等。广告赠品对过路的行人和惠顾餐厅的顾客均可赠送。

（4）奖励性赠品

广告性赠品主要是为了让公众和潜在顾客进一步了解餐厅。而奖励性赠品的主要目的则是刺激顾客在餐厅中多购买菜品和再次光临，这种礼品是有选择的赠送。例如根据顾客光临餐厅的次数，顾客在餐厅中的消费额多少分别赠送礼品。有的根据抽奖结果给幸运者赠送礼品。管理人员要选价值较高的物品作为这种礼品。

2）赠品的要求

（1）要符合不同年龄接受者的心理要求

为使礼品达到最佳效果，有必要针对不同赠送对象选择不同的礼品和场合。

（2）礼品的质量要符合餐厅的形象

一家高级餐厅决不能送低档次的礼品，如果经费不足，宁可不送或只送一件高档次的小纪念品。与其大量赠送低价的礼品，不如用同等价钱赠送少量精致的礼品。例如赠送一打劣质汤匙不如送一个质量上乘的杯子。赠品是沟通餐厅与顾客关系的重要渠道，餐饮推销员要注意赠送符合餐厅形象的独特的礼品来招徕顾客。

（3）赠礼品要附上卡片

赠品上一定要附卡片，以表示对赠送对象的尊重。尽量不要使用印刷文字，最好附上经理亲笔写的风趣的文句、贺词或致谢词。这样的卡片更能将餐厅赠送小礼品的诚意传送到顾客心里。

（4）包装要精致

包装漂亮能提高人们对商品价值的评价。原先包装是为防止商品污染，起保护商品的作用，现代社会利用包装装饰商品，起到推销商品的作用。赠品的包装一定要精致、漂亮、独特。

（5）赠送气氛要热烈

为达到最佳赠品效果，在赠送时要尽可能创造热烈的气氛。例如颁发抽奖奖品时与其在收银台上领取，不如在大众“恭喜中奖”的掌声、笑声中颁发。这样赠品能使顾客增加幸运感，并有感染其他顾客的作用。因而餐饮工作者要将定制与赠送赠品作为一项重要的推销活动加以周密的计划。

知识拓展

1. 食品节促销应考虑的因素

1）为酒店产生的效益

举办食品节的宗旨，首先是为酒店产生良好的效益。无论是围绕国内外传统节日举办的食品节，如儿童食品节、中秋赏月小吃食品节、圣诞牛扒节等；还是优选各种风味，组织以不同原料或风味为主的食品节，如新派粤菜食品节、药膳花馔食品节、鲍参翅肚食品节等，都应以为酒店餐饮增加营业收入、进而扩大营利为出发点。抑或不是主要为了营利，而是以创造餐饮声誉、树立市场形象、丰富常客口味、扩大市场占有率为出发点，在创造社会效益的同时，同样应兼顾餐饮的经济效益。

2）为员工带来的培训效果

举办食品节的技术力量无外乎来自两个方面：一个方面是酒店厨房内部精通某类菜点制作的技术骨干，也可采取集体智慧，举办创新菜比赛，产生优秀菜点，并以此推出食品节的店内创新菜，食品节创新菜比赛的步骤是先公布创新菜选拔比赛制度，再让厨师申报参赛品种，集中安排操作，通过考核打分，筛选若干品种，即可作为食品节的精选品种；另一方面就是邀请、聘请来自其他酒店某类风味菜品的技术权威。总之，拥有特定的技术力量是成功举办食品节的重要前提，也是餐饮企业不可多得的宝贵财富。食品节自然是短期的，然而食品节之后为酒店留下些什么，仅仅是昙花一现、过眼云烟，还是去粗取精、丰富充实本厨房菜品，也应成为举办食品节不可忽视的因素。

为了成功地举办食品节，对员工进行培训是必需的，若通过精选的食品节菜品能够成为本酒店长期供应的且受顾客欢迎的品种，那么这种培训将是经济、有效和一劳永逸的。

3）因美食节而增加的设备与原料方面的费用开支

为举办美食节，酒店增加一定的开支和投入是不可避免的。例如邀请外地、外单位的厨师来店培训、表演、操作的差旅费、劳务费、保险费等，以及为制作某类菜点所必需添置的设备和购买原料等方面的费用等。这些费用都应量力而行，从酒店餐饮的现有实际情况出发，既要创造条件，力促食品节顺利地举办，又要做一定的投入产出分析，考虑投资的回收情况（见表5-13）。

另外，若因举办食品节而专程邀请国外的烹饪大师，或到遥远的地方组织采购名贵稀有原料，其巨大的费用和繁琐的手续，也是一般中小型酒店所承受不起的。若有可能，选择合适的酒店进行对口技术交流，互派人员到对方举办食品节不失经济而方便的做法。

表 5-13 食品节经营预算

项 目 名 称	预计数	实际发生数	预计与实际差额	备注
一、营业 1．食品收入 2．酒水收入 3．服务费收入 4．其他收入				
二、税金				
三、成本 1．食品原材料 2．酒水 3．其他				
四、费用 1．选聘技术人员 差旅费 食宿费 劳务费 组织考评费 其他 2．培训费 派外学习 学费 差旅费 食宿费 店内培训 材料费 授课费 其他 3．材料费 餐具、用具 装饰品 其他 4．宣传费 报刊电视广告 印刷品费用 纪念品费用 其他 5．公关费 同行 新闻界 其他				
五、利润				

2. 针对儿童的推销活动

儿童是许多家庭出外就餐的决策者。儿童常去的餐厅是咖啡厅和快餐厅，针对他们的推销有以下几点：

- 提供儿童菜单和儿童份额的餐饮品，多给儿童一些特别关照。
- 提供为儿童服务的设施。例如儿童座椅、儿童餐具、围兜，一视同仁接待小客人。
- 赠送儿童小礼物，尤其选送他们喜欢的与餐厅宣传密切联系的礼品。
- 娱乐活动。

儿童对新奇好玩的东西较感兴趣，餐厅常在一角设有儿童游戏场，放置一些木马、积木、翘板之类的玩具，还有的专门为儿童开设专场木偶表演、魔术和小丑表演，或放映卡通片、讲故事等，这是吸引全家用餐的好方法。

1）儿童生日推销

餐厅可以印制生日菜单进行宣传，给予一定的优惠。例如日本的麦当劳记载了约60万名小朋友的出生日期，在每个小朋友生日前几天，会收到麦当劳汉堡店寄来的生日卡，到了生日那天，小朋友便持卡到麦当劳来。这时，店里的工作人员除了对小寿星说一声“生日快乐”以外，还鼓掌欢迎他们的光临。餐厅还推销生日宴，有“宝宝满月”、“周岁宴会”等，从长远看，这些小朋友是餐厅的潜在顾客。

2）抽奖与增品

常见的方法是发给每位儿童一张动物画，让儿童用蜡笔涂上颜色，进行比赛，给获奖者颁发奖品，为儿童增加了不少乐趣。

3）赞助儿童事业，树立餐厅形象

餐厅可以给孤儿院等儿童慈善机构进行募捐，设立奖励基金，赞助儿童体育比赛，绘画、音乐比赛等，可以吸引新闻焦点，树立企业在公众中的形象。

技能训练

制定“六一”儿童节促销方案

<table>
<tr><th colspan="2">实　训　内　容</th></tr>
<tr><td colspan="2">训练目的：掌握餐饮企业进行营销活动策划的方法
训练要求：学生以小组形式，根据以下程序分别制定一份各具特色的促销方案
训练程序：
① 明确促销活动目的。通过本次活动的开展，提高餐饮企业的知名度，吸引更多的家庭来餐厅消费，让家长和小朋友来本餐厅分享美食，体验快乐
② 确定主题内容。为庆祝一年一度的六一国际儿童节，让小朋友度过一个快乐而有意义的节日，给家长们创造关心孩子的机会，营造一个童真荡漾、欢乐的天地。结合儿童的兴趣特点以及本餐厅的实际情况，确定促销活动的主题内容
③ 设计外场布置方案和内场布置方案。餐厅的环境和气氛要适合儿童心理，受儿童的喜爱。可考虑以动画片和著名的童话故事为背景来装饰餐厅，并在餐厅中放一些儿童的游乐器械，如木马、滑梯、电子游戏等，这对吸引小顾客很有效
④ 制定系列活动方案。每一个活动方案必须围绕活动主题将活动时间、活动方式、操作要点等具体内容制定清楚，必须具备较强的操作性
⑤ 经费预算。详细列出每一项活动的具体价目表，然后确定整个促销活动所需经费
⑥ 行动控制。明确此次促销活动负责组织实施的机构和个人，并写清楚对方案的实施过程及保证有效实施的措施</td></tr>
<tr><td>训练提示</td><td>促销活动的设计要注重创新，但必须考虑到消费者的需求和根本利益</td></tr>
<tr><td>思　考</td><td>你从其他小组的促销方案中学到了哪些促销方法？____________________
____</td></tr>
</table>

思考与练习

1. 以节日、外国菜肴、食品原料、烹饪方式等其中一项为主题策划美食节，写出策划书。
2. 以广告促销法写出策划书。
3. 如何理解餐饮营销的含义?
4. 餐饮营销管理的主要任务是什么?
5. 简述餐饮营销的内部与外部策略与技巧。
6. 案例分析：

儿童节促销活动方案

为庆祝一年一度的“六一”国际儿童节，让小朋友们度过一个快乐而有意义的节日，给家长们创造关心孩子的机会，酒店为孩子们精心准备了美味可口的儿童套餐、精彩纷呈的文艺晚会、五颜六色的蛋糕，各部餐厅大门饰以缤纷多彩的气球。六一期间童真荡漾，让孩子们在欢乐的天地、缤纷的美食世界中度过一个快乐难忘的“六一”儿童节。届时酒店将推出系列精品菜肴和美食，通过本次活动的开展，提高酒店的美誉度，吸引更多的家庭来酒店各部门消费，让家长和小朋友们来酒店分享美食、体验快乐。

① 活动时间：5 月 28 日——6 月 1 日。

② 活动主题：欢乐童年，精彩无限——江南艺术儿童节。

③ 活动内容：届时，酒店各部通过策划主题活动给参与活动的儿童朋友一个惊喜、一份快乐、一份难忘的记忆、一个一生都难以忘怀的 2009 年儿童节。

1）大酒店“欢乐童年，精彩无限”艺术儿童节晚会节目设计

凡是点到大酒店儿童套餐的小朋友，在晚会开始前均可到主持人处报名参加以下活动比赛（书画比赛要提前报名参加），获奖小朋友均有礼品赠送。

① 儿歌演唱比赛：曲目为背景音乐里的二十首儿歌，各部门根据情况确定小朋友报名数量。

② 儿童舞蹈演出：由 ×× 演出公司提供，只在大酒店晚会中间穿插进行，由 ×× 负责落实。

③ 儿童书画比赛：凡是提前来店预订儿童套餐的小朋友均可报名参加书画比赛，晚会现场所有来宾是裁判，取前六名在大酒店合影留念，并颁发奖品。

④ 趣味谜语竞猜：共设谜语 100 条，大酒店晚会随机进行安排，由主持人负责。

⑤ 儿歌朗诵比赛：

六一宝宝好福气，江南餐饮表情意

迎六一，笑嘻嘻，妈妈疼爱小宝贝；
来江南，齐相聚，合家欢乐过六一；
吃大餐，玩游戏，宝贝都要爱妈咪；
猜谜语，得奖品，江南给你表情意；
唱儿歌，跳跳舞，照张合影甜蜜蜜；
东走走，西逛逛，玩得开心都欢喜；

斟满茶，端来菜，服务都是俏阿姨；
只要宝贝能高兴，阿姨累点没问题；
六一江南来聚会，吃的玩的数第一！

2）联动促销

活动一:5月28日——6月1日期间，凡在大酒店预订儿童乐套餐者，均可获赠大酒店“欢乐童年，精彩无限”主题儿童文艺晚会免费门票一张。

活动二：5月28日——6月1日活动期间，凡在六一期间来酒店用餐者，均可免费获赠气球一个。

3）大酒店晚会现场装饰

① 舞台设计：“欢乐童年，精彩无限”主题背景布，周边用粉纱和印有六一祝福语的气球装饰，突出童真、竞技的氛围。

② 宴会厅内布置：用气球装饰与彩色纸花布置。

③ 其他点缀：在宴会厅内张贴征集到的儿童绘画作品，进行展览。

4）活动宣传

① 背景音乐：在酒店大堂和包房里播放儿童喜欢的歌曲，如《小燕子》、《读书郎》、《歌声与微笑》、《好爸爸，坏爸爸》、《红星歌》、《快乐节日》、《两个小星星》、《让我们荡起双桨》、《山里的孩子》、《少年先锋队》、《生日快乐》、《世上只有妈妈好》、《娃哈哈》、《我爱北京天安门》、《我们多么幸福》、《每当我走过老师的窗前》、《雪绒花》、《外婆桥》、《小兔乖乖》等，共计20首儿童歌曲，既可在大堂内和包房里播放，又可以让小朋友们学着演唱。

② 门厅装饰：用气球做彩门装饰，营造六一热闹氛围。

③ 媒体宣传：×× 电台、×× 报。

④ 视觉宣传：5月28日（提前三天）酒店开始宣传，主要以条幅、彩页菜单、口碑传播、向新老客户介绍等多种形式推广，以达到最佳效果。

5）套餐设计

本次活动套餐设计以营养为主，主要在大酒店宴会厅以销售套餐的形式进行，套餐分设六款，共计46套。

“欢乐童年”营养套餐288元（A三人用），15套计4 320元。

“金色年华”营养套餐388元（B四人用），16套计6 208元。

“望子成龙”营养套餐488元（C四人用），15套计7 320元。

本次活动预计收益为：17 848元。

6）销售计划

为配合大酒店六一节晚会的成功举办，各部门可以向店内顾客宣传介绍晚会内容。

7）费用预算

本次活动的费用预算如表5-14所示。

表5-14 费用预算

序　号	项目明细	数　量	单　价	费　用	负责人	需求支持
1	装饰气球	6 000个	0.15元	900元	××	企划部
2	背景音乐	12张	10元	120元	××	外援
3	横　幅	4条	50元	200元	××	企划部

续表

序　号	项目明细	数　量	单　价	费　用	负责人	需求支持
4	恭祝水牌	5 块	15 元	75 元	××	企划部
5	背景展板	1 块	200 元	200 元	××	企划部
6	儿童玩具	100 件	20 元	2 000 元	××	采购部
7	宴会桌卡	50 个	1 元	50 元	××	
8	装饰拉花	60 条	1 元	60 元	××	采购部
9	套餐菜单	100 张	2 元	200 元	××	
10	晚会门票	50 张	3 元	150 元	××	
11	投票箱	3 个	15 元	45 元	××	
12	奖品	50 个	80 元	400 元	××	采购部
13	合计			4 400 元		

8）效果评估与预测

① 拉动酒店的家庭消费，提高散台和包房的营业额。

② 在众多酒店中进行差异化营销，首家推出健康益智菜品，营销概念引领潮流。

③ 活动具有吸引孩子的卖点，以此带动家长来酒店消费，提高在同行业中的竞争力。

④ 活动具有连续性和持久的影响力，可在暑假和寒假继续推广并扩大规模，形成酒店独具特色的促销品牌。

思考：该酒店在儿童节采用了什么样的促销方法？特点有哪些？它是通过哪几个方面来指定促销方案的？

单元六

菜单设计

一家运营良好的餐厅，不仅要为客人提供满意的服务，更重要的是展现餐厅的风格特色，以提升经济效益。菜单是体现餐厅风格特色的重要媒介之一，菜单是餐厅提供的餐饮产品目录，即餐厅销售的食品与饮料项目清单，通常以书面形式出现，标注有各项食品与饮料的名称及价格。一份制作精美、内容翔实的菜单，可以使宾客乘兴而来，尽兴而归。

知识目标

1. 能够了解菜单定价的策略及影响因素。
2. 能够掌握菜单定价的具体方法。
3. 掌握餐饮营业场所的菜单分析方法。
4. 能够了解菜单分析的方法。

技能目标

1. 能够进行菜单结构设计。
2. 能够准确进行中西餐菜品的搭配和组合。
3. 能够设计制作菜单并为菜单定价。
4. 能够对菜单进行销售分析。

任务一 菜单设计与制作

菜单设计是餐厅管理人员、厨师等对菜单的形状、颜色、字体等内容进行设计的过程。如果菜单有吸引力、美观并体现餐厅的形象，不但便于客人选择菜品，也会提高菜品的销售量。一个设计优秀的菜单必须注意菜品的排列顺序、菜单的尺寸、菜单的色彩、字体的选择、菜单的外观及照片的应用等。菜单制作是指在经过前期全面、完整、系统的菜单内容和价格等设计与决策的基础上进行的版面设计和印制。递送到客人面前的菜单，形式可以各式各样，但无论其呈圆形、长方形或其他形状，尺寸属大号或小型，是单页或折叠，是纸质或其他材料制成，菜单必须制作得能恰如其分地反映出一家餐厅的面貌和经营特色，使就餐者仅从菜单的外观便能推断出一家酒店的餐饮管理水平和服务质量。

任务导入

某四星级酒店的中餐厅，为了让顾客不断品尝到有特色的食品，每逢节日，餐厅都会推出节日菜单。2008 年情人节前，中方厨师长到国外交流学习，由副厨师长李师傅临时负责。情人节前两周，餐饮部经理请李师傅设计情人节中餐套餐菜单。李师傅是技术能手，很快列出了不同价位的若干套菜单，完成后交给餐饮部秘书打印。情人节当天下午 3 点，餐饮部例会后，餐厅张经理将制作好的菜单拿回餐厅，让服务员在每个餐台上放一份，并再次检查了公关部放在一楼大厅及餐厅门口的情人节菜单告示牌。一切就绪后，于开餐前对服务员进行了 10 分钟的简单培训，并让服务员主动向客人介绍此菜单。

这一天，来餐厅就餐的客人很多，一对对情侣更是毫不犹豫地预订了情人节菜单。服务员将几张订单送到了厨房。李师傅看到订单后，大叫“没人告诉我今天是情人节。厨房没准备，怎么做食品？”张经理更是急得哭笑不得。如何向客人解释，四星级酒店的节日菜单居然一个菜也做不出来？闻讯而来的外国总监面对张经理非常生气，质问：“你是怎么负责的？这是你严重的失职。”张经理觉得很委屈，她申辩说：“这应是厨师长的事，怎么能怪我呢？”好在中方餐饮部经理还算冷静，交代服务员撤下所有的情人节菜单，马上停止推荐。同时，请李师傅想想办法，尽可能将已经订出的几份菜制作完成。确实连原料都没有的项目只好由餐饮部经理出面向客人道歉了。一场风波总算过去了。第二天，餐饮部总监让张经理填了一张过失单，并批评了李师傅。

思考

怎样设计菜单？怎样能够避免出现这场由菜单引起的风波？

任务描述

图 6-1 装帧精美的菜单

一份精心设计的菜单，装帧精美（见图 6-1）、雅致动人、色调得体、洁净大方，不仅看起来赏心悦目，而且能使顾客的心情舒畅，这样的一份菜单映入眼帘，顾客就会对餐厅产生好感。菜单是沟通经营者与消费者的渠道和工具。客人到餐厅就餐，第一步就是点菜，凭菜单选购自己喜欢的菜肴和饮品，而经营者则通过菜单向客人推荐菜品，经营者和消费者通过菜单开始交流。所以说菜单是沟通双方的工具。客人喜欢的菜单既可以引发客人的食欲，又可以扩大销售额，增加餐厅的收入。要想设计制作一份精美的菜单，你首先要了解菜单的类型、作用，掌握菜单设计的程序和方法，把握菜单设计制作的技巧等内容。

任务分析

菜单的筹划和设计是餐饮经营管理中最重要的核心环节。菜单作为客人在餐厅用餐的主要参考资料，起着向客人传递信息的作用。客人从菜单上不仅可以知道餐厅所提供的菜品、酒水及其价格，进而达到消费的目的，还可以从菜单的设计、印制上感受到餐饮服务的气息和文化品位。因此，菜单的印刷精美固然重要，但是独具匠心的菜单设计更能体现出优质的服务。餐饮企业在制定菜单时，要结合自己企业的特点，遵循餐饮目标市场的需求来设计具有一定特色的菜单。

任务实现

1. 不同阶段的菜单筹划

餐厅的经营一般都要经历四个阶段，在不同的阶段对菜单有不同的要求，因此，在策划菜单时一定要根据经营阶段的特点进行设计。

1）开业构思阶段

在开业构思阶段，要设计一个试验性菜单草案，它可帮助管理人员决定餐厅经营的类别。试验性菜单在树立餐厅形象方面是一个十分重要的工具。如果试验性菜单编制得合适，就能吸引餐厅的目标顾客，并把餐厅经营的主题传递出去。

开业构思阶段的菜单应反映如下内容：

① 餐厅针对的目标对象。菜单的编制要表明特定的群体服务，菜单的设计应反映出针对哪些顾客群体。

② 表示需购买的设备。适用期的菜单好像是一份计划表，它反映出加工菜单上的菜品应购置什么炊具和设备，反映出厨房应有多大空间。例如，菜单上的菜如果都由餐厅自己制作而不使用方便菜和半成品，那么厨房的面积就应预设大一些。

③ 餐厅应雇佣什么人员。菜单要反映出是需要有经验的职工，还是需要普通的经过实地培训的职工。例如，快餐店并不需要经验十分丰富的职工。菜单要指示出食品生产和服务的难度。

④ 反映对餐厅装潢的要求。菜单提供的菜必须与餐厅的装潢相协调，菜单提供的品种反映出需要什么样的就餐环境。

2）经营阶段

一家成功的餐厅必须与饮食潮流和公众用餐习惯相一致，餐厅在开业时一般都计划了一些当时流行的菜式。如果菜单编制后客源下降，餐厅要分析菜单上各种品种项目的销售情况，对饮食潮流快速做出反应，随时加入能使销售额和利润额增加的品种，去掉那些销售差、盈利低的品种。

3）衰退阶段

如果餐厅的生意出现衰退，餐厅的利润率和投资回收率不断下降，就要对菜单进行变革，对价格要重新评估，对市场的大小和结构要重新分析，菜品要做必要地更换。在衰退阶段，可设法提供一些每日特色菜来吸引客人，要着重推销那些盈利大、受顾客欢迎的品种。有时，菜单外观的改变（变换菜单的布局、设计、色彩、印刷格调）也会影响餐厅的生意。

4）转换阶段

餐饮业中不可避免地会有变革，由于社会经济形式的变化和人口特征的变化，需要从目前的经营类型转换到另一种类型。当饮食潮流和习惯产生变化时，餐厅应该及时改变菜单和变换市场。转换阶段影响餐厅的更新改造和业务扩展，需改换经营目标以增加营业额和利润。做到这些首先要改变的是菜单，有的餐厅要求降低成本以增加利润，这样更要探索出能够满足市场需求的新产品和新的烹调方法。

2. 菜单设计的程序

菜单设计的程序如下：

1）准备所需参考资料

这些资料包括：

① 各种旧菜单，包括酒店正在使用的菜单。

② 标准菜谱档案。

③ 库存信息和时令菜单、畅销菜单等。

④ 每份菜成本或类似信息。

⑤ 各种烹饪技术书籍、普通词典、菜单词典。

⑥ 菜单食品饮料一览表。

⑦ 过去销售资料。

2）推行标准菜谱

标准菜谱是指关于菜点烹饪制作方法及原理的说明卡，它列明某一菜点在生产过程中所需要的各种主料、辅料及调料的名称、数量、操作方法，每份的量和装盘工具及其他必要的信息。利用标准菜谱不仅有利于计划菜肴成本，同时经营管理人员充分了解菜点的生产和服务要求，也有利于产品质量标准化。

3）初步设计构思

刚开始构思时，最好选用一张空白表格，把可能提供给顾客的菜点、饮料、酒水等先填入表格，再综合考虑各项因素后确定菜单的内容。

4）菜单的装潢设计

在对菜单进行装潢设计时，可召集有关广告宣传、美工、有经验的厨师及相关管理人员，对菜单的封面设计、式样选择、图案文字说明等工作进行讨论。

无论在哪个步骤，设计者必须把顾客的需求放在第一位，优先考虑他们的消费动机和心理因素，然后以此为依据，做好各步骤工作。

3. 菜单结构设计

1）菜品的名称与价格

（1）菜肴名称应真实可信

菜品名称应该好听，但更应真实，不应太离奇。事实上，故弄玄虚、哗众取宠的菜品不仅不能吸引顾客，相反还会使顾客感到反感，不易被顾客所接受。只有那种小型的、以常客为主的餐厅可用不寻常的名字，而向大众开放的餐厅，应该采用朴实并为顾客熟悉的菜名。

（2）外文名称应准确无误

许多餐厅为了吸引国外旅游者或为了展示其高档次服务，菜单上每一个菜品都配有相应的外文名称。这本来是一种与国际接轨的良好表现，但如果外文名称译错，或印刷时校对不仔细，出现拼写错误，将会使外国客人感到茫然不知所措。

（3）菜品的质量要真实可靠

菜肴的质量真实可靠，包括原料的质量和规格要与菜单的介绍相一致。如菜肴名称是炸里脊肉，餐厅就不应用猪腿肉作为菜的原料；原料的产地也应该真实，菜单上说是进口牛肉，就不应该用国产的替代；菜肴的份额同样应该真实，菜单上注明的分量为多少，就应保量供应；原料的新鲜程度也应保证真实，如菜单上注明的是新鲜蔬菜，就不应该使用罐头或速冻的替代。

（4）菜品的价格应明确无误

菜肴的收费应与实际供应的相符。有些餐厅加收服务费，则必须在菜单上加以注明，若有价格变动，要立即做出相应的处理或更换菜单。

2）描述性说明

描述性说明就是以简捷的文字描述出该菜品的主要原料、制作方法和风味特色。有些菜名或源于典故，或追求悦耳，顾客不易理解，更应清楚描述。如佛跳墙、叫化童鸡、如意炸响铃、狗不理包子等，这些菜名都很让人费解。

设计合理的菜单应能对菜单项目进行描述说明或简单介绍，这些介绍可以代替服务员向顾客介绍，可以帮助顾客下决心挑选某些菜品，并能减少顾客的选菜时间。菜单的描述性说明应包括：

① 主要原料、配料以及一些独特的浇汁和调料。

② 菜品的烹调与服务方法。

③ 菜品的分量大小。

④ 菜品的烹调准备时间。

显然，对菜单上的菜品进行这样的描述性说明有助于菜品的推销和服务。但应该注意的是，描述性说明必须恰如其分，实事求是。因为描述性说明文字关系到菜品的真实性问题。如果顾客被菜单上的描述性说明文字所吸引而点了某菜，但该菜名不副实，并没有文字描述的那么好，顾客肯定会大失所望的。

3）告示性信息

除菜肴名称、价格等菜单必不可少的核心内容之外，菜单还应提供一些告示性信息。告示性信息必须十分简洁明了，一般包括以下一些内容：

① 餐厅的名字，通常安排在封面。

② 餐厅的特色风味。如果餐厅具有某些特色风味而餐厅名字本身又反映不出来的，最好在菜单封面、餐厅的全名下列出其风味。

③ 餐厅的地址、电话和商标记号，一般列在菜单的封底下方，有的菜单还列出餐厅在城市中的地理位置。

④ 餐厅的营业时间，列在菜单的封面或封底。

⑤ 餐厅加收的费用。如果餐厅加收服务费，通常在菜单每一张内页的底部标明。如：所有价目均加收 10% 的服务费。

4）机构性信息

有些菜单上还介绍餐厅的历史背景和餐厅特点。例如肯德基家乡鸡刚刚进入中国市场时，在其各分号的餐馆中利用菜单介绍了这个国际集团的规模、历史背景、企业的发展过程及这种炸鸡的烹调特点等。

相关知识

1. 菜单的作用

1）菜单是传递产品信息的工具

服务人员通过菜单向客人介绍推销餐厅的产品，客人则通过菜单可以了解餐厅的特色以及产品价格等信息。菜单是连接餐厅与顾客的桥梁，它的作用直接有效，起着促进供需双方达成一致的作用。同时菜单也反映了餐厅的经营方针，所以菜单一旦制订好，该餐厅的经营目标也就确定无疑，餐厅的经营风格、特色、服务水平，在潜移默化中影响客人对于产品选择的决定权。菜单是经营者和消费者之间相互了解的桥梁。经营者通过观察客人点菜、统计点菜率，可以了解菜单设计是否合理；消费者通过菜单可以了解餐厅的经营风格、菜品特色。菜单可以反作用于餐厅，指导餐厅的经营和管理工作。通过客人点菜反馈出的信息，餐厅就可以及时地调整自己的经营和管理行为。

2）菜单是餐饮企业经营中的计划与控制工具

（1）菜单决定餐饮企业所需的食品原料采购的品种、数量以及库存要求

采购与贮存环节是餐饮业运营中的重要环节，菜单在一定程度上为提供的产品划定了范围。例如：菜单上有盐水基围虾这道菜，在无特殊情况的条件下就必须保证供应。同时保证供应也体现了餐厅服务水平的高低。试想如果一位客人点菜时，这个菜没有那个菜没有，很难想象下次客人还会再次光顾。

（2）菜单决定餐饮企业的设备配备以及装修布局

餐饮企业生产设备是针对菜单提供的产品所购置的，厨房的烹饪设备用具和餐厅的餐台、餐具等必须符合工作需要。就好比传统北京烤鸭需要挂炉，正规西餐厅用餐要使用西餐餐具一样，菜单的品种越多，所需要的设备与用具就越多。但在一定程度上也要考虑为此所带来的成本增加问题，所以菜单在设计之前一定要详加考虑。同时菜单也会对整个餐厅以及厨房的布局有较大的影响，不同类型、不同风格的餐厅布局是不同的。以中餐与西餐为例，其餐厅与厨房的布局由于文化背景及菜品种类、制作方法等多方面的不同都会有区别。再如肯德基、麦当劳等快餐连锁企业，由于标准化生产的需要，厨房不管大小如何，基本上布局都是适应相同的工序流程的，这也是由菜单上所提供的产品所决定的。

（3）菜单决定工作人员的数量与素质要求

为了使餐饮企业正常高效地运转，就必须有足够数量的高素质员工，而且还必须具备一定的技术水平，如何确定人员数量与技术水平取决于菜单上的菜点品种的技术要求。例如，菜单上提供广式烧腊品种的菜肴，那么厨房的冷菜组厨师就必须精通烧腊技术；又如，西餐厅提供

西餐的正式宴会服务，不仅要提供合乎要求的菜点，餐厅服务员同样也要提供合乎西餐就餐礼仪要求的服务。用俗语："没有金刚钻别揽瓷器活儿"来形容菜单的这项作用最贴切不过了。

(4) 菜单决定餐饮企业的运营成本，直接影响经济效益

菜单主要影响到两方面的成本，一是产品原材料成本，二是人员管理成本。对于菜单上所涉及的菜点，在餐饮企业运营中原料一定要充分准备。需要注意的是，要根据自己餐厅经营特色适当控制菜点种类，因为涉及原料种类较多，材料成本必定增加，而且也会增加经营风险。某些跨国性的快餐企业这一点做得非常好，而中餐由于操作规程以及长期的经营习惯的不同，在这方面做的还不是太完善。由于发展的需要，同业之间的竞争加剧，现在国内的餐饮企业已经注重这种标准化生产和品质管理带来的优势。

3) 菜单既是餐饮企业的推销工具，又是精美的宣传品与艺术品

菜单虽然默默无言，但一份制作精良，设计艺术化的菜单无时无刻不给人以感性的认识与味觉的刺激。菜单部分反映了餐饮企业的服务质量，一份制作精良的菜单在服务人员的推销下，会使客人多点几道菜，否则就可能起到相反的作用。在当今商品化的社会，企业更加注重宣传给自己带来的效益。在20世纪90年代末期，一家世界著名品牌手表厂商，曾经邀请当时红极一时的模特辛迪·克劳馥作为形象大使到中国上海做宣传活动，其中有一项重要的活动就是举行盛大的中式晚宴。活动举办地选中了上海一家五星级酒店，菜单的设计非常精美，菜单表面附着一层薄薄的半透明纸张，给明星的黑白艺术照带来一种朦胧美。翻看内容，纸张选用精良的压花纸张，除菜肴介绍以外，在适当而且明显的位置标注酒店店徽与中英文名称，整体感觉素雅。菜单的设计融合了多种功能，既体现出明星效应给产品带来的宣传作用，又加强了酒店的知名度宣传。

菜单的装帧艺术、风格以及它透露出的文化气息可以起到宣传餐厅的作用。有家餐厅的菜单由于反映出了很强的菜品特色，招牌菜品的照片也很精美，引起了众多食客的关注。许多客人索要菜单或出钱买菜单，但这家餐厅为了保守商业秘密都拒绝了。由于菜单不断丢失，于是这家餐厅就决定公开卖菜单。从开始的80元一本到后来的380元一本，尽管价格不菲，但仍有很多人购买。有的人是为了将菜单留作纪念，有的人是为了研究它的菜品。由此可见，菜单设计得成功可以带来很好的市场效果。

有些餐厅菜单的设计还增加了与客人交流的语言。这样，客人在点菜时就会产生一些情感的互动。例如：成都市某酒店在菜单上写道："石磨豆花最细腻，价位亦有吸引力。几页菜单传真情，新朋旧友皆欢喜。"；长春市某酒店在菜单上写道："我的菜不好，请君对我说；我的菜好，请君对朋友说。"；杭州市某酒家一楼的菜单除了写有菜名、菜价外，还别出心裁地在左上方和右上方画了两张幽默画，让人看了忍俊不禁，这里二楼、三楼的喜宴菜单也别具一格，上面写有一副对联，上联是："酒菜飘香来"，下联是："喜鹊唱枝头"，既庄重典雅，又具喜庆特色。如逢儿童节，菜单上会配一些卡通画和儿歌，春节前后则书写一些迎春、赞春的诗词；杭州市某老店的专用菜单以古朴典雅为食客所称道，它的宴会菜单都是请书法家用毛笔书写的，书卷气浓厚，很有收藏价值。总之，菜单艺术能对经营产生良好的推动作用。著名的宴席菜单还具有一定的收藏价值。在沉没了近百年的"泰坦尼克号"上找到的西式宴席菜单竟然价值数万美元，现在故宫博物院里保留着许多御膳单，也都具有重要的文物价值。

2. 菜单的种类

菜单的分类方法根据餐厅的经营特色与方式会有不同的划分方式。有时会根据用餐时间分为早、中、晚餐菜单，有时也会根据餐厅经营内容划分。还可以将菜单分为两大类，一种是通用性菜单，另一种是专用性菜单。这两大类菜单又各自包含着许多内容。通用性菜单一般指零餐点菜菜单，是大众化的、综合性的菜单，只能满足客人一般性的用餐需要。而专用性菜单的用途和形式很多，围绕着“专”和“特”做文章，如特别推荐菜单、宴席订餐菜单、套餐点菜菜单、宣传性菜单等。菜单的多元化可以造就一个浓厚的商业氛围，且不同的菜单可以满足客人不同的需求。

菜单的种类多种多样，菜单为餐饮企业的运营起到指导性作用，所以我们必须掌握餐饮企业的常用菜单类别以及各类菜单的区别。我们一般根据业内惯例，以菜单的功能来划分菜单的种类。

1）零点菜单

零点菜单又称为点菜菜单，是使用最为广泛的一种菜单，客人可以按照自己的喜好随意组合搭配菜点，形式灵活多样，现吃现点现做。由于零点菜单一般针对流动性大的顾客，其内容在一段时间内可以保持相对不变，因此就可以更好地体现餐厅的特色，突出自身的经营优势。为了满足顾客口味求新的需求，零点菜单也应该注意适当推出一些推荐新菜和时令菜，这不仅会加强零点菜单本身适应面广的特性，同时也会进一步增加餐厅的经济效益。

零点菜单的编排方式很多，有的按烹饪技法分类排列，有的按原材料类别排列，有的按价格档次排列。但是无论怎么排列，以下几个问题都是值得重视的 ：

① 必须突出招牌菜的地位。餐厅应该将自己最有特色、最拿手的几道菜品放在菜单的首页，并用彩照和简练的文字予以着力的推荐。

② 菜单上的菜品一般在 80 ～ 100 道（包括小吃、凉菜）就可以了，太多了反而不利于客人点菜，也不利于厨师的加工制作。如果是快餐厅，菜单上的菜品还会大大减少。因为快餐是在卖时间，品种复杂了肯定是快不起来的。

③ 菜名既要做到艺术化，又应该做到通俗易懂。像“早生贵子”、“老少平安”、“年年有余”、“推纱望月”等菜名虽然艺术性强，但是很难让顾客明白其菜品的用料、制作方法和味道。因此，可以采取“加注”的办法使之明朗化，例如“推纱望月”，可以在其后面加上“竹荪烧鸽蛋”作为注释。

④ 注意例份、大份、小份的标注。许多餐厅的菜单都不太注意通过分量标准来满足不同数量食客的点菜需要，因此影响了经营。例如 2 ～ 3 个人到餐厅用餐，如果餐厅菜单上的菜品全部是供 10 个人吃的例份，真是不知道怎么点法。如果有了小份的安排，客人就能多点几个菜了。

零点菜单一般按照用餐时间可以分为早餐、正餐、夜宵。中餐、西餐等不同餐别略有区别。

（1）中餐零点菜单

① 早餐与夜宵零点菜单（见图 6-2）。一般早餐或夜宵零点菜单内容大体可分为粥类、点心类、小吃类等，分量较小，且价格低廉。

图 6-2　中式早餐菜单

② 中式正餐零点菜单（见图 6-3）。通常情况下，中餐厅的午餐与晚餐使用同样的零点菜单，由于品种较多，且复杂，所以统称为正餐零点菜单。由于中餐菜系的多样性，菜品种类丰富，所以确定菜单内容时首先要根据本餐厅的特色，其次也得考虑原料的采购情况及餐厅的档次。中餐零点菜单一般按习惯分为冷菜、热菜、主食、点心（小吃）、汤羹、甜品等几大类。其中，热菜又有荤素之分，热荤会按照原料商品种类分为禽类、畜肉类、水产品类等。酒水饮料单一般附在菜单的最后一页。有时经营者将推荐销售的品种放在首页以突出其地位，如一些以经营海鲜为主的餐厅。菜单中菜点的定价一般是按照菜点定量的大小定价。

图 6-3 中餐正餐零点菜单

（2）西餐零点菜单

① 西餐早餐零点菜单（见图 6-4）。一般在星级涉外酒店，西餐的早餐是由咖啡厅负责供应的，与正餐供应的品种有较大的差异，主要分为：果汁类、面包类、水果类、蛋类、谷麦类等。

② 西餐正餐零点菜单（见图 6-5）。西餐的正餐零点菜单主要是依据就餐顺序排列分类的，主要为：开胃菜（Appetizers）、汤（Soups）、主菜（Favorite Dishes）、沙拉（Salads）、三明治（Sandwiches）、甜品（Dessert）、酒水饮料（Beverages Beer Spirits Cocktails ）。有些餐厅为体现特色菜，会在菜单中设一个活动的第一页，称为“厨师长特别介绍”（Chef’s Suggestion），目的在于起到宣传促销作用。

图 6-4 西餐早餐零点菜单

图 6-5 西餐正餐零点菜单

2）套餐菜单

套餐实际上是餐饮企业为了满足顾客的种种需求，同时也是为了促销的需要而推出的搭配好的菜点组合。套餐以就餐人数为标准，按套餐的档次定价收费。套餐在制定菜单时会制定多套不同标准、不同档次的菜单循环使用，供客人自主挑选，在一定程度上满足了人们求实惠的心理。套餐在西餐中也称为定菜、和菜、公司菜。一般套餐菜单会根据顾客的不同需求和推销的场合而划分为：早餐套餐菜单、午餐套餐菜单、会议套餐菜单、团体套餐、情人节浪漫套餐等，如图 6-6 所示。

图 6-6 套餐菜单

3）宴会菜单

宴会作为一种社交的手段，其形式多种多样，宴会菜单就是为这种社交聚会而设计的。宴会菜单本身是由一整套具有一定质量和规格的菜品组成的，因而从形式上看，它与套餐菜单有相同之处，但宴会菜单严格意义上要比套餐菜单适用的场合更加正式，规格更高。宴会按照其不同的目的性可以分为：婚宴、寿宴、家宴、公务宴请，也包括冷餐会、鸡尾酒会等。

编制一份合格的宴会菜单，不是简单的菜品累加组合，要考虑许多方面，应该注意以下几个原则：

① 要了解客人宴会的意图。根据不同的要求，编制多套不同档次、不同需求的宴会菜单，供客人根据自身的要求选择，同时也要根据实际的情况做出适当的灵活调整。

② 合理定价，让客人感到物有所值。宴会业务作为餐饮企业一项增加效益的重要来源，在编制宴会菜单时，既要考虑依靠降低成本增加利润，同时也应该迎合顾客的消费心理，让顾客在同等零点的消费额度情况下，可以品尝到安排更加合理，品种更多，口味更加丰富的菜点，从中体会到消费的实惠。

③ 突出风味，显示特色，如图 6-7 所示。宴会菜单要根据本地和本店的情况，适当选用本地特色菜与本餐厅的“招牌菜”，使宴会具有特色，给客人留下深刻印象。

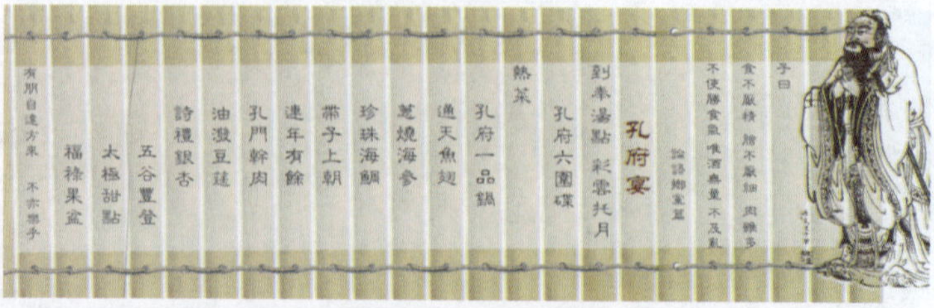

图 6-7 特色宴会菜单

④ 宴会菜单所选用菜点，要通过制作工艺的多样化，体现菜点的形、色与口味多变，将宴席的艺术性与实用性巧妙结合。

⑤ 宴会菜单编制要因人而异，因时而配。宴会菜单制定一定要考虑客人的不同需求，有时菜单需要根据客人的生活习惯、宗教信仰、民族等方面灵活掌握。随着不同的季节变化，一年四季的原料也不同，所侧重的口味也不同，所以菜单也有季节之分。宴会应根据不同的类型与用途，搭配不同的菜品。图 6-8 ~ 图 6-10 分别为商务宴会菜单、婚宴菜单和宝宝生日宴会菜单示例。

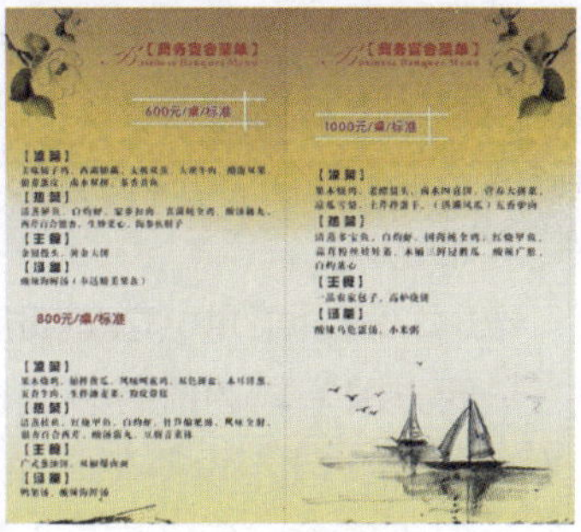

图 6-8　商务宴会菜单

图 6-9　婚宴菜单

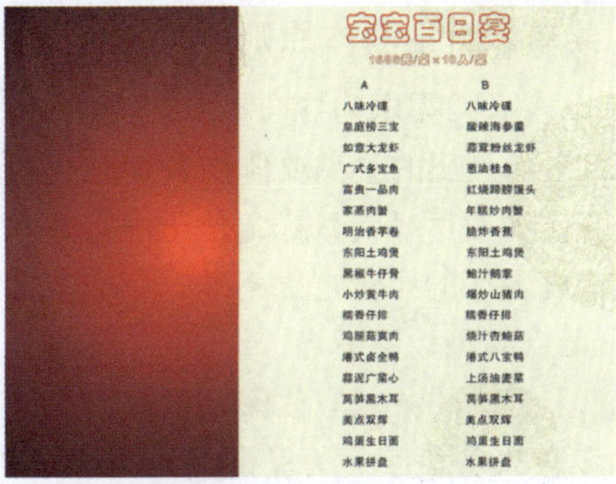

图 6-10　宝宝生日宴会菜单

4）其他菜单

除以上常见的三类菜单之外，还有其他多种类型的菜单，这里就不详细介绍，仅列举几种供读者参考。

（1）自助餐厅菜单（Cafeteria）

自助餐厅的菜单种类繁多，如图 6-11 所示，可一次享用各种美食，而不局限于某一种菜式，且不限数量，依个人的食量而取用。客人可以点选菜点方式请服务人员帮助服务，或依菜单所列的名称自行取食所喜爱的食物。

（2）客房菜单（Room Service）

客房送餐服务通常是附有住宿功能的酒店所提供给客人的贴心服务项目。当客人希望在房间用餐时，酒店必须在最短的时间内提供餐食，所以这类菜单内容较为有限，如图 6-12 所示，强调烹调容易、快速且运送方便，通常客房送餐服务须加收服务费。

图 6-11　自助餐厅菜单

图 6-12　客房送餐菜单

(3) 外卖菜单 (Take-out Menu)

常见于经营外卖业务的餐厅，顾客可用电话订购后由专人送达，或自己拿取。菜单的内容多以较易携带的食物为主，菜点的种类较少，一般印刷于卡片或小一点的纸上，便于散发和顾客带走。

(4) 酒会菜单 (Cocktail Party)

西方国家较为流行，我国近些年也随之顺应潮流。菜单内容多以冷盘、酒水、点心、水果为主，且一般不设座位，菜点摆在大餐台上，由客人自行取用。由于用餐气氛较为自在，且不拘泥于形式，所以广受人们的喜爱。

3. 菜单设计的基本原则

1) 以客人的需求为导向

菜单上所列出的菜点要体现餐厅迎合客人需求的经营宗旨，菜点的选择必须符合某类客人的需求。例如餐厅经营目标定位于中等收入水平的消费群体，就应该选择一些中档的菜点，否则可能造成餐厅的经营定位不准，影响客人对餐厅的期望值。

2) 菜点品种数量适当

菜单上列出的菜点应该保证供应，否则会引起就餐客人的不满，所以菜点的品种不宜过多。品种过多意味着餐厅要为保证供应需要准备大量的库存，由此会占用大量的资金，付出过高的保管费用，同时也会增加经营风险。

3) 及时根据市场饮食新趋势更换部分菜点

为了使就餐客人对菜单始终保持新鲜感，菜单的部分品种要根据季节、市场的流行菜点等情况及时更换或者补充新菜点，让客人感到餐厅的菜点在保持原有保留特色菜的基础上常变常新。

4) 菜点品种的选配要平衡

首先，菜点的档次要搭配合理，根据餐厅的档次搭配中、高、低档的菜肴比例。其次，原料的搭配要合理，以适应不同口味的客人需求。再次，菜点的烹调技法要搭配合理，使菜点在制作技法上丰富多彩。最后，要注意菜点营养的平衡，使客人在满足自己需求的情况下，保证合理的膳食营养。

4. 菜单程式

菜单制作很重要的一步就是要考虑菜单程式问题。所谓菜单程式是指菜单上各类菜式的排列次序。一顿餐饮如同一首乐曲，有前奏，有高潮，也有尾声。乐曲的各个组成部分位置不可互逆，进餐次序也同样不能颠倒。因此，不论何种菜单，其程式必须根据进餐程序进行安排。中餐一般程式：冷菜－热菜（分类排列）－汤羹－面点。因此，设计中餐菜单的程式必须根据这一次序然后将各类菜式按原料分类进行排列，比如冷菜类、鸡鸭类、猪、牛肉类、海鲜类、鱼虾类、汤类、面饭类、点心类等。西餐一般程式：开胃品－汤－色拉－主菜－甜点等，因此，西餐午餐菜单通常是开胃菜类、汤类、主菜类（海鲜、鱼虾、牛猪羊肉、禽）、蔬菜类、甜点、餐后饮料依次排列。安排菜单程式时首先必须注意次序不可错乱，同时要设法把主要菜式安排在菜单最显眼的地方。

1）菜品类别编排

菜品类别的编排顺序，要兼顾菜单的不同位置对吸引人们视线的能力。心理学家研究表明，单页菜单的中央部位、对折菜单的右页上中部以及三折菜单的中心部位，一般最受宾客的注意，他们的目光首先并经常会停留在这些地方。因此，在设计菜单时，应设法把那些高利润的菜式或重点推销的菜式安排在这些最显眼的地方。如果由于菜单程式的限制而不能做到的话，则应将这些重要菜式加以框边或饰纹，或以不同的字体印刷，以引起宾客的注意。

（1）菜品类别的编排

菜品类别的编排要按最重要、重要、次要的先后顺序排列。主菜是菜单中价格较高、能给餐厅带来较多利润的菜品，因而主菜应该尽量列在醒目的位置，在单页式菜单上应列在单页的中间，双页式菜单应该列在右页，三页式菜单应该列在中页，四页式菜单应该列在第二页和第三页。具体安排如图 6-13 所示。

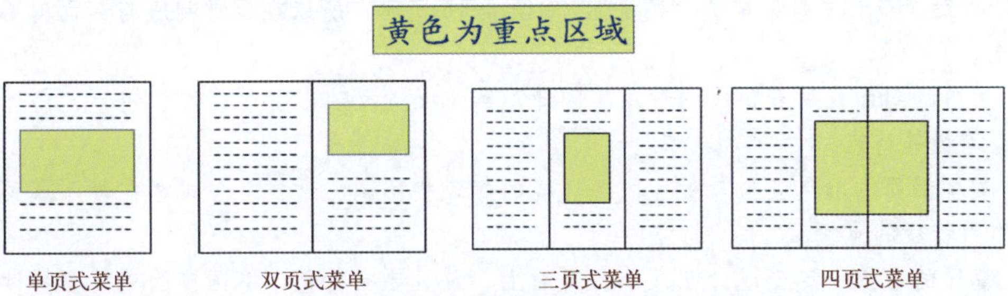

图 6-13　主菜在菜单中的位置

（2）菜单的编排

菜单的编排要突出重点，要注意眼光集中点的推销效应，要将重点推销的菜品列在醒目之处。菜品在菜单上的位置对于菜单的推销有很大的影响。要使推销效果显著，必须遵循两大原则：列在第一项和最后一项的菜品最能吸引人们注意，并能在头脑中留下最深刻的印象。因此，应将盈利最大的菜品放在顾客第一眼和最后一眼注意的地方。

2）重点菜品推销的编排

菜单上有些重点推销的菜肴、名牌菜、高价菜和特色菜或套菜可以单独进行推销。这些菜不要列在各类菜通常的位置，应该放在菜单显眼的位置。不同大小的菜单其引人注意的重点推销区是不同的。如用横线将单页菜单对分，菜单的上半部分就是重点推销区（见图 6-14），阅读三页式菜单的先后过程如图 6-15 所示。

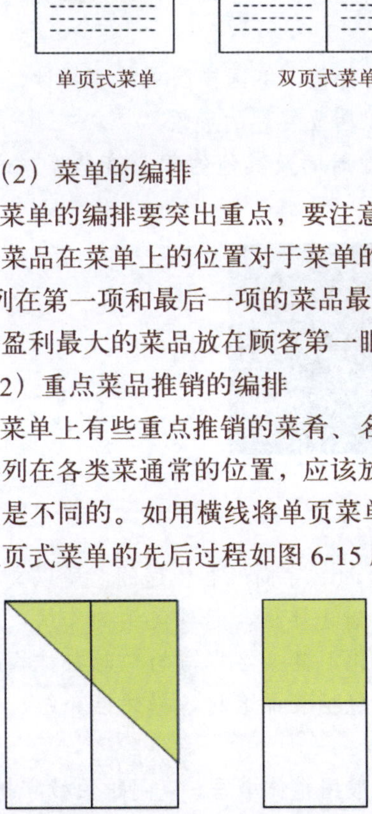

图 6-14　重点推销菜的位置

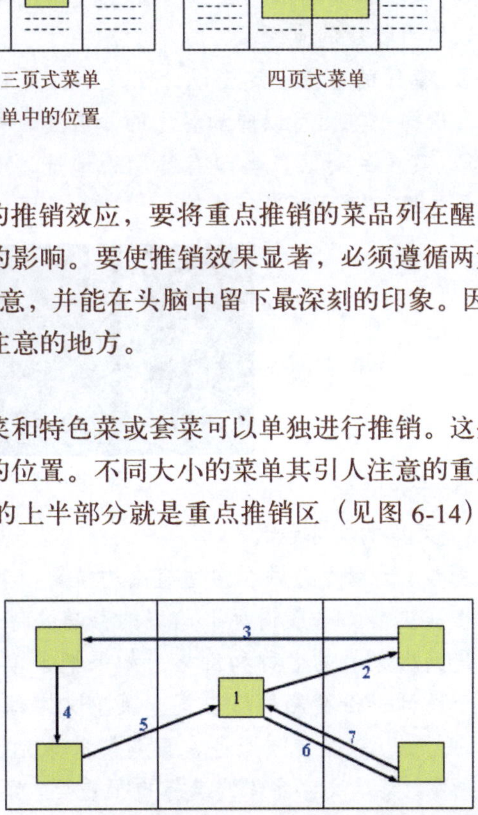

图 6-15　阅读三页式菜单的过程图

知识拓展

1. 菜单设计的技巧

1）菜单的制作材料

菜单的制作材料好不仅能很好地反映菜单的外观质量，同时也能给顾客留下较好的第一印象。因此，在菜单选材时，既要考虑餐厅的类型与规格，也要顾及制作成本，根据菜单的使用方式合理选择制作材料。一般来说，长期重复使用的菜单，要选择经久耐磨又不易沾染油污的重磅涂膜纸张；分页菜单，往往是由一个厚实耐磨的封面加上纸质稍逊的活页内芯组成。而一次性使用的菜单，一般不考虑其耐磨、耐污性能，但并不意味着可以粗制滥造。许多高规格的宴会菜单，虽然只使用一次，但仍然要求选材精良，设计优美，以此来充分体现宴会服务规格和餐厅档次。

2）菜单封面与封底设计

菜单的封面与封底是菜单的“门面”，如图 6-16 所示，所以在设计封底与封面时要注意下述四项要求：

① 菜单的封面代表着餐厅的形象。因此，菜单必须反映出餐厅的经营特色、餐厅的风格和餐厅的等级等特点。

② 菜单封面的颜色应当与餐厅内部环境的颜色相协调，这样，当顾客在餐厅点菜时，菜单可以作为餐厅的点缀品。

③ 餐厅的名称一定要设计在菜单的封面上，并且要有特色，笔画要简单，容易读，容易记忆，这样一方面可以增加餐厅的知名度，另一方面又可以树立餐厅的形象。

④ 菜单的封底应当印有餐厅的地址、电话号码、营业时间及其他的营业信息等。这样，可以借此机会向顾客进行推销。

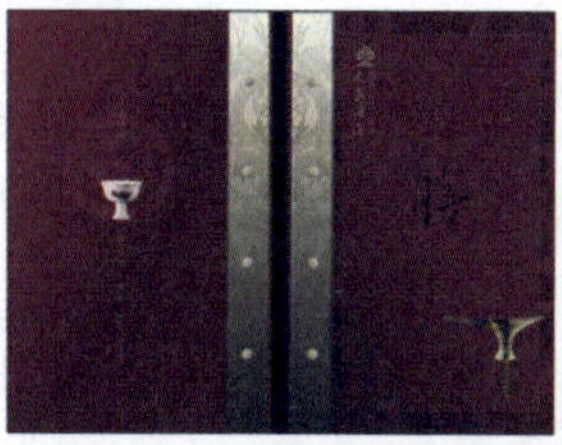

图 6-16　菜单的封底与封面

3）菜单的文字设计

菜单作为餐厅与顾客沟通交流的桥梁，其信息主要是通过文字向顾客传递的，所以文字的设计相当重要。一般情况下，好的菜单文字介绍应该做到描述详尽，起到促销的作用，而不能只是列出菜肴的名称和价格。如果把菜单与杂志广告相比，其文字撰写的耗时费神程度并不亚于设计一份精彩的广告词。菜单文字部分的设计主要包括食品名称、描述性介绍、餐厅声誉的宣传（包括优质服务、烹调技术等）等三方面的内容。

此外，菜单文字字体的选择也很重要，菜单上的菜名一般用楷体书写，以阿拉伯数字排列、编号和标明价格。字体的印刷要端正，使顾客在餐厅的光线下很容易看清楚。

4）菜单的插图与色彩运用

为了增强菜单的艺术性和吸引力，往往会在封面和内页使用一些插图。使用图案时，一定要注意其色彩必须与餐厅的整体环境相协调。菜单中常见的插图主要有：菜点的图案、中国名胜古迹、餐厅外貌、本店名菜、重要人物在餐厅就餐的图片。除此之外，几何图案、抽象图案等也经常作为插图使用，但这些图案要与经营特色相对应。

此外，色彩的运用也很重要。赏心悦目的色彩能使菜单显得有吸引力，更好地介绍重点菜肴，同时也能反映出一家餐厅的风格和情调。色彩能够对人的心理产生不同的反映，能体现出不同的暗示特征，因此选择色彩一定要注意餐厅的性质和顾客的类型。

5）菜单的规格和篇幅

菜单的规格应与餐饮内容、餐厅的类型与面积、餐桌的大小和座位空间等因素相协调，使顾客拿起来舒适，阅读时方便，因此菜单的开本和选择要慎重。调查资料表明，最理想的开本为 23 厘米 × 30 厘米。管理人员确定了菜单的基本结构和内容，并将菜品清单列出后，选择几种尺寸较适合的开本，排列不同型号的铅字进行对比。在篇幅上应保持一定的空白，通常文字占总篇幅的面积不能超过 50%。

6）菜单的照片和图形

为了增加菜单的营销功能，许多餐厅都会把特色菜肴的实物照片印在菜单上，能为菜单增加色彩，增加其美观度，从而加快顾客订菜的速度。但是在使用照片或图片时一定要注意照片或图片的拍摄和印刷质量，否则达不到其预期效果。此外，许多菜单上的彩色照片还存在着没有对号入座的毛病，即没有将彩色照片、菜品名、价格及文字介绍列在一起。解决这一毛病的最简单的办法就是用黑色线条将其框起来，或用小块彩色面使其突显出来。

2. 菜单设计制作中常见问题

1）制作材料选择不当

有的餐厅为了节省成本，就采用各色簿册制品，其中有文件夹、讲义夹，也有的用影集本来充当菜单，而不是专门设计的菜单。这样的菜单不但不能起到点缀餐厅环境、烘托餐厅气氛的效果，反而与餐厅的风格格格不入，显得不伦不类。

2）规格和装帧不当

很多小餐厅的菜单正文都是以 16 开普通纸张制作，这个尺寸无疑过小，造成菜单上菜肴名称等内容排列过于紧密，主次难分，有的菜单甚至只有练习本大小，但页数竟有几十张，无异于一本小杂志。绝大部分菜单纸张单薄，印刷质量差，无插图，无色彩，加上保管使用不善，显得极其简陋，肮脏不堪。

3）字体选择不当

不少菜单是打字油印本，即使是铅印本，也大都使用 1 号铅字。坐在餐厅不甚明亮的灯光下，阅读 3 毫米大小的铅字菜单，其感觉会很不轻松，况且油印本的字迹容易被擦得模糊不清。同时，大多数菜单字体单一，忽视了使用不同大小、不同字体等手法来突出、宣传重要菜肴。

4）随意涂改菜单

随意涂改菜单是菜单使用中最常见的弊端之一。涂改的方法主要有：用钢笔、圆珠笔直接涂改菜品、价格及其他信息；或用打印纸、胶布遮贴。菜单上被涂改最多的部分是价格。所有这些使菜单显得极不严肃，很不雅观，会引起顾客的反感。

许多中小餐厅的菜单除了有上述常见问题外，有时还会出现文字介绍过于简单、菜单与菜品不符、人为省略或粗心遗漏某些信息等问题。这些对餐厅的经营都带来了或多或少的影响，所以餐厅的管理者一定要注意对其查缺补漏，避免上述问题的出现，使菜单的设计和制作做到尽善尽美。

技能训练

1. 设计一份婚宴菜单

实　　训　　内　　容	
训练目的：掌握菜单设计的程序 **训练程序**： ① 提前一周进行分组，每组 6 人，分别在酒店或餐饮企业收集有关婚宴菜单的参考资料 ② 对收集到的菜单信息进行分析，整理出本次婚宴的备选菜肴 ③ 运用标准菜谱，确定备选菜肴原料的各种成分及数量、计划菜肴成本、计算价格，从而保证经营效益 ④ 初步构思。刚开始构思时，要设计一份空白表格，把可能提供给顾客的食品先填入表格，然后依次填入其他菜肴 ⑤ 确定婚宴菜式内容。在考虑了婚宴主题、原料供应情况、季节、价格等各项影响因素后，再决定取舍并适量补充，最后确定各菜式内容	
训练提示	菜单设计需要具备全面整合餐饮资源和创新思维的能力
思　　考	你还能设计其他主题的菜单吗？

2. 评选出制作最精美的菜单

实　　训　　内　　容	
训练目的：了解精美菜单制作的要求 **训练程序**： ① 提前一周进行分组，每组 6 人，分别在酒店或餐饮企业收集本组认为最精美的菜单 ② 每组选派代表介绍本组推选出来的菜单，并接受其他小组的提问 ③ 经过大家共同讨论，评选出最精美的菜单	
训练提示	菜单是餐饮经营管理所有活动中的指挥棒，一份结构合理的菜单直接关系到餐饮企业的经济效益。一份精美菜单的制作需要多方面的知识和技术
思　　考	你认为最精美的菜单应符合哪些标准？

3. 制作一份菜单

实　　训　　内　　容
训练目的：训练制作菜单的能力 **训练器具**：色纸、计算机、彩色打印机等 **训练程序**： （1）列出菜肴清单 围绕一个主题，例如婚宴、寿宴或庆功宴等，将拟提供的菜品列出一份清单，分类列出每一份菜品所选原料、烹调方法、价格、盛器以及营养等方面的基本情况并分析是否搭配得当。菜单上菜品的命名要力求名副其实，反映菜肴的全貌和特色，以便于顾客选用；菜名的音韵要和谐，文字要简练，以便于记忆和传诵；菜名既要朴实明朗，又要工巧含蓄 （2）选择制作菜单的纸张 选择菜单纸张主要考虑菜单的使用期限，可以选取较厚的纸张。通常封面采用重磅涂膜纸，内页采用价格较为低廉的轻磅纸。另外，采用色纸能够增加菜单的色彩，点缀和美化菜单而不增加印刷成本 （3）确定菜单的尺寸大小 一般单页菜单以 30 厘米 ×40 厘米大小为宜；对折式的双页菜单合上时，其尺寸以 25 厘米 ×35 厘米为最佳；三折式的菜单合上时，以 20 厘米 ×35 厘米为宜。同时要注意菜单的式样与餐厅风格相协调，菜单的大小要与餐厅的面积、餐桌的大小和座位空间相互协调、呼应

续表

<table>
<tr><td colspan="2">训练程序：
(4) 通过计算机设计菜单文字。
菜单的文字部分主要包括 3 类：食品名称、描述性介绍、餐厅声誉宣传。菜单上各类品种一般用中英文对照，以阿拉伯数字排列、编号和标明价格。菜单的字体应方便客人阅读，并给客人留下深刻印象。字体要印刷端正，使客人在餐厅的光线下容易看清。各类品种的标题字体应与其他字体有所区别，一般为小写体，标题可用大写字体，而且采用较深色或彩色字体，既美观又突出。字体的选择也要与餐厅的整体风格协调。菜单字体的选择综合起来要注意以下的几个原则：①忌用小字体；②英文菜单应该多采用小写，以增加可读性。标题和分标题可用大写字体；③菜单字体之间的行距应该大些，以增加清晰度；④字体的风格要与餐厅的风格相吻合；⑤忌用古怪的字体和过于花哨的字体；⑥中英文搭配使用时要互相匹配
(5) 配上菜肴彩色图片
将特色菜肴或品牌菜肴的彩色图片通过计算机添加到菜单中。注意图片与文字、菜单的大小是否协调
(6) 设计菜单封面
菜单的封面是菜单的门面，一份设计精美的菜单封面，一般都醒目地标志有本企业店标。封面的设计体现了本餐厅的经营特色，要与餐厅的主体风格相配合。例如一家经营中餐、装修古朴典雅的中餐厅，那么该餐厅的菜单封面设计就必须体现出古韵风采，与餐厅的整体风格相映成趣。菜单封面要在适当的位置列出餐厅的名称、经营时间、订餐电话等
(7) 打印菜单
将设计好的菜单打印出来，并在全班进行讨论，评选出制作最好的菜单</td></tr>
<tr><td>训练提示</td><td>菜单对餐厅有点缀作用、推销作用，并且还是餐厅的重要标记，它会反映餐厅的形象和情调。因此，菜单的设计可以聘请专业的艺术设计师，也可以从广告代理公司聘用设计师等。还可以聘请善于文字写作的人员配合</td></tr>
<tr><td>思　　考</td><td>你认为一份精美菜单的制作需要哪些方面的知识和技术？____________________
____________________________________</td></tr>
</table>

思考与练习

1. 以小组为单位，在市场调研的基础上，分别设计不同类型餐厅的菜单。
2. 以小组为单位，分别调查不同类型餐厅的菜单，比较其菜单制作的优劣。
3. 菜单的装帧与布局应注意哪些方面的要求？
4. 菜单有哪些种类？主要作用是什么？
5. 案例分析：

个性化菜单

在美国巴尔的摩市五星级的万丽湾景酒店（Renaissance Harbor place Hotel）的窗景餐厅，菜单有早、中、晚餐之分。这可能与大多数酒店的餐厅没有什么差别。但是，只要留心观察，就能发现这个餐厅十分注重菜单的个性化。

首先，这个餐厅的午餐菜单内页每天都要更换。尽管所换的内容只是一小部分，比如日期、星期、当日例汤（ Daily Soup/Soup of the Day）、当日特菜（Chef' s Special/Daily Special），但是有了这些最新的内容再加上与当天（比如某个节日）相配套的问候语印在菜单第一页的顶部，使客人一打开菜单就能感受到他们所享受的是最新的服务，并且能产生一种亲切感。而不是像某些餐厅那样一份菜单用一年，里面的内容也从来不更换，甚至不再推出的菜品也仍然留在菜单上。

其次，这个餐厅还能够坚持按照预定记录本上的相关信息给那些 VIP 客人提供特别的菜单。

也就是说只要餐厅有 VIP 客人或有在餐厅主办特别聚餐活动的客人，餐厅都会在客人到达前做好有下列文字内容的个性化菜单：

“*** 餐厅 *** 先生一行”；

“本餐厅专为 *** 女士及其同仁准备”；

“祝 *** 太太 60 岁生日快乐”；等等。

准备这样的菜单，虽然表面上有点浪费纸张。但是其潜在的作用是不可估量的。2001 年 8 月的一天上午，巴尔的摩万丽湾景酒店窗景餐厅的值班经理在查阅当日的预定记录时，注意到当地会展及观光局的一位会展推广经理预订了两个人的午餐台位。他估计这是一次与其业务有关的工作午餐，于是便吩咐迎宾小姐为他们预留了紧靠窗户可以看到海湾的一张两人台。随后，他又及时与这位经理取得联系，问清了他的客人的姓名。等这位经理带着他的女客人按预定的时间来到餐厅，在预留的窗前座位坐下后，餐厅的迎宾小姐热情地呈上了餐厅预先准备好的菜单。当这位经理和他的客人打开菜单时，“*** 餐厅祝 *** 女士巴城之行圆满成功”的字样几乎把他们惊呆了。这位女士当时十分高兴地对服务员说，“我太激动了，我真没有想到你们会专门为我准备了这份菜单。谢谢你们！”客人离开后的第二天，会展及观光局的这位经理高兴地来电话说，昨天来的那位女士是来巴城为一个全国性的大型会展活动选址的会展策划人。目前，她已经决定把会址定在这里。这位经理说他首先要感谢酒店餐厅提供的优质服务，那一份专为他们准备的菜单给他的客人留下了深刻的印象。

当然，无论什么时候也不能忘了儿童客人。为儿童客人服务虽然赚钱很少，但是他们的父母却能给餐厅带来收入。因此，巴尔的摩万丽湾景酒店的餐厅除了提供独具特色的成年人菜单外，还准备了精美的儿童菜单（Kids Menu）。列在这种菜单上的食品和饮料品种并不是很多，都集中印在一张色彩鲜艳的纸上，字体活泼，而且字号较大，便于儿童阅读。菜单的封面是请曾在餐厅用过餐的小客人设计的，活泼可爱。令儿童客人爱不释手的是，儿童菜单里还有一本当月的《儿童体育书报》（Sports Illustrated for Kids）。每次有儿童客人在父母的带领下来餐厅用餐时，服务员都会先为小客人送上干净整洁的儿童菜单，令小朋友们喜出望外。

思考：如何理解菜单在餐饮促销中的重要作用？如何制作一个有创意的菜单？

任务二 菜单定价与分析

菜单的定价是菜单设计的重要环节。菜单上每种经营项目的价格适当与否，往往影响餐厅的销售状况，影响餐厅的销售能力和声誉地位。因此，在定价时要依照价格反映产品的价值、适应市场供求规律、综合考虑餐厅内外因素及灵活机动的原则，合理地定价。

任务导入

《金瓶梅》出自徐州，而且在今日的徐州，有一家集宋、明和当代饮食之萃于一体的“金瓶梅酒家”。整个酒家的环境气氛都是严格按照《金瓶梅》来设计布置的，餐厅的厅名，字、画、联都是选自《金瓶梅》。如“聚景堂”取自第 30 回西门庆举办家宴的场所的名字，楹联也出自书中的名句“消遣虎中闲日月／遨游身外醉乾坤”。画也有讲究，是书中有趣的“王六儿棒槌打捣鬼”。正对主位的横匾取自第 14 回的“水晶盘高堆火枣交梨，碧玉杯满泛玉液琼泉”。连门厅接待小姐和服务员的着装都原封不动出自书中的描述，穿一色的浅粉色花缎旗袍。得“形”似易，得“神”似难。然而，金瓶梅酒家由于灵活运用了现代市场经营技巧，一炮而红，将所有仰慕《金瓶梅》的人们给灌了个“如痴如醉”。当然，在这中间起作用的除了《金瓶梅》本身的名气外，更重要的是经营者们频频出手的“高招”。

高招之一：以特色打入市场。以“天下第一奇书”为主线，以宋、明社会风韵为背景，以淮海、齐鲁菜肴为基础，并融合各地风味，推出“以蚌为主，兼容五味”的“金瓶梅”食谱。

高招之二：以普及大众为出发点。在金瓶梅酒家，既可以订几千元一桌的豪华宴席，也可以花上二三十元一饱口福。酒家“丰俭由人”的普及化经营策略使酒家的市场占有率一直稳步上升，从而避免了许多创新菜“不能善终”的悲剧。

高招之三：强调知识性服务。每上一道菜服务员都介绍菜名，并明确向顾客讲解此菜取自书中哪个章回，有时员工还要将菜的来历与厨师们为此所作的创新改革娓娓道来。

思考

如何做好新菜品的开发和定价工作？

任务描述

菜单是餐饮企业经营的首要环节，是连接企业与客人的纽带。餐厅经营的最终目的是为了赚钱盈利，所以设计菜单时不仅要考虑到菜品的销售情况，更要考虑其赢利能力。菜单定价常常成为餐饮从业者一个头疼的事情：如果菜的价格过高，顾客就可能接受不了；如果菜的价格过低，又会影响毛利，甚至可能出现亏损。酒店餐厅菜单定价是有依据的，这样在后期计算成本的时候才会非常明晰自己有没有赚钱，赚了多少钱。餐饮企业的餐饮产品定价方法较多，每种定价方法各有优点和缺点。菜单制定是一个动态的、连续不断的过程，需要不断地增补、删减和更新。而对菜单所做的变动不是基于管理者的主观臆想，而是建立在对菜肴销售记录的深入分析的基础之上。

任务分析

菜单定价又称之为“定价艺术”，是因为菜单定价既要考虑成本、利润等诸多因素，还要兼顾竞争和客人的支付能力等方面的影响。因此，菜单定价既要慎重，又要有一定的灵活性。菜单定价根据不同指导思想，有成本导向型定价、竞争导向型定价和需求导向型定价三种策略。成本导向型定价，以核算成本为依据，制定菜肴售价。竞争导向型定价，以竞争目标、同类或相邻酒店的同类菜式品种的价格为定价的基本依据，伴随竞争状况的变化进行调整。需求导向型定价，是一种根据消费需求特征和就餐者价格心理确定菜点价格的新型定价策略。

任务实现

1. 菜单定价

1）以成本为基础进行定价

以成本为基础的定价方法是餐厅对菜单定价运用最广的方法，在具体使用中又可分为四种方法：

（1）原料成本系数定价法

多数餐厅根据成本确定餐饮产品的销售价格，这种方法以经验为出发点，使用方法简单，但要避免过分依赖自己的经验，计划时一定要全面、充分并留有余地。

原料成本系数定价法首先要核算出每份菜品的原料成本，再算出成本率计算其售价。

$$售价=原料成本额\div 成本率$$

原料成本系数定价法的计算公式也可以表示为：

$$售价=原料成本额\times 成本系数$$

成本系数是成本率的倒数。许多企业运用成本系数，因为乘法比除法容易。例如某餐厅按原料成本额的三倍给菜品定价，成本系数 3 意味成本率为 33%。即 $100\div 33\approx 3$

该定价方法需要两个关键数据，一是原料成本额，二是菜品的成本率，通过成本率马上可以算出成本系数。原料的成本额数据取自菜品的实际成本汇总，一般在标准食谱中就已经列出。

【例 1】已知每份清炒肉丝成本为 4 元，计划菜品的成本率为 40%，其售价为多少？

$$4\div 40\% = 10（元）$$

如果成本率定为 40%，那么利用定价系数的方法 $1\div 40\%=2.5$，也可以得出售价：

$$4\times 2.5 = 10（元）$$

（2）主要成本率定价法

餐饮企业考虑到人工费用在菜点的总费用中占较大的比例，而各种餐饮产品的加工复杂程度不同，因此，在定价时以加工人工费用和原料成本为主要成本来计算价格。人工费用一般以生产人工时间为基础计算，但为了方便使用，一般餐饮企业将人工费用分为三档，即低、中、高档，分别以 1∶2∶3 的比例计算，这样比较适用于大批量成批加工的产品。

【例 2】某餐厅提供 1 500 份套餐，总的人工费用需要 2 358.5 元，如果以低、中、高人工费分类（中等人工费为低等人工费的 2 倍，高等人工费为低等人工费的 3 倍），各自可以分为 380、835、285 份，设低人工费用为 x，则低、中、高人工费用菜品的人工费用分列如下：

$$380x+2（835x）+3（285x）= 2358.5$$

低人工费用：$x = 0.81$ 元

中度人工费用：$2x = 1.62$ 元

高人工费用：$3x = 2.43$ 元

在确定价格时，通过原料成本和人工费用相加，可以计算出主要的成本额，再确定主要成本占销售额的百分比就可以算出价格。

【例 3】某餐厅厨房加工冷菜松花鸡腿原料成本为 6 元，该菜需要中度人工费用为 1.62 元，主要成本率为 60%，其价格为多少？

$$\begin{aligned}价格 &=（原料成本+加工人工费用）\div 主要成本率\\ &=（6+1.62）\div 60\% = 12.7（元）\end{aligned}$$

（3）全部成本定价法

全部成本定价法是将每份菜品的全部成本加上一个百分比的利润来计算价格。

$$价格=\frac{每份菜的原料成本+每份菜的人工费用+每份菜服务人工费+每份菜其他经营费用}{1-要求达到的利润率}$$

此种计算方法根据财务统计的以前经营数据或者预测值，可得到餐厅服务人员及餐厅其他经营总费用，将其除以菜品的销售份数得到每份菜的费用。

【例 4】某种菜的每份原料成本为 2.45 元，每份菜的加工人工费用为 1.62 元，服务人工费用总额为 1 125 元，其他经营费用总额为 1 738.75 元，菜品销售份数为 1 500 份，计划本餐厅经营利润率为 15%，营业税为 5%，则该菜品其价格应为：

$$\frac{2.45\text{元} + 1.62\text{元} + 1125\text{元}/1500 + 1738.75\text{元}/1500}{1 - 15\% - 5\%} = 7.84\text{元}$$

全部成本定价法能够把各种费用都考虑到价格中，以保证餐厅能够获得一定的利润。但该方法没有将由产量变化所引起的单位平均成本变化因素考虑进去。因为单位全部成本中，有一部分总额随销售数量不变的固定成本，随着销售数量的增加，单位固定成本下降并使单位成本整体下降。所以这种方法有其缺陷，由于菜品的实际销售份数是根据往年的销售数据测得的，如果下年度菜品实际销售份数减少较多，那么，用此法定价显然会容易出现亏损。

（4）本、量、利综合分析定价法

本、量、利综合分析定价法是根据菜品的成本、销售情况和盈利能力等因素，经过综合分析后采用的一种分类加价的定价方法。此方法的基本步骤：

步骤 1：将菜单上所有的菜品根据销售量及其成本分类，每一菜品总能被列入下面四类中的一类：

① 高销售量、高成本；

② 高销售量、低成本；

③ 低销售量、高成本；

④ 低销售量、低成本。

步骤 2：确定菜品的不同加价率。虽然②类菜品是最容易使餐厅得益的，但在实际上，餐厅出售的菜品四类都有，这样，在考虑毛利的时候，把①、④类的毛利定适中一些，而把③类加较高的毛利，第②类加较低的毛利。

步骤 3：计算菜肴食品成本率。

菜肴食品成本率 =1–（营业费用率 + 菜肴加价率）

步骤 4：计算菜单上的菜品价格。

菜品价格 = 食品成本 ÷ 菜肴食品成本率

例如：某餐厅在预算期内的营业费用率为 48%，销售某菜肴的标准原料成本为 6.28 元，加价率为 22%，该菜品的销售价格应为多少？

菜肴食品成本率 =1–（48%+22%）=30%

菜品价格 =6.28 ÷ 30%=21 元

2）以竞争为中心进行定价

在餐饮市场激烈竞争的形势下，价格是餐厅增强竞争能力、扩大市场销售率的有效手段，以竞争为中心的定价方法就是密切注视和追随竞争者的价格，以达到维持和扩大餐厅的市场占有率和扩大销售量的目的。

（1）随行就市法

这是一种最简单的方法，即把同行的菜单价格为己所用。使用这种方法要注意以成功的菜单为依据，避免把别人不成功的定价搬为己用。这种定价方法有很多优点，如定价简单，容易被一部分顾客接受、方法稳妥风险小，易于与同行协调关系等。

（2）竞争定价法

这是以竞争者的售价为定价的依据，制订的菜单价格。

① 最高价格法。最高价格法是在同行业的竞争者当中，对同类产品总是高出竞争者的价格，该定价法要求餐厅具有一定的实力，即尽可能地提供良好的餐厅环境氛围，提供一流的服务和一流的菜品，以质量取胜。

② 同质低价法。对同样质量的同类菜品和服务制定出低于竞争者的价格，该方法一方面用低价争取竞争对手的客源，来扩大和占领市场。另一方面加强成本控制，尽可能减低成本提高经营效率，实行薄利多销，既最大限度满足消费者需要，又使企业有利可图。

3）考虑需求特征进行定价

在一般情况下，市场对餐厅产品的需求量同定价的高低呈反方向变化，即价格高则需求量小，价格低则需求量大。然而，餐厅类型与产品的不同，具有的需求特征也不相同。下面是不同需求特征的几种定价方法。

（1）声誉定价法

菜单的这种定价方法是以注重社会地位、身份的目标客人的需求特征为基础。这类顾客要求餐厅的环境好、档次高、服务质量好、菜品用名牌。菜单的价格是反映菜品质量和个人地位的一种标志。针对这类服务，菜单价格应订得高一些，这种方法在高档菜品中常用。

（2）诱饵定价法

餐厅对一些对其他菜品能起连带需求作用的菜品和小吃，采用低价定价法来吸引顾客光顾，起到诱饵作用。

（3）需求—反向定价法

许多餐厅对菜品定价时，首先调查顾客愿意接受的价格。采取顾客愿意支付的价格作为出发点，然后反过来调节菜品的配料数量和品种，调节成本，使餐厅获利。

2. 菜单分析

1）ME 分析法

ME 分析法是英文 Menu Engineering 的缩写。它是指通过对餐厅菜品的畅销程度和毛利额高低的分析，确定出哪些菜品既畅销、毛利又高，哪些菜品既不畅销、毛利又低，哪些菜品虽然畅销、但毛利很低，而哪些菜品虽不畅销、但毛利较高。这种分析方法称为菜单工程，或ME 分析法。

（1）收集菜单销售资料

菜单 ME 分析是以菜单上各种菜品的销售资料为依据的，其资料收集主要是以一定时期的菜品销售记录为基础。获得必要的各种菜品的价格、成本或毛利、一定时期的销售份数等统计资料，即可进行 ME 分析。

（2）确定 ME 分析方法的分类标准

菜单销售的 ME 分析方法主要是对各种菜品的喜爱程度和毛利进行综合分析，然后根据分析结果对各种菜品进行分类。任何一家餐厅的餐饮产品不外乎以下四种情况，如图 6-17 所示。

① 畅销，毛利较高；

② 畅销，毛利较低；

③ 不畅销，毛利较高；

④ 不畅销，毛利较低。

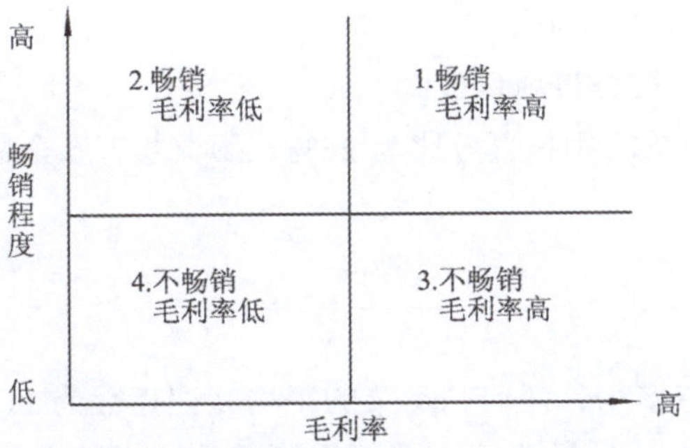

图 6-17 畅销程度与毛利率高低的关系

很明显，第一类菜品是餐厅最希望出售的，因为这类菜既受顾客欢迎，又能给餐厅带来较高的利润。所以，在设计新菜单时，这类菜品应绝对保留。第二类菜品可以作为刺激消费策略，有效控制其销售量。第三类菜品可以迎合部分高消费者。第四类菜品既不畅销，又不能带来较高的利润，在新菜单中，应去掉这些菜品。

（3）对菜单销售进行 ME 分析

在收集销售资料、确定分类标准的基础上即可对菜单销售情况进行 ME 分析。其方法是：各种菜品的喜爱程度和毛利额都以平均份数和平均毛利额为基础来计算，而不以全部数值为基础来计算。

值得说明的是，在进行 ME 分析时，不应将餐厅提供的所有菜品、饮料放在一起进行分析、比较，而是按类或按菜单程式分别进行。中餐的 ME 分析可分为四类：冷盘、热菜、汤类、面点。西餐的 ME 分析可分为六类：开胃品（Appetizer）、汤类（Soup）、色拉（Salads）、主菜（Main Courses Entree）、甜食（Desserts）、饮料（Beverages）。只有在同一类中进行比较分析，才能看出上下高低，分析才有意义。

我们以某西餐厅菜单上的汤类为例，进行 ME 分析。该西餐厅汤类有五种，各种汤的销售份数、顾客欢迎指数（反映畅销程度的指数），价格以及销售额指数等如表 6-1 所示。

表 6-1 菜单分析表

菜名	销售份数	销售数百分比	顾客欢迎指数	价格	销售额	销售额百分比	销售额指数	评 论
法式洋葱汤	60	26%	1.3	5 元	300 元	16.1%	0.8	畅销、低利润
新鲜蔬菜汤	30	13%	0.65	4 元	120 元	6.5%	0.3	不畅销、低利润
牛尾清汤	20	9%	0.45	8 元	160 元	8.6%	0.4	不畅销、低利润
奶油鸡汤	80	35%	1.75	10 元	800 元	43%	2.2	畅销、高利润
酸辣牛肉汤	40	17%	0.85	12 元	480 元	25. 8%	1.3	不畅销、高利润
总计 / 平均值	230	20%	1		1 860 元	20%	1	

顾客欢迎指数表示顾客对某种菜或某类菜的喜欢程度，以顾客对各种菜购买的相对数量来表示。计算方法如下：

$$顾客欢迎指数 = \frac{某类菜销售百分比}{各菜应售百分比}$$

各菜应售百分比为：$\frac{100\%}{被分析项目数}$。

在表 6-1 中，法式洋葱汤的销售百分比为 26%，汤类共有 5 个品种，法式洋葱汤的顾客欢迎指数的计算如下：

$$\frac{26\%}{100\% \div 5} = 1.3$$

不管分析的菜品项目有多少，任何一类菜的平均欢迎指数为 1，超过 1 的欢迎指数说明是顾客喜欢的菜，超过得越多，越受欢迎。因而用顾客欢迎指数去衡量菜品的受欢迎程度比用菜品销售数百分比更加明显。菜品销售数百分比只能比较同类菜的欢迎程度，但与其他类的菜品比较时，或当菜品分析项目数发生变化时就难以比较。而顾客欢迎指数却不受其影响。

仅分析菜品的顾客欢迎指数还不够，还要进行菜品的盈利分析。我们将价格高、销售额指数大的菜分析为高利润菜。销售额指数的计算方法如同顾客欢迎指数。顾客欢迎指数高的菜为畅销菜。这样我们可以把分析的菜品分为四类，并对各类菜品分别制定不同的产品策略（见表 6-2）：

表 6-2　菜品分析

销　售　特　点	表 6-1 中的例子	产　品　政　策
畅销、高利润	奶油鸡汤	保留
畅销、低利润	法式洋葱汤	作诱饵或取消
不畅销、高利润	酸辣牛肉汤	吸收高档客人或取消
不畅销、低利润	新鲜蔬菜汤、牛尾清汤	取消

① 畅销、高利润菜品。畅销、高利润菜既受顾客欢迎又有盈利，是餐厅的盈利项目，在计划菜品时应该保留。

② 畅销、低利润菜品。畅销、低利润菜一般可用于薄利多销的低档餐厅中，如果价格不是太低而又较受顾客欢迎，可以保留，使之起到吸引顾客到餐厅来就餐的诱饵作用。顾客进了餐厅还会点别的菜，所以这样的畅销菜有时甚至赔一点也值得。但有时盈利很低而又十分畅销的菜，也可能转移顾客的注意力，挤掉那些盈利大的菜品的生意。如果这些菜明显地影响盈利高的菜品的销售，就应果断地取消这些菜。

③ 不畅销、高利润菜品。不畅销、高利润菜可用来迎合一些愿意支付高价的客人。高价菜毛利额大，如果不是太不畅销的话可以保留。但是如果销售量太小，会使菜单失去吸收力。所以连续在较长时间内销售量一直很小的菜应该取消。

④ 不畅销、低利润菜品。不畅销、低利润菜一般应取消。但有的菜品如果顾客欢迎度和销售额指数都不算太低，接近 0.8 左右，又在营养平衡、原料平衡和价格平衡上有需要，仍可保留。

2）菜单 ABC 分析法

菜单 ABC 分析法是借用管理学中的一种分析法，对各种菜品销售额进行分析。

（1）选定分析对象

在餐饮销售分析中采用 ABC 分析法的分析对象可以是产品销售额或毛利额的一个对象，

也可以同时分析产品销售额和毛利额两个对象。分析一个对象的方法和作用是：餐饮产品销售额或毛利额越高，说明菜单上的这种菜品的经营效果越好。通过 ABC 分析，就可以从销售额或毛利额的角度来发现菜单上哪些菜品是重点菜，需要特别重视；哪些菜品是调节菜，需要一般照顾；哪些菜品是经营效果很差的菜，需要淘汰。根据分析结果，即可为管理者的经营决策和菜单调整提供客观依据和决策参考。采用 ABC 方法同时分析餐饮产品销售额和毛利额两个对象时，其方法和作用与只分析一个对象是相同的，只是计算过程和角度略有区别，因而其分析结果也会略有不同。因为一种菜品的销售额高，并不一定其毛利额也高，同时对菜品销售额和毛利额两个因素综合分析，其结果会比只分析一个因素精确。

（2）确定分类标准

在餐饮销售分析中采用 ABC 分析法的具体做法是：以菜单上的产品销售记录和统计资料为基础，确定分析对象的销售构成、毛利构成、平均构成及其累计百分比。分析一个对象时就只有一种构成比和一个累计百分比；同时分析两个对象时就有两种构成比和一个平均构成比及一个累计百分比。然后根据累计百分比来进行 ABC 分类。其分类标准为：

① A 类菜肴。分析对象的累计百分比为 65% 左右。这类菜品是餐厅经营的重点菜。其销售额或毛利额较高，或者两者都较高。因此需要重点照顾，特别重视，加强销售，保证质量。

② B 类菜肴。分析对象的累计百分比为 25% 左右。这类菜品是餐厅经营的一般菜点。其销售额或毛利额都很一般，或者两者同时都一般化。因此只需要一般照顾即可。

③ C 类菜肴。分析对象的累计百分比为 10% 左右。这类菜品是餐厅经营中效果最差的菜。其销售额或毛利额都很低，或者两者都很低。因此，这些菜品大多是需要调整或淘汰的。这样，通过制定 ABC 方法的分类标准就为餐饮管理的经营决策和产品及价格调整提供了决策依据。

（3）做好 ABC 分析

在选定分析对象、确定分类标准的基础上，即可以一定时期的菜单为基础，根据各类菜点的销售记录，分析每种菜点的销售额或毛利额，或者同时对两者进行综合分析，然后以累计百分比为依据，即可得出 ABC 分类，从而为餐饮管理提供决策参考。

① 单一对象分析。某餐厅过去 10 天菜单上随机选择的部分菜品销售记录资料如表 6-3 所示，请用 ABC 分析法分析餐厅各种菜品的毛利额，并进行分类。

解：根据销售记录和统计资料，运用 ABC 分析法直接计算结果，并列入表 6-3 中。

表 6-3　单一分析对象 ABC 分析运用

菜品名称	售价	销售份数	毛利率	总毛利	毛利构成比	序号	累计构成比	ABC 分类
软炸肉片	16.8	68	50.2%	573.48	5.80%	8	70.36%	B
鸡片冬菇	18.4	72	52.8%	699.49	7.07%	6	58.28%	A
滑溜里脊	17.2	32	51.3%	282.36	2.85%	14	97.99%	C
清蒸鲥鱼	25.3	43	48.6%	528.72	5.34%	9	75.70%	B
松鼠鳜鱼	32.8	88	51.8%	1495.16	15.11%	1	15.11%	A
蛋蒸鳜鱼	30.6	64	52.6%	1030.12	10.41%	2	25.52%	A
水煮牛肉	14.5	98	50.3%	714.76	7.22%	5	51.21%	A
鱼香肉丝	12.4	85	48.7%	513.30	5.19%	10	80.89%	B
家常豆腐	11.6	92	58.2%	621.11	6.28%	7	64.56%	A
麻婆豆腐	9.8	86	60.5%	509.89	5.15%	11	86.04%	B
家常海参	18.3	94	54.7%	940.95	9.51%	3	35.03%	A
清炒苦瓜	8.6	76	62.4%	407.85	4.12%	13	95.14%	C
蒜蓉油菜	7.4	42	63.5%	197.36	1.99%	15	99.98%	C
五香芹菜	9.5	84	61.7%	492.37	4.98%	12	91.02%	C
鱼香肝尖	19.5	76	59.8%	886.24	8.96%	4	43.99%	A
合　计	16.64	1 100	54.06%	9 893.16	100%	--	100%	--

② 两个对象分析。仍以前面某餐厅销售资料为例，用 ABC 分析法对菜品的销售额和毛利额两个对象进行综合分析，并进行分类。

解：根据销售记录和统计资料，运用 ABC 分析法分析菜品的销售额和毛利额两个对象，计算结果列入表 6-4 中。

表 6-4　两个分析对象 ABC 分析运用

菜品名称	销售额	毛利额	销售构成比	毛利构成比	平均构成比	序号	累计构成比	分类
软炸肉片	1 142.4	573.48	6.24%	5.80%	6.02%	8	70.72%	B
鸡片冬菇	1 324.8	699.49	7.24%	7.07%	7.16%	6	58.64%	A
滑溜里脊	550.4	282.36	3.01%	2.85%	2.93%	14	98.15%	C
清蒸鲥鱼	1 087.9	528.72	5.94%	5.34%	5.64%	9	76.36%	B
松鼠鳜鱼	2 886.4	1 495.16	15.77%	15.11%	15.44%	1	15.44%	A
蛋蒸鳜鱼	1 958.4	1 030.12	10.70%	10.41%	10.56%	2	26.00%	A
水煮牛肉	1 421.0	714.76	7.77%	7.22%	7.49%	5	51.48%	A
鱼香肉丝	1 054.0	513.30	5.76%	5.19%	5.47%	10	81.83%	B
家常豆腐	1 067.2	621.11	5.83%	6.28%	6.06%	7	64.70%	A
麻婆豆腐	842.8	509.89	4.61%	5.15%	4.88%	11	86.71%	B
家常海参	1 720.2	940.95	9.40%	9.51%	9.46%	3	35.46%	A
清炒苦瓜	653.6	407.85	3.57%	4.12%	3.84%	13	95.22%	C
蒜蓉油菜	310.8	197.36	1.70%	1.99%	1.85%	15	100%	C
五香芹菜	798.0	492.37	4.36%	4.98%	4.67%	12	91.38%	C
鱼香肝尖	1 482.0	886.24	8.10%	8.96%	8.53%	4	43.99%	A
合　计	18 299.16	9 893.16	100%	100%	--	--	100%	--

相关知识

1. 影响菜单定价的因素

在市场经济的条件下，为使菜单在竞争之中立于不败之地，在制定价格时，要仔细地研究影响定价的多方面因素。在众多的因素中，成本和费用为最根本的因素。餐厅确定产品的价格时首先要确保餐厅能够保本并且能获得一定的利润，同时还要考虑顾客的需求状况，产品的竞争状况以及对产品价格有影响的其他因素。

1）成本和费用因素

成本和费用是确定价格的重要因素。制定菜单价格的管理人员要掌握菜品成本和费用的构成，密切注视影响成本费用变动的因素，以采取相应的价格措施以及探索降低成本和费用的途径，使菜单价格具有竞争力。

（1）菜品成本和费用构成

① 菜品成本。菜品原料成本是餐厅产品价格的最主要的组成之一，主要指菜品的购进价，占价格的比例很大。一般档次越高的餐厅原材料成本率越低，但通常也要超过售价的 30%，低档次的餐厅原料成本占售价比例更高，有的甚至是 60% ~ 70%。掌握餐厅产品中原材料的成本以及各类产品的成本应占售价的比例的大小，是菜单定价的最主要的基础之一。

② 营业费用。在菜单定价时需要考虑的第二项重大开支就是营业费用。营业费用是餐厅经营所需要的一切费用，它包括人工费、折旧费、水电燃料费、维修费、经营管理费等。

（2）影响成本费用变动的市场因素

在成本和费用中有很多因素是管理人员无法控制的，原料成本和营业费用中大部分受物价指数和通货膨胀率变动的影响，当物价上涨，各种菜品的原料价格、水电费、燃料费、经营用品、职工的工资都要提高。管理人员要注意这些影响因素，摸清市场行情，并制定相应的价格政策来适应这些变化，使企业不受损失。

2）顾客因素

仅考虑成本和费用因素的价格属于卖方价格，往往这种价格不一定能被顾客接受。因此餐厅产品的定价还要考虑顾客因素。

（1）顾客对产品价值的评估

餐厅产品的成本和费用高并不说明顾客认为它的价格高，餐厅产品的价格也取决于顾客对产品价值的评估。管理人员对顾客认为价值高的产品，价格可以定得高一些，反之，应定得低一些。一般来说，顾客对餐厅产品的价值是根据以下几点评估：

① 菜品的质量。指菜品的味、色、香、形等。一份精心制作的菜品，给客人在色、香、味、形上感觉较好，顾客认为价值高，愿意多花钱。

② 服务质量。对需要较复杂服务的菜品，顾客认为价值高，愿意付高一点的价格。

③ 环境和气氛。餐厅设施高级，气氛高雅，菜品被认为价值高，价格可定得高些。

④ 餐厅地理位置。餐厅位于优越的地点，其产品被认为价值高，一般价格相应也高些。

（2）考虑顾客对产品的支付能力

不同类别的顾客对菜品的支付能力不同。要研究餐厅不同目标顾客群体对产品的支付能力，例如收入高、经济条件好的顾客支付能力强，而经济条件差的支付能力差。管理人员应制定相应的价格政策来适应顾客的支付能力。

（3）研究顾客光顾餐厅的目的

顾客光顾餐厅的目的不同，对菜品愿意支付的价格也不同。顾客光顾餐厅动机主要有：同朋友叙旧，为娱乐消遣，为发泄放松，慕名光顾、感受环境、品尝菜品等。管理人员研究顾客光顾餐厅不同动机的价格心理，采取不同的产品和价格对策去迎合顾客的需要，这样的产品和价格政策必将成功。

（4）其他顾客因素

还有许多其他顾客因素影响他们对价格的承受程度和要求。例如：顾客光顾餐厅频率、结账方式、餐厅竞争对手、同种菜品价格等。总之，管理人员要研究各种顾客因素对价格的影响，以采取相应的价格对策。

3）竞争因素

餐饮业的市场竞争非常激烈，而价格往往是影响竞争能力的重要因素。认真地研究菜单的竞争状况和相对的竞争地位，采取相应的价格政策，才能使餐厅的菜品在竞争中能生存下去并战胜竞争者。

（1）研究菜品的竞争局势

管理人员要分析本餐厅菜品所处的竞争局势，竞争程度越激烈，价格的需求弹性越大，只要价格稍有变动，需求量就变化很大。菜品若处于十分激烈的竞争局势下，有时企业只能接受市场的价格。

（2）分析竞争者对本餐厅价格政策的反应

在制定价格政策、调整价格以前要分析竞争者对本企业菜单价格的反应。如果企业为增加销售数量而拟降低菜品价格的话，先要研究和观察竞争者采取什么应对措施，分析他们是否也会降价而引起价格之战。如果原料进价上涨，企业拟对菜单价格做调整的话也要分析竞争者会采取什么措施。如果他们按原价不变，本店销售量会有什么影响。因此餐饮产品的竞争状况是影响价格制定的重要因素。

2. 菜单定价的策略

1）以成本为中心的定价策略

大多数餐饮企业是根据成本确定食品、饮料等销售价格，这种以成本为中心的定价策略常使用两种方法。一种是在成本的基础上加上一定的百分比定价，不同餐饮企业采用不同的百分比，这种方法是最为简单的方法。第二种是目标收益率定价法。即先根据企业目标利润率计算出目标利润，只要达到预计的销售量时即能实现预定的收益目标。

2）以需求为中心的定价策略

这是根据消费者对餐饮产品价值的认知程度和需求程度来决定价格的一种策略，主要有两种方法。一种是理解价值定价法，即餐饮企业根据提供的餐饮产品的质量、服务质量、广告宣传等非价格因素，使客人对餐饮企业的产品形成相应的认同感，然后再根据这种观念制定相应的价格。另一种是根据不同的需求定价。首先餐饮企业按照不同的市场定位、不同的消费群体区别定价，这种方法必须取得消费者的信任，但不容易掌握。以需求为中心的定价策略是根据市场需求来制定价格，如果说以成本为中心是制定最低价格，而以需求为中心定价则是制定最高价格。在实际的操作中，根据市场的情况可以分别采取以高质量、高价格为主的高价策略，也可以采取薄利多销的方法，以增加市场占有率为目的，采取低价的策略。当然这些策略不是随意使用的，必须通过严格的市场调查，根据市场的实际需求决定。

3）以竞争为中心的定价策略

这种定价策略是以竞争者的价格为定价依据，在经过缜密的市场调查的情况下定价。以竞争价格为中心的定价策略要按照同行价格决定本企业的价格，在定价时由于不以成本为出发点，也不考虑消费者的意见，所以这种方法常常在特殊的情况下使用。要充分分析竞争对手的实力与自身的实力，否则可能会造成不必要的损失。

知识拓展

应用本量利分析定价法的注意事项

1. 由于不同类型的菜品使用不同的加价率，因此利润率的高低会有所不同。

2. 要综合考虑消费者的需求、企业经营成本和利润之间的关系。

3. 要切实依据“成本越大，毛利量应该越大；销售量越大，毛利量可能越小”这一原理进行定价。

4. 要进行有效的销售分析，制定合理的加价率。

技能训练

及时更新菜单

实 训 内 容

训练目的：掌握利用 ABC 销售分析法调整菜单

背景资料：某餐厅是一家拥有 150 个餐位的西餐厅，以不断推出新菜吸引顾客而小有名气。每更新一次菜单（每月进行一次，但每周都有小变动），该餐厅都要运用 ABC 分析法进行菜单分析，决定各种菜品的取舍。如下表所示。

序号	品名	单价（磅）	销售份数	销售额（磅）	占餐厅菜肴总销售额的百分比	排序号	累计百分比	分类
a	特色什扒	3	200	600	3.40	9	96.43	C
b	野菌干葱蛋卷	2.5	1 100	2 750	15.60	3	56.37	A
c	加拿大三文鱼	3.5	910	3 185	18.07	2	40.77	A
d	芥末猪扒	6	50	300	1.70	11	100.00	C
e	顶级鲜蚝	12	70	840	4.77	6	84.40	B
f	煎大虾	2	400	800	4.54	7	88.94	B
g	土豆炸鸡	2.5	800	2 000	11.35	5	79.63	B
h	炸鸡胸拌汁	2	360	720	4.09	8	93.03	C
i	西冷牛扒	8	500	4 000	22.70	1	22.70	A
j	炸鱼柳	11	30	330	1.87	10	98.30	C
k	鸡尾蟹肉	10	210	2 100	11.91	4	68.28	A
	合计			17 625	100.00			

训练程序：

① 统计每月每种菜肴的销售份数，乘以单价，计算出每种菜肴的销售额

② 求出每种菜肴的销售额在餐厅菜肴总销售额中所占的百分比，如加拿大三文鱼占 18.07%

③ 将每种菜肴按百分比大小，由高到低排出序列。如加拿大三文鱼排在第二位

④ 按序列求出累计百分比。如排在第二位的加拿大三文鱼的累计百分比为 18.07%+22.7%=40.77%。其他依此类推

⑤ 求出 A、B、C 三组菜肴。将累计百分比在 70% 以内的列为 A 类，包括 i、c、b、k。70%~90% 的列为 B 类，包括 g、e、f。90% 以上的列为 C 类，包括 h、a、j、d

⑥ 对菜单进行调整更新。A 类是餐厅的主打菜肴，应予以保留和加强；B 类为可调节菜肴，餐厅可根据菜肴的市场发展趋势，在适当的时候加强 B 类中处于上升趋势的菜肴的推销，为替补 A 类菜肴做好准备；而对于 C 类菜肴中由于口味、季节、价格、营养等因素作用，销路不佳的菜肴，应予以坚决淘汰。对尚处于 C 类中的新开发菜肴则应加强宣传促销，提高其销售量，使其在今后的排序中进入 B 类或 A 类

训练提示：ABC 分析法是管理学中用于分析问题轻重缓急的工具，在库存、质量管理方面应用很广。这家餐厅用这种方法进行菜单分析，根据其销售额的贡献，确定了各种菜肴的重要性地位，从而为菜单更新提供了依据

思考：你觉得这家餐厅以销售额为基准评价菜肴贡献的方法是唯一的吗？是否还有其他评价菜肴贡献的方法？________________

思考与练习

1. 请你根据所学到的方法，对你所制作的菜单进行定价。
2. 用所学菜单分析方法，对你所在的实习餐厅进行菜单销售分析。
3. 菜单定价的方法有哪些？
4. 影响菜单定价的因素有哪些？

5. 案例分析：

全福喜酒店的菜品销售分析制

全福喜酒店位于英国伦敦唐人街，规模不大，约有 200 个餐位。其提供以广东菜为主体包含多个其他菜系的中式菜点，在唐人街颇具名气。与其他类似酒店相比，全福喜酒店更注重对菜单的研究和销售状况的分析。该店使用一种名为“菜品销售状况表”（见表 6-5）的工具进行菜单及销售分析，借以总结菜肴销售规律。具体说来，这个工具可以帮助酒店管理者获得以下四种决策信息：①菜肴销售量在某一时间段的波动规律。如以一周为时间段，周末与一周的其他时间的销售量差异；②某种菜肴销售量的上升或下降趋势；③发现菜肴中最受欢迎和最不为人所接受的品种，即一个菜单中的“领先者”和“滞后者”；④发现各种菜肴销售量之间的关系或每种菜肴与全部销售量的关系。以上四种信息是该店管理者进行菜单计划的重要依据，尤其在下列三种决策情况下，这些信息更显功效：①应重点加强何种菜肴的促销工作；②扩大或者减少何种菜肴的生产量；③某种菜肴是否应撤销或以何种菜肴代替。

1．图表的简要说明

最左边一栏是菜单上所有菜肴品种的列举，分冷菜、汤菜、热菜和面点四大类。右下角的“10月份”为该表的统计时间段。第二行为日期（1 至 30 日）。第一行是相应的星期，且本例假设每周只营业 6 天，星期一不营业。与各种菜式相对应的数字表示该菜品的销售份数。最右边一栏的“平均数”表示某种菜肴在统计时间段内平均每天的销售份额，等于在统计时间段内销售总份数除以统计总天数。另外，为了举例方便，本表中统计了 18 天的数据（热菜）。由于冷菜、汤菜、面点的数据在本例中使用较少，为方便起见，只统计了 6 天。

2．图表的分析

1）销售的周期规律及销售趋势

第一周，热菜中蚝油牛肉片的销量，星期二为 26 份，星期三有所下降，从星期四开始又回升，到星期六至最高点，星期日又有所下降。第二周、第三周都差不多，从星期二到星期六一直是呈增长趋势，但一到星期日则销售下降。从中我们可以看出蚝油牛肉片销售的周期规律，即在一个星期之内，周二至周六销售保持增长，周日则下滑。管理者应结合本酒店的客源结构、经营环境，分析出产生这个周期规律的内在原因，特别是周日销售下降的问题所在，以采取正确的营销对策。同理，我们还可以分析出其他菜式的周期销售规律。另外，通过每日热菜合计栏以下的统计数字，我们还可以了解热菜、冷菜、汤菜、面点四大类的销售周期规律以及整个餐厅销售总量的周期规律。

再考查销售趋势。以“葱爆羊肉”为例，第一周合计 77 份，第二周 80 份，第三周 90 份，可看出其增长趋势。而“蚝油牛肉片”，第一周合计 259 份，第二周降至 186 份，第三周回升为 253 份。营销者应仔细分析第二周下滑的原因，总结经验教训。

表 6-5　菜品销售状况表

星　期	二	三	四	五	六	日	合计	二	三	四	五	六	日	合计	二	三	四	五	六	日	合计	二	三	四	五	六	日	合计	二	三	
冷菜　日期	1	2	3	4	5	6		8	9	10	11	12	13		15	16	17	18	19	20		15	22	23	24	25	26		29	30	平均数
1．泡菜	54	47	58	83	156	191	499																								
2．拌海蜇	32	31	37	49	75	52	276																								
3．酱茄子	25	20	31	37	54	35	202																								
4．风瓜	29	30	38	52	65	60	274																								
汤　菜																															
1．鱼头豆腐汤	45	49	42	54	68	61	329																								
2．番茄蛋汤	13	10	8	15	28	20	94																								
3．宋嫂鱼羹	32	38	36	46	59	48	259																								
热　菜																															
1．蚝油牛肉片	26	20	38	54	66	55	259	21	25	27	32	41	37	186	27	29	32	60	63	42	253										39
2．煨牛肉	38	43	52	62	78	66	339	33	38	45	48	56	47	267	32	40	47	51	68	54	295										50
3．豉汁排骨	45	40	47	68	80	61	341	42	40	48	55	61	42	288	49	45	54	60	72	58	338										54
4．脆炸明虾	12	15	25	30	44	32	158	18	15	20	26	32	30	141	21	18	23	32	39	31	164										26
5．茄汁煎牛排	8	9	12	18	25	19	91	5	8	11	15	19	20	78	7	6	15	20	24	20	92										15
6．红烧干贝	21	17	22	31	48	33	172	17	21	23	27	31	26	145	23	32	25	30	35	30	175										27
7．松鼠鳜鱼	18	22	28	30	27	25	96	17	19	21	26	29	31	143	20	27	25	33	31	28	164										25
8．葱爆羊肉	9	12	11	15	18	12	77	8	10	12	16	19	15	80	8	17	13	18	20	14	90										14
9．芙蓉鸡片	4	2	6	7	9	6	34	2	3	5	9	12	8	39	12	10	8	13	9	12	64										7
10 葡汁全鸡	30	28	41	62	68	54	283	29	32	40	49	61	52	263	31	40	51	54	62	50	288										46
面　点																															
1．小笼汤包	30	24	35	51	108	58	306																								
2．水饺	21	20	29	47	96	51	264																								
3．水晶包	41	35	39	48	112	48	323																								
4．鳝丝面	18	25	34	52	78	50	257																								
5．炸酱面	11	21	28	35	47	38	108																								
每日热菜合计	211	208	282	377	463	363	1 850	192	211	252	306	361	308	1630	230	264	293	374	423	339	1923										
每日冷菜合计	140	128	174	221	350	238	1 251																								
每日汤菜合计	90	97	86	115	165	129	682																								
每日面点合计	123	125	165	233	441	245	1 332																								
每日销售总额	564	552	707	946	1 419	975	5 115																								10 月份

2）领先者和滞后者

这次我们首先要分析“平均数”。“平均数”表示一定时期内某种菜肴平均每天的销售份数，表明了该菜点的受欢迎程度。我们可以看出，“豉汁排骨”的平均数最大（54），列为最受欢迎者，“煨牛肉”次之（50），“芙蓉鸡片”则排在最后，属最不受欢迎者。其余可以类推。这样，我们可以分别列出这张菜单中热菜的领先者和滞后者。领先者为：豉汁排骨、煨牛肉和葡汁全鸡。滞后者是：芙蓉鸡片、葱爆羊肉和茄汁煎羊排。

领先者是菜单中销售比较成功的菜肴，反映了顾客对该菜的偏好，是今后菜单计划中应保持和发扬的菜品优势。

对于滞后者则应进行更深入的分析。从平均数角度看，滞后者得分都很低，但分别考查三个滞后者的每周销售量合计，则区别就很大了。“茄汁煎羊排”、“葱爆羊肉”三周的每周销售量合计分别为：91—78—92；77—80—90。可以看出销售量变化幅度不大，呈稳定小增长趋势。而芙蓉鸡片则为：34—39—62，销量出现跳跃性变动，每天之间的销售量变化也比较大，其销售总量也是最少的。可以说，“芙蓉鸡片”是一道销售量极不稳定的且销售量最小的“问题菜肴”，管理者应考虑将其撤销或以其他菜品代替。对于销量稳定的“茄汁煎羊排”、“葱爆羊肉”，管理者应考虑不予撤销。一则稳定小增长的销售使促销手段的运用成为可能，而不像销量大起大落的“芙蓉鸡片”那样使得促销措施的应用具有相当大的冒险性；二则，这两种菜的存在，丰富了菜式，增强了菜单的表面吸引力。

3）各种菜式之间的关系

我们假设，一份菜代表一位顾客。第一周，卖出了1 850份菜，或者说1850位客人购买了热菜，那么，购买冷菜的人只占了买热菜者的67%（1 251/1 850），而买汤菜者仅占37%（682/1 850），购买面点的较多，占72%（1 332/1 850）。这表明，汤菜的推销还做得不够，应加强促销，增加一些汤菜的选择项。另外番茄蛋汤仅占汤菜销售总额的15%（74/682），表明应加强该汤的推销或以另一种汤取而代之。

思考：餐厅如何做好菜单销售的分析工作？

单元七

餐饮原料管理

在餐饮工作中，除了餐前，餐中、餐后的服务和技能外，还有一环是客人无法看到，但对餐饮工作能否顺利进行和开展却是至关重要的，那就是餐饮原料的管理。餐饮原料的采购、验收、储存和发放是餐饮管理的重要内容。餐饮原料是满足就餐者对餐饮产品需求的重要物质基础，也是餐饮成本控制的重要对象。餐饮原料的质量直接影响餐饮产品的质量，而其价格又直接关系到餐饮部的经济效益，因此，餐饮原料管理对餐饮企业显得非常重要。

知识目标

1. 了解食品原料的采购方法与采购控制的基本方法。
2. 熟悉食品原料采购与验收控制的程序。
3. 了解食品原料的储存方法及库存原料的计价方法。
4. 掌握食品原料的发放控制方法。

技能目标

1. 能够控制食品原料采购的质量和数量、价格与成本等。
2. 能够根据食品原料的不同特点、按照不同的方法储存原料。
3. 能对采购、验收、贮存、发放等环节进行有效管理。
4. 能根据餐饮企业的具体情况制定相应的保管规章制度，并制作和填写储藏、发放及盘存、库存各环节的报表。

任务一 食品原料的采购与验收

食品原料的采购管理保证了厨房的正常生产与餐厅的正常供应，并且确保以最为优惠的价格采购到符合质量要求的食品原料，这不仅为菜点的品质提供重要保证，同时也是增加利润的重要环节。在我国的餐饮企业中，大型的餐饮企业采购工作由采购部完成，而更多的是由厨房专人负责完成。采购合理与否是决定销售职能能否正常进行的关键。从企业的经济效益来看，采购决定和影响企业经济效益的实现程度。从管理的角度考虑，采购是提高企业应变能力与竞争能力的重要环节。厨房使用的生产原料有其特殊性：一是季节性，因为食品原料的生产具有季节性；二是不稳定性，原料的供应往往受到许多因素的影响；三是技术性，餐饮使用的原料由于加工技术的不同，质量与净料率不同，成本也不同。

采购是厨房生产获取必需原料的前提，验收是为厨房生产提供价格适宜又符合质量要求的各类原料的保证。采购的各项控制并不能完全保证实际到货的情况也是如此，如果不严加控制，供应商会有意无意地出现一些问题。验收管理不仅关系到厨房生产成品的质量，而且还对生产成本的控制产生直接影响，忽视验收或验收工作不当会成为餐饮企业管理的最大失误。因此，为了使原料符合订货要求，管理者应该规定验收程序和要求，并采用有效的验收方法，对验收工作加以控制。

任务导入

2007 年 3 月 20 日，广州市食品安全信息网和中国食品网曝光了 12 种常吃的“毒”水果，涉及柑橘、荔枝、苹果、梨、葡萄、西瓜、香蕉、桃、桂圆、芒果、柿子以及大枣。据了解，这些“毒”水果都是在生长过程中，过量使用催长素、催红素、膨大素，或者存放中过量使用防腐剂，甚至出售中也使用着色剂、打蜡、漂白染色等，已经成为严重威胁人们健康的公害。

专家分析，毒水果之所以泛滥，最重要的原因是消费者常常“以貌取果”，消费者喜欢买个大、色鲜的水果，当然就有人投其所好。为此，市食品安全信息网专门整理出 12 种常吃的“问题”水果昭示于众，警醒市民切勿“以貌取果”，不给作假者以市场。

思考

保证食品安全的首要环节是什么？如何采取合理的采购管理措施以保证餐饮产品的质量？

任务描述

食品原料采购是指根据餐饮生产和经营的需求，以合理的价格购取符合酒店或餐厅质量标准的食品原料。餐饮原料采购历来是餐饮企业老板最关心也最头痛的一件事，因为采购行为直接影响到原材料质量的好坏、餐厅成本的高低以及餐厅资金的周转。而在采购行为中，暗吃回扣、以次充好、虚报价格等采购漏洞也屡见不鲜。为此，餐饮企业必须做好餐饮采购控制工作，杜绝采购漏洞，并把好验收关。但首先你要学会如何选择合理的原料采购方式，学会利用正确的原料采购、验收的工作流程和管理控制方法。

任务分析

巧妇难为无米之炊。一席佳肴，司厨之功居其六，采办之功居其四。餐饮原料是餐饮生产和服务的重要物质基础，餐单确定之后，所有满足客人需求的食品原料均需通过采购工作来完成。只有原料的质量好，才能保证为顾客提供优质的餐饮服务。原料采购的数量、质量和价格不合理，会使餐饮成本大大增加，并会降低服务质量。可以说，没有合格的、特定的原材料，就很难生产出质优的产品。所以，把握好餐饮原料的进货关，既要考虑到原料品种、原料产地，还要讲究原料的上市季节、原料部位等。而采购工作的进行根据酒店的不同而不同，有的酒店由采购部完成，有的由餐饮部完成，有的则由餐饮部采购鲜活物品，采购部采购可储存物品。不管采用什么方式，采购的程序都是一样的。

验收人员需有较高的原料识别能力和质量确定能力，同时应具备公正、公平、公开的工作态度，在验收过程中，采购人员应积极配合，做好验收工作。在验收过程中必须详细核对原料申购单，对照申购单中每一项内容是否与原料相符合，其中包括原料名称、规格、审定价格、审定数量等。在验收过程中发现采购中存在的问题，可以在验收现场及时提出，从而减少酒店的损失。

任务实现

1. 食品原料采购程序

采购程序因酒店的规模、组织机构设计的不同而不同，小的餐厅需要什么就买什么，不用填任何申请购物单，也没有必要互相监督。而大的餐厅则有专门的采购部和专职采购人员，高档酒店为此还专门成立验收部，以确保质量和采购原料的完全控制。图 7-1 反映了大型餐饮企业的采购活动流程，中小型餐饮企业虽然没这么复杂，但实际上也具备这些环节和功能，只不过有些工作是由一个人完成的，而不是由一个部门或几个部门完成的。

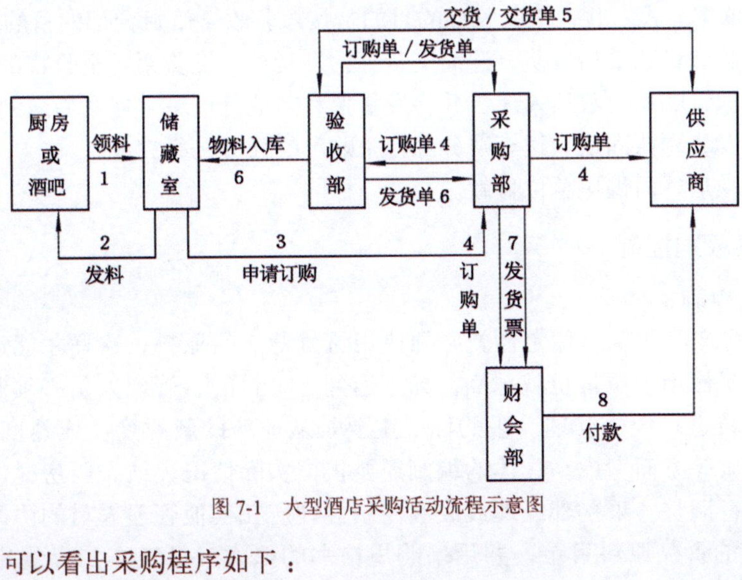

图 7-1　大型酒店采购活动流程示意图

通过图 7-1 可以看出采购程序如下：

① 厨房或酒吧确定需要什么原料后填写领料单。

② 储藏室根据领料单将食品原料发放给使用部门。

③ 当存货降至再订购点时，储藏室向采购部送“请购单（见表 7-1）”，申请订购。“请购单”必须说明要采购的品名、规格、数量及建议供货单位。

表 7-1　采购申请单

要货部门________________

用货日期________________

制 表 人________________

库存数	上期单价及供应商	月度用量	物资名称及规格型号	数量	单价	总额	本期供应商
如需进口或特殊要求，请说明理由：							
付款方式：							
用途 / 理由：							
采购经理		部门经理		财务部经理			总经理

④ 采购部使用订购单向供货单位订购所需原料，然后给验收部和财会部各送一份订购单副本。所以订购单应一式三联，给验收部的目的是按单验收；给财会部的目的是准备付款。

⑤ 供货单位收到订购单后发货，连同交货单、发货单、发货票送至验收部。

⑥ 验收部根据订购单验收后入库，并将发货票和其他凭证签字盖章后送到采购部。

⑦ 采购部对发货票认同后，送至财务部，采购部的任务已经完成。

⑧ 财务部审核后，向供应单位付款。

2. 食品原料采购控制

1）采购质量控制

要想保证厨房产品质量的稳定性就必须使用质量稳定的原料，这样才能达到产品的预期价值。原料越适于使用，质量也就越高。为了达到这个目的，管理人员必须制订原料的采购标准，以便对原料进行统一管理。采购标准主要是从原料的新鲜度、成熟度、产地、外观、清洁度、固有品质等方面考虑。具体的编制还要根据实际情况，结合厨房提供菜点种类以及一系列的变化进行调整。采购部经理或成本控制会计应在其他管理人员的协助下，列出本企业常用的需采购的食品原料目录，并用采购规格书的形式（见表 7-2），规定对各种食品原料的质量要求。

表 7-2　采购规格书

品名	产地	外观与色泽	成熟度	气味与味道	净料率	货期	备注
番茄	本地	色泽红润，大小适中，无破损情况	适中	正常良好	90%	每日次日到货	

制定原料采购规格标准并依此进行采购，是保证厨房生产所需原料质量的有效措施。采购规格标准是根据厨房烹饪制作的需要，对所要采购的各种原料做出详细的具体规定，如原料产地、等级、性能、大小、个数、色泽、包装要求、肥瘦比例、切割情况、冷冻状态等。制定采购规格标准应审慎仔细，要认真分析菜单，要根据各种菜式制作的实际需要，也要考虑市场实际供应情况。一般要求厨师长、食品成本控制员和采购部人员一起研究制定，力求把规格标准定得切实可行。规格标准的文字表达要科学、简练、准确，避免使用模棱两可的词语，如"一般"、"较好"等，以免引起误解。

对于一些规模较大、食品原料使用种类较多的厨房来说，要想把厨房使用的几百种，甚至上千种的各类原料，都用详细的《食品原料质量规格书》形式规定下来，不仅需要很长的时间，而且需要的人力、物力也是相当大的，加之有些原料是在不断变化的，就要及时进行修改，工作量也很大。为此，许多酒店采用一些相对简易的食品原料质量规格书。特别是对一些活鲜类原料，如水产品、蔬菜、水果等，只进行简单的品质描述，不规定具体的产地、时间，采购员在采购时可以在几个同类原料供应商那里选择质量最好、价格合理的购进。表 7-3 ～表 7-5 是某大酒店对部分肉、蛋类，水产品，蔬菜类原料的采购质量规定。

表 7-3　肉、蛋类食品原料质量规格书

品　种	肉质部位	规　格	质量要求	备　注
鲜猪肉	外脊	1 ～ 2 公斤 / 条	新鲜、色泽鲜红、洁净，检疫合格，不带脂肪层	富有弹性
鲜牛肉	三叉肉	1.5 ～ 2 公斤 / 块	新鲜、色泽鲜红、洁净，检疫合格，不带老筋	富有弹性
鸡蛋		14 ～ 16 个 / 公斤	新鲜、洁净，产蛋后不超过 7 天	红皮

表 7-4　水产品质量规格书

序号	原料名称	规　格	质　量　要　求	备注
1	南非网鲍	100 ～ 125 克 / 个	金红色，整只无斑，干燥	个头均匀
2	金钩翅	100 ～ 125 克 / 片	透明，金黄色纯翅，24 ～ 30 厘米长	
3	海螺	300 ～ 500 克 / 个	带壳、鲜活，个大肉多	
4	鱼肚		色微黄透明，块整无斑	
5	罗非鱼	1 000 克 / 条	新鲜，手按肉质有弹性	
6	刺参	8 ～ 12 厘米 / 个	色泽黑黄或黑灰，坚挺	
7	明虾	12 厘米 / 个	色泽青白，鲜活、个头均匀	
8	鲶鱼	1 000 克 / 条	鲜活	
9	鲫鱼	250 克 / 条	鲜活	
10	小乌鱼	2 000 克 / 条	鲜活，冰衣少	
11	海蜇皮	厚 0.5 厘米	脆嫩，无盐粒、沙子等	
12	鳝丝	散装	新鲜不带骨、有光泽	

续表

序号	原料名称	规　格	质　量　要　求	备注
13	牛蛙	250 克 / 个	鲜活	
14	虾仁	散装	冰衣少，无碱味，缩水少，洁白	
15	鲜鱿鱼	1 000 克 / 个	新鲜，小带冰，带外膜	
16	海米	散装	大小均匀，碎粒少	
17	水发黄玉参	8 ~ 15 厘米 / 个	大小均匀，发的不过	
18	草鱼	1 500~2 000 克 / 条	鲜活	
19	鳝鱼	250 ~ 400 克 / 条	当天杀的，带血	
20	花胶	75 ~ 100 克 / 块	金黄色厚身块整无斑	
21	海蜇头	散装	颜色棕黑色，表皮硬，有光泽，呈半透明状，杂肉少，出水量小	
22	刀鱼	散装	宽约四指，冰衣少，不脱油，身清亮有光泽	
23	黑鱼皮	散装	表皮坚硬有弹性，呈半透明状，鱼鳞少，出水量小，黑白相间	

表 7-5　蔬菜质量规格书

序号	原料名称	规　格	质　量　要　求	备注
1	大白菜	散装	新鲜不脱水，无黄叶，个大	
2	小青菜	散装	青绿，不带根，新鲜无斑	
3	荷兰豆	散装	青脆鲜嫩，无斑点	
4	茄子	散装	新鲜，有光泽，无疤痕，无脱水，实	
5	西红柿	200 克 / 个	新鲜，颜色鲜红，无明显疤痕	
6	冬瓜	散装	个大，水分足，无糠心	
7	辣椒	散装	无脱水，无疤痕	
8	黄瓜	散装	水分充足，色泽鲜绿，顶花带刺，直而挺	
9	心里美萝卜		新鲜，不空心不发软，肉呈紫色及粉红色，水分充足	
10	西兰花	散装	颜色鲜绿，花蕊微开，无花斑，根不长	
11	土豆	散装	个大而圆，无黑心，无芽、无虫痕	
12	苦瓜	散装	色泽青绿，无腐烂	
13	黄豆芽	8 ~ 15 厘米 / 根	色淡黄，新鲜透明，不腐烂	
14	银芽	散装	颜色银白色，长 4 ~ 12 厘米	
15	油麦菜		颜色翠绿，无斑点，12 ~ 18 厘米	
16	香芋	散装	体软有弹性，肉斑白	
17	生姜	散装	块大皮土黄，老嫩适中	
18	蒜籽	散装	微带黄不带伤	
19	香葱	20 ~ 30 厘米 / 根	颜色翠绿，根白无斑点	
20	大葱	30 ~ 50 厘米 / 根	根透白，粗细一致，脆嫩	
21	圆葱	散装	肉透白，大小均匀，外衣不超过两层	
22	胡萝卜	散装	无裂痕，脆嫩不空心	
23	白萝卜	散装	无裂痕，脆嫩不空心	
24	南生菜	散装	根透白，叶翠绿无斑点	
25	生菜球	散装	颜色白透绿，圆实不长根	
26	西芹	散装	鲜嫩透，水晶色，不空心，不带叶	
27	芥蓝	散装	翠绿肥嫩，整根不长根	
28	韭菜	散装	翠绿肥嫩，不带杂物	
29	香菜	散装	翠绿，无斑	
30	苋菜	散装	青绿无斑，鲜嫩根不过长	
31	香瓜	散装	淡绿，无痕	
32	野山笋	散装	鲜黄色，保质期内	
33	南丝瓜	散装	青绿色，直挺，无斑，内实不起丝	
34	四角豆	散装	碧绿，鲜嫩无斑，长 10 ~ 20 厘米	
35	圆南瓜	1 500~2 000 克 / 个	鲜金红色，无疤痕，肉呈绵状	
36	鲜百合	散装	白色，无碎瓣	
37	芦荟	1 000~1 500 克 / 棵	新鲜饱满，水分足，三年以上，无黄叶无疤	

采购规格标准一经制定，应一式多份，除分送给货源单位使其按照酒店所要求的规格标准供应外，酒店厨房、采购办公室以及食品原料验收人员，都应留作依据。采购规格标准可以在酒店营业的任何一个阶段制定。同样，随着市场行情的变化和菜肴新品的推出，采购规格都应作及时的调整或修订。

制定采购规格标准的主要作用体现在以下几方面：

① 促使厨房管理人员通过仔细思考和研究，预先确定酒店所需各种食品原料的具体质量要求，以防止采购人员盲目或不恰当地采购。

② 有助于为食品生产提供适合的原料。

③ 把采购规格标准分发给货源单位，能使供货单位掌握厨房原料的质量要求，避免可能产生的误解和不必要的损失。

④ 向各供应单位分发采购规格书，可以方便供应单位投标。

⑤ 采购员可以不必在每次订货时都向供货单位重复解释原料的质量要求，从而可以节省时间，减少工作量。

⑥ 有助于搞好食品原料验收工作。食品原料采购规格标准是原料验收的重要依据之一，对控制原料质量有着极为重要的作用。

⑦ 有助于搞好领料工作。

⑧ 可防止采购部门与食品原料使用部门之间产生矛盾。

⑨ 有助于成本控制员履行职责。

⑩ 有助于保证购入的各种食品原料质量都符合企业的要求。

2）采购数量控制

采购的质量可以在一段时间内相对稳定，采购的数量应该根据客源和库存量变化不断进行调整。什么是最佳的采购量？其实就是消耗的原料存量达到理想储存量限度，使采购原料的费用保持在最低水平。厨房的原料从长远看大部分都有易坏性，只是时间长短的问题，餐饮企业应该尽可能保证采购量适中。采购数量过多，会引起存货占用过多资金，影响资金周转，增加存储成本和存储场地，增加偷盗机会等问题，而食品原料存放时间过长，易引起质量下降或变质，而采购数量过少，则会引起库存中断，无法生产某些食品，引起顾客不满。而紧急采购既费时，又费钱，并产生失去大批量采购所能获得的折扣等问题。管理人员既要考虑到大批量购货所带来的价格优惠，以及节约采购费用的优点，又要考虑原料的易损性。既能保证正常生产，又不可以库存过多，造成储存时间过长而过期变质，增加成本。采购量的控制可以用图 7-2 表示。

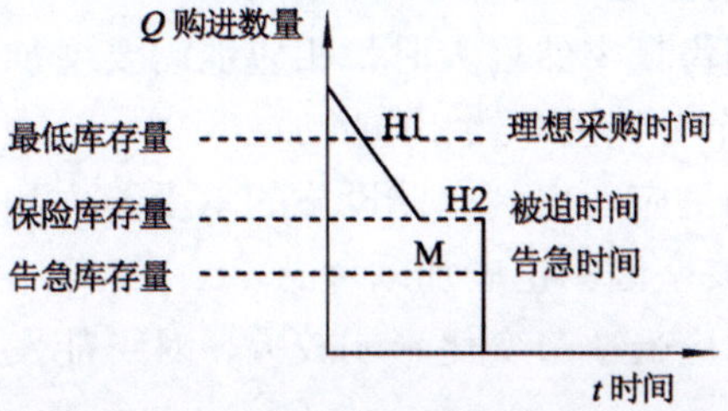

图 7-2 采购量控制

如图 7-2 所示，随着库存量的逐渐减少，到 H1 点时是最理想的采购时间，也是最低库存量。如果此时再不采购，将会发生供不应求现象。当库存降到 H2 点时为被迫时间，到这一点就必须马上采购不可，否则就会发生误工现象。因为采购需要时间，所以 M 点的存量叫做告急库存量，这一段时间叫告急时间。一次采购多少应该有一个最佳点，这个点就是经济批量。每天的最大消耗量和最低消耗量可以根据以往日常的消耗量统计得出，订货的周期天数也可以根据从采购计划到货到的实际天数计算。

$$H(\text{采购点或采购量}) = t \times d + m$$

t = 订货周期；d = 每日平均消耗量；m = 保险库存量。

原料采购数量可根据仓储的订货情况和厨房原料的预订量确定。仓储的订货可根据不同原料品种存货定额来决定所需采购数量，即对各种原料确定其最高和最低库存量，用采购来保持库存量的平衡。

下面以某种原料为例，说明最高和最低库存量的计算及补充采购方法。

采购单位（箱）：12 听 / 箱

每天使用量：6 听

采购周期：30 天

采购周期内的使用量：6 × 30=180（听），即 15 箱

订货到购回入库时间：3 天

订货到入库期间使用量 6 × 3=18（听），即 1.5 箱

库存安全系数：6 × 3=18（听），即 1.5 箱

最低库存量：订货到入库期间使用量 + 库存安全系数，即 1.5+1.5=3（箱）

最高库存量：采购周期内的使用量 + 库存安全系数，即 15+1.5=16.5（箱）

订货采购量：当处在最低库存量订货时，订货采购量就是采购周期内的使用量。

在库存未达到最低库存量时，确定订货采购数量，应先清点库存数量，然后从清点的库存量中减去最低库存量。

现有库存量：4 箱

减去最低库存量：3 箱，即 4-3=1（箱）

应采购量：采购周期内的使用量减去超过最低库存量的数量，即 15-1=14（箱）。

以上是用控制最高和最低库存量的方法来确定订货采购量，使用这种方法必须首先决定每一项物品的最低和最高库存量，并向订货人说明不得少于最低库存量再订货，否则会影响生产和经营。超过最高库存量则不得再行添购，以防原料积压。对采购周期要调查核实得十分精确。同时，在确定库存原料采购数量时，还必须考虑以下因素：

① 产品的销售量。当产品销售量突然增大时，相应地需要增加采购数量，如连续接待大型团队或会议用餐以及推广食品节时销量必然相应增加。

② 贮存情况。确定库存采购量应考虑到仓储设施的承受能力和条件，是否会产生损耗或损坏变质的可能；贮存的费用和安全因素也应加以考虑。

③ 市场情况。市场的原料供应受季节变化影响较大，对可能发生短缺的原料，应随时调整采购周期或库存量。

④ 运输问题。有些原料的采购运输需要一定的条件，应考虑到可能发生的送货误期。

⑤ 使用量的变化。食品原料库存量应定期检查，对因销售变化而产生的库存过多或不足的现象，要及时采取相应措施。

（1）鲜活食品原料采购的数量控制

① 日常采购法。厨房订货，其品种多为鲜活食品原料，具有易腐的特性，通常不宜作为库存食品。因此，厨房应根据需要每日或隔日提出订货。订货量通过测算需用量再减去已有存货量来确定。订货量的计算方法是：先列出所需订货的品种，然后用预测销售的份数，乘以菜肴的标准分量，得出所需原料的数量，再减去已有的存货量，便可以算出所要订购的每种烹饪原料的数量。

② 长期订货法。在鲜活食品原料中，有些品种的原材料每日的消耗量变化不大，而且本身的价值也不是很高，对这些原料没有必要每天填写采购单，因而酒店往往采用长期订货法。

（2）干货及可冷冻储存原材料采购的数量控制

① 定期采购法。

在库存管理和采购管理中，有必要对原料确定标准存量。标准存量与最低库存不同，它是原料储存的最高限量。但对于就餐人数的多少预测不可能十分精确，会受许多因素的影响，所以所需原料必须有一个保险库存量来保证。餐饮原料的品种多，使用频繁，不易对各种原料逐个计算最佳经济订货点。管理人员可根据储存面积、原料的可得性和资金情况计算各种常用大宗货物的标准库存量。

标准库存量＝每日消耗量 × 定期的采购间隔天数＋保险库存量

管理人员或采购人员应定期清点盘库，掌握现库存量与标准存量的差额。

原料所需采购量＝标准库存量－现库存量＋每日消耗量 × 货期天数

这种方法的优点是同类原料或由同一个供货商供应的原料，可定期在规定好的时间采购，这样可减少采购次数和人工，同时也可以防止采购过多，使管理者容易做出决策。为了避免原料出现短缺，对于每种原料还需订出最低的库存量。

最低库存量＝每日消耗量 × 货期天数＋保险库存量

下面举例说明定期采购的方法：某餐厅平均每天使用白糖 30 千克，该餐厅每隔两周采购一次，即隔周的星期二采购一次，白糖应该有 200 千克的保险库存量，白糖到货天数为 3 天，在采购日前库存还剩 350 千克白糖，白糖的标准库存量、最低库存量和采购量如何计算？

白糖的标准库存量＝30 千克 ×14+200 千克 =620 千克

白糖的最低库存量 =30 千克 ×3+200 千克 =290 千克

白糖的采购量 =620–350 千克 +30 千克 ×3=360 千克

② 永续盘存法。

从控制角度看，永续盘存法比定期订货法优越。它是对所有的入库及发料保持连续记录的一种存货控制方法，通过永续盘存表（见表 7-6）来指导采购。但由于使用这种方法需要由专业人员来记录相当精确的数据，所以，采用永续盘存法的企业并不多，只有大型餐饮企业，尤其是那些集团经营的大酒店才会使用这种方法。

表 7-6 永续盘存表

永续盘存表				编号 1234
品名 菠萝片 规格 #21/2 罐 单价 36 元 / 箱（12 罐）	最高储备量：150 罐 再订购点：60 罐			
日　期	订单号码	收　入	发　出	结　余
日　期				（承前）
1/12	#637-43		10	60
2/12			8	52
3/12			11	41
4/12			12	29
5/12		132	10	151
6/12				

永续盘存法的主要目的是保证采购的数量满足预期的需要而又不致过多地进货，采购是根据永续盘存表的记录进行的。大酒店中对主要干货原料都建立永续盘存表，一旦结余数量降至再订购点，则可按订单进行采购。所以它既是一种存货控制方法，也是一种采购方法。

以表 7-6 中的罐装菠萝片为例，餐厅每半月订货一次，日平均消耗为 10 罐，订购期为 4 天，最高储备量为 150 罐，再订购点为 60 罐。12 月 1 日当仓库保管员发现发出 10 罐后，还剩 60 罐，已达到再订购点。于是发出订货通知单，订单号码为 #637-43。最高储备量即下期需用量，再订购点数量实际上已经考虑了保险因素，所以订购数量应为：

$$(150-60)+10\times4=130\text{（罐）}$$

考虑到以箱为采购单位，故应实际订货 11 箱，即 132 罐，这样 4 天之后，货物到达，库存量又增至 151 罐。

③ 订货点采购法。

订货点是通过查阅库存卡上原料的结存量，对于达到或者接近订货点储存量的原料进行采购的方法。使用这种方法要求为库房中的每种原料建立库存卡，收货后要在卡片上登记正确的数量、单价、金额，使用的货物也要随时登记。库房还要建立一套核查制度，定期专人检查已经达到或者接近订货点的原料储存量，及时正确地发出订货数量的通知，确保厨房工作的正常运行。原料的订货点储存量也就是该原料的最低库存量，当原料从库房提出，库存量减少到订货点储存量时，该原料必须采购补充。原料的订货点库存量与最低库存量计算方法相同。

采用订货点采购法，原料的采购数量比较稳定，是以原料标准库存量减订货点贮存量，再加上原料发货期的消耗量得出。

原料采购量 = 标准贮存量 – 订货点贮存量 + 原料日消耗量 × 订货天数

原料的标准储存量也是原料的最高储存量，它主要根据原料的平均日消耗量以及计划采购的到货天数，再加上一定的保险系数而定。在确定标准储存量时还要考虑能够用于库存的资金，市场原料供应的充足程度、采购运输的方便程度等因素。

例如：某餐厅冻牛肉的标准储存量为 150 千克，冻牛肉日均消耗量 12 千克，发货到期天数为 2 天，冻牛肉的保险库存量为 30 千克，冻牛肉的订货点储存量及采购数量为多少?

订货点储存量 = 12 千克 ×2 + 30 =54 千克

原料采购量 = 150 千克 –54 千克 + 12 千克 ×2 =120 千克

订货点采购法的优点是原料不足可以及时反映出来，但必须建立完备的库存卡制度与日常检查制度作为基础，这种制度可以有效防止原料的储存量不足供应或过量储存。

3）采购的价格控制

成功的采购工作目标之一是获得理想的采购价格。餐饮原料的价格受多种因素影响，例如：市场的供求状况、餐饮市场的需求程度、采购的数量、原料本身的质量、供应的货源渠道等因素。针对这些影响价格因素，根据厨房生产的要求，可以采取有效方法降低价格并保证原料的质量，以实施对采购价格的控制。

（1）规定采购价格

餐饮的原料种类繁多，采购次数频繁，许多原料的市场价格波动较大。所以，餐饮企业的管理人员、采购人员必须对市场价格敏感，洞察市场的变化，准确确定原料的采购价格范围，限价采购，保证以较低价格购进餐饮原料。通过详细的市场价格调查，酒店对厨房所需的某些原料提出购货限价，规定在一定的幅度范围内，按限价进行市场采购，不得超过。当然这种限价是酒店派专人负责调查后获得的信息。限价品种一般是采购周期短、随进随用的新鲜原料。

（2）确定购货渠道和供应商

如果餐饮企业完全按照最低价选择供应商，可能会需要多次采购，工作量大，而且餐饮企业得到的供应商的报价不一定完全是最低的。所以，餐饮企业要对各供应商提供的报价进行比较，同时也要考虑与供应商的长期合作的可能性等诸多因素，与供应商协商价格，确立长期的供货关系，从而方便餐饮企业的采购工作。为使价格得以控制，许多酒店规定采购部门只能向那些指定的单位购货或者只允许购置来自规定渠道的原料，因为酒店预先已同这些单位商定了购货价格。

（3）严格控制大宗货物和贵重原料的采购权

餐饮企业消耗量较大的餐饮原料和贵重的原料是影响企业成本的主体，因此餐饮企业要根据实际使用情况控制采购数量，具体的采购决策必须由企业的管理层做出。

（4）根据实际用量集中采购

这种集中采购的方式常见于大型的酒店管理集团或餐饮集团，采购集中由集团总部根据下属单位的使用情况大批购进。对于中小型的餐饮企业也可以根据实际需求情况，对大批使用的原料大批一次性购入，这也是控制采购价格的一种策略。这样不仅可以获得较多的价格折扣，节省采购资金，同时也有利于统一餐饮原料的规格与质量标准。

（5）根据市场行情适时采购

对于一些餐饮企业长期使用的原料，可以根据市场的供应情况，在价格低、储存期允许、保证质量的情况下，可在价格低时适度多采购一些，以减少价格回升时的开支。如果价格是回落的趋势，采购量要做到用多少采购多少，避免造成占压资金过多后，价格回落带来不必要的成本损失。

（6）尽可能减少中间环节，抛开供应单位，直接从批发商、制造商或种植者以及市场直销处采购，往往可获得优惠价格。近年在争创绿色酒店的活动中，有许多酒店自行建立无公害、绿色蔬菜生产基地，禽畜饲养基地既保证了原料质量，又省去了中间环节，可谓明智之举。

4）原料采购成本控制

采购成本控制就是按照成本管理的原则和成本预算的要求，对构成餐厅经营管理的每一环节进行监督，使原料的成本管理由事后核算转为事前预防的管理，从而为提高酒店竞争力，创造利润最大化奠定基础。餐饮原料采购的成本控制是餐饮企业经营管理的重要组成部分，采购成本控制的好坏对企业经营的成败具有至关重要的作用。

（1）实施有效的采购运作程序

采购工作的好坏是成本控制的重要一环，酒店在配置采购工作人员方面，一定要对采购员的素质进行综合考察，采购工作人员应有较强的责任心。采购运作程序是采购工作的核心之一。目前许多酒店餐饮原料的采购程序大多是食品原料由厨师长申购，餐饮原料由餐饮部经理申购，采购部负责具体操办购买。这种采购运作程序虽有其分工合作的优点，但给降低原料成本责任的考核带来困难。并且，在采购中缺乏公开性和必需的监督程序，给采购成本的控制带来困难。因此，酒店应根据自身的实际情况及酒店所在地市场的供应情况制定一个有效的工作程序，使从事采购的有关人员和管理人员都清楚应怎样做、怎样沟通，从而形成一个正常的工作流程。例如，济南某宾馆实行“比价采购”制度，宾馆成立以总经理为组长，两名副总经理为副组长，所有部门主要负责人为成员的“比价采购”领导小组，下设专门的工作小组，所有重大采购事项集体研究。同时按采购金额的大小，分级明确权限和责任，不仅使决策透明，避免暗箱操作，而且使宾馆的采购成本大为降低，从而大大提高了宾馆的经济效益。

（2）竞争报价，控制成本

通过多家供货商参加竞争报价能有效地降低原料的采购价格，从而降低原料的成本。目前，多数酒店都采用竞争报价的方式采购原料，但往往都流于形式，竞争的结果通常是长年累月都是同一供货商供货，其效果可想而知。要想真正通过竞争报价得到一个理想的价格，需要做一些工作。首先，要成立物价小组（三人以上），在实施竞标前要将本酒店所用的原料种类、规格的市场批发价、零售价摸清，再将各种原料日常所用的数量输入计算机，计算出每种原料的日均用量，报价时请三家以上供货商根据酒店的要求报价，最后由物价组计算结果，通过比较选出相同质量而价格最低的供货商。这样，既能体现竞争的公开、公平、公正，又使酒店得到一个满意的原料价格，而且有效地杜绝了采购的不正之风，加强了酒店内部原料的采购成本管理。

（3）严格的采购审批制度是成本控制不可缺少的因素

作为管理者必须掌握一手的一线需求情况，对每一种原料的进货、验收要严格把关，特别是采购环节应放到首位，严格审核采购计划，既不能造成物资积压、周转不灵，又不能影响正常的经营。应采取科学的审批手法，盘活各种原材料，做到价格合理，规格符合要求，数量合适。这样，不但能保证菜品质量，同时可使企业处于良好的循环状态。图 7-3 为食品原料请购审批流程。

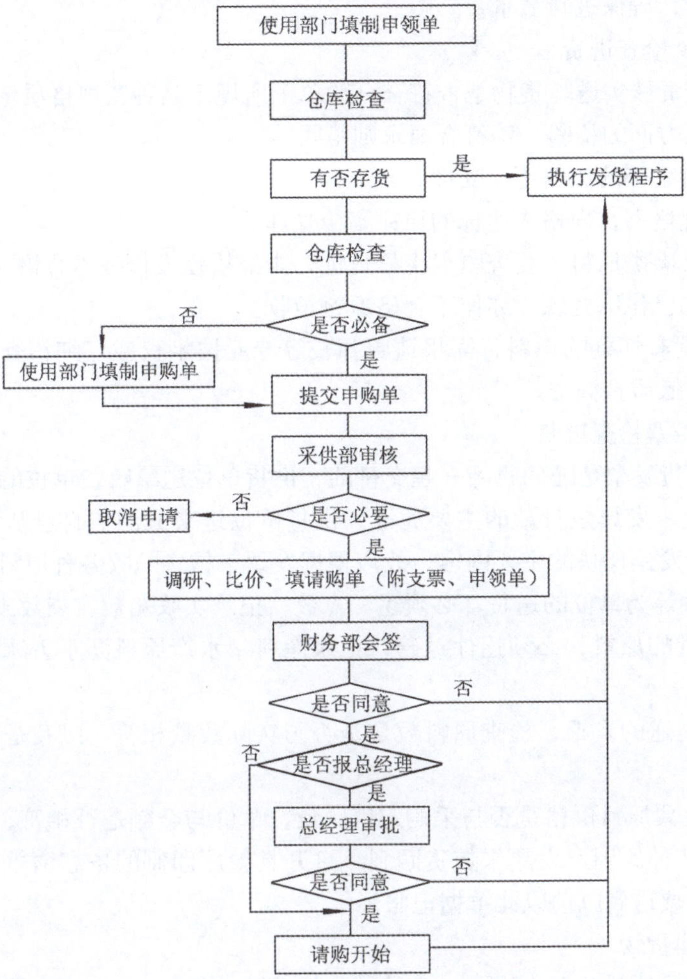

图 7-3　食品原料请购审批流程

(4) 实行科学的库存物品管理

餐饮原料的储存管理与原料的采购、验收一样，对餐饮产品的质量和成本控制也有着举足轻重的影响。有很多经营者往往忽视这一方面的管理，餐厅存在着严重的物品过量储备现象。因此，加强对餐厅库存物品的管理工作是十分重要的。在具体的实施过程中，可结合物品采购的市场活动与单位自身的生产和销售的实际需要，在配备少量应急储备的基础上，对某些储备物品（海鲜、鲜活食品原料、本地产的啤酒、饮料、香烟等）不经过备品库储存，采取实际需要多少，就订购多少，什么时候需要，就什么时候购买的方式解决，以加速库存物品流转速度，减少实际成本开支，加强库存经济核算，进行有效的库存物品管理。

成本控制应是全员的、全过程的、全方位的。不像过去人们认为的，控制成本只是财务部门的事。要从采购→验收→储存→生产→销售→核算的各个环节加强成本控制，只有从各个方面控制，才能使成本降到最低限额。

3. 食品原料验收控制的基本程序

明确验收方法和程序，可以保证验收工作循序渐进、验收项目全面而又节省时间，还可以减少验收的随意性，确保进货质量。

1）根据订购单检查进货

验收人员要负责核实送验货物是否符合订购单上所规定品种及规格质量要求，符合要求的原料及时进行其他方面的检验，不符合要求则拒收。

① 未办理订货手续的原料不予受理。

② 对照原料规格书，规格未达标的原料不予受理。

③ 对畜、禽、肉类原料，要查验卫生检疫证，未经检疫或检疫不合格原料拒绝受理。

④ 冰冻原料如已化冻变软，亦作不合格原料拒收。

⑤ 对各类质量有怀疑的原料，需报请厨师长等专业技术权威仔细检查，确保收进原料符合原料规格书的最低质量标准。

2）根据送货发票检查进货

供货单位的送货发票是随同物品一起交付的，供货单位送给收货单位的结账单是根据发票内容开具的，因此，发票是付款的主要凭证。供货单位送来或酒店自己从市场采购回来的原料的数量、价格是发票反映的主要内容，故应根据发票来核实验收各种原料的数量和价格。

① 凡是以个数等为单位的送货，必须逐一点数，记录实收箱数、袋数或个数。

② 以重量计量的原料，必须逐件过磅，记录净料；水产原料沥水去冰后称量计数，对注水掺假原料拒收。

③ 对照随货交送的发票，检查原料数量是否与实际数量相符，以及是否与采购订单原料数量相符。

④ 检查送货发票原料价格是否与采购定价一致，单价与金额是否相符。

⑤ 如果由于某种原因，发票未随货同到，可开具餐厅印制的备忘清单，注明收到原料的数量等，在正式发票送到以前以此单据记账。

3）验收并受理货物

餐饮企业采购的原料分两大类：一类是“直接采购原料”，这类原料是易坏、不易储存的原料，必须每日采购、立即使用，验收时直接计入餐饮成本，如蔬菜、鲜肉、水果等。另一类是“库房采购原料”，原料可以储存一段时间，不必立即使用，先进入库房后，厨房按照需要领取，将原料的价值再计入成本，如调料、罐头、冷冻品等。

（1）验收数量控制

验收人员对进货数量进行控制时，要检查发送原料的实物数量与订购单和账单上的数量是否一致。带外包装及商标的货物，在包装上已注明重量的要仔细点数，必要时要抽样称重，核实包装上的重量是否正确。对于以箱或盒包装的货物要开箱检查，检查箱子是否装满。无包装的货物要过秤。订购单上有采购货品的品名和数量，要检查发送货物的品种和数量是否与订购单上的一致。供应商送来的账单也有货物的名称和数量，要检查账单上列出的品名是否都收到，数量是否正确，重量是否充足。

（2）验收质量控制

验收人员要检查原料的质量与规格是否与标准采购的规格相符，对于玻璃瓶身金属盖的瓶装食品，要检查盖子是否已凸起变形；金属罐装食品的罐是否已变形，并要核查是否已过保质期；检查蔬菜、水果有否腐烂；检查肉类是否符合规定的部位并留意是否掺水；

饮料要注意商标牌与订购单和账单是否相符。对于质量合格的原料，应根据实际情况与事先商定好的价格开具发票，作为付款凭证保存好。如果暂时不开发票，应做好原料备忘单的登记，双方人员签字确认，以此作为今后结账的凭据。

(3) 对不合格原料予以退回

对质量不符合规格要求或分量不足的原料，填写原料退回通知单（见表7-7)，注明拒收理由，并请送货人签字，将通知单（副本备存）随同不合格原料一同退回。

表 7-7　退货通知单

（副本备存）	编号：________
发自： ________ ________ ________	交至： （供应单位）________ ________ ________
发票号码：________	开具发票日期：________
理由：________	总计：________
________ 送货员	________ 负责人签字

(4) 受理原料

前几个程序完成后，验收人员应在送货发票上签字并接收原料。有些酒店为了方便控制，要求在送货发票或发货单上盖收货章。收货章（见表7-8）包括收货日期、单价、金额、验收员等，验收员正确填写上述项目并签字。检验认可后的原料，就应由进货单位负责，而不再由采购人员或供货单位负责。

表 7-8　××酒店收货章

	日期________
单价：________	金额：________
经手人：________	验收员：________

4) 入库储存

验收后的原料应该及时送入库房，根据不同的储存条件分别储存。有些鲜活易腐的原料，应及时通知厨房领回加工。冰冻原料应及时放入相应冷库，防止化冻变质。入库原料在包装上应注明进货日期及进料价格或使用标签，以便存货盘点和了解库存周转情况。原料入库应有专人搬运，由供应单位的送货员把原料送入仓库的做法是不可取的。

5) 填写相关报表

验收人员填写进货日报表，以免发生重复付款的差错，并可用作进货的控制依据。所有发票和有关单据连同进货日报表及时送交财务部门，以便登记结算。

验收日报表记载餐饮企业每日所购进的餐饮原料，上面记载了原料的品名、规格、单价、金额，并且注明原料的用途去向等。表7-9为食品原料的验收日报表。

表 7-9　食品原料验收日报表

原料品名	供应商	发票号	数量	单价	金额	直接采购原料		库房采购原料	
						数量	金额	数量	金额
合计									

相关知识

1. 原料采购的组织表现形式

1）酒店采购部负责所有餐饮原料的采购

酒店采购部在酒店中属于二级部门，通常由酒店财务部领导。这种组织形态在国内多见于独资、合资及规模较大的酒店企业。由于采购业务归采购部统管，采购时相对来说就比较规范，制度比较严密，采购成本、采购资金控制也较为严密。但在这种采购体制之下，采购的周期较长，及时性较差。因此，餐饮部有关管理人员必须对食品原料的质量进行规范，对采购运作时间应予以明确规定，以保证供需的协调一致。

2）餐饮部负责所有餐饮原料的采购

这种采购组织形态多见于那些餐饮业务范围较大、餐饮营业收入较多、餐饮部地位较重要的中资酒店。由于食品等采购由餐饮部自己管理，所以采购的及时性、灵活性和食品原料本身质量的可靠性等就能得到保证。但在这样的采购机制下，采购的数量控制、资金及成本就难以掌握。因此，餐饮部的主管领导就应订立相应的规章制度，严把质量和数量关，使采购环节的成本费用降至最低。

3）酒店餐饮部负责鲜活物品的采购，酒店采购部负责可储存物品的采购

这种采购组织机制比较灵活，其弊端是多头采购，给管理、协调带来了不少麻烦。

食品原料的采购究竟采用哪种形式为好，应该根据酒店的自身情况及酒店所在地原料市场的供应情况来决定。

2. 食品原料采购方式

及时筹措、适量供给各类合格原料，是进行正常厨房生产、提供优质餐饮服务所必需的前提条件。原料采购就是要以合理的价格、在适当的时间、从安全可靠的渠道、按规格标准和预订数量采购到厨房所需的各种食品原料，保证烹饪生产的正常进行。

原料采购方式多种多样，原料供货市场纷繁复杂，究竟确定何种采购方式并没有固定的模式。选择何种采购方式适宜，关键在于厨房规模和当地原料市场的情况。餐饮经营要掌握一条非常重要的原则，就是降低购进原材料的成本。要达到降低经营成本的目的，必须采取灵活多样的采供方式：

1）竞争价格采购

竞争价格采购适用于采购次数频繁，往往需要每天进货的食品原料。酒店厨房绝大部分鲜

活原料的采购业务多属于此种性质。采购单位把所需采购的罐装、袋装干货原料和鲜活原料名称及其规格标准，通过电话联系或函告，或通过直接接触（采购人员去供货单位或对方来酒店）等方式告知各有关供货单位，并取得所需原料的报价。一般每种原料至少应取得三个供货单位的报价，酒店财务、采购等部门再根据市场调查的价格，选择确定其中原料质量最合适、价格最优惠的供货单位，让其按既定价格、原料规格及每次订货的数量负责供货。待一个周期（区别原料性质和市场行情，一星期到 15 天不等）后，再进行询价、报价，确定供货单位。这样做的好处是，在比较优惠的前提下，可以使供货单位及原料规格、价格相对稳定，减少麻烦。不利之处则是有时受固定单位约束或牵制，缺少灵活性。

2）无选择采购

酒店有时候会遇到这样的情况：厨房需要采购的某种原料在市场上奇缺，或者仅一家单位供货。如遇到特别高规格的宴会或重要活动时，需要紧急采购的原料就是如此。在这种情况下，酒店往往采用无选择采购的方法，即连同订货单开出空白支票，由供货单位填写。使用此法，往往使酒店对该原料的成本失去控制。因此，只有在不得已的情况下才使用，而通常在决定订货之前总要进行一番讨价还价。

3）成本加价采购

当某种原料的价格涨落变化较大或很难确定合适的价格时，人们往往会使用成本加价法。此处的成本指批发商、零售商等供应单位的原料成本。在某些情况下，供货单位和采购单位双方都把握不住市场价格的动向，于是便采用此法成交。即在供货单位购入原料所花的成本上加一个百分比，作为供货单位的盈利部分。如刚上市的刀鱼、螃蟹，价格起伏较大，即可在供货商收购价的基础上，加价 10%左右，作为酒店的买入价。对供货单位来说，这种方法减少了因价格骤然下降可能带来的亏损；对采购单位来说，加价的百分比一般比较小，因而也比较有利。采用此法主要困难是很难确切掌握供货单位的真实成本。因此，酒店使用成本加价采购的次数不可过多。

4）归类采购

归类采购，即将属于同一类的食品原料、调味品等，向同一个供货单位购买。例如：酒店向一家奶制品公司采购所需要的奶制品原料，向一家食品公司采购所需要的罐头食品，向同一个调味品商店购买所有的调味品原料等。这样，每次只需向供货单位开出一张订单，接收一次送货，处理一张发票，节省了人力和时间。缺点是可能采购的部分原料质量不是同类中最好的。

5）集中采购

大型酒店或集团公司往往建立地区性的采购办公室，为本公司在该地区的各酒店企业采购各种食品原料。具体办法是各酒店将各自所需的原料及数量定期上报采购办公室，办公室汇总以后进行集中采购。订货以后可根据具体情况由供货单位分别运送到各个酒店，也可由采购办公室统一验收，再行分送。此法的优点在于大批量购买，往往可以享受优惠价格，便于与更多的供应单位联系，因此有更多的挑选余地，有利于某些原料的大量储存，能保证各酒店的原料供应。同时，集中采购能减少各酒店企业采购者营私舞弊的机会。但集中采购也有其不足之处，如各酒店厨房或多或少得被迫接受采购办公室采购的原料，不利于厨房按自己的特殊需要进行采购。由于集中采购，酒店不得不放弃当地可能出现的廉价原料，而且集中采购有使各酒店菜单趋向雷同之虞，各酒店自行修改菜单的能力也受到限制，不利于酒店标新立异，不利于创造自己独特的风格。

6）本地采购与外地代购相结合

餐饮经营中，大量的原材料都在本地就近购买。但由于市场经济的作用，各地产品的价格都不相同。尤其是海鲜、干货、调料、酒水等，由于进货的途径不同，各地的价格差异较大。这就需要深入市场调查研究，摸清本地和外地的价格行情，有计划地去外地购买同等质量不同价格的食品，存放冷库备用。

7）采购的时间与采购的地点相结合

研究采购的时间和地点就等于研究采购的价格。任何事情都有它的规律可循，就市场行情来看，一般早上一手批发的鸡、鱼、肉、蛋、蔬菜等价格较便宜，上午价格最高，下午价格比上午又稍低一些。因此，在早上采购时机最好。一个地区销售市场较多，销售价格也不相同，采购中就要随时了解和掌握不同市场的价格行情。只要研究和把握好采购的时间和地点，使其有机结合起来，就可一定程度上降低餐饮经营成本。

8）货比三家与讨价还价相结合

在采购中，同等产品要多询问几家，进行质量和价格比较。并且要掌握销售者报价有虚头的心理，展开讨价还价，把价格降到双方基本都能接受为止。这将对降低餐饮经营成本起到举足轻重的作用。

9）固定采购与分散采购相结合

为了确保食品的质量和采购的稳定性，可在市场固定采购点，但要灵活，不可绝对化。如固定点的质量、价格不如其他市场的，那么就不去固定点采购，与分散市场采购结合起来，这样才能严把采购的质量和价格关。

以上几种采购方式，各酒店应根据自己的档次、规模、隶属形式、业务特点、市场条件等因素选择或综合使用。

3. 原料采购控制方法

1）素质控制法

餐饮原料的采购量大，不可控制的因素较多。如果人员选拔不当，以次充好，虚报价格的现象势必威胁到企业的生存。在挑选采购人员时应该严格掌握“道德素养、政法观念、商品知识、谈判能力和计算能力”五项标准。在这五项标准中，道德素养又是位于首要的，因为其他能力可以培养，唯有道德素养是难以改变的。

2）流程控制法

餐饮原料的采购控制的业务流程一般是按照“规划→渠道→审批→采购→验收→储存→出库→使用→反馈”几个环节在循环。只要在每一个环节上配备适当的人员并严格把关，就可以有效地控制采购漏洞。

3）制度控制法

单纯的采购制度的建立不足以起到控制作用，还必须配合成本管理制度、质量管理制度，才能起到相互制约的作用。成本管理制度重点在于控制原料采购的数量和价格，而质量管理重点是控制原料的质量和供应渠道。

4）计划控制法

计划的制订是依据餐厅的日常消耗、历史数据及餐厅发展制订出来的。它要求餐厅做好日常消耗的台账以及仓库的出料统计等基础工作。计划分为日计划、周计划、月计划、季计划和年计划，计划的制订可以防止盲目采购，造成原料的积压、变质腐败和资金占用。

5）奖励控制法

对采购员在采购质量和采购价格方面有突出贡献者给予适当奖励，是一种正向激励的积极措施。它把采购员暗中回扣变成合法奖励，对进一步调动采购员责任感和荣誉感可以起到很好的效果，毕竟搞小动作是不光彩的事情，而且有暴露的风险。奖励的方式可以是多种多样的，如现金、福利和表彰等，这样可以培养采购员对企业的忠诚，树立良好的企业风气。

6）文化控制法

建立健康向上的企业文化是培养一支能打硬仗的优秀团队的法宝。优秀的企业文化可以陶冶员工的情操。在一个团结向上、正气上行的团队里，任何品性低劣的人和行为都是无法立足的。

在这些方法中，文化控制法和制度控制法是其中的重中之重，也是企业的精华所在。

4. 食品原料感官鉴别的方法

所谓感官鉴定就是凭借人体自身的感觉器官，对食品的质量状况做出客观的评价，也就是通过用眼睛看、鼻子嗅、耳朵听、口品尝和用手触摸等方式，对食品的色、香、味、形进行综合性的鉴别和评价。感官鉴定是一种通用的原料鉴别方法，不论是专业的食品检测人员、烹调师，还是原料采购人员，都可以通过视觉、嗅觉、听觉、味觉和触觉对烹饪原料的色泽、品种、部位、气味、成熟度、完整度等方面进行检验鉴别，特别是专业食品检测人员的鉴定结果还具有法律效力。

感官鉴定法直观、简便，不需要借助特殊仪器设备、专用的检验场所和专业人员，甚至能够察觉理化检验方法所无法鉴别的某些细微变化，是烹饪行业常用的原料品质鉴定方法，对肉类、水产品、蛋类等动物性原料更有明显的决定性意义。不同的感官鉴别的内容和方法不一样，如表 7-10 所示。

表 7-10　食物原料感官鉴定表

鉴定方法	鉴 别 内 容	判断原料的品质	鉴 定 实 例
视觉检验	原料的形态、色泽、清洁程度等	判断原料的新鲜程度、成熟度及是否有不良改变	新鲜的蔬菜茎叶挺直、脆嫩、饱满、表皮光滑、形状整齐；不新鲜的蔬菜干缩萎蔫、脱水变老
嗅觉检验	鉴别原料的气味	判断原料的腐败变质	核桃仁变质后产生哈喇味，西瓜变质带有馊味
味觉检验	检验原料的滋味	判断原料品质的好坏，尤其是对调味品和水果等	新鲜柑橘柔嫩多汁，滋味酸甜可口，受冻变质的柑橘绵软浮水，口味苦涩
听觉检验	鉴别原料的振动声音	判断原料内部结构的改变及品质	根据手摇鸡蛋的声音，确定蛋的品质好坏，检验西瓜的成熟度
触觉检验	检验原料的重量、弹性、硬度等	判断原料的质量	根据鱼体肌肉的硬度和弹性，可以判断鱼是否新鲜

以上五种感官检验方法中，以视觉检验和触觉检验应用较多，而且这五种方法也不是孤立的，根据需要可同时并用，这样检验出的结果将更准确可靠。但感官鉴定的局限性在于它不能完全反映原料内部的本质变化，而且各人的感觉和经验有一定的差别，感官的敏锐程度也有差异，因此鉴定的结果往往不如理化检验精确可靠。所以对于用感官鉴定难以做出结论的原料，应借助于理化鉴定。

下面以畜类、禽类、水产类、蔬果类、调辅料五类原料为例，每类举一例说明原料的感官鉴别方法。

1）畜肉类

新鲜肉（猪肉、牛肉、羊肉等）的感官鉴别主要从外观、气味、弹性、脂肪等方面对肉进行综合性的感官评价和鉴别，下面以鲜猪肉为例来说明，如表 7-11 所示。

表 7-11　猪肉感官鉴定

鉴别内容	新鲜度	感　官　性　状
外观	新鲜猪肉	表面有一层微干或微湿润的外膜，呈淡红色，有光泽，切断面稍湿、不粘手，肉汁透明
	次鲜猪肉	表面有一层风干或潮湿的外膜，呈暗灰色，无光泽，切断面的色泽比新鲜的肉暗，有黏性，肉汁混浊
	变质猪肉	表面外膜极度干燥或粘手，呈灰色或淡绿色、发黏并有霉变现象，切断面也呈暗灰或淡绿色，很黏，肉汁严重混浊
气味	新鲜猪肉	具有鲜猪肉正常的气味
	次鲜猪肉	在肉的表层能嗅到轻微的氨味、酸味或酸霉味，但在肉的深层却没有这些气味
	变质猪肉	腐败变质的肉，不论在肉的表层还是深层均有腐臭气味
弹性	新鲜猪肉	新鲜猪肉质地紧密且富有弹性，用手指按压凹陷后会立即复原
	次鲜猪肉	肉质比新鲜肉柔软、弹性小，用指头按压凹陷后不能完全复原
	变质猪肉	组织失去原有的弹性，用指头按压后凹陷，不但不能复原，有时手指还可以把肉刺穿
脂肪	新鲜猪肉	脂肪呈白色，具有光泽，有时呈肌肉红色，柔软而富有弹性
	次鲜猪肉	脂肪呈灰色，无光泽，容易粘手，有时略带油脂酸败味和哈喇味
	变质猪肉	脂肪表面污秽、有黏液，常霉变呈淡绿色，脂肪组织很软，具有油脂酸败气味
煮沸后的肉汤	新鲜猪肉	肉汤透明、芳香，汤表面聚集大量油滴，油脂的气味和滋味鲜美
	次鲜猪肉	肉汤混浊，汤表面浮油滴较少，没有鲜香的滋味，常略有轻微的油脂酸败和霉变气味及味道
	变质猪肉	肉汤极混浊，汤内漂浮絮状的烂肉片，汤表面几乎无油滴，具有浓厚的油脂酸败或显著的腐败臭味

2）禽肉类

鲜禽肉主要从眼球、色泽、气味、黏度、弹性和煮沸后的肉汤五个方面来鉴别，与新鲜畜肉的鉴别大致类似。表 7-12 示出了健禽肉与死禽肉的区别。

表 7-12　禽肉感官鉴定表

鉴别内容	类　别	感　官　性　状
放血切口	健禽肉	切口不整齐，放血良好，切口周围组织有被血液浸润现象，呈鲜红色
	死禽肉	切口平整，放血不良，切口周围组织无被血液浸润现象，呈暗红色
皮肤	健禽肉	表皮色泽微红，具有光泽，皮肤微干而紧缩
	死禽肉	表皮呈暗红色或微青紫色，有死斑，无光泽
脂肪	健禽肉	脂肪呈白色或淡黄色
	死禽肉	脂肪呈暗红色，血管中淤存有暗紫红色血液
胸肌腿肌	健禽肉	切面光洁，肌肉呈淡红色，有光泽、弹性好
	死禽肉	切面呈暗红或暗灰色，光泽较差或无光泽，手按在肌肉上会有少量暗红色血液渗出

3）水产类

感官鉴别水产品及其制品的质量优劣时，主要是通过体表形态、鲜活程度、色泽、气味、肉质的弹性和洁净程度等感官指标来进行综合评价。如在进行鱼的感官鉴别时，先观察其眼睛和鳃，然后检查其全身和鳞片，同时用一块洁净的吸水纸浸吸鳞片上的黏液来观察和嗅闻，鉴别黏液的质量。必要时用竹签刺入鱼肉中，拔出后立即嗅其气味，或者切割小块鱼肉，煮沸后测定鱼汤的气味与滋味。下面以海参为例来说明，如表 7-13 所示。

表 7-13 海参感官鉴定表

海参类别	感官性状
良质海参	参体大，个头整齐均匀，干度足（水分在 22%以下），水发量大；形体完整，肉肥厚。刺齐全无缺损；开口端正，膛内无余肠和泥沙；有新鲜光泽
次质海参	个头均匀整齐，干度足（水分在 22%以下）；参肉稍薄，个别的有化皮现象，肉刺稍有损伤；膛内余肠、泥沙均存留较少
劣质海参	个头不整齐，参肉瘦，有化皮现象

4）蔬果类

果品的感官质量鉴别方法主要是目测、鼻嗅和口尝。

目测包括果品的成熟度和是否具有该品种应有的色泽及形态特征；果形是否端正，个头大小是否基本一致；果品表面是否清洁新鲜，有无病虫害和机械损伤等。

鼻嗅则是辨别果品是否带有本品种所特有的芳香味。有时候果品的变质可以通过其气味的不良改变直接鉴别出来，像坚果的哈喇味和西瓜的馊味等，都是很好的特征。

口尝不但能感知果品的滋味是否正常，还能感觉到果肉的质地是否良好，它也是很重要的一个感官指标。

蔬菜品种繁多而形态各异，很难确切地用感官鉴别其质量。一般可从蔬菜的色泽、气味、滋味、形态等方面来鉴别，尤其是蔫萎、枯塌、损伤、病变、虫害侵蚀等引起的形态异常是鉴别蔬菜品质优劣的依据之一。木耳的鉴别如表 7-14 所示。

表 7-14 木耳感官鉴定表

鉴别内容	类别	感官性状
外观色泽	正常木耳	褐色或黑色，平滑，外面呈淡褐色，而且有柔软短毛，组织纹理清晰，干品呈松散状
	掺假木耳	内外颜色均灰暗，质地酥，易潮解，组织纹理不清晰，干品结团
手感	正常木耳	用手抓木耳放于掌心掂量，感到木耳体轻柔和
	掺假木耳	用手抓木耳放于掌心掂量，感到扎手且发沉；同一重量，掺假的比未掺假的数量明显量少
口味	正常木耳	用手指捏木耳少许，用舌轻舔，没有异味
	掺假木耳	舌舔有异味则说明掺了假，掺盐的发咸，掺糖的发甜，掺矾的发涩，掺卤的发苦，挂锅底灰的有烟油味，掺沙的则有硌牙感
泡发	正常木耳	浸泡后胀发性很强，色泽较淡，肉质肥厚，弹性强，表面有润湿的黏液，品尝有独特的香味
	掺假木耳	胀发性很弱，肉质软而无力，弹性差（甚至无弹性），并可能有糟烂现象

5）调辅料

调味品的感官鉴别指标主要包括色泽、气味、滋味和外观形态等，其中气味和滋味鉴别尤为重要。某种调味品在品质上稍有变化，就可以通过其气味和滋味微妙地表现出来，故在实施感官鉴别时，应该特别注意这两项指标的应用。如掺假酱油的品质鉴别。酱油中常见的掺假物有水、盐水及酱色。

5. 注意事项

1）食品原料采购应注意的问题

原料采购包括原料的订货和购买两个过程。订货是精确地确定满足厨房加工生产需求而又不至于浪费的原料品种及数量。根据厨房规模和实际生产需求，指定订货负责人，可以由总厨师长或加工厨房主管来负责这项工作。购货是根据对原料质量、价格和经营业务的综合考虑，决定向谁购买，同哪些供应单位打交道。

① 厨房所需要的干货原料、罐头制品等，通过食品领料单向仓库领取，仓库按照申领手续发放。

② 厨房和仓库分别通过采购申请单向采购部门提出订货要求。厨房的订货品种是除仓储品种以外的原料，通常都为鲜活食品原料。而仓储订购的是各类库存品种，当库存量低于规定的数额时，就要提出申购，补足必要的存货量。

③ 当采购部门接受订货申请后，通过制订正式的订购单或订购记录等手续向供货单位订货，同时给验收部门一份订购单，以备收货时核对。

④ 订货后，供货单位或个体经营者如提供送货服务，则由验收部门验收合格后送入库房。如供应单位不提供送货服务，则由采购部门采运回来交验收部门验收入库。当验收人员收到厨房订购的鲜活原料时，应立即通知厨房，通过申领手续及时领取。

2）食品原料验收控制注意事项

验收工作虽然是由验收员来完成的，但作为酒店或餐厅的经理、厨师长或仓储部主管等也应抽出时间到验收处走一走，一方面表示他们对验收工作的重视，另一方面也使验收员知道他自己的工作随时都会受到有关人员的检查。为防止验收工作出现问题，酒店应做到：

① 指定专人负责验收工作，不能谁有空，谁负责。

② 验收工作和采购工作必须分开，由不同的人担任。

③ 对于兼做其他工作的验收员，验收时间应与其他工作时间分开。

④ 验收要在指定的验收场所进行。

⑤ 货物一经验收，应立即入库，不可在验收处停留太久，防止偷窃。

⑥ 尽量减少验收处进出人员，以保证验收工作的顺利进行。

知识拓展

肉类标签的作用与使用程序

肉类标签只用于肉类、鱼类、禽类等食品原料，因为这些食品原料在采购总成本中占有很大的比重，对这些原料的成本严格控制十分重要。验收后的食品原料在入库前由验收员给每一个包装挂帖肉类标签，这只是对于那些要入库的原料而言的，如果验收后直接发往厨房则没有必要使用此标签。肉类标签一般由较硬、较厚的纸或薄纸板做成，以免磨损或皱折。标签分左右两部分，以打孔线分开。标签的形式与内容如图 7-4 所示。

标签编号＿＿＿＿＿	标签编号＿＿＿＿＿
验收日期＿＿＿＿＿	验收日期＿＿＿＿＿
重量＿＿＿单位＿＿＿＿	重量＿＿＿单位＿＿＿＿
金额＿＿＿＿＿＿＿	金额＿＿＿＿＿＿＿
供应单位＿＿＿＿＿＿	供应单位＿＿＿＿＿＿
发料日期＿＿＿＿＿＿	发料日期＿＿＿＿＿＿

图 7-4　肉类标签

1. 使用肉类标签的作用

① 要填写肉类标签，验收员就必须对肉、鱼、禽等原料称重，把好验收关。

② 发料时可将标签上的数额直接填到领料单上，而没有必要再称，既节省发料时间，又便于计算成本。

③ 标签编号是按顺序排列的，这样就有助于了解储存情况，防止偷窃现象的发生。

④ 有利于迅速清点库存，只要将库存原料标签上的重量、价格等转抄到盘点清单上即可。

⑤ 标签的日期表明哪些原料是先进的，哪些是后进的，便于做好先进先出等安排。

⑥ 两联核对，便于发现问题。

2. 使用肉类标签的程序

① 验收员应为每一个包装的肉、鱼、禽填写标签，但发料日期一栏不填。

② 将标签的左半张系在或贴在食品原料包装上。

③ 标签的右半张撕下，送食品成本控制员保管。

④ 储藏室发货时，取下标签（左联），填写发料日期，再交给成本控制员，以记录当天的生产成本。

⑤ 成本控制员将刚收到标签左联与原有的标签右联核对，差额应为存货，所以这是盘点的依据。如果存货短缺，应分析是否有偷窃问题，或是记错了金额。

技能训练

为实习餐厅采购原料

实　训　内　容	
训练目的：训练采购原材料的能力 **训练要求**：学生以小组形式，为实习餐厅采购几种食品原材料 **训练程序**： ① 每组同学分别与实习餐厅管理员联系，根据餐厅安排，列出需要采购的食品原材料清单 ② 明确原材料采购质量标准（参见采购规格书内容） ③ 采购原材料。根据采购质量标准，结合市场供应情况，各组分别将本组需要采购的原材料购回 ④ 各组同学分别对采购原料的过程及心得进行汇报和交流	
训练提示	采购规格标准是根据餐饮部门的特殊需要，以书面形式对餐饮部要采购的食品原材料的质量、规格等做出详细具体的规定。采购规格标准制定后，应分送采购员、供应商、验收员和餐厅经理办公室。使用采购规格标准对确定原料质量标准、避免采购与供应之间产生矛盾、提高工作效率都有很大的作用
思考	你认为采购原料的方法有哪些？如何更好地提高采购质量？＿＿＿＿＿＿＿＿＿＿＿＿＿＿＿＿＿＿

思考与练习

1. 餐饮原料的采购方法有哪些？各有什么要求？

2. 餐饮原料的质量直接影响餐饮产品的质量，其价格高低将直接影响餐饮企业的经济效益，你认为该如何从采购、验收方面来控制原料的质量和价格？

3. 了解你所实习的餐厅的原材料采购情况，分析一下在采购控制方面存在哪些问题。

4. 原料采购价格的控制方法有哪些？

5. 验收员在哪些情况下可以拒收？

6. 食品原材料采购有哪几种方式？简述采购程序。

7. 如何确定采购产品的质量和数量？

8. 了解你所实习的餐厅的原材料采购情况，分析一下在验收控制方面存在哪些问题，并提出建议。

9. 案例分析：

把好采购验收关

苏州某宾馆本着从内部挖潜力、降低成本、节约资金的原则，争取让竞争因素化解在成本的控制中，让顾客成为最终的得益者。他们成立了成本控制中心，对物品采购行使市场调研、督察和管理职能。还专门设立了市场调研组，聘请工作经验丰富、责任心强的员工负责调研摸价，及时制定出每周指导价。需购货部门要先填写《部门申请购物单》，采供部一律凭该购物单采购。采购部要本着“以店为家”的精神，货比三家。所有采购物品均由仓库当场验收数量，由使用部门当场验收质量。厨房所用原材料，由厨师长亲自验收。对于整箱货物，要开箱逐件验；对于水发原料，要滤水后验；对不合格的物品，使用部门有权拒收，并追究当事人的责任。财务部门设专人负责成本核算，并复核各项手续是否齐全。按照这套工作程序的要求，有关人员的工作量明显增加，责任更重。但事实证明，通过这种运作方法，经营成本比去年同期明显下降，使大家对把好采购验收关有了新的认识和信心。

思考：如何才能做好食品原料验收工作？

任务二　食品原料的储存与发放

食品原料的储存是收货与生产之间的重要环节，储存原料的质量好坏直接影响生产产品的质量优劣。如果库存管理不严，就会使企业的成本和经营费用增加，客人却得不到高质量的服务。加强储存管理，要求企业改善储存设施和条件，合理安排库存物资，加强仓库的清洁卫生与安全工作。

加强原料发放管理，一是为了保证厨房用料得以及时、充分供应；二是控制厨房用料的数量；三是正确记录厨房用料的成本。在控制原料出库时应做到以下几点：一是所有原料出库均要凭有主管签字的领料单办理；二是每次出库都要认真填写出库单；三是出库单据要及时送财务部核算；四是原料转发一定要办理相关手续。

任务导入

麦当劳餐厅每天所需大量的半成品由供应商提供，而这些产品又必须保持新鲜、保持一定的温度，他们是怎样做到的呢？这就需要物流中心发挥其特有的作用了。麦当劳的物流中心为其各个餐厅完成订货、储存、运输及分发等一系列工作。这里有常温的干库，用于存放不必冷藏冷冻的货物；冷藏库里有生菜、鸡蛋等需要冷藏的食品；冷冻库里则储存着薯条、肉饼等冷冻食品。这些产品在运输中也同样被放在不同功能的冷藏或冷冻车里，可以保持产品的新鲜度。

思考

如何才能做好食品原料的储存工作？

任务描述

在任何餐饮企业里，食品原料的储存管理和发放控制，以及对储存原料所代表的价值的核算与控制，与食品原料的采购、验收一样，对餐饮产品的质量和企业食品成本控制有着举足轻重的影响。许多餐饮企业由于对餐饮原料的储存管理混乱，引起食品原料变质腐败，或遭偷盗、丢失，或被私自挪用。库存管理不严，不仅使企业的餐饮成本和经营费用提高，而且客人也得不到高质量的餐食。餐饮原料储存管理是为了使生产和销售活动能均衡地、不间断地正常进行。储存管理得当，能有效地控制食品损失，有助于降低成本；储存管理混乱，会增加销售成本和经营费用，减少企业的盈利。为使餐饮工作实现低成本、高效益，就必须拟定合理的库存量，对储存原料的质量、储存安全事项以及发料环节进行有效的控制管理。

任务分析

为保证餐饮经营活动持续、稳定地进行，餐饮原材料有适量储存的必要。库存通常是验收后的下一道工序，要求通过科学的管理手段和措施保证餐饮成本得到有效的控制。而科学的食品原料发放管理与控制可以保证厨房和酒吧能及时得到足够的原料，控制厨房和酒吧的用料数量，并能正确地统计食品饮料的成本和食品饮料原料的库存额。原料的发放工作不仅仅是把货从库中提出供生产使用，而且也是对发出用于生产的食品原料进行控制的过程。

任务实现

1. 食品原料的储存

食品原料的储存一般可分为两大类，即干藏和冷藏。只需室温即常温条件下便可保存的原料用干货库储藏；需要低温甚至在冷冻条件下才可保存的原料，则采用冷藏库或冷冻库贮藏。食品原料应该根据不同的性质和储存的时间要求，存入不同温度的环境中。储存库房一般分为干货库、冷藏库、冷冻库、酒水饮料库 4 种类型。

1）干货库

通常干货、罐头、米面、调料等食品原料都采用干货库贮藏。干货原料的最佳温度在15℃～21℃，对于大部分原料来说，若能保持在10℃，其保藏质量效果更好。干货库的相对湿度应保持在50%～60%之间，谷物类原料则可低些，以防霉变。通风的好坏对干货库温、湿度有很大影响，按照标准，干货库的空气每小时应交换4次。仓库内照明，一般以每平方米2～3瓦为宜；如有玻璃门窗，应尽量使用毛玻璃，以防止阳光的直接照射而降低原料质量。

干货库管理的具体做法：

① 干货库应安装性能良好的温度计和湿度计，并定时检查其温、湿度，防止库内温度和湿度超过许可范围。

② 原料应整理分类，依次存放，如图7-5所示，保证每一种原料都有其固定位置，便于管理和使用，如图7-6所示。

图7-5　原料分类存放

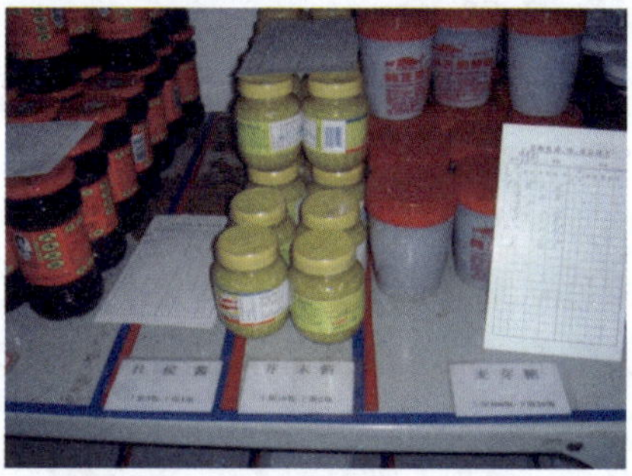

图7-6　原料放在固定位置

③ 原料应存放在货架上，如图7-7所示，保证原料至少离地面25厘米，离开墙壁10厘米，以便于空气流通和清扫，并随时保持货架和地面的卫生，防止污染。

图7-7　原料存放在货架上

④ 原料存放应远离自来水管道、热水管道和蒸汽管道，以防受潮和淋湿霉变。

⑤ 入库原料需注明进货日期，以利于按照“先进先出”的原则进行发放，定期检查原料保质期，保证原料质量。

⑥ 干货库应定期进行清扫、消毒，防止和杜绝虫害、鼠害。

⑦ 塑料桶或罐装原料应带盖密封，箱装原料应放在带轮垫板上，以利挪动和搬运。玻璃器皿盛装的原料应避免阳光直接照射。

⑧ 所有有毒及易污染的物品，包括杀虫剂、去污剂、肥皂以及清扫用具，不要放在食品原料干货库内。

⑨ 控制有权进入仓库的人员数量，外单位及员工私人物品一律不得存放在干货库内。

2）冷藏库

冷藏保管是利用低温抑制细菌的繁殖来延长食品的保质期，保证原料的保存质量。餐饮业常用冰箱与冷藏室对食品进行储存。一般理想的储存温度控制在 4℃以下，不同的食品原料有不同的储存条件（见表 7-15）。将冷藏库设计在冷冻库的隔壁，可以节省能源。由于冷藏的温度限制，其保持原料质量的时间不可能像冷冻那样长，抑制微生物的生长只能在一定的时间内有效，所以要特别注意贮藏时间的控制。冷藏的原料既可是蔬菜等农副产品，也可以是肉、禽、鱼、虾、蛋、奶以及已经加工的成品或半成品，如各种甜点、汤料等。库房工作人员要注意控制冷藏的温度与湿度，如果设备出现问题一定要及时维修。

表 7-15　不同食品原料的储存条件

食　品　原　料	温　　度	相　对　湿　度
鲜肉类	0℃ ~2℃	75%~85%
鲜鱼、水产品	-1℃ ~1℃	75%~85%
新鲜果蔬	2℃ ~7℃	85%~95%
蛋、奶及其制品	3℃ ~8℃	75%~85%
一般冷藏品	1℃ ~4℃	75%~85%
自然解冻	-3℃ ~ 3℃	60%

冷藏库管理的具体做法：

① 冷藏库温度每天必须定时检查，温度计应安装在冷藏库明显的地方，如冷藏库门口。如果库内温度过低或过高都应及时调整。在制冷管外结冰达 0.5 厘米时，应考虑进行解冻，保证制冷系统发挥正常功能。

② 厨房要制定妥善的领用原料计划，尽量减少开启冷藏库的次数，以节省能源，防止冷藏设备内温度变化过大。

③ 冷藏库内贮藏的原料必须堆放有序，原料与原料之间应有足够的空隙，原料不能直接堆放在地面或紧靠墙壁，以保证空气能够良好循环，保证冷空气自始至终都围绕在每一种原料的四周。

④ 原料进冷藏库之前应仔细检查，不应将已经变质或弄脏的原料送入冷藏库。

⑤ 需冷藏的原料应尽快进库，尽量减少耽搁时间；对经过初加工的原料进行冷藏，应用保鲜纸包裹并装入合适、干净的盛器，以防止污染。

⑥ 熟食品冷藏应等冷却后进行，盛放容器需经过消毒，并加盖存放，以防止干缩和沾染其他异味，加盖后要注意便于识别。

⑦ 冷藏设备的底部及靠近冷却管道的地方一般温度最低，这些地方尽可能存放奶制品、肉类、禽类、水产类原料。

⑧ 冷藏时应拆除鱼、肉、禽类等原料的原包装，以防止污染及致病菌的进入；经过加工的食品如奶油、奶酪等，应连同原包装一起冷藏，以防发生干缩、变色等现象。

⑨ 要制订清扫规程，定期进行冷藏库的清扫整理工作。

3）冷冻库

冷冻储存的温度保持在0℃以下，一般适宜冷冻的食品原料应该保持在-17℃～-18℃以下（见表7-16），这样原料可以储存时间较长，但并不意味着可以无限期地保存。冷冻储存的温度要稳定，越低越好，要保证冷冻设备正常运转。对于冷冻食品原料验收应该迅速，不能让原料解冻再冷冻，这样会影响原料的质量。原料冷冻的速度愈快愈好，因为速冻之下，原料内部的冰结晶颗粒细小，不易损坏结构组织。事实上，原料的冷冻分为三步进行：即冷藏降温、速冻、冷冻贮存。如果原料速冻与冷冻储存在同一设备中进行，难免会引起温差变化而影响原先贮藏的原料的质量。因此，有条件的酒店应安装速冻设备，其温度一般应在-30℃以下。

表7-16 -18℃贮存原料的时间

食品原料	最长贮存时间
香肠、鱼类	1~3月
猪肉	3~6月
羊肉、小牛肉	6~9月
牛肉、禽类	6~12月

冷冻库管理的具体做法：

① 把好进货验收关，坚持冷冻原料在验收时必须处在冰冻状态的原则，避免将已解冻原料送入冷库。

② 新鲜原料冻藏应先速冻，然后妥善包裹后再储存，以防止干耗和表面受污染。

③ 冷冻原料温度应保持在-18℃以下。温度越低，温差越小，原料贮藏期及原料质量越能得到保证。

④ 冷冻贮存的原料，特别是肉类，应该用抗挥发性的材料包装，以免原料过多地丧失水分而造成冻伤，引起变质或变色。因而冷库内的相对湿度应比冷藏库稍高。

⑤ 冷冻原料一经解冻，不得再次冷冻贮藏。否则，原料内复苏了的微生物将引起食物腐败变质，而且再次速冻会破坏原料组织结构，影响外观、营养成分和口味。

⑥ 冷冻原料不能直接放在地面或靠墙摆放，以免妨碍库内空气循环，影响储存质量。

⑦ 坚持先进先出的原则，所有原料必须注明入库日期及价格，并经常挪动贮存的原料，防止某些原料贮存过期，造成浪费。

⑧ 检查整理并保持冷冻库各类原料均存放在货架上并保持整齐。

4）酒水饮料库

饮料酒水主要包括无酒精软饮料、酒水等，有一些名贵的酒水储存条件特殊，应该注意：酒水饮料库应该设置在阴凉处，要避光储存，如图7-8所示，避免与其他特殊气味的原料一起储存。酒水饮料库中很多酒水比较昂贵，所以要加强管理，专人保管。不同的酒类有不同的储存条件，宜采用不同的方法保存。

图7-8 酒水饮料要避光储存

啤酒不宜储存时间过长，瓶装熟啤酒最长不要超过六个月，储存温度应该低一些，最好保持在4℃，这样可以及时为需要的客人提供方便，而且应该避免剧烈震动。葡萄酒最好在 12℃ ~15℃贮存，应该避光，阴凉通风，斜置于木架上，让酒液浸润软木塞，防止瓶塞干裂，酒液发生变质。烈性酒不需要特殊的储存条件，要防止有些金属瓶盖腐蚀生锈。

2. 储藏仓库的安全控制

1）储存区的位置安全

储存区的位置最好设在验收处和厨房之间，最好与两者都接近，有可以让货车自如通行的合适通道，以确保货物的储存和发料方便、迅速。酒水储存区应尽可能接近酒吧，以减少发料和运货的时间，节省工作量。因酒水容易被盗，因此储存区的位置要使酒水不在验收处停留时间过长。

2）良好的钥匙管理制度

储藏仓库的钥匙应由专人管理。一般来说储藏库应有三把钥匙：库管员使用一把，值班经理保管一把，经理室的保险柜内存放一把。对于贵重的食品原料，应在库内划出专门储藏间并上锁。餐饮企业如果有条件，可采用闭路电视以监控仓储区的情况。

3）有效的存货控制程序

（1）货物的合理安排

货物入库后一定要合理码放，要求不同的货物要有各自的固定位置，否则容易被遗忘而导致原料变质，或易引起采购过量，且给每月盘点库存带来不便。原料的储存过程中，不同的原料固定位置可以便于原料的盘点清查，同时注意一些容易串味的原料应该分开储存。在使用时要确保货物的循环使用，在库房管理过程中要坚持一个原则，即“先进先用”。另外，在货物上要标上进货日期的标签。为使取货时方便，要按使用频繁程度排列货品，要注意将最常用的货品放在尽可能接近出入口且方便拿取之处，重的、体积大的货品应放在低处并接近通道和出入口。

（2）采用货品库存卡制度

为方便货品的保管、盘存、补充，有必要对库房中储存的每种货品建立库存卡。货品库存卡制度要求对每种货品的入库和发料正确地做好数量、金额的记录，并记载各种货品的结存量。

库存卡的内容主要包括 5 部分内容：

① 货物进货信息。信息主要包含进货的日期、数量、单价、金额及账单号。这类信息可以保证库房采购后及时入库，防止丢失，一旦出现问题有利于查对。

② 货物的发货信息。库存卡详细记载原料的发料情况，每一笔原料的使用去向（根据领料单号可以查出去向）、数量、金额都有记载，便于掌控核对。

③ 结存量信息。库存卡记载着货品结存的数量、单价、金额，便于控制货物的短缺。

④ 采购信息。库存卡记载各种货品的标准库存量、订货点储存量、订货量、订货日，这些信息为采购管理提供了方便。

⑤ 货品位置信息。库存卡标明货品的货架号，与货架卡配合使用，这样可以方便库房管理员寻找货品与盘点库存。

库存卡管理常见的管理卡有：库存卡、货架卡、领料单。

① 库存卡一般采用永续活页方式记录，填完一张再补一张，库存卡按种类归类，并以货物存放的固定顺序作为库存卡的编排顺序，以便查找。表 7-17 为库存卡的样本。

表 7-17 库存卡

<table>
<tr><th colspan="2">货品</th><th colspan="2">单价</th><th>货架号</th><th colspan="2">货位号</th><th colspan="2">单位</th><th colspan="2">标准库存量</th><th colspan="2">订货点</th></tr>
<tr><td colspan="2">地门热带杂果罐头</td><td colspan="2">12.6 元</td><td>AC-3</td><td colspan="2">043</td><td colspan="2">听</td><td colspan="2">350</td><td colspan="2">90</td></tr>
<tr><td colspan="5">进货</td><td colspan="5">发货</td><td colspan="3">结存</td></tr>
<tr><td>日期</td><td>账单号</td><td>单价（元）</td><td>数量</td><td>金额（元）</td><td>日期</td><td>领料单号</td><td>数量</td><td>单价（元）</td><td>金额（元）</td><td>数量</td><td>单价（元）</td><td>金额（元）</td></tr>
<tr><td>1.12</td><td>0312</td><td>12.6</td><td>300</td><td>3780</td><td>1.12</td><td>1356</td><td>26</td><td>12.6</td><td>327.6</td><td>274</td><td>12.6</td><td>3452.4</td></tr>
<tr><td></td><td></td><td></td><td></td><td></td><td>1.13</td><td>2322</td><td>20</td><td>12.6</td><td>252</td><td>254</td><td>12.6</td><td>3200.4</td></tr>
<tr><td></td><td></td><td></td><td></td><td></td><td></td><td></td><td></td><td></td><td></td><td></td><td></td><td></td></tr>
<tr><td></td><td></td><td></td><td></td><td></td><td></td><td></td><td></td><td></td><td></td><td></td><td></td><td></td></tr>
<tr><td></td><td></td><td></td><td></td><td></td><td></td><td></td><td></td><td></td><td></td><td></td><td></td><td></td></tr>
</table>

② 货架卡记录货品的一些基本信息，粘贴在货架上，以便货品的核对、查找、盘点。表 7-18 为货架卡样本。

表 7-18 货架卡

<table>
<tr><th>货品名称</th><th>单位</th><th>价格</th><th>标准库存量</th><th>最低库存量</th><th>供货商</th></tr>
<tr><td>通心粉</td><td>500 克 / 包</td><td>3.5 元</td><td>50</td><td>10</td><td>通汇食品</td></tr>
<tr><td>货架号</td><td rowspan="2">AC-8
049</td><td rowspan="2">备注</td><td colspan="3" rowspan="2"></td></tr>
<tr><td>货位号</td></tr>
</table>

③ 领料单与库存卡配合使用，可以有效控制发货，对生产部门的成本核算起到关键作用。表 7-19 为领料单样本。

表 7-19 领料单

<table>
<tr><td colspan="5">xx 酒店领料单　　　　No.1345</td></tr>
<tr><td>部门</td><td colspan="2"></td><td>日期</td><td></td></tr>
<tr><th>供应原料名称</th><th>用量</th><th>单价</th><th>金额</th><th>备注</th></tr>
<tr><td></td><td></td><td></td><td></td><td></td></tr>
<tr><td colspan="2">领料人签名：</td><td colspan="3">核准人签名：</td></tr>
</table>

4）使用货品标牌

货品标牌是挂贴在储存货品上的一种库房管理工具。货品标牌上提供了货品品名、进货日期、货品的数量和重量、货品的单价和金额，这些信息由验收员在货品进货时填写。采用货品标牌制度有利于迅速进行存货清点，可以简化货品清点的手续，有利于按先进先出的原则使用货品，并简化发料计价手续。

3. 原料盘存管理

对库存食品原料按期盘存点数（通常每月一次）是原料储存管理的一个重要措施。盘存清点工作是一次全面彻底地核实清点仓库存货、检查原料的账面数字是否与实际储存数相符的工作。在必要时盘存清点可以随时进行。原料的盘存清点不应仅由仓库保管人员经手，还应由酒店财务部门派人专门负责。使用永续盘存卡（见表 7-20），可以随时得到对库存原料的最新滚动存量，保持对库存原料的了解，方便对库存原料补充和发货的控制。

表 7-20　永续盘存卡　　单位：罐

品名：樱桃 规格： 单位：		最高库存量：300 最低库存量：80		
日　期	订单凭号	进　货　量	发　货　量	现　存　量
：				（承前）
28/10	NO.3128-252		20	150
29/10			18	132
30/10			19	113
31/10			23	90
1/11			22	68
2/11		252	18	302

通过查看盘存卡，随时可以发现 10 月 31 日时库内樱桃还有 90 罐，随着 11 月 2 日采购进货 252 罐，当日又领用 18 罐，截止 11 月 2 日库存数为 302 罐，不仅原料的库存情况一目了然，同时还为原料采购数量的确定提供了方便。

每一种库存原料必须经过实地点数核对，检查其实际库存量是否与永续盘存卡账面数字相符合，然后记入存货清单（见表 7-21）。如果实际库存数与账面数字有出入，那就需重新点数库存实物，或需查询该原料的进货记录和发料记录。倘若差错原因无法找出，则应根据该原料的实际库存数修改账目数字，使自此以后两者相符。为了便于清点，加快盘存速度，永续盘存卡的编排次序以及存货清单上原料编排次序应该与仓库原料存放的实际次序完全一致。这样不仅能节省大量劳力和时间，而且能避免遗漏。如果酒店不使用永续盘存卡，则盘存清点只不过是逐一点数存货数量，并将数字记入存货清单这样一个简单的过程，控制作用不大。

盘存清点结束以后，应计算各种原料的价值和库存原料总额，作为本期原料的期末结余，而本期的期末结余自然便是下期的期初结余。由于每一种原料往往以不同的价格购进，也因为同一原料的市价在一个会计期内也往往有涨有落，因此计算各种原料的价值，如何决定各种原料的单价，常常是盘存清点工作的关键，因为它关系到库存厨房原料总额的计算。

表 7-21　存货清单

原料名称	数　量	单　价	金　额
合　计			

经手人：　　　　主管：　　　　年　　月

4. 餐饮原料的发放管理

1）直接采购原料的发放

直接采购原料主要是指那些需立即使用的易坏性原料，如新鲜蔬菜、牛奶、面包等易变质的食品，而且在进货后的当天就基本上被消耗掉。这些原料进货后经过验收直接发到厨房，而不经过库房这一环节，其价值按进料价格直接记入当日的食品成本。食品成本核算员在计算当日直接采购原料成本时，只需抄录验收员日报表中的直接采购原料总金额即可。若一批直接采购原料当天未用完，剩余部分可在第二天、第三天接着用，但作为原料的发放和成本的计算则按当天厨房的进料额计算。但这样也并不精确，因为许多情况下，当日的直接进货不能完全消耗掉，往往要到第二天或第三天才能用完，但成本却记在第一天里，这样第一天的食品成本就不太真实。所以要核对第一天的食品成本，必须对当日直接发放、储藏室发放以及当日厨房剩余原料进行统计后才能真实。

2）库房采购原料的发放

库房采购原料包括干货食品、冷冻食品等，这些食品经采购验收后送入库房，其价值计入流动资产的原材料库存项目内，而不是直接算作成本。在原料从库房发出后，发出原料价值计入餐饮成本中。每日库房向厨房和酒吧发出的原料都要登记在“库房食品饮料发料日报表”上。报表上汇总每日库房发料的品名、数量和金额，并且注明这笔金额分摊到哪个餐饮部门的餐饮成本上，并注明领料单据的号码，以便日后查对。月末将每日“库房食品饮料发料日报表”上的发料总额汇总，便得到本月库房发料总额。

库房发货控制程序如下：

① 砧板岗厨师或厨师长指定的领料人或其他部门的领料人根据需要填写领料单的“品名”、“规格”、“单位”及“申请数量”栏。领料数量一般按往日消耗量估计，并参考宴会预订单情况加以修改。

② 领料人填完以上栏目后签上自己的姓名，持单由审批人员签字。审批者一般是厨师长、管理员或餐厅经理。没有审批者签名，任何食品原料都不可发出。审批人员应在领料单最后一项原料名称后面画条斜线，防止领料者在领导签字后再领取其他原料。

③ 仓库保管员看到领料单后，按单上的数量进行组配，由于包装等原因，实际数量和申请数量可能有差异，所以发货数量应填写在“实发数量”栏中，并填写“金额”栏。

④ 仓库保管员将所有货物准备好后，签上自己的姓名，证实领料单上的原料确已发出。

⑤ 领料单应一式三联。一联随原料交回领料部门；一联由仓库转交成本控制员；一联仓库留存作为盘存和进货的依据。

3）内部原料调拨处理

大型酒店通常有多个厨房、餐厅、酒吧，厨房之间、酒吧和厨房之间会发生食品和饮料的相互调拨。许多厨房需使用像葡萄酒、白兰地、甚至啤酒等来制作各种食品或调料汁，如果厨房从库房所领的这些原料足够使用，当然不需调拨。而一旦厨房使用量大，所领的原料不够使用，而酒吧又有充分的存货可以支援时，就可以发生饮料的调拨。同样，酒吧也可从厨房调拨所需的食品原料如橙子、柠檬、奶油、鸡蛋等。由于酒店各部门大都独立核算其成本，以反映真实的经营情况，因此，对这些调拨应进行正确的记录。通常酒店用“食品饮料调拨单”来记录往来调拨，填写后交成本控制员，由其进行调整。烹饪原料的领用是由厨房内部决定的、直接影响厨房当日成本。餐饮其他各点对原料的领用同样要持慎重的态度，因为领用之后都牵涉该点成本的增加和原料妥善保管的问题。作为原料使用部门除了采取积极的态度，主动配合仓储发放工作外，更要自觉注意以下三方面问题：

（1）增强原料领用的计划性

要将每次领用的数量控制在尽可能少而不妨碍正常生产出品的范围之内，努力压减厨房备用原料。这样才能比较准确地反映厨房每日成本消耗。对名贵原料的申领更要按计划补充，控制备存，防止因原料领用的无序而导致成本稽核的大起大落。

（2）把好领用原料质量关

原料领进厨房便随时可能用于做菜，因此，要确保领用的原料质量优良。罐头等有保质期的原料应保证在可使用的期限以内。无明确期限要求的原料，其原料的色、形、味、质地等均要符合烹饪要求，否则不能领用。

（3）坚持对领进原料进行数量核实

由于库房和厨房多有间隔，加之领料人员责任心强弱不一，原料从库房领到厨房以后，其数量可能与发料数量不相吻合。因此，必须有管理人员复核，对贵重、小包装原料尤其如此。

5. 存货控制

存货控制不仅仅局限于用料部门领什么就提供什么，而且还应做到正确的书面记录，以便为管理者提供可靠的经营成本资料。一般来说，存货控制记录有以下四个目的：

① 提供现有食品原料与供应食品的准确信息。

② 帮助决定对所需原料用品的采购。

③ 提供食品成本控制依据。

④ 加强对货物的管理，防止偷窃与丢失。

常见的存货控制方法有永续盘存和实地盘存。永续盘存法我们在食品原料采购部分已经介绍了，它既能控制采购，又能控制盘存，而且每日的发出和入库情况都能从表面上清楚地反映出来，使用永续盘存法有下列好处：可以防止进货过多或过少；可以随时了解存货数额；能表明应有多少存货，有助于发现应有数量与实际数量之间的差异。

实地盘存就是对所有库房现有货物进行定期清点的一种存货记录方法。正常情况下每月应清点一次，通常在月末进行。对于较大的企业由于存货较多，不可能一次清点完毕，所以应该每周对每一个库房或某一部分原料用品分别清点，这样月末正好将所有存货清点一遍。

实地盘存过程至少需两人完成，一个或两人盘点货架上各种食品原料的数量，另一人核对永续盘存表或其他表格上所记录的期末剩余量，并负责记录工作。如果出现差异，分析是否属正常损耗，如果差异较大，则可能有其他问题，如偷窃等现象发生，应引起注意。值得注意的是，实地盘存不完全是清点数量，通过盘存还要对食品原料进行系统的堆放，按性质或用途分类，并按使用的频率放在不同的地方。实地盘存表如表 7-22 所示。

表 7-22 实地盘存表

类别____		月份____			月份____		
品 名	单 位	库存量	购 价	小 计	库存量	购 价	小 计
1	2	3	4	5	6	7	8
合计							

物品类别是指原料性质分类的名称，如肉类、鱼类、干货类等。

品名的排列顺序应与库房食品原料存储顺序或永续盘存表排列顺序一致，这样便于核对查找。

第三栏与第四栏的乘积即为第五栏。第六、七、八栏是在下一次对同类物品进行盘点时的记录。

通过实地盘存的方法，可以确定本月的食品成本。公式如下：

月初库存（上月末库存额）＋本月进货额－月末库存额＝本月食品成本

例如：某餐厅 10 月末盘点各种食品原料总计金额为 6 万元，11 月份累积进货额为 20 万元，经 11 月 30 日盘点，库存为 5 万元，那么，11 月份的食品成本为：

$$6 + 20 - 5 = 21\text{（万元）}$$

另外，还有一种方法也可以反映每天及每月发生的食品成本，这就是使用“每日发货成本表”（见表 7-23）。通过合计每天所发生的直接发货和储藏室发货，便得出当日生产成本，累积到月底则是全月食品成本。

有些餐厅单列饮料类，如果是计算总的餐饮成本，或反映每日餐饮成本，则应在储藏室发货一栏下增加一个饮料栏，这样月底累积就是全月发生的总的餐饮成本，各企业可根据自己的情况来设计这一表格。

表 7-23 每日成本发货表

日 期	直 接 发 放			储 藏 室 发 放			成 本	
2009.1	蔬菜水果	鲜鱼类	其他	鲜货类	干货类	其他	当日成本	累计成本
1	100	200		500	400		1 200	1 200
2	80	150	50	600	700	90	1 670	2 870
3								
…								
28								
29								
30								
31								
合计								

相关知识

1. 食品原料储藏的目的

1）保证菜单上所有菜品和酒水得到充足的供应而不断档

餐厅在经营过程中尽量不要出现客人按菜单点菜时不能供应的现象。为避免这种情况的发生，餐厅就要按菜单上的菜品储存足够的原料以保证供应。

2）弥补季节和即时消费的时间差

餐饮企业所需的原材料与工业企业不一样。工业企业所需的原材料大多是无生命的，而餐饮企业所需的原材料大多是有生命的产品。这些产品中有的可以常年供应，价格也没有太大的变化；而有的产品则存在着生产的淡旺季。因此，餐饮企业为了降低成本，要在保证其不会变质的前提下，于淡季来临前，多储存一些季节性的食品原料，以弥补生产季节和即时消费的时间差。

3）弥补空间上的距离差

从订货、购买到交货这一采购过程不是即时完成的，它需要一个时间过程。因此，储藏必须能够保证在这几天中的原料供应，不能脱销、断档。

4）防止细菌的传播与生长

冷藏不但可以延长原料的保存时间，还可以防止细菌传播以及食品内部细菌的繁殖与生长。

2. 食品冷藏的一般原则

为做好冷藏工作，确保食品的安全，应遵守以下原则：

① 对入库的食品原料在入库前要进行仔细检查，避免将已经变质、变脏或被鼠害、虫害污染过的食品放入冷藏间。

② 验收后应立即入库，不可在室温下停放过长的时间。

③ 冷藏间中靠近制冷设备之处和货架底层是温度最低的地方，这些地方应用来存放奶制品、肉类、鱼类、禽类及加工过的熟食。

④ 冷藏间只用来存放易腐败变质的食品原料。有些原料如香蕉、菠萝、土豆、洋葱以及其他根茎类蔬菜则不必冷藏。

⑤ 冷藏时应去掉食品原料的外包装，因为它们携带脏物和致病的细菌。但是像黄油、奶酪等应在容器内放好，以防发干和褪色。

⑥ 加工过的食品和剩余食品应盖好，以防发干和窜味，同时也可防止因汁液滴落而造成的细菌污染。

⑦ 千万不要把热食放入冷藏间。热食会导致冷藏间的温度迅速上升，从而引起食物中细菌的生长，造成变质。所以热食放入冷藏间之前一定要迅速降温，最好的办法是将盛热食的容器盖好后放入冷水中，待温度下降后再进行冷藏。

⑧ 带有强烈气味的食品如鱼类、奶酪以及极易吸收外面味道的食品如黄油、牛奶等在冷藏时应密封好，防止食品窜味。

3. 食品原料发放与领用的原则

加强原料发放管理，一是为了保证厨房用料得以及时、充分供应；二是控制厨房用料的数量；三是正确记录厨房用料的成本。为此，原料的发放要遵循以下原则：

1）原料要定时发放

仓库保管人员应有充分的时间整理仓库，检查各种原料的库存及质量的情况。同时为了促使厨房加强用料的计划性，对原料的发放必须规定时间，定时发放。

2）原料发放要履行必要的手续

为了记录每一次发放的原料数量及其价值以便正确核算厨房成本消耗，仓库原料发放必须坚持凭原料领用单发放的原则。领用单由厨房领料人填写，由厨师长及规定有权审批的人员核准签字，然后送仓库领料。保管人员凭单发料后应在单上签字。原料领用单一式三份，一联随原料交回领用厨房，一联由仓库转交财务部，一联作仓库留存。仓库发货人员要坚持原则，做到没有领用单不发货，领用单没有经审批或涂改、字迹不清楚的也不予发货。

3）正确计价

根据领料手续做好原料发放记录和存货卡记录。当日发货时间过后，仓库保管人员必须逐一为领用单计价，并及时转交食品成本控制人员，以保持库中原料与账卡相符，协助做好厨房成本控制工作。

4. 注意事项

1）食品原料冷冻储藏过程中应注意的问题

① 把好验货关。需要冷冻的原料入库时必须处于冷冻状态，已经解冻或部分解冻的食品原料应即刻置于 -18℃以下。温度越低，温差越小，食品原料的储藏期及其质量就越能得到保证。

② 冷冻储藏的食品原料，特别是鱼、肉、禽类，应用抗挥发性材料紧密包装，以免原料丢失水分。

③ 坚持“先进先出”原则，所有原料必须标明入库日期及价格，要经常挪动储藏的食品原料，防止储藏过久造成损失。

④ 不允许将食品原料堆放在地面上或紧靠库房墙壁放置，以免妨碍库内空气循环，影响原料冷冻质量。

⑤ 使用正确的解冻方法。切忌在室温下解冻，以免引起细菌和微生物的急剧繁殖。正确的解冻方法：一是冷藏解冻，将冷冻食品放入冷藏室内逐渐解冻。二是自来水冲浸解冻，将冷冻肉块用塑料袋盛装，密封置于自来水池中冲刷解冻。三是微波炉或红外线烤箱解冻。

⑥ 有些冷冻食品原料（如家禽）可直接烹烧，不需要经过解冻，这样有利于保持其色泽和外形。

2）干货储存应注意的问题

① 货架在摆放时，货架与墙壁、货架与货架之间应保持一定的距离以便空气流通。

② 入库的原料必须在包装上注明进货日期，以便于先进先出。

③ 保证储藏室的干净整齐。室内的桌子、货架、地面至少应每周彻底清洁一次，并定期消毒，预防和杜绝鼠害、虫害。

④ 对入库的原料应认真检查。已经变质的食品原料不得入库。

⑤ 食品原料一经验收，立即入库。

⑥ 合理分类，合理摆放。其目的是便于发放和存货控制。一种方法是将干货原料按属性分类，指定摆放地点，然后将属于同一类的各种食品原料按一定的规律（如拼音字母顺

序）摆放在固定的位置，以便盘存。对于那些发货频率较高的食品原料，可放在门口附近或放在其他易于拿取的地方，而不太常用的原料可放在储藏室的深处，或货架的底层、顶层。

⑦ 经常进行盘点检查。既查数量，也查质量。发现有变质原料、破碎瓶罐或有滴漏的罐装食品原料应立即进行处理。

⑧ 尽量减少入库人员的数量，禁止在库内存放私人物品。

知识拓展

库存原料的计价方法

要计算库存原料的价值必须确定库存物品的计价方法。在实地清点各种原料后，与各种原料的单价相乘便得到各种原料的价值，各种原料价值相加便得到原料的库存额。有时同种原料在不同时间的购进价格是不同的。在核算库存额时，有必要先确定库存物资的单价。下面介绍几种计算原料单价的方法。

1. 实际进价法

有些餐饮企业一般都在库存的原料上粘贴或挂上货物标牌，标牌上写清进货的单价，用标牌上实际进货的单价来计算库存原料的成本总额。

例如某餐饮企业在10月份购进豌豆罐头，其购进单价如下：

10月5日进货80听，单价：4.5元/听

10月15日进货85听，单价：4.7元/听

10月25日进货95听，单价：4.8元/听

如果月底结存100听，根据货物标牌，其中10月5日进货剩余20听，10月15日进货剩余30听，10月25日进货剩余50听，则利用实际进价法月底豌豆罐头的库存价值为：

20听 ×4.5元 +30听 ×4.7元 +50听 ×4.8元 =471元

2. 先进先出法

如果不采用货物标牌注明价格，可按照货品库存卡上进料日期的先后，采用先进先出计价法。先购进的原料，在发料时先计价发出，而月末库存则以最近价格计价。在上例中，若以先进先出法计价，则月末豌豆罐头的库存额为：

95听 ×4.8元 +5听 × 4.7元 =479.5元

3. 后进先出法

由于市场价格呈增长趋势，采用后进先出法可使记入餐饮成本的原料价值较高而记入库存存货的价值较低，这样出现在经营情况表上的经营利润会偏低。按后进先出法，月末豌豆罐头的库存额为：

80听 × 4.5元 +20听 × 4.7元 =454元

采用后进先出法计价，在实际发料时，还是要坚持将先进的货先发出去，只是价值的计算采用后进先出法。

4. 最后进价法

最后进价法是一律以最后一次进货的价格来计算库存的价值，这种方法计价最简单，如果库房没有一套完整的记录制度，或者为了节约盘存时间，可采用最后进价法。但是利用最后进价法计算出来的库存值不太准确。在上例中，利用最后进价法计价，其价值为：

100 听 ×4.8 元 =480 元

5. 平均价格法

平均价格法是将全月可动用原料的总价值除以总量计算出单价，然后利用计算出的单价来计算库存额。在上例中，豌豆罐头的平均单价为：

（80 听 ×4.5 元 +85 听 ×4.7 元 +95 听 ×4.8 元）÷（80 听 +85 听 +95 听）=4.675 元

月末库存额为：

100 听 ×4.675 元 =467.5 元

用上述五种方法计价会使月末库存原料的价值不一。因此，餐饮企业必须遵照有关财务制度规定，选定一种计价方法，并统一按该计价方法计算，不得随意改变，否则会引起财务报告前后不一致。

技能训练

参观餐饮企业的库房

实　训　内　容	
训练目的：了解餐饮企业储存原料的方法 **训练要求**：学生以小组形式，参观餐饮企业的库房 **训练程序**： ① 由酒店兼职教师带领学生到酒店或餐饮企业的库房参观 ② 酒店兼职教师进行简要介绍。针对不同的原料有不同的储存方法，学生分组进行汇报	
训练提示	参观酒店或餐饮企业库房不仅要观察每种原料的储存方法，同时也要了解库房内部的布局以及库房和厨房、大堂的空间关系
思　考	你认为该酒店或餐饮企业在储存原料方面存在不合理的地方吗？________________

思考与练习

1. 调查学校食堂的原料储存情况，分析一下在原料储存方面存在哪些问题。
2. 在学校食堂或实习餐厅训练原料的领用与发放。
3. 选择一家校外实训基地，实地调查这家酒店在原料采购、验收、储存、发放、盘点等各个环节是否科学，有无问题。以小组形式写一份调查报告，并结合所学知识提出自己的建议。
4. 餐饮原料的库存方法有哪几种？各有什么具体要求？
5. 餐饮企业对领料单有哪些要求？
6. 仓库发放原料有什么要求？
7. 餐饮原料的库存有哪些要求？

8. 计算

某餐厅牛排的进货日期和价格如下：

5月1日	月初结存	35kg	8.5元/kg
5月8日	购进	120kg	8.7元/kg
5月18日	购进	110kg	8.8元/kg
5月28日	购进	100kg	8.6元/kg

到5月31日，库存牛排的结存量为110kg，根据货品标牌表示，其中有5月8日购进的为7kg，5月18日购进的为32kg，5月28日购进的为71kg，请按照以下各种方法计算月末余额。

①实际进价法；②先进先出法；③后进先出法；④平均价格法；⑤最后进价法

9. 案例分析：

出库管理与效益

某餐饮企业开业后经营形势一直很好，但近期开始出现利润下降的趋势。财务部认为问题可能出现在仓库管理方面。经过对库存原料的清点后发现库存账目与实际存货不符，特别是酒水出入较大。经过调查发现，仓库任何时间都可以领料，也没有固定的人员，谁有时间谁就来领料。而且酒吧领出的物品有时转到餐厅和厨房使用，在转发过程中，相互之间也没有任何转发手续。这样的情况几乎每天都在发生。

思考：如何才能做好原材料的发放与领用工作？

参考文献

[1] 吴吟颗．餐饮服务与管理实训教程［M］．上海：上海财经大学出版社，2008．
[2] 李贤政．餐饮服务与管理［M］．北京：高等教育出版社，2010．
[3] 汪焰，董鸿安．餐饮服务与管理［M］．上海：华东师范大学出版社，2008．
[4] 王志民，吉根宝．餐饮服务与管理［M］．南京：东南大学出版社，2007．
[5] 胡爱娟．餐饮运行与管理［M］．杭州：浙江大学出版社，2010．
[6] 于英丽，李丽．餐厅服务技能实训教程［M］．大连：东北财经大学出版社，2006．
[7] 栗书河．餐厅服务训练手册［M］．北京：旅游教育出版社，2006．
[8] 吉根宝．餐饮管理与服务［M］．北京：清华大学出版社，2009．